W0203845

Fidel et Raúl, mes frères

Juanita Castro
et María Antonieta Collins

Fidel et Raúl, mes frères

L'histoire secrète

Traduit de l'espagnol par
Frédérique Valat

PLON
www.plon.fr

Titre original
Fidel y Raúl, mis hermanos : la historia secreta

© Juanita Castro & María Antonieta Collins, 2009.
© Plon, 2011, pour la traduction française.
ISBN édition originale : 978-1603967013, Aguilar, 2009.
ISBN Plon : 978-2-259-21244-1

À la mémoire de mes parents,
Ángel Castro Argiz et Lina Ruz González,
et de mes grands-parents, Francisco Ruz et Dominga González.

À Enma Castro de Lomelí, la sœur qui le fut contre vents et marées.
Merci pour avoir toujours respecté mes opinions,
même si tu n'étais pas d'accord.

À tous ceux qui furent l'inspiration de ce livre

PROLOGUE

À la manière des matriochkas – ces poupées russes qui en contiennent d'autres dans leur ventre –, ces mémoires comportent plusieurs textes, sous-textes, ainsi que des révélations inédites et surprenantes dont certaines concernent les maîtresses et les enfants inconnus de Fidel. Mais pour Juanita, le dessein le plus évident de ce livre est de réhabiliter l'honneur de sa famille. Elle y défend bec et ongles l'honneur de ses parents et de ses grands-parents maternels. Il s'est dit et écrit mille fois que Don Ángel Castro Argiz, migrant espagnol à Cuba et père de Juanita (ainsi que de Ramón, Fidel, Raúl, Angelita, Enma et Agustina, tout comme de deux autres enfants d'un premier lit, Lidia et Pedro Emilio), était un propriétaire terrien sans scrupules, qui volait des terres et des bêtes et n'hésitait pas à tuer des ouvriers agricoles pour leur dérober leur salaire.

Juanita nie farouchement : où sont les preuves ? Où sont les actes d'accusation et les procès ? Dans un village aussi petit que Birán, dans la province d'Oriente, rien de tout cela n'aurait pu se produire sans laisser de traces juridiques ou au moins de comptes-rendus dans les journaux de l'époque. Comment se fait-il que personne ne les ait trouvés ? Le père dont elle-même se souvient était un homme amoureux et travailleur. Peu instruit, il n'en était pas moins intelligent et instinctivement doué pour le commerce. Bien qu'il fût arrivé sur l'île sans un centime, ce trait de caractère lui a permis d'accumuler une fortune, pas si petite que cela, qu'il partageait généreusement avec sa famille. Dans son souvenir, son père était un entrepreneur préoccupé par le bien-être des *guajiros*[1] de sa propriété.

1. Paysans cubains. (Toutes les notes sont du traducteur.)

Il les emmenait à l'école, au bureau des télégrammes et même au cinéma, et il leur faisait crédit pour acheter de la nourriture et couvrir d'autres besoins, parfois sans se soucier du remboursement des dettes en cours.

Sa mère aussi, affirme Juanita de façon très convaincante, a fait l'objet d'affirmations non seulement fausses, mais particulièrement dures. Autant d'offenses personnelles pour Juanita. Lina Ruz n'était pas cette domestique violée à treize ans par Don Ángel. Elle avait dix-neuf ans au moment de leur union, et, s'il est vrai que Don Ángel, de vingt-six ans son aîné, était alors légalement marié à María Luisa Argota, le couple vivait séparé depuis bien longtemps. Grâce au soutien financier de celui qui était encore officiellement son mari, María Luisa Argota menait une existence confortable avec ses deux enfants dans un autre village.

Il n'est pas non plus exact que Lina Ruz eût des origines « turques » (ses parents avaient des ancêtres espagnols), qu'elle pratiquât la *santería*[2] – elle était une fervente catholique – ou que son fils Raúl fût le fruit d'un adultère. Les traits les plus marquants de la personnalité de Lina étaient l'humour, la tendresse, la solidarité et le désir ardent de donner à ses enfants l'éducation qu'elle n'avait pu recevoir, ayant grandi au sein d'une famille pauvre dans un coin reculé de Cuba. Grâce à sa persévérance et à l'appui de son mari, ses sept enfants ont pu fréquenter les meilleurs collèges de Cuba. Fidel est devenu avocat, il a ouvert un cabinet, et il roulait dans des voitures neuves et luxueuses, privilège rare pour les jeunes Cubains de l'époque.

Le second objectif de ce livre est de brosser le portrait psychologique de ses célèbres frères Fidel et Raúl. Leurs ressemblances (quasi inexistantes) et leurs différences si frappantes. Dans cet ouvrage, l'amour que Juanita porte à Raúl apparaît aussi clairement que sa répulsion pour Fidel. Le Raúl de son enfance, son camarade de jeu, était un garçon attentionné et farceur, très affectueux envers ses parents, capable d'empathie pour son prochain. Juanita ne nie pas que Raúl se soit rapproché très jeune du communisme. Elle ne dément pas non plus le fait qu'il ait commis des actes critiquables. Pourtant, cette attitude militante tout comme la dureté avec laquelle il a exercé son commandement après le triomphe de la Révolution

2. Religion afro-cubaine, syncrétisme entre des croyances d'Afrique occidentale et le christianisme, établissant des correspondances entre des divinités africaines et des saints catholiques.

ne l'ont jamais éloigné d'une loyauté familiale sans faille. Fidel, en revanche, a toujours été égoïste, dépourvu de compassion. Quand Lina Ruz, âgée de cinquante-sept ans, est décédée chez Juanita d'un infarctus foudroyant en 1963, Raúl est arrivé anéanti, exigeant qu'on le laissât seul avec la dépouille de sa mère pour lui parler et lui caresser tendrement la tête. Peu après est apparu Fidel, dur et inquisiteur, distribuant des ordres sans verser une larme. Le « Líder Máximo » ne pouvait pas pleurer : ces méprisables preuves de faiblesse ne convenaient pas aux héros historiques. Juanita a rompu avec lui pour toujours sur le plan familial. Elle n'aimait ni le leader, ni l'homme qu'il était.

De la solidarité à l'opposition militante

Sur un plan politique, la rupture avait eu lieu bien avant la mort de Lina. Dès 1960, Juanita s'est aperçue que ses frères s'étaient détournés des objectifs originels de la Révolution pour bâtir une société communiste calquée sur le modèle soviétique avec l'aide du Che, un personnage qu'elle détestait pour son arrogance, son aspect négligé et sa cruauté. À ses yeux, il s'agissait là de la pire des trahisons. Ce n'était pas pour un misérable destin dominé par la dictature et la menace du cachot que des centaines de Cubains avaient sacrifié leur vie durant la lutte contre Batista[3].

Pourquoi Juanita a-t-elle finalement décidé d'affronter ses frères ? Parce qu'elle est catholique et qu'elle ne peut tolérer l'étatisation d'écoles religieuses comme les Ursulines, qui l'éduquèrent avec tant d'amour. Parce qu'elle croit en la liberté de pensée et qu'elle rejette le contrôle de la presse et la persécution des opposants. Parce qu'elle est démocrate et qu'elle rêvait d'un pays politiquement pluriel régi par la Constitution de 1940, conformément à la promesse faite par ses frères à travers tous les documents signés pendant l'insurrection. Parce que, à l'image de son père, elle est animée d'un fort esprit d'entreprise et qu'elle s'est consacrée au commerce et aux affaires dès l'adolescence. Il était inenvisageable pour elle d'accepter sans

3. Fulgencio Batista (1901-1973), militaire et homme politique cubain. Éminence grise de la junte militaire qui dirigea Cuba de 1933 à 1940 et président de la république de Cuba de 1940 à 1946. Prend le pouvoir par un coup d'État en 1952, avant de s'enfuir en 1959, chassé par la Révolution et Fidel Castro.

broncher la disparition de la propriété privée, acquise honnêtement et au prix d'un dur labeur.

Mais ce n'est pas tout : depuis la toute première minute de la victoire, Juanita a assisté à de nombreuses dérives qu'elle a sans relâche tenté de réparer en faisant libérer des innocents incarcérés et en empêchant, quand elle le pouvait, les exécutions de citoyens qui n'avaient commis aucun crime. Son activité a pris de l'ampleur à mesure que se multipliaient les abus. Étant la plus connue des sœurs de Fidel, elle profita sans hésiter de sa position pour forcer la porte des cellules, faire transporter les persécutés et subvenir aux besoins des plus démunis. Elle est donc tout naturellement passée de la simple solidarité envers les victimes à l'opposition militante contre le gouvernement.

C'est ce moment que choisit une de ses amies, Virginia, alors épouse de Vasco Leitão da Cunha, ambassadeur du Brésil à Cuba avant de devenir ministre des Affaires étrangères de son pays, pour lui faire une proposition étonnante. Le récit de cet épisode, qui se déroula pendant l'été 1961, peu après l'invasion de la baie des Cochons, constitue sans aucun doute l'une des grandes révélations de cet ouvrage.

C'était l'époque de la guerre froide. L'imprudence sans limites de Fidel et de Raúl avait placé Cuba au cœur du conflit entre Washington et Moscou, risquant de provoquer la destruction totale du pays lors de la crise d'octobre 1962. À ce moment-là, il était évident que Fidel et Raúl s'étaient alliés à l'URSS avec l'aide du KGB pour implanter le totalitarisme. Pourtant, rien ne paraissait plus raisonnable alors que de se tourner vers le grand voisin américain, le seul pays de la planète qui proposât une stratégie de modération face à la convulsion impérialiste des Soviétiques alors déterminés à dominer le monde.

L'exil ou la prison

Pendant l'année 1964, les services secrets cubains informaient ponctuellement Raúl Castro des nombreuses activités de sa sœur Juanita. S'ils ne connaissaient pas tous les détails, ils n'ignoraient pas le constant va-et-vient de personnes et de colis qui transitaient par la pension de Juanita à La Havane. Raúl, alors ministre de la Défense, s'est donc rendu chez sa sœur et, sur un ton où alternaient la menace et l'affection, il lui a fait comprendre que ce comportement devait cesser immédiatement. C'est à ce moment-là que Juanita a réalisé qu'elle devait abandonner le pays. Elle venait de recevoir le dernier avertissement. La prochaine fois, on l'arrêterait. Si Raúl lui a évité la prison et s'il l'a aidée à partir au Mexique, c'est parce qu'il l'aimait, mais son affection fraternelle était limitée par ses responsabilités de chef militaire. Il est certain que Fidel aurait agi autrement, on peut donc en déduire qu'il ne détenait pas autant d'informations sur les activités de sa sœur que Raúl.

Juanita a donc quitté Cuba, fermement décidée à poursuivre la lutte. Dans ses mémoires, elle qualifie très justement de « pavé dans la mare » sa conférence de presse à Mexico et sa dénonciation publique du régime de Fidel. Elle évite les mots blessants mais le message est clair : Fidel a trahi la Révolution et instauré une terrible tyrannie. Les opposants d'aujourd'hui ne sont pas les partisans déçus de Batista ou les bourgeois expropriés mais les mêmes étudiants, les mêmes paysans luttant dans les villes ou dans les guérillas de l'Escambray, qui s'étaient déjà mobilisés contre la dictature précédente. Dans la bouche de Juanita, cette version de la réalité politique cubaine acquiert alors une légitimité que les autres opposants au régime n'avaient pas obtenue jusqu'alors.

Son affront ne l'a pas rendue populaire pour autant aux yeux des nombreux exilés incapables de mesurer l'énorme sacrifice que représentait pour cette femme le fait de rompre avec sa puissante famille au nom de ses idéaux. Chez eux, la haine de Fidel et de son entourage l'emportait sur tout. Peu leur importait que Juanita ne portât aucune responsabilité dans les excès de la dictature et que, au contraire, elle ait utilisé ses liens familiaux pour sauver des victimes et protéger les démocrates qui luttaient pour entraver la consolidation du totalitarisme.

Mais Juanita ne s'est pas laissée effrayer par cette amère incompréhension de la part des exilés. Pendant des années, elle s'est adressée à Cuba et au monde entier à partir d'une station de radio de New York, dénonçant ce qui se passait sur l'île. Elle a créé une fondation pour aider les exilés nouveaux venus – Juanita a toujours fait preuve d'une grande générosité avec sa fortune – et a même contribué à financer l'expédition de Vicente Méndez. Ce capitaine héroïque débarqua à Cuba en 1970, prêt à créer un foyer guérillero, mais il mourut dès les premiers combats.

Deux notes finales

Le livre se conclut sur deux notes lourdes de sens. La première est un prudent appel au cœur de « Muso », comme Juanita surnommait affectueusement Raúl. Selon elle, il est encore temps de corriger la situation et d'amorcer un changement pour mettre fin à ce cauchemar d'incompétence, de misère et d'oppression auquel les Cubains sont soumis. Vient ensuite la liste impressionnante des parents directs de la famille Castro qui ont choisi l'exil. Si Juanita initia le mouvement en 1964, les Castro établis hors de Cuba – enfants et petits-enfants de ses frères et sœurs, Fidel compris –, très critiques et désabusés, sont aujourd'hui plus d'une douzaine. Ainsi la famille Castro, à l'image de toute la société cubaine, a-t-elle souffert des terribles conséquences de l'implantation du communisme sur l'île.

Le désastre n'épargna personne.

Carlos Alberto Montaner.
Madrid, le 16 septembre 2009.

UNE DETTE SOLDÉE

Comme beaucoup d'autres habitants de Miami qui, pendant ces trente dernières années, ont eu besoin de ses généreux conseils et de son aide, j'ai fait la connaissance de Juanita Castro dans sa pharmacie Mini Price. Pour ma part, c'est une curiosité humaine et journalistique qui m'a poussée à rencontrer cette femme bonne, douce, forte, qui ne dévoile rien de ses sentiments. S'il lui est arrivé de pleurer un jour, elle est la seule à le savoir. Au fil des années, mes visites répétées – que ce soit pour soigner des grippes ou des migraines – et mes folles anecdotes qui la font toujours rire m'aidèrent à gagner petit à petit sa confiance.

Tout a débuté un après-midi de 1997. Je me trouvais à la pharmacie Mini Price avec mon amie Angélica Artiles lorsque nous nous sommes rendu compte que quelque chose n'allait pas. Angie, qui la connaissait depuis plus longtemps que moi, plaisantait comme elle en a l'habitude.

« Ah ! Juanita, à cause de Fidel, je dois venir acheter des contraceptifs… Mon *balsero*[4] de mari ne veut pas mettre de préservatifs parce qu'il n'en utilisait pas à Cuba… Ça aussi c'est de la faute de Fidel ! »

De façon étonnante, Juanita est restée sérieuse.

« Qu'est-ce qui vous arrive ? lui avons-nous demandé.

— J'ai lu aujourd'hui le dernier livre sur Fidel, un ouvrage diffamatoire et injuste. On y raconte des horreurs sur des innocents. Mes parents et mes grands-parents, par exemple, ne sont responsables en rien de ce qui s'est passé à Cuba…

4. Ceux qui quittent Cuba et traversent la mer sur des radeaux de fortune.

— Écrivez à votre tour un livre avec votre histoire, lui ai-je proposé.

— Non », a-t-elle aussitôt rétorqué.

Deux fois de suite, j'ai obtenu la même réponse. Jusqu'à ce qu'à ma grande surprise, deux ans après cette conversation, en mai 1999, elle m'annonçât simplement à l'autre bout du fil :

« J'ai décidé d'écrire mes mémoires… Nous commençons lundi prochain. »

C'est ainsi que nous nous sommes mises au travail.

Pendant un an, ma vie a tourné autour de la seule condition que Juanita m'avait imposée : que j'enregistre et transcrive personnellement nos entretiens, dans la plus grande confidentialité. En décembre 1999, le livre était prêt. En le lisant, la catharsis fut telle que Juanita a simplement décidé de ne pas le publier, de le garder pour elle.

Pour la journaliste que je suis, sa décision fut un choc, mais en tant qu'amie, je l'acceptai. À sa demande, nous n'avons conservé que deux copies du manuscrit : la sienne et la mienne, aussi jalousement gardées l'une que l'autre. Pendant la décennie qui a suivi, je suis parfois retombée dessus de façon fortuite. Je le feuilletais, je le gardais avec la tendresse qu'on porte à son premier enfant. Non seulement c'était le premier livre que j'avais écrit, mais, circonstance aggravante, c'était un enfant caché.

Je n'aurais jamais cru que, dix ans plus tard, les mémoires de Juanita Castro allaient me donner l'occasion de partager son secret.

Ce grand secret, fort compliqué, qui m'avait laissée sans voix quand je l'avais appris et me laissa sans sommeil quand je l'évoquai, bien que mon métier de reporter m'incitât naturellement à raconter des histoires aussi incroyables que celle-là.

Juanita et moi-même avons donc consacré huit mois de l'année 2009 à réécrire ce livre. Dix ans plus tard, plus rien n'était pareil : ni Cuba, ni Fidel, ni Raúl, ni elle… Et puis, il y avait ce lourd secret.

Ainsi ses mémoires représentent-elles la radiographie la plus proche et la plus authentique de la famille Castro. C'est aussi un témoignage de première main, puisque Juanita en est partie prenante : il s'agit là de sa mère, de son père, de ses grands-parents et de tous les Castro Ruz, en comptant les célébrités et ceux qui choisirent de rester dans l'ombre.

Fidel et Raúl, mes frères

Ce sont les souvenirs de soixante-seize années d'une vie pleine de rencontres et de différends qui défilent au cours de ces pages. Sans plus de détours, les voici.

Cette histoire, Juanita nous la devait depuis longtemps. Avec la publication de cet ouvrage, sa dette est soldée.

María Antonieta Collins.
Miami, le 16 septembre 2009.

Le réveil a sonné tôt, comme chaque fois que je dois voyager. Je veux pouvoir me préparer en prenant mon temps, je n'ai jamais aimé me presser pour arriver à l'aéroport.

J'entends les bruits de la maison qui me sont si familiers... Francisca Tejeiro Fraga, ma cuisinière espagnole depuis des années, prépare ce petit déjeuner léger et très cubain que j'aime tant : café crème et toasts.

Vilma, la jeune fille qui prenait soin de ma mère et qui s'occupe de la maison, frappe à ma porte.

« Juanita, Tito Rodríguez est là, je ne savais pas qu'il partait aussi avec toi. Tu veux qu'il mette ses valises dans la voiture ? »

Je lui réponds oui et l'entends donner des instructions.

Je termine de m'habiller avant de passer ma chambre en revue. Les meubles, les détails, tout est impeccable, tout est à sa place.

Je me rends dans la salle à manger et salue Jesús Lavandas, mon chauffeur depuis de nombreuses années. Il entre et sort de la maison, chargeant les bagages en ronchonnant.

« Encore un voyage au Mexique, et toujours avec autant de valises que María Félix[5] !

— Ne te plains pas Jesús, tu sais bien que sur ces onze bagages, seuls deux sont à moi. Comme d'habitude, les autres sont pour les gens qui me demandent de leur rapporter des choses. Et puis arrête de dire des bêtises, Vilma pourrait nous entendre. »

Ma jeune employée de maison est une sacrée révolutionnaire. Elle l'est jusqu'à la moelle ! Fidel est son dieu. J'ai dû supporter

5. María Félix (1914-2002), actrice mexicaine.

ses idées parce qu'elle s'est occupée de ma mère de manière exemplaire. Sa présence m'a d'ailleurs permis de réaliser le danger que la moindre distraction pouvait représenter pour mes activités.

Je termine de petit-déjeuner. Francisca charge Vilma de laver les quelques assiettes restantes, car elle va m'accompagner. Tito fait une pause et s'assoit à table avec moi.

« On ne dirait pas que tu t'es couchée tard hier soir, me fait-il remarquer. On est prêts, on part quand tu veux. Francisca, Jesús et moi, on t'attend dans la voiture. Juanita, maintenant que personne ne nous écoute, tu crois qu'on reviendra avant six mois ? »

Je ne lui réponds pas. Je pars chercher mon sac dans ma chambre et vérifie mes papiers : le passeport, le visa mexicain, les billets. Tout est en règle. Je vais dans le salon.

Je m'arrête un moment pour passer la pièce au crible, en commençant par mes innombrables photos encadrées.

Des clichés montrant mes grands-parents ou moi-même, les photos de mariage de mes frères et sœurs. Ils y sont tous : mariages de Fidel, Raúl, Ramón, Angelita, Enma et Agustina. On peut voir des photos de ma mère et de mon père dans chaque coin de la maison. S'il y en a autant, c'est parce que j'ai toujours aimé en être entourée. En les regardant, je me sens accompagnée. Mes frères et sœurs me les ont toujours enviées, car aucun d'entre eux ne possède une collection de photos égale à celle-ci. Ma mère m'en a donné la plus grande partie. Je ne résiste pas à une pulsion : au dernier moment, j'en saisis une représentant Raúl petit, à cheval sur un canon, et une autre de ma mère à la remise du diplôme de Fidel. Je les retire de leurs cadres que je cache dans un tiroir du meuble de la salle à manger avant de faire disparaître les clichés dans mon sac. Si un bon nombre des photographies que je possède sont exposées, j'en ai gardé une grande quantité dans le placard de ma chambre, à côté des films de famille.

Mon regard se pose alors sur le calendrier à feuilles détachables affichant la date d'aujourd'hui : nous sommes le 19 juin 1964. Je suis tentée d'arracher la page pour la conserver, mais je me ravise.

Tout doit rester à sa place pour ne pas éveiller les soupçons.

Je sors dans la rue avant que la tristesse ne me gagne et prends congé de Vilma devant la voiture.

« Surveille le téléphone et note les messages. Je t'appellerai souvent de chez Enma. »

Je monte dans le véhicule et demande à Jesús de démarrer rapidement. Avec la vitesse, je sens que je m'éloigne de plus en plus de ma maison du quartier de Miramar, à La Havane.

En réalité, ce n'est pas là un voyage ordinaire de plus... mais bien mon départ définitif de Cuba.

Soudain, je me rends compte d'une chose : j'ai fait un grand saut en avant dans le temps parce que nous voici dans les années 60, et comme tous les mémoires, ceux-ci doivent commencer bien des années plus tôt.

1. De nouveau à la maison

Assise dans le train, je regardais les traverses des voies s'éloigner et repensais aux innombrables fois – combien, je ne l'ai jamais su – où ma mère et moi avions fait ce trajet ensemble, de La Havane au Central Marcané, pour rejoindre notre maison de Birán. C'étaient toujours des voyages aller-retour. Mais ce 6 août 1963, tout était différent.

Quelques mois plus tôt, ma mère, Lina Ruz, âgée seulement de cinquante-sept ans, avait eu un infarctus qui l'avait clouée à l'hôpital pendant un certain temps. J'ai toujours pensé que sa santé se détériorait prématurément parce qu'elle avait commencé à travailler très jeune aux champs. Elle avait eu sept enfants et s'occupait de la maison, accomplissant ses tâches sans relâche, bien qu'elle ait souffert pendant fort longtemps de problèmes circulatoires très graves. Elle avait d'épouvantables varices qui la martyrisaient ; le moindre coup se transformait immédiatement en ulcère. On l'avait opérée plusieurs fois pour la soulager, mais les médecins n'avaient jamais pu freiner la progression de la maladie.

En raison de ses problèmes de circulation sanguine, surtout ces dernières années, elle avait pris l'habitude de réserver deux places assises pour effectuer ce même trajet de plus de dix heures. Elle se servait ainsi de la place en face de la sienne pour reposer ses jambes et éviter qu'elles ne gonflent et ne lui causent davantage d'ennuis. Quel que soit son état de santé, ma mère nous rapportait immanquablement de chaque voyage tout ce que nous aimions, nous, ses enfants. Ainsi, chaque fois qu'elle venait me rendre visite chez moi à La Havane, dans cet appartement qu'elle considérait encore comme le sien, elle arrivait les bras chargés de viande, de fromages et de victuailles préparées par ses propres soins et que nous savourions depuis notre enfance.

Ce 6 août 1963 était différent parce que ma mère ne voyageait pas sur deux places, accompagnée de quelqu'un comme elle en avait pris l'habitude. Elle reposait dans un petit salon, et le train entier était à sa disposition. Nous étions nombreux à l'entourer : mon frère Raúl et sa femme Vilma Espín, Angelita ma grande sœur, et moi. Agustina, la plus jeune, n'avait pu se joindre à nous parce qu'elle était sur le point d'accoucher, tandis que Ramón et sa femme Sully se trouvaient à la maison du Central Marcané, où tout avait été préparé pour son arrivée.

Le train était plein à craquer, les wagons étaient divisés selon plusieurs catégories de passagers qui cette fois n'avaient rien à voir avec le prix du billet mais avec un événement plus grave. Il y avait là les amis proches et ceux qui étaient venus par obligation. Tous, nous formions son cortège funèbre.

À mon grand chagrin, ma mère était morte d'un coup, chez moi, à peine quelques heures plus tôt. Tout s'était passé si rapidement que nous avions à peine eu le temps de réaliser.

Je partageais ma vie entre le quartier de Miramar et la pension que je possédais au J 406 dans le quartier du Vedado. Les étudiants que j'y hébergeais me tenaient lieu de façade. En réalité, cette maison était le refuge de nombreuses personnes qui cherchaient à se cacher ou attendaient de s'exiler.

J'avais des choses à faire en ville cet après-midi-là, et Tito Rodríguez, un des pensionnaires qui me secondait, m'accompagnait. Sur le chemin, je m'arrêtai un moment à la maison pour voir ma mère, souffrante ce jour-là, et je tombai sur ma sœur Agustina qui était venue lui rendre visite.

« Ça va, me rassura calmement ma mère. Ne t'inquiète pas, tu as beaucoup de choses à faire et en plus je suis bien contente car je bavarde avec Agustinita. Fais tranquillement ce que tu as à faire et on se voit ce soir.

— Ne te tourmente pas, je vais rester avec elle tout le temps qu'il faudra », renchérit ma sœur.

De toute façon, ma mère ne restait jamais seule, il y avait toujours Vilma, la jeune employée qui s'occupait d'elle quand elle venait à La Havane. J'ai poursuivi ma route vers le Vedado. Je venais à peine d'arriver au J 406 quand Agustina m'appela, effrayée.

« Juanita, reviens tout de suite, maman se sent mal !

— Va chercher le Dr Kouri ! lui dis-je pendant que je repartais désespérée du Vedado.

— S'il vous plaît, appelez Raúl à ce numéro ! demandai-je à l'une de mes pensionnaires. Dites-lui que ma mère va très mal ! Qu'il se rende chez moi ! »

Quand j'arrivai, ma mère me dit :

« J'ai senti une douleur très forte dans la poitrine, et ensuite une autre... Je me sens très mal, Juanita, je suis en train de mourir, ma fille, appelle mon Musito.

— J'appelle Raúl tout de suite mais n'aie pas peur, ma petite maman, il ne va rien t'arriver. »

La Dr Ada Kouri, cardiologue et femme de Raúl Roa, alors ministre des Affaires étrangères, habitait deux portes plus loin et s'occupait déjà d'elle. Après m'avoir donné l'ordonnance, je partis comme une furie à la pharmacie la plus proche. Je revins avec le médicament à peine quelques instants plus tard, mais elle était déjà mourante.

« Je vais le lui injecter directement dans le cœur, me dit le Dr Kouri. Elle a eu un deuxième infarctus et elle a perdu connaissance. »

La doctoresse fit tout ce qui était en son pouvoir.

« Je suis vraiment désolée. Il n'y a plus rien à faire. L'infarctus a été massif et elle n'a pas résisté. Lina est décédée. »

Je n'arrivais pas à croire ce que j'étais en train de vivre. Elle était souffrante, mais jamais je n'aurais pensé que cela puisse se produire comme cela, en une minute.

Ma mère mourut avec moi, chez moi, comme si elle avait choisi ce moment pour que je sente qu'elle serait toujours près de moi. Au fond, elle et moi avons toujours été unies par un sentiment très particulier. C'est elle qui m'a appris à travailler dur, sans relâche, et surtout à voir le côté positif des choses là où d'autres ne le perçoivent pas. Des garçons, Raúl a toujours été son préféré, et des filles, c'était Agustina, « la fille de la vieillesse ». Mais parmi les sept enfants, j'étais sa compagne de tous les jours, celle avec qui elle allait partout.

Abattue et désespérée, je n'arrivais pas à comprendre que ma mère était là, morte, allongée sur son lit. L'arrivée de Raúl interrompit le cours de mes pensées. Comme toujours lorsqu'il s'agissait de ma mère, il accourait tout de suite. Nous nous sommes étreints en pleurant.

« Pourquoi, Juanita ? Pourquoi a-t-il fallu qu'elle parte ? »

Je n'avais rien à lui répondre.

« Laisse-moi seul avec maman, me demanda-t-il. S'il te plaît, je veux être avec elle… »

J'accédai à sa demande et sortis de la chambre. Du couloir où je me tenais, j'entendais ses mots…

« Ma petite maman, tu sais que je t'ai toujours aimée, tu sais que je ne t'ai jamais rien refusé. Que vais-je faire sans toi ? »

À plusieurs reprises, j'essayai de m'approcher pour lui dire qu'Angelita, notre grande sœur, et María Julia, une des sœurs de ma mère, étaient arrivées, mais en vain : Raúl ne voulait pas se détacher d'elle.

« Repose-toi, maman, tu le mérites, ma petite mère. Cela va être très dur de savoir que je ne pourrai plus te voir. »

Cela me brisait le cœur de le voir comme ça, la caressant et lui parlant, sans penser au reste. Le contraste entre ce moment et l'attitude que Fidel allait adopter face à la mort de notre mère serait abyssal.

Ce n'était un secret pour personne à Cuba qu'en ce mois d'août 1963 ma relation avec Fidel en était pratiquement à son terme. Si nous en étions là, c'était parce que, dès la victoire de la Révolution, je m'étais consacrée à faire sortir des innocents de prison et à aider ceux qui voulaient quitter le pays. Tout le monde savait cela. À plus d'une occasion, j'avais tenu tête ouvertement à Fidel, et ces confrontations avaient fini par ruiner notre relation.

Je fus une nouvelle fois interrompue dans mes pensées par le bruit familier de portes de voiture qui claquaient et de pas qui entraient chez moi : Fidel était là, entouré de sa cour. Selon son habitude, il m'interrogea sans attendre sur ce qui s'était passé. Je le lui expliquai en détail.

« Nous allons emmener maman ce soir même pour l'inhumer à côté de papa. J'ai déjà ordonné qu'on apprête un train pour le transfert. »

Fidel avait raison. Il fallait exaucer son vœu le plus cher, celui qu'elle nous avait sans cesse répété : « Quand je serai morte, je voudrais reposer à Birán auprès de votre père, nulle part ailleurs ! »

Fidel chargea Raúl des formalités officielles pendant qu'Angelita, Agustina, ma tante María Julia et moi écoutions les détails de la suite des événements. Il avait déjà tout organisé.

« La veillée funéraire aura lieu chez Ramón au Central Marcané, nous partons immédiatement. »

Dans la hâte avec laquelle Fidel avait tout décidé sans même me consulter, un point auquel il ne semblait pas avoir pensé me préoccupait particulièrement : Enma, notre autre sœur, qui était encore au Mexique.

« Il faut attendre Enma, Fidel. Elle est désespérée parce qu'il n'y a pas de vols dans l'immédiat pour La Havane. Autrement, elle n'arrivera pas à temps aux funérailles. »

Je tâchai de lui exposer mon inquiétude, ce qui nous amena à notre inévitable « dispute du jour » :

« Elle a cherché de l'aide et personne n'a pu la lui donner. Elle a même parlé à l'ex-président Lázaro Cárdenas, et il lui a affirmé que la seule solution serait que tu lui envoies un avion de la Force aérienne cubaine…

— Non ! C'est hors de question ! me répondit-il aussitôt. Je ne fais de concessions bourgeoises à personne, nous traversons une époque de grande austérité, c'est la révolution ! »

Furieuse, je lui lançai, me moquant de qui m'entendrait :

« Si c'était un Russe ou une autre personne susceptible de t'intéresser, tu le ferais sûrement, mais tu ne bouges pas le petit doigt pour ta sœur ! Elle ne demande qu'à être auprès de sa mère morte ! »

Autour de nous, la cour observait la scène, attirée surtout par le fait que personne n'osait affronter Fidel, et que j'étais en train de le faire devant tout le monde. Indignée, j'abandonnai aux soins de mon frère tous ces gens qui envahissaient la maison, et me réfugiai dans ma chambre. Peu après, Fidel m'y retrouva pour essayer d'apaiser la situation. Je cédai, mais il n'entreprit rien de plus pour qu'Enma soit présente à l'enterrement.

Je n'aurais jamais imaginé que ce 6 août 1963, jour de la disparition de ma mère, marquerait simultanément la fin de ma relation avec mon frère.

« Camarades, sortons le cercueil et rendons-nous à la gare ! »

Sur un ordre unique de Fidel, tout se mit soudain en branle, comme si un ouragan allait tout emporter. En l'espace de quelques minutes, la cour porta le cercueil et tout le monde se mit à courir vers la gare centrale. Je ne sais pas comment j'ai réussi à me frayer un chemin jusqu'au quai parmi cette foule, ni comment je suis montée dans le wagon principal pour tout organiser, mais j'y suis parvenue.

« Le cercueil ne passe pas par la porte du wagon, m'annonça Tito Rodríguez, ils sont en train de casser une fenêtre pour l'installer directement dans le petit salon. »

Après moult efforts, ils déposèrent enfin le cercueil dans ce petit salon qui, pendant le trajet qui dura presque une journée, allait tenir lieu de chapelle ardente.

J'avais cru que Fidel, Raúl, Angelita et moi-même nous rendrions ensemble à Birán, mais je m'étais trompée : Fidel monta dans le train et supervisa les détails du transfert du corps de ma mère, mais, à ma grande surprise, il en redescendit quelques minutes avant que le train ne parte.

« Fidel rejoindra Holguin en avion et de là il se rendra au Central Marcané où il nous attendra, m'informa Raúl. Je reste avec Angelita et toi, pour m'occuper de tous ceux qui nous accompagnent. »

Parmi ceux qui nous « accompagnaient » se trouvaient tous mes amis, des opposants au régime notoires. Ana Ely Esteva, l'une des plus aguerries et qui connaissait Raúl, semblait impressionnée. Combattante infatigable et femme courageuse, Ana Ely avait lutté pour la Révolution avant d'en devenir une adversaire, risquant sa vie dans des missions dangereuses et difficiles.

« Quelle différence entre les deux frères ! observa-t-elle. Fidel nous a tous regardés d'un air dur sans prendre la peine de nous saluer tandis que Raúl, même s'il sait que nous sommes des opposants, est venu nous accueillir très gentiment. Il a remercié chacun d'entre nous d'être venu. »

Ce comportement de Fidel, cette manière de faire les choses de son côté n'avait rien de nouveau pour moi. Le fait que Raúl ne puisse se détacher du corps de sa mère, qu'il l'accompagne jusqu'au dernier moment, ne me surprenait pas plus. Depuis toujours, la famille était importante pour Raúl, mais elle n'a jamais été une priorité pour Fidel.

Sur le chemin, le train s'arrêta dans plusieurs hameaux parmi lesquels Vertientes, au Camagüey, où ma tante Belita, la petite sœur de ma mère, nous rejoignit. À Vertientes comme dans tous les petits villages qui se trouvaient sur le trajet du train central, les gens s'étaient réunis dans les gares pour nous présenter leurs condoléances. Finalement, nous arrivâmes au Central Marcané l'après-midi du 7 août.

La confusion régnait, personne ne savait s'il fallait croire à cette nouvelle : Lina, la femme qui les aidait et les soignait, celle-là même qui avait repris la propriété à bras-le-corps à la mort de mon père, donnant du travail à des centaines de gens, cette Lina qu'ils aimaient tant, était morte.

La foule qui se tenait dans la gare voulut l'escorter, des épaules se présentèrent pour porter son cercueil jusqu'à la maison de Ramón. Fidel, qui nous attendait sur le quai, prit la tête du cortège.

Par la suite, j'allais trouver d'autres raisons d'être furieuse. La maison de Ramón, par exemple, était en effervescence. Elle grouillait de policiers et de miliciens, on pouvait voir leurs mitrailleuses posées sur la terrasse. La sécurité de Fidel veillait partout. Il avait donné l'ordre que les visiteurs qui attendaient respectueusement leur tour soient rassemblés en une très longue file, et ne les autorisa à entrer qu'un instant par la porte du salon, avant de ressortir aussitôt par l'autre porte pour que la veillée funèbre ne dure pas plus de deux ou trois heures.

Les frères de ma mère, mes oncles Enrique et Alejandro, des gens très modestes que personne ne reconnut, restèrent devant la porte jusqu'à ce que quelqu'un vienne finalement leur ouvrir.

Enfin, nous nous rassemblâmes dans le salon de Ramón et, pour la seconde fois de ma vie, j'assistai à des démonstrations d'affection émouvantes devant le cercueil d'un membre de ma famille. La première fois, c'était il y a sept ans, à la mort de mon père. Les *guajiros* l'avaient pleuré. La seconde se déroulait là, sous mes yeux, devant la dépouille de ma mère. De mon vivant, il me sera impossible d'oublier ces humbles femmes qui s'approchaient d'elle et lui offraient des fleurs en murmurant :

« Repose en paix, Lina, tu ne souffriras plus », ou bien « Lina, enfin tu trouves le repos, ton cauchemar est fini ».

La tête me tournait. Un jour à peine s'était écoulé depuis la mort de ma mère et nous étions déjà réunis là pour l'inhumer. Pourtant, il était impossible de se laisser aller au chagrin – on ne pouvait ignorer ce qui se passait autour.

L'espace d'un instant, je me crus dans un film d'exorcisme. Le prêtre, un ami de la famille que ma mère aidait beaucoup dans ses œuvres de charité, se présenta chez nous et se mit tout de suite à prier :

« Répétez tous avec moi : Au nom du Père, du Fils et du Saint-Esprit… »

Ce fut comme si le diable avait vu un crucifix ! Fidel et sa suite partirent en courant du salon, ne laissant derrière eux qu'un petit groupe de personnes disposées à prier, uniquement les plus proches de la défunte.

Mais je n'avais pas tout vu.

De la même façon qu'à La Havane, où une tornade avait subitement sévi, emportant le corps de ma mère, une autre tornade dirigée par Fidel s'éleva chez Ramón à peine le prêtre avait-il terminé sa prière.

« La veillée est finie, camarades, déclara-t-il. Allons directement au cimetière. »

La cour s'empara rapidement du cercueil pour aller l'enterrer tandis que le soir tombait.

Je restai assise dans le salon, chez Ramón, décidée à ne pas me joindre aux autres bien que le cimetière soit à portée de vue et que je puisse voir tout ce qui s'y passait. Tito Rodríguez me raisonna.

« Allez, Juanita, ça n'arrive qu'une fois dans la vie, c'est la dernière couleuvre que tu dois avaler, fais-le pour Lina. »

À la perte de ma mère, une perte si grande que je continue de la regretter aujourd'hui, s'associait la colère due au refus de Fidel d'aider Enma. C'était si injuste. Sa demande ne requérait aucun sacrifice extraordinaire. S'il m'avait donné une raison plus humaine, je l'aurais peut-être acceptée, mais cet argument de « la bourgeoisie et de la Révolution » dépassait mon entendement.

Finalement, Tito parvint à me convaincre et nous partîmes en courant au cimetière. Le service de sécurité de Fidel avait disposé les voitures du cortège en cercle, barrant le passage à quiconque. Inconsciente du danger que j'encourais, je commençai à les escalader, essayant de me faufiler pour entrer. Je me rappelle encore la tête d'un des miliciens de garde qui me barra le passage en pointant son arme sur moi. Je le repoussai avec tant de détermination qu'il ne fit aucun geste pour nous retenir. Nous étions enfin entrés.

Une fois l'enterrement terminé, Raúl et son épouse Vilma partirent tout de suite pour Santiago de Cuba ; Raúl était anéanti. Fidel disparut au milieu de la foule tandis que je restai là un moment, encore secouée par tous ces événements. Fidel s'était rendu sans tarder à la propriété de Manacas, notre ancienne maison, parce qu'il y avait organisé une cérémonie politique le jour même de l'enterrement : la création de la Coopérative agricole 6 août, dédiée à la mémoire de sa mère.

Je n'en pouvais plus.

Tito, Ana Ely Esteva et moi-même rentrâmes à La Havane. À mesure que je m'éloignais de Birán, un pressentiment me gagnait : le terrible pressentiment que les temps de souffrance et de rupture venaient seulement de commencer pour moi. Sans ma mère, mon sort était en suspens. Je savais très bien que mon seul recours était l'exil, cet exil qui allait durer plus de quarante-cinq ans et que partagèrent plus d'un million de Cubains. La solitude d'être éloignée des miens, la plupart d'entre eux étant contraints de me rayer de leurs souvenirs.

Seule me restait la consolation de savoir que ma mère reposait maintenant pour toujours à côté de mes grands-parents, Francisco et Dominga, qu'elle avait tant aimés et qui le lui avaient largement rendu, et à côté d'Ángel Castro, le seul homme de sa vie. Conformément à ses désirs, elle reposait éternellement dans la terre où cette histoire avait commencé. Elle était déjà... de retour à la maison.

2. Nos racines

Rien ne liait Pinar del Río à Cuba et Istanbul en Turquie, si ce n'est la haine qui nourrissait toutes les histoires entourant nos origines, en particulier celles que l'on racontait au sujet de Francisco Ruz Vázquez, mon grand-père maternel. Un de ces nombreux esprits romanesques qui courent les rues s'était mis en tête d'imaginer un conte des *Mille et Une Nuits* autour de ma famille et, pour le rendre plus réaliste, il le situa en Turquie. C'est ainsi que mon grand-père, le héros de cette aventure, se retrouva travesti en « turc » – comme si être turc était une chose abominable. Dès lors, il ne restait plus qu'à le faire passer pour une fripouille. On lui inventa donc une enfance de jeune voleur qui ne reculait devant aucune victime, pas même les aveugles. Mon pauvre grand-père ! Ce colporteur qui avait à peine connu La Havane ! Cet homme dont la vie commença et se termina à Cuba de la manière la plus simple et la plus modeste qui soit ! Né à Pinar del Río, il était le fils d'un couple d'Espagnols, Francisco Ruz et Rafaela Vázquez, lui originaire de Cádiz et elle des Canaries. Comme on peut le voir, il n'existe pas la moindre relation entre leur existence et la Turquie.

Mon grand-père Francisco, qui a transporté toutes sortes de marchandises au cours de son existence, rencontra Dominga González à San Juan y Martínez, dans la province de Pinar del Río, en 1870. Fervente catholique, Dominga était la fille de Domingo González, Espagnol des Asturies, et d'Isabel Ramos, Cubaine de Pinar del Río.

Après de brèves fiançailles, Francisco et Dominga se marièrent à l'église en 1899, dans le même petit village de San Juan y Martínez. Ils eurent sept enfants, cinq filles et deux garçons : Panchita, Antonia qui mourut en couches, Lina, ma mère, María Julia, Alejandro, Enrique et Agustina Isabel, affectueusement surnommée tante Belita au sein de la famille.

L'histoire de la famille de ma mère se résume à une suite de pérégrinations dues aux intempéries. Début 1900, un ouragan détruisit Pinar del Río, les contraignant à émigrer de Guanes, où ils vivaient, vers Camagüey, où ils habitèrent pendant plusieurs années. Tante Belita nous raconta qu'avec leurs économies mes grands-parents Francisco et Dominga purent acheter un terrain où ils s'installèrent. C'est à Camagüey que naquirent María Julia, Enrique, Alejandro ainsi qu'elle-même. Malheureusement, le climat était si mauvais – totalement sauvage – que certains de mes oncles attrapèrent le paludisme, alarmant mes grands-parents, qui par ailleurs ne se sentaient pas très bien dans cet endroit. Décidés à chercher quelque chose de mieux pour la famille, ils vendirent leurs biens et s'établirent dans le village de Birán, dans la province d'Oriente.

Je me souviens de mon grand-père Francisco comme d'un homme très exigeant dans son travail. Ses compétences particulières en matière d'agriculture et d'élevage de bêtes conduisirent Ángel Castro, mon père, à lui offrir un emploi.

« Ángel était contremaître d'une équipe à la United Fruit Company, précisa tante Belita, et il cherchait des ouvriers pour travailler à Guaro, un des centres d'opérations de United. Il avait besoin de personnes qualifiées pour veiller à la croissance des plantations de canne à sucre, des récoltes et du bétail. »

C'est ainsi qu'on lui recommanda Francisco Ruz, mon grand-père, comme meilleur candidat pour le poste.

Tout en faisant connaissance, les deux hommes tombèrent aussitôt d'accord sur les conditions de travail, et mon grand-père fut embauché. La relation entre le futur beau-père et son futur gendre débuta aussi simplement que cela.

Mais revenons-en à mes grands-parents. Bien que la famille Ruz González, qui comptait sept enfants, ne manquât de rien, elle menait une vie simple et modeste. Elle habitait une maison en bois meublée du strict nécessaire et entourée d'un terrain suffisamment grand pour élever leurs bêtes. Les garçons participaient comme ils pouvaient aux travaux agricoles, tandis que les filles s'attelaient aux tâches domestiques. Ainsi, ma mère et ses frères et sœurs grandirentils dans une atmosphère de dur labeur et de morale stricte. Pendant les après-midi où elle s'entourait de ses petits-enfants, ma grand-mère Dominga nous racontait :

« Nous avons été pauvres, mais s'il y a une chose dont nous pouvons être fiers, votre grand-père et moi, c'est d'avoir inculqué à nos enfants le respect pour tout et pour tous. Voilà notre plus grande réussite en tant que parents. »

Francisco Ruz et Dominga González éduquèrent leurs enfants dans la foi catholique, simplement parce qu'ils étaient tous deux catholiques pratiquants. Si ma grand-mère avait su les calomnies dont elle était la cible – ainsi l'appelait-on la sorcière *Carabalí*[6], vêtue en *conga*[7] –, elle se serait retournée dans sa tombe ! Cette femme pleine de bonté n'avait rien d'une sorcière et encore moins d'une *santera*[8]. Elle ne s'habillait pas en *conga*, et n'a jamais su ce qu'était le vaudou. Je me souviens d'une femme très catholique, la seule religion qu'elle pratiquât jamais parce qu'elle naquit, vécut et mourut dans cette foi. À cette époque, on n'avait pas vraiment le choix. On naissait dans une religion, et on se conduisait en conséquence.

Dans la vie que mes grands-parents menaient pour élever leurs enfants, dont ma mère, il restait peu de place pour l'instruction. Il existait bien de petites classes rurales, mais on y enseignait peu de chose. C'est sans doute ce qui poussa ma mère à vouloir toujours en savoir plus, à étudier davantage. Ce que j'admirais le plus en elle, ce qui me frappait, c'était que, loin de se cacher derrière l'excuse « Je n'ai pas eu la chance d'aller à l'école », elle prît au contraire le parti de se cultiver par ses propres moyens pour assouvir sa soif de connaissances. C'est aussi ce désir d'apprendre qui l'incita à nous envoyer dans les meilleures écoles de Cuba. Bien évidemment, celles-ci ne se trouvaient pas à Birán, et notre mère accepta donc ce grand sacrifice que représentait le fait de nous éloigner d'elle, bien qu'elle passât son temps à rendre visite aux uns et aux autres.

Voilà ce qu'il en est des modestes origines de Lina Ruz González, ma mère.

Mon père, Ángel Castro Argiz, était espagnol. Il est né le 4 décembre 1875 à San Pedro de Láncara dans la province de Lugo, en Galice.

---

6. De Calabar, région au sud du Nigeria, d'où étaient originaires des esclaves africains.

7. Musique et danse populaire afro-cubaine, présentes dans les carnavals, qui accompagnent aussi les cérémonies de Santería.

8. Qui pratique la Santería.

Je regrette de décevoir ici les historiens au rabais et les psychologues de bazar qui gaspillèrent inutilement leur temps en tentant d'expliquer Dieu sait combien d'histoires sur Fidel et Raúl, mes frères, afin d'établir un lien entre l'origine de mon père et sa venue à Cuba.

Mon père arriva à Cuba en 1899 en tant que soldat espagnol d'un genre particulier. Pendant la guerre d'Indépendance, on les appelait les « tiers ». Ce type de soldat, résultant d'un troc assez singulier, était devenu à la mode en Espagne : quand les fils de bonnes familles voulaient échapper aux conflits, éviter la guerre, ils cherchaient un « tiers » pour les remplacer. Voilà comment Ángel Castro émigra à Cuba. C'est aussi simple que cela.

D'après les récits de la famille et les documents que nous possédons, nous savons depuis toujours qu'il débarqua à Cuba en décembre 1899 à bord du vapeur français *Mabane*, et qu'une fois arrivé il ne quitta plus jamais Cuba.

Fidel avance le contraire, mais Enma, Agustina et moi-même sommes d'accord : notre père ne retourna jamais en Espagne. Il nous raconta lui-même que, la guerre terminée, il était allé vivre d'abord à Camajuani puis à Cayo Romano, chez un homme qui fabriquait des tuiles et qu'il avait rencontré à Santa Clara, province de Las Villas. Plus tard, ne souhaitant plus habiter avec lui, il partit tenter sa chance de village en village. Il passa à Ponupo et aussi au Central Preston, situé dans le hameau de Guaro, avant de s'établir à Birán. À peine installé en Oriente, il entreprit d'aider sa famille restée en Galice, dont sa sœur adorée, Juana – je porte ce nom en son honneur.

Lors de ses escapades de jeunesse, mon père, un bel homme à l'avenir prometteur, fit la connaissance de María Luisa Argota Reyes à Santiago de Cuba. Ils eurent cinq enfants, dont trois moururent en bas âge et deux survécurent : Pedro Emilio et Lidia Castro Argota. Après plusieurs années de vie conjugale, mon père se maria avec María Luisa Argota en 1911, mais c'était un couple où l'indifférence régnait. Si d'aucuns ont pu affirmer que María Luisa était institutrice, elle ne l'était pourtant pas et ne travailla même pas dans une école. Lidia nous raconta d'ailleurs que, pour les punir d'une bêtise, sa mère n'hésitait pas à empêcher ses enfants de se rendre à l'école. Ce détail retient toute notre attention dans la mesure où il ne correspond en aucune mesure à l'attitude que l'on pourrait attendre d'une institutrice – bien au contraire.

Pendant ce temps, mon père avait commencé à s'enrichir grâce à son sens des affaires et à son ardeur à la tâche. Tout en travaillant à la United Fruit Company, il élevait pour son compte des coqs de combat de Jerez, activité qui lui rapportait de jolies sommes. Il investit les gains de ce jeu dans divers terrains de Birán, choisissant d'y résider seul tandis que María Luisa et ses deux enfants occupaient une belle maison à Mayarí. Pourquoi cet éloignement ? Parce que María Luisa n'aimait pas la campagne, et encore moins la proximité des *guajiros*. Lidia Castro Argota elle-même nous raconta – nous étions grands alors – que, au cours d'une dispute avec sa mère, elle aurait reproché à cette dernière d'avoir quitté mon père au lieu d'aller vivre avec lui à la campagne. Selon Lidia, sa mère aurait répondu sans détour :

« Vivre à la campagne ? Moi ? Allons donc ! Il n'y a que les oiseaux et les bêtes qui vivent à la campagne. Si c'est ce que voulait Ángel, c'est son problème. »

S'il était physiquement séparé de sa femme et ne la voyait pratiquement jamais, il veillait cependant à ce qu'elle vive confortablement à Mayarí. Un jour, mon père se rendit chez les Ruz González pour y chercher mon grand-père Francisco et y aperçut ma mère. Tante María Julia, témoin de la rencontre, atteste qu'il en tomba immédiatement amoureux.

De nombreux biographes s'accordent à dire que ma mère travaillait comme domestique chez Ángel Castro et que leurs amours étaient nées de là, ce qui est faux. Ils se connurent chez ses parents. Si ma mère avait été domestique, elle ne l'aurait certainement pas nié car, loin d'être honteux, c'est un travail honnête.

Revenons aux souvenirs de tante María Julia :

« Ángel est tombé éperdument amoureux de Lina, et il a commencé à fréquenter la maison. C'était un homme très respectueux, qui a toujours pris mon père en considération pendant les fiançailles avec ma sœur. Pourtant, pour Francisco Ruz, un homme sérieux et droit, ces changements au sein de sa famille étaient difficiles à accepter. Même si tout le monde à Birán savait qu'il était séparé de sa femme, Ángel n'était pas divorcé, et sa situation était inadmissible pour mes parents. Mais l'amour qu'ils se vouaient l'un l'autre était plus fort que tout, et c'est ainsi que Lina franchit le pas à dix-neuf ans. Elle choisit d'aller vivre avec l'amour de sa vie. De son côté, Ángel était tout aussi amoureux mais c'était également un homme responsable, qui s'adressa donc à mes parents pour leur expliquer qu'il divorcerait légalement de María Luisa afin d'officialiser la séparation entamée cinq ans avant qu'il ne rencontre ma sœur. Bien que le divorce fût difficile à obtenir, il leur donna sa parole. Il aimait Lina et ne voulait pas vivre avec elle hors mariage. Mes parents n'eurent d'autre choix que d'accepter la promesse d'un homme d'honneur, et le temps se chargea ensuite de les convaincre du fait qu'Ángel s'était vraiment et sincèrement engagé envers Lina, qu'il protégeait et respectait comme sa femme légitime. »

Grâce aux souvenirs de tante María Julia, nous savons que ma mère quitta la maison paternelle à dix-neuf ans et non à treize, pour fonder sa propre famille avec Ángel Castro Arguiz. Les enfants ne tardèrent pas à arriver. Il est évident que mon père ne cacha jamais ma mère, ni leur relation, ni notre existence – nous étions ses trésors. Nous naquîmes et grandîmes avec lui, dans notre maison de Manacas.

Vécurent-ils pendant un moment hors des liens du mariage ? Oui, mais ils s'aimaient, et c'est ce qui conduisit Ángel Castro à clore officiellement sa relation inexistante avec sa première épouse et à donner à ma mère, qui travaillait d'arrache-pied avec lui dans la propriété, la place qui lui revenait.

Certains ont eu la bonne idée de s'acharner sur la mémoire de mes grands-parents et de mes parents, qui ne peuvent pas se défendre. Que les choses soient claires : ma grand-mère, Dominga, était quelqu'un de très bon, qui vécut toujours avec nous. Elle ne vendit jamais l'honneur de sa fille, poussée par la faim, et mon père de son côté n'abusa pas de ma mère alors que celle-ci n'était qu'une fillette. À dix-neuf ans, cela fait longtemps que l'enfance a cédé le pas à l'adolescence. Il y avait certainement une différence d'âge conséquente entre eux, mon père ayant le double de celui de son épouse, qu'y a-t-il de mal ou de condamnable à cela ? Ma mère n'était pas la première, ni la dernière à se marier avec un homme d'âge mûr.

Ángel Castro et Lina Ruz ne se quittèrent jamais. Ensemble, ils virent naître leurs enfants et petits-enfants, ensemble ils vieillirent, et seule la mort les sépara.

3. Lina et Ángel

Quand je pense à ma mère, je me souviens des trois grandes qualités que tous appréciaient en elle : elle travaillait du matin au soir, on pouvait lui faire confiance les yeux fermés car elle ne révélait jamais les secrets qu'on lui confiait, et elle possédait un extraordinaire sens de l'humour.

Intelligente, Lina Ruz riait de tout, à commencer d'elle-même. Les dernières années, alors que l'échec de la Révolution était évident et que les plaintes pleuvaient quotidiennement, elle était déjà très malade. Jamais, pourtant, elle ne perdit son sens de l'humour. Quand quelqu'un lui demandait « comment ça va, Lina ? », elle répondait invariablement : « Comment voulez-vous que j'aille ? Tout le monde s'en prend à la mère de Fidel ! »

Son rire était communicatif et sans limites. Elle aimait les blagues, elle appréciait qu'on lui en raconte et elle aimait aussi elle-même en raconter. Elle en connaissait beaucoup, et elle inventait les autres. Pourtant, sa vie n'avait pas été facile.

Sur ses cinquante-sept années d'existence, quinze furent consacrées à la naissance de ses sept enfants : Angelita, l'aînée, naquit le 2 avril 1923, un an après vint Ramón, le 30 septembre 1924, puis Fidel deux ans plus tard, le 13 août 1926. Apparemment, la famille devait se composer seulement de trois enfants, mais alors que Fidel avait cinq ans, ma mère eut d'autres enfants. Raúl naquit le 3 juin 1931, moi le 6 mai 1933, Enma le 2 janvier 1935 et enfin Agustina, « la fille de la vieillesse », le 28 août 1938.

Malgré une stature particulièrement menue, ma mère était solide comme un roc, et cette force que nous louions tous était un exemple de vie. C'était tout à fait elle. Elle accomplissait sans faute tout ce qu'elle était déterminée à réussir. Non seulement elle était épouse et mère de sept enfants, mais aussi gérante. Dans la propriété, elle faisait aussi bien office de vétérinaire que d'infirmière – elle était connue pour cela. En plaisantant, mon père disait toujours que, si quelqu'un gagnait facilement son salaire, c'était bien le vétérinaire, car « Lina se chargeait de tout ». Le vétérinaire recevait des honoraires mensuels mais c'est ma mère qui travaillait. Je la revois, œuvrant sans relâche, vaccinant les bêtes – parfois, il y en avait des dizaines et des dizaines – et aidant les vaches à mettre bas. Elle les connaissait toutes parfaitement et les avait baptisées elle-même : Juliana, Azucena ou Ballena, pour celles dont je me souviens.

Tout au long de ma vie d'exilée, j'ai gardé près de moi des photos de mes parents et de mes grands-parents. L'une de mes préférées est celle où on voit ma mère donner à manger aux boucs. Voilà un cliché qui lui ressemblait bien, à cette femme qui volait du temps au temps pour pouvoir s'occuper de tout et de tous.

Elle était fascinée par la médecine et nous répétait : « Si j'avais pu étudier, je serais devenue docteur. » Je n'en doute pas. Sans la moindre formation, armée uniquement de son grand cœur et de ces médicaments qu'elle rangeait dans une pièce que nous appelions « la pharmacie de maman » pour parer à toute éventualité, elle sauva la vie à plus d'une personne. Un jour, un crime de sang bouleversa la tranquillité de Birán où nous vivions comme une grande famille, car tout le monde se connaissait. Jesús, surnommé « Lechuza », avait eu d'un premier lit un fils retardé mentalement qui agressa sa belle-mère pour la violer, puis lui ouvrit le ventre avec un couteau. Il l'abandonna mourante, perdant son sang, les viscères à l'air. Cette femme ne serait jamais arrivée en vie dans aucun hôpital. Désespérée, sa famille courut chercher ma mère à la maison, et celle-ci fit face au massacre avec une rapidité et un aplomb impressionnants. Elle nettoya et désinfecta les intestins avant de les remettre à leur place, de recoudre le ventre et d'administrer des antibiotiques à la blessée. Cette femme a été sauvée !

Quand il s'agissait d'aider des malheureux, ni l'heure, ni le jour ne lui importait. Un après-midi, alors que ma mère et moi nous reposions, assises sur la terrasse, nous vîmes passer une famille qui transportait un malade sur une civière. Ma mère se leva et demanda ce qui se passait. On lui expliqua que la femme, qui avait accouché au Central Preston, était atteinte d'une infection très grave, parfois même mortelle à cette époque. Constatant qu'il n'y avait plus rien à faire, les médecins l'avaient simplement renvoyée chez elle pour y mourir. Ma mère leur enjoignit aussitôt de faire entrer la femme à la maison. Sans y réfléchir à deux fois, elle demanda de l'eau bouillante et retira de ses propres mains, sans manifester le moindre dégoût, les lambeaux résiduels qui avaient provoqué l'infection dans l'utérus, tandis que l'accouchée délirait à cause de la fièvre. Lina lava et désinfecta entièrement le corps de cette mère, qui fut sauvée grâce à ses soins. Quelque temps plus tard, cette même femme accoucha une nouvelle fois dans le même hôpital et contracta cette fois encore une infection. Désespérée, elle interpella ses infirmiers : « Emmenez-moi chez Lina, emmenez-moi chez Lina, elle me sauvera. » Malheureusement, elle mourut avant qu'on puisse la conduire à la maison.

Nombreux étaient ceux qui avaient confiance en ses dons de guérisseuse ; elle était capable de soulager les cas les plus compliqués, et parfois même ceux qui ne s'expliquaient pas.

Eufrasia Feliú, l'institutrice de l'école primaire que mes parents avaient édifiée à Birán, était une mulâtre haïtienne qui utilisait de l'huile de coco pour lisser ses cheveux. Un jour, elle arriva à la maison en criant car elle ressentait des douleurs terribles à l'oreille. Avec un calme olympien, ma mère commença à l'examiner et, sans crainte, glissa doucement une pince à épiler dans son oreille, grâce à laquelle elle découvrit aussitôt l'origine de ses maux : un cafard s'y était logé !

L'odeur de coco attirant ce genre d'insectes, le cafard s'était caché dans les longs cheveux d'Eufrasia avant de se réfugier dans son oreille. Sans la moindre répulsion, ma mère avait extrait l'insecte morceau par morceau et avait soulagé Eufrasia.

Mais ses soins ne s'arrêtèrent pas là. Des années plus tard, l'institutrice souffrit d'une embolie qui la laissa paralysée. Cette fois encore, ma mère l'aida à se rétablir grâce à ses médicaments, ses remèdes et ses onguents, tant et si bien qu'elle put continuer à exercer sa profession à l'école.

Les soins et les remèdes étaient les mêmes pour tous. Elle distribuait à ses sept enfants de l'huile de ricin, de l'huile de foie de morue ou du bicarbonate de soude, selon le problème à résoudre, et même mon père n'y échappait pas.

Nous nous étions habitués à la voir injecter avec une dextérité extraordinaire dans la nuque d'Ángel un médicament suisse contre le rhumatisme, qu'elle lui administrait par cures de vingt et un jours. Quand on voyait la manière dont elle recousait les blessures, il ne faisait aucun doute que ma mère aurait pu être une grande chirurgienne. Les cicatrices étaient toujours nettes, petites et bien faites. Je peux en témoigner car, comme tous mes frères et sœurs, je fus aussi une de ses patientes à un moment donné. Un jour qu'elle emmenait toutes ses filles à la plage de San Vicente, une bouteille cassée enterrée dans le sable me coupa salement le pied. Aussitôt, elle m'appliqua un garrot de fortune : elle ordonna à ma sœur Angelita de presser très fort la blessure pour arrêter l'hémorragie le temps que nous rentrions à la maison, et une fois arrivées elle recousit l'entaille point par point, avec beaucoup de courage. Le résultat fut parfait.

Si elle prenait soin de nous à la maison, elle se rendait également chez les *guajiros* pour les soigner quand ils ne pouvaient pas se déplacer. Pas une semaine ne passait sans que les ouvriers ne défilent à la maison pour lui dire tout le bien que le remède qu'elle leur avait administré leur avait fait. Elle circulait partout avec sa camionnette, toujours chargée de médicaments, toujours désireuse d'aider.

Quand elle réalisait qu'elle ne pouvait rien faire, elle réclamait à mon père des bons pour leur prise en charge à l'hôpital du Central Marcané ou à la pharmacie de Baudilio Castellanos, et démarrait aussitôt pour les y emmener.

Voilà qui était Lina Ruz González : une femme qui avait de la compassion pour tous et qui dirigeait les affaires familiales tout en s'occupant admirablement de son foyer. Ceux qui attaquèrent lâchement mes parents ne se lassèrent pas de les calomnier, alléguant qu'ils exploitaient leurs employés à la boutique : je n'ai jamais rien lu de plus bas et de plus mesquin. De ses sept enfants, j'ai été celle qui se tenait à ses côtés à la boutique depuis que j'étais en âge de le faire, et je n'ai jamais rien observé de tel.

Dans les Magasins Castro, comme on appelait la boutique de Birán, on trouvait aussi bien de la nourriture que des articles de quincaillerie, des vêtements ou des chaussures, c'était la version très cubaine (et précoce) d'un supermarché. Ma mère en fut toujours la responsable, et, au fil du temps, Ramón et moi avons commencé à travailler avec elle. Il n'était pas rare, il était même coutumier que nous fassions crédit à nos clients. Pire encore, lorsque l'un d'eux dépassait la somme qu'il aurait pu payer de son vivant, nous avions pris l'habitude d'effacer la dette et d'ouvrir un nouveau compte.

Un jour, Enma, en colère parce que certains en profitaient, demanda à mon père : « Pourquoi fais-tu crédit aux gens s'ils ne te payent pas ? Tu achètes de ta poche la marchandise qu'on te fournit. Pourquoi leur donner cet argent ? »

Mon père lui répondit simplement : « Parce que je ne veux pas qu'ils aient faim. »

Enma courut me le rapporter : « Papa m'a cloué le bec, Juanita, c'est incroyable. Alors que je lui faisais remarquer que beaucoup abusaient du crédit, il m'a dit que si l'un d'entre eux exagérait, ça n'avait pas d'importance, car tout ce qu'il voulait était qu'ils n'aient pas faim ! »

Voilà qui donne une idée de son grand cœur.

Ma mère n'était pas en reste. L'histoire se répétait sans cesse, même lors de dates importantes. Un soir de Noël, alors que nous étions tous réunis à table, un *guajiro* vint jusqu'à la porte demander qu'on lui vende quelque chose à manger, car il mourait de faim. Fidel, qui était alors un gamin, bondit sur-le-champ de sa chaise.

« Pourquoi viens-tu déranger maman si tard, elle qui a travaillé toute la journée au magasin ? Tu ne vois pas que c'est Noël ? »

Tous, nous assistâmes à la scène. Ma mère se leva de table.

« Fidel, assieds-toi. Quant à toi, viens à la boutique, nous allons trouver de quoi nourrir ta famille. Allons, Juanita, viens m'aider un moment. »

Je l'accompagnai et nous donnâmes à l'homme ce qu'il désirait avant de rentrer pour le dîner de Noël.

Comment, après ce que je viens de décrire, pourrait-on l'imaginer arpentant les rues de Birán armée d'un fusil, comme le déclarent certains historiens ? Pourquoi aurait-elle fait cela ? Les gens aimaient ma mère. Comment expliquer, sinon par cet attachement, le fait que certaines de nos connaissances soient allées jusqu'à la rechercher, bien des années plus tard, pour qu'elle les tire de prison ou du poteau d'exécution ? Si cette réputation avait été fondée, quel imprudent se serait jeté dans la gueule du loup en formulant de telles requêtes ? Cette infamie était destinée à expliquer les agissements de mes frères, mais elle est fausse. Ángel et Lina étaient aimés de tous à Birán, et cette affection était réciproque. Personne ne leur aurait fait de mal, pas davantage qu'ils n'en auraient infligé à quiconque.

Il existe en effet une photographie représentant ma mère avec un fusil à l'épaule, mais l'explication en est simple : quand elle se rendit sur le Second Front oriental commandé par Raúl, aux temps de la Sierra Maestra, on lui montra des armes. Curieuse, elle demanda à en tenir une entre les mains. Le cliché en question est un souvenir de cet instant. Le reste fait partie de ce chapelet de mensonges ourdis à partir d'un seul élément réel : une photographie.

Une autre ignominie semble procurer un plaisir évident à certains, qui affirment ainsi que notre fratrie est issue de pères différents. Qui peut prétendre avoir des certitudes concernant un sujet aussi délicat ? À quel proche, à quel membre de la famille Lina aurait-elle pu avouer qu'elle « trompait » mon père ? Seul pourrait en attester le témoignage authentique et indiscutable de cette personne, qui l'aurait elle-même reçu de la bouche de ma mère. Mais cette personne ne se manifesta jamais ! Les gens de mauvaise foi ont pu surnommer Raúl « le Chinois » à cause de ses yeux, mais on devrait me le dire à moi aussi car, de nous sept, lui et moi sommes ceux qui se ressemblent le plus, et aussi ceux qui ressemblent le plus à ma mère ! Il suffit de regarder les photos, mon Dieu !

Cela me conduit inéluctablement à aborder un fait de première importance, pourtant délibérément occulté : chronologiquement, il est impossible qu'une personne extérieure, susceptible de donner une version contraire à celle que nous avons de notre propre enfance, ait partagé avec nous la maison de Birán. Nous sept fûmes les seuls témoins quotidiens du fait qu'il était tout bonnement impossible d'imaginer Ángel sans Lina et inversement Lina sans Ángel.

L'image de ma mère, le rassurant avec une grande tendresse comme elle le faisait toujours depuis le début de leur vie commune et jusqu'à sa mort, est restée très vivace dans mon esprit. Cette attitude était réciproque, Ángel prenant également grand soin d'elle. À ses yeux, elle était tout. Quand il mourut, en 1956, il lui destina une grande part de son héritage dans son testament. Si je le sais, c'est parce qu'à sa demande je fus chargée de la répartition. Mon père s'était inquiété de l'avenir de ma mère quand il ne serait plus là, et il exprimait sa gratitude pour ces trente années de vie commune. À une époque où ce n'était pas habituel, mon père la considérait par ailleurs comme une compagne et une associée, comme la personne en qui il avait eu la plus grande confiance de son vivant.

« Si votre père a réussi, nous répétait ma mère, c'est parce qu'il a toujours travaillé comme une mule. Mais celle qui a su gérer et garder les bénéfices, c'est moi. Castro est un panier percé, il va à la caisse et prend de l'argent sans réfléchir. »

C'était elle qui « réfléchissait » pour tous, elle était une bonne gestionnaire. Par ailleurs, plus ils donnaient aux autres, plus ils recevaient d'argent et plus la chance leur souriait. Un jour, Piti, le vendeur de billets de loterie de Birán, passa à la boutique. Il s'adressa tout d'abord à ma mère.

« Piti, aujourd'hui, je n'achète pas de billet, va voir Castro. »

Piti se dirigea rapidement vers la maison. Bien évidemment, mon père ne lui acheta pas un billet mais le carton entier ! Quand la cuisinière s'en rendit compte, elle lui dit : « Castro, si tu pouvais m'en donner deux petits… »

Papa les découpa et les lui donna. Que se passa-t-il ? Mon père gagna le gros lot et la cuisinière, qui avait touché plusieurs milliers de dollars, s'arrêta de travailler. « J'ai gagné une fortune ! répétait-elle, j'ai gagné une fortune ! » Grâce à cette somme qui lui était venue comme un cadeau de mon père, elle put partir à la retraite.

Ángel Castro toucha deux fois le gros lot à la loterie et une autre fois un lot plus modeste. « Castro a de la chance, mais il reste un panier percé », disait ma mère, qui avait aussi beaucoup de chance et gagna plusieurs fois de bons prix à la loterie. La première fois, elle suivit le conseil de mon père et acheta du bétail. Avec les gains du bétail, elle doubla ensuite son prix. Ils ont toujours été faits l'un pour l'autre.

Mon père fut le premier homme généreux que je connus. J'insiste : généreux. Travailleur comme peu le sont et homme de parole, il remboursait jusqu'au dernier centime toute dette qu'il contractait. À quiconque lui demandant un service ou une aide, il ne refusait jamais. Il était connu pour traiter de manière identique un puissant ou le plus humble des *guajiros* de la propriété. Il trouvait toujours une solution, que ce soit pour la nourriture ou les médicaments, et ce dont il se souciait le moins était de se faire payer. En outre, pendant la « morte saison » à la campagne, c'est-à-dire cette période où il n'y avait pas de récolte et où notre voisin et client, la United Fruit Company, se moquait de renvoyer des dizaines de paysans, le seul à s'inquiéter de leur sort était Ángel Castro Argiz. En tant que cultivateur, il portait un soin remarquable à l'entretien de ses plantations de canne à sucre. Il aimait qu'elles soient impeccables, pas une herbe ne devait dépasser. Son côté maniaque donna du travail à un grand nombre d'hommes qui, sans lui, seraient morts de faim car ils n'avaient pas d'autre endroit où aller. Alors que le salaire moyen pour un emploi aux champs, comme celui que proposait la United Fruit Company, s'élevait à vingt-cinq centimes la journée, mon père payait un peso, bien plus que la majorité des employeurs de notre région.

Pas un jour ne passait sans que l'on n'entende, très tôt, la voix de mon père ordonner à la cuisine le menu habituel : « Remplissez les paniers de pain à la goyave, ajoutez des pains au chorizo et n'oubliez pas les cigares ! » Peu de temps après, le rugissement du moteur de la camionnette indiquait qu'il était parti parcourir les plantations pour distribuer le petit déjeuner aux ouvriers. Il avait pris cette habitude quotidienne, sachant très bien que c'était parfois le seul repas de leur journée. Mon père consacra une grande partie de ses moyens à cette tâche : aider son prochain. Curieusement, personne n'a pris la peine d'en parler.

Certains allèrent jusqu'à inventer et propager des horreurs. Ainsi a-t-on raconté que mon père tuait des ouvriers pour ne pas les rémunérer, qu'il déplaçait les clôtures de Manacas pour étendre sa propriété et qu'il volait des bêtes et des tracteurs à ses voisins.

De toute évidence, il n'existe aucune preuve des prétendus meurtres, aucune trace du fait que qui que ce soit ait été assassiné dans ces coins-là. Rendre mon père, un être incapable de faire du mal à une mouche, responsable d'un acte aussi vil est outrageant. Les origines de ces calomnies apparaîtront clairement dans cet ouvrage où nous évoquerons les autres enfants Castro, ceux de mon père.

Quant aux supposées clôtures déplacées dans la nuit, Seigneur ! Nos voisins n'étaient ni manchots, ni idiots, ni aveugles, et ils veillaient jalousement au moindre centimètre de terre. J'aurais aimé voir celui qui se serait risqué à dérober quoi que ce soit à un requin des affaires comme la United Fruit Company !

Et quant aux récits dans lesquels mon père vole des tracteurs dans d'autres propriétés, engins qui seraient apparus ensuite chez nous comme par magie, repeints d'une autre couleur et repris par un Américain dénommé Don Hogkins, qui « soi-disant » allait les récupérer après s'être soûlé avec mon père, ils me font rire.

Cet homme, mentionné dans plusieurs ouvrages, exista effectivement : c'était l'un des meilleurs amis de mon père ! C'est si vrai que nous avions tous pris l'habitude de l'appeler affectueusement « Mr Hog ».

En effet, Mr Hog passait chez nous toutes les semaines car il était notre invité. Il venait déjeuner et bavarder avec mon père. La raison pour laquelle aucun des historiens qui imaginèrent librement cet épisode ne purent l'avoir connu est banalement chronologique : les souvenirs que j'ai de Mr Hog sont ceux d'un homme âgé, et à cette époque-là, je n'étais qu'une petite fille.

Toutes ces histoires inventées impudemment sont le fruit de la *vox populi*, rien d'autre qu'une cascade de haine : ce qu'écrit l'un est recopié par un autre, et le troisième imagine finalement un témoin des faits relatés. À partir de cet instant, et sans plus de vérifications, le fait est unanimement considéré comme véridique !

Il ne me semble pas que ce soit là la bonne manière d'écrire l'histoire, ni de lutter contre le régime. Ce n'est qu'un moyen injuste d'insulter les défunts et de les utiliser comme boucs émissaires de nos problèmes de Cubains. Je n'aurai de cesse d'opposer à ces racontars ma vérité, ma vie et mes souvenirs, témoignant de ce que furent deux personnes uniques, aimées non seulement de leur famille mais aussi de leurs voisins et du peuple qui les accompagna chaque jour de leur vie.

4. Ah Birán, pauvre Birán !

À la fin de l'année scolaire, nous quittions les pensions de La Havane où étudiait toute la fratrie Castro Ruz, pour rejoindre la maison de Birán, dans la province d'Oriente. Les vacances commençaient par un périple de près de quinze heures que nous tentions d'abréger à grand renfort de bonne humeur. C'était toujours Fidel qui lançait : « Si Cuba a la forme d'un crocodile, Birán doit en être le cul tellement c'est loin ! »

Nous riions de la blague qui illustrait vraiment cette journée épuisante. Birán se trouvait à sept cents interminables kilomètres de La Havane. Malheureusement, cette distance n'a pas suffi à nous protéger de la vague d'injures qui déferla plus tard sur notre maison. Notre pauvre petit village n'en réchappa pas davantage, mais accéda au contraire à la célébrité, à travers un nombre incalculable de livres. Pourquoi cet acharnement ? La raison en est simple : c'est là que sont nés « les Castro de Birán », comme certains nous surnomment.

Ainsi, et selon la motivation particulière de l'auteur, Birán était décrit comme un village de voleurs de bétail et de prostituées, ou bien un endroit désert, sans foi ni loi, où les vols étaient monnaie courante, comme au Far West, et où chacun faisait ce qui lui plaisait. Ses habitants, vêtus de haillons, étaient malades, analphabètes et crève-la-faim – rien de bien étonnant puisqu'ils vivaient sous la houlette d'un horrible propriétaire terrien dénommé Ángel Castro. Je me suis très souvent interrogée sur les raisons qui poussaient certains individus à inventer tant de mensonges sur un endroit, et j'ai fini par en arriver à la conclusion suivante : c'était la façon la plus facile et la plus séduisante d'« expliquer » l'atmosphère dans laquelle grandirent Fidel et Raúl, mes frères. Plus l'auteur était motivé par la haine, plus la scène qu'il décrivait était épouvantable.

Le véritable Birán était bien différent du village dépeint par de nombreux historiens autoproclamés. D'ailleurs, la plupart n'y ont jamais mis les pieds, ni en 1910, ni en 1920 ou en 1930, pendant ces décennies où nous, les « Castro de Birán », y vivions en harmonie avec nos voisins. Si l'un d'entre eux avait été présent à Manacas dans les années 40 et 50, il aurait pu voir l'inquiétude des gens quant au sort de notre famille, Fidel et Raúl compris, qui étaient partis se battre contre Fulgencio Batista.

Mon père acheta ses premières terres en Oriente, pour y construire une propriété qu'il appela Manacas, du nom du ruisseau qui traversait le terrain. Lorsqu'il en fit l'acquisition, elle ne comptait que des bois et des terres vierges. Il n'y avait pas plus de vingt habitants alentour malgré l'abondante végétation, la terre propice aux plantations de canne à sucre et les nombreux pâturages pour le bétail.

À mesure qu'il se développait et que les constructions s'y multipliaient, Birán offrait un visage particulier. C'était un très beau petit village, avec ses maisons peintes en jaune, ses fenêtres et ses portes blanches. Notre maison était loin de ressembler à ce que des observateurs manifestement motivés par la rancune ont pu raconter. Il n'y avait pas ici de cour que la famille se partageait avec les bêtes et où les visiteurs devaient nettoyer les excréments que les poulets, les poules et les cochons laissaient sur les chaises et les tables. Ce n'était certainement pas cet épouvantable endroit où l'on mangeait debout parce qu'on ne pouvait faire autrement, et où des hamacs accrochés aux murs constituaient le seul mobilier.

Lequel de ces écrivains passa ne serait-ce qu'une demi-heure chez nous pour pouvoir porter pareil jugement ?

Celui qui nous aurait rendu visite aurait vu un endroit propre, dépourvu de luxe, mais où rien ne manquait.

Nous habitions une jolie maison, peinte en jaune et blanc comme ces résidences d'été espagnoles construites sur pilotis. Une aile abritait trois chambres, celles de Ramón, Fidel et Raúl, ainsi que le bureau de mon père composé d'un salon avec une salle à manger privée et un énorme bureau ancien pourvu d'innombrables tiroirs ; c'était un endroit suffisamment confortable pour qu'il puisse y passer une partie de la journée.

Un grand poste de radio y diffusait les nouvelles du monde entier que mon père écoutait tout en lisant tous les journaux publiés à Cuba ainsi que ceux qui venaient de l'étranger, *El Diario de la Marina*, *El País*, *El Mundo*, *Prensa Libre*... Ils nous parvenaient en retard, mais nous les recevions toujours car mon père y était abonné. Il les dévorait. Tout petits, cette pièce nous attirait comme un sanctuaire. Quand nous faisions du tapage dans les couloirs, mon père apparaissait aussitôt. Le silence se faisait instantanément, car nous le respections beaucoup. Nous finissions toujours par entrer dans la pièce pour le voir et l'embrasser, et il adorait ces moments qui le rendaient très heureux.

Plus loin se trouvaient le salon ainsi que la salle à manger principale que nous utilisions les jours de fête ou de visite et que jouxtait une autre salle à manger appelée « la grande salle à manger », et qui servait tous les jours. De l'autre côté de la maison, il y avait les trois chambres des filles. Angelita, l'aînée, avait la sienne, Enma et Agustina se partageaient celle d'à côté, et moi aussi, j'en avais une pour moi toute seule, la plus petite. Toutes nos chambres communiquaient. La chambre de mes parents était située à l'étage, nous l'appelions « le mirador » parce qu'elle offrait une vue incroyable, dominant les alentours : le *batey*[9] et les montagnes. Il y avait également la cuisine, très grande, où l'on préparait les repas pour sept enfants et une douzaine d'adultes, ainsi qu'un garde-manger où l'on remisait les aliments.

Quant aux communications avec le reste de Cuba, le Central Marcané, l'agglomération la plus proche, était situé à environ vingt kilomètres de la propriété. Le seul moyen de rejoindre la région était le train qui reliait La Havane à Santiago de Cuba *via* Alto Cedro. Là, un autre train conduisait au Central Marcané. Birán était le centre de production agricole et Cueco, située à vingt-cinq kilomètres de là, était le siège des opérations financières de toute la région. Ramón, qui était l'aîné des garçons, avait appris à conduire le premier et emmenait ma mère à la Banque agricole et industrielle quand mon père, alors âgé, refusait de sortir de la maison. Avec le temps, Ramón et moi, seuls enfants à être restés à la maison, avons commencé à prendre les affaires en main. À Birán, la vie était simple, mais nous ne manquions de rien. Il y avait les Magasins Castro – notre boutique-supermarché –, en face de ceux-ci la boucherie et, un peu en retrait, la boulangerie qui approvisionnait toute la région.

Comme il n'y avait pas d'église, le père Jerónimo Perufo, curé de Mayarí, célébrait la messe hebdomadaire à la propriété, et il baptisait de nouveaux catholiques tous les quatre mois.

« Donne-moi ta bénédiction, marraine, me demandaient mes filleuls.

— Que Dieu te bénisse », leur répondais-je, alors que je n'étais qu'une toute jeune fille.

9. Lieu réservé aux habitations des coupeurs de canne à sucre et aux petits commerces dans une centrale sucrière.

Les gens étaient gentils à Birán, il n'y avait rien à craindre parce que tout le monde se connaissait. Pendant plus de trente ans où j'y résidai, j'eus vent d'un seul cas de meurtre, et encore, le fait qu'il s'agisse d'un meurtre ne fut jamais avéré. Il s'agissait d'un petit garçon que ses parents ou ses grands-parents auraient tué, mais il est tout aussi probable qu'il soit décédé pour d'autres raisons, la cause de sa mort n'ayant jamais été tirée au clair. C'est bien le seul crime dont j'entendis parler pendant toute cette période, si tant est que les soupçons se soient révélés exacts. Voilà donc Birán, bien différent du village de délinquants et d'assassins décrit dans certains livres.

Le « détachement de la garde rurale », que d'aucuns évoquent dans leurs écrits, prétendant que cette dernière avait pour vocation de frapper et de tuer les ouvriers qui s'opposaient à mon père, est digne d'un film surréaliste. Je suis sûre que Pedro Almodóvar les aurait fait figurer dans l'un de ses films s'il les avait connus. Deux hommes en formaient le véritable « peloton » : Piloto, le servile flatteur de mon père, qui le suivait partout, et Mejía notre cuisinier, un brave homme. Quels délinquants poursuivaient-ils ? Quelques ivrognes qui faisaient du raffut à des heures impossibles et parfois « Yeyo », le client le plus assidu du petit cachot de Piloto et Mejía. Dans ces cas-là, c'était toujours un voisin qui portait plainte : Yeyo était entré dans sa maison pour voler, et Piloto et Mejía venaient alors le chercher. Comme cela se produisait fréquemment, sa famille me prévenait aussitôt et je le faisais libérer. Piloto se plaignait ensuite à mon père : « Don Ángel, Juanita a sorti Yeyo du trou, elle me prive de mon autorité morale ici. »

Mon père riait aux éclats et se gardait bien de me réprimander. C'était le mouchard qui faisait mauvaise impression. Piloto ne tarderait pas, d'ailleurs, à succomber à ce penchant pour la trahison – mais j'en parlerai le moment venu.

Birán était très petit, mais comparé au reste de Cuba, c'était un modèle en matière de communication. Mon père avait bâti la poste et le bureau des télégrammes, et tout fonctionnait à merveille. Le facteur se rendait tous les jours à cheval au Central Marcané récupérer la sacoche renfermant le courrier acheminé par voie ferrée depuis tous les coins de l'île. Quant au télégraphe, l'opérateur s'appelait José Valero. Ce petit vieux vivait avec María, sa femme, dans la petite maison qu'Ángel Castro lui avait attribuée pour ce qui commença comme une expérience dans ces contrées si reculées et qui devint – grâce à lui – un service fixe pour la communauté, connectant tous les habitants de Birán au reste de Cuba.

J'adorais aller voir Valero transmettre les messages en morse. Le cliquètement des petits coups qui se transformaient d'abord en mots puis en informations, les unes bonnes, les autres mauvaises, mais toutes nécessaires à notre communauté, m'est resté familier toute ma vie.

À Birán, la pire saison était la saison des pluies. Excepté le train, la seule façon d'accéder au village était le cheval ou la traction. Il n'y avait pas de routes et les chemins étaient en terre, facilement impraticables pendant certaines époques de l'année. Tous les jours, des villageois embourbés venaient chercher mon frère Ramón pour qu'il les aide avec sa camionnette ou un tracteur.

Pour nous rendre en train à la propriété, nous disposions de ce qui s'appelle « une voiture de ligne », un seul wagon, qui nous conduisait partout et portait l'inscription : ÁNGEL CASTRO ET FILS. Notre terminus était alors Central Miranda, l'endroit où était moulue la canne à sucre et qui se trouvait à environ cinquante kilomètres de chez nous. En rentrant de l'école, nous y descendions tous et y retrouvions notre mère qui nous attendait dans la petite voiture de ligne pour nous emmener à la maison.

Il n'est pas exact non plus de dire que les habitants de Birán étaient analphabètes. Notre village était pourvu d'un centre scolaire reconnu officiellement par le gouvernement : l'École publique numéro 23, que mon père construisit quand Angelita, ma sœur aînée, dut apprendre son alphabet. Nous sommes tous passés par ces salles de classe. Aujourd'hui, cette école porte le nom de ma mère, Lina Ruz. Sans vouloir faire de la politique de bas étage, cette appellation me semble tout ce qu'il y a de plus justifiée car c'est bien ma mère qui ne se lassa pas de faire pression sur le ministère de l'Éducation, à La Havane, et d'insister sur le besoin d'une école officielle à Birán. Ses interminables démarches bureaucratiques et l'envoi hebdomadaire de télégrammes aboutirent finalement à la construction de l'école. L'institutrice haïtienne Eufrasia Feliú y travailla heureuse toute sa vie, jusqu'à la retraite, suivie ensuite par d'autres maîtresses. Même si elle était élémentaire, une instruction était donc proposée à ceux qui voulaient apprendre. D'ailleurs, ma mère se chargeait d'inciter tous les enfants à fréquenter l'école, tant et si bien qu'à la boutique elle demandait systématiquement à ses clients : « Est-ce que tu envoies tes enfants à l'école ? » Sans mes parents, l'École publique numéro 23 aurait difficilement existé.

Chaque époque de l'année avait un charme particulier, à la maison. Je me souviens des Rois mages parce que mes parents tâchèrent de garder le secret le plus longtemps possible. Le 5 janvier de chaque année, nous passions l'après-midi à rédiger une petite liste de vœux avant de déposer de l'eau, des brins d'herbe et du maïs pour les chameaux des Rois mages. Nous prenions bien entendu un immense plaisir à préparer tout cela, et, le lendemain, nous étions heureux de voir que les herbes et l'eau avaient laissé place à des jouets, même si ceux-ci ne correspondaient pas toujours à ce que nous avions souhaité (au moment d'écrire les petites lettres, en effet, les cadeaux avaient déjà été achetés). Leur possession à elle seule nous remplissait de joie. À cette époque, le choix était restreint, mais mes parents mettaient un point d'honneur à ce que chacun de leurs sept enfants reçoivent un cadeau. Je n'oublierai jamais la colère d'Agustinita, ma petite sœur, le jour où elle découvrit que les chameaux n'avaient pas pris la nourriture qu'elle avait déposée ! Dans la hâte, mes parents avaient oublié de l'enlever. La petite était inconsolable, rien ne pouvait arrêter ses pleurs. Ils finirent par lui raconter que les chameaux avaient mangé ailleurs et qu'ils n'avaient plus faim en arrivant chez nous, ce qui la calma.

Les Noëls et les jours de l'an étaient incroyables. J'eus l'honneur d'instituer moi-même la coutume de l'arbre de Noël, jusque-là inexistante à Birán. Je choisis d'orner de lumières et autres décorations traditionnelles un calebassier, cet arbre qui ressemblait fort au sapin, et j'améliorai ces ornements au fil du temps. Mes frères et mon père allumaient des fusées et tiraient en l'air pour marquer la fin de l'année, tandis que ma mère, à l'instar de tous ceux qui faisaient honneur à la tradition cubaine, jetait un seau d'eau dans la cour et cassait une bouteille de cidre pour nous attirer la chance.

Pour Ángel Castro, l'époque de Noël débutait tôt. Dès le 20 décembre, il installait une table face à notre magasin, au pied d'un très grand amandier qui jetait une ombre fabuleuse. Il remplissait alors des bons destinés à tous les habitants de la région, les autorisant à acheter ce dont ils avaient besoin pour les dîners de Noël et du nouvel an à notre boutique. Il les distribuait ensuite indistinctement à ses employés et aux voisins de la propriété, veillant à ce que chacun dispose de tout en quantité suffisante, sans se soucier du montant. Il souhaitait que chacun puisse profiter d'un bon repas en famille. Fidèle à ses principes selon lesquels personne ne doit se coucher le ventre vide, mon père tirait une grande satisfaction de cet usage. Je ne crois pas qu'il ait jamais existé à Cuba un autre village où un patron donnait autant de victuailles aux paysans que mon père aux habitants de Birán.

Je n'étais pas en reste pour organiser des fêtes, toujours aidée de mon ami Luis Álvarez, l'orthodontiste, ou plutôt le dentiste de Birán, également amateur de musique. Le grand calebassier que je décorais de boîtes de purée de tomates percées de petits trous et peintes, se trouvait à côté de sa maison. Luis et moi, nous installions ensemble dans l'arbre un haut-parleur relié par câble à une radio qu'il avait sortie de chez lui. Ainsi, l'arbre devint le point de rendez-vous de tous ceux qui venaient s'amuser et écouter de la musique. Quand j'étais une jeune fille, nous organisions tout le temps des fêtes avec mes amis. Nous préparions du riz au poulet à minuit, ou du cochon grillé au petit matin, ou, mieux encore, je demandais à ma mère de me « prêter » une oie de son élevage, en principe intouchable. Grâce à ce petit « emprunt », nous pouvions confectionner du riz à l'oie. Ramón, Fidel, Raúl, Enma, Angelita, Agustina et moi nous amusions simplement et sainement avec les voisins, à côté de la maison de nos amis.

Birán fêtait aussi d'autres événements, comme les courses de chevaux organisées par les *guajiros* à côté du terrain où nous jouions au ballon. Les cavaliers devaient alors saisir des fanions attachés à des cordes très longues, et celui qui en attrapait le plus remportait la course.

Quant aux maisons closes, aux bars et aux prostituées qui circulaient à toute heure, Birán comptait un bar, certes, mais un seul, et aucune maison close. Allons donc ! Ma mère aurait hurlé ! Non seulement pour des raisons morales, mais aussi parce qu'elle tenait à ce que les ouvriers réservent leur argent pour leur famille. D'ailleurs, elle aurait eu bien trop peur que des maladies contagieuses ne se propagent.

Avec le temps, j'appris l'existence de Nemesia, « une dame à la réputation douteuse » – autrement dit une prostituée –, qui habitait dans un village voisin et « rendait visite » à des hommes travaillant dans la propriété. Peu après, Nemesia cessa d'exercer, déménagea, et nous n'eûmes plus de nouvelles. Ainsi, le bar et les visites sporadiques de Nemesia constituèrent-ils à eux seuls les deux divertissements « interdits » qu'offrait Birán.

Mais il y avait aussi une attraction célèbre et des plus agréable : le Ciné Juanita.

À quinze ans, lorsque j'eus terminé mes études de commerce au collège des Ursulines à La Havane, j'annonçai à mes parents que je voulais arrêter l'école pour travailler avec eux. Au-delà de mes activités au sein de l'entreprise familiale, ma première aventure entrepreneuriale fut LE CINÉ JUANITA, qui permit en 1948 à Birán d'entrer dans le monde des villes.

Si je tiens de ma mère ce don de repérer ce qui manque et de l'obtenir, j'ai hérité de mon père le flair pour monter des projets lucratifs. Un jour, je réalisai qu'il manquait à Birán un endroit où l'on pourrait s'amuser en famille. Cela faisait un moment, déjà, que ma mère cherchait un moyen de divertir les habitants de notre village. Alors une idée me vint à l'esprit : un cinéma ! J'en parlai à mes parents et ils furent ravis. Mon père, enthousiaste, le finança et le fabriqua. Ensemble, nous cherchâmes un endroit où l'installer, et je trouvai l'emplacement idéal : à côté de l'école. Higinio Reyes et Cándido Rodríguez, les deux menuisiers de la propriété qui fabriquaient des maisons aussi bien que des cercueils, se mirent aussitôt au travail. Pendant ce temps-là, je partis à La Havane me procurer le matériel. Évidemment, je choisis le meilleur équipement de projection, et je signai avec la distributrice un contrat nous garantissant d'avoir toujours, au cinéma de Birán, les meilleures copies de film disponibles. À cette époque, les films mexicains faisaient sensation à Cuba.

Le projet du Ciné Juanita connut un tel engouement à Birán que la construction avança rapidement et je ne tardai pas à superviser la fin des travaux. Le résultat était vraiment très bien, avec des fauteuils confortables et un petit salon de thé où l'on proposait des *bocaditos*[10], du café, des sodas et des bonbons.

Enfin arriva le jour tant attendu de l'ouverture. Contre toute attente, le choix du premier film à l'affiche de notre cinéma occasionna un gros problème. C'était alors la distributrice qui choisissait les films, même quand les propriétaires de cinémas décidaient de ceux qui allaient plaire au public. On m'envoyait ainsi les films selon leur disponibilité. Pour le jour de l'ouverture, je reçus donc un film qu'on disait très bon et dans lequel jouait Jorge Negrete[11]. Le titre ? *Ensemble mais non mélangé*. Ah, mon Dieu ! Quelle pagaille !

10. Petits gâteaux à base de patate douce.
11. Jorge Negrete (1911-1953), chanteur et acteur mexicain.

Juan Echavarría, un grand Noir costaud qui habitait dans le coin – je ne mentionne sa couleur que pour expliquer ce qui s'est passé –, était un homme exubérant. Il aimait crier à la moindre occasion et s'était fait une réputation en se rendant à des fêtes avec une machette à la ceinture. Entouré d'un petit groupe de supporters, ce même Echavarría organisa ce jour-là une manifestation devant le cinéma, alléguant que le titre du film, *Ensemble mais non mélangé*, constituait une insulte aux Noirs et que je l'avais programmé pour signifier à ces derniers qu'ils n'avaient pas leur place ici, au milieu des Blancs.

Ce n'était pas la première fois que je me trouvais mêlée à des histoires que je ne cherchais pas, mais qui me trouvaient toujours ! Cette malchance m'a appris à adopter une attitude que je garderai tout au long de ma vie : je n'ai peur de rien ni de personne. Alors que je n'étais qu'une gamine de quinze ans, je pris le taureau par les cornes et j'expliquai à Echavarría : « Dis donc, toi, tu crois que je vais débuter dans les affaires en montrant un film qui m'attirerait des ennuis ? Le titre n'a rien à voir ni avec toi, ni avec moi, ni avec Cuba, voyons. C'est un film mexicain qui s'appelle comme ça et que la distributrice de La Havane m'a envoyé, un point, c'est tout. »

Echavarría se calma tout de suite et la dispute prit fin. Bien sûr, lui-même ainsi que ses camarades eurent droit à une entrée gratuite pour voir le fameux film dont le titre « leur avait fait injure ». Ils ne voulaient pas le manquer et il leur plut beaucoup !

C'est ainsi que commença l'existence du Ciné Juanita, sous la houlette de sa propriétaire de quinze ans, une entrepreneuse-née qui trouvait une solution à tous les problèmes. Les films mexicains, que tout le monde adorait, me posaient quelquefois des soucis techniques car le son de la copie se déréglait. Dans ces cas-là, je m'arrangeais en mettant de la musique de fond. Ainsi, le public entendait-il au moins quelque chose en regardant l'action, et de mon côté je ne devais pas annuler la séance et perdre ma recette.

Mais le Ciné Juanita était plus que cela. Il devint le centre de nombreuses activités qui apportèrent de la bonne humeur à Birán. Je ne tardai pas en effet à avoir d'autres ambitions pour mon cinéma. Je décidai d'y organiser des bals pour de grandes occasions comme celui du samedi saint à Pâques, qui était génial. Comment transformer un cinéma en piste de danse ? Rien de plus facile. J'enlevai les fauteuils et les rangeai contre le mur pour que nous puissions danser dans l'espace ainsi dégagé. Je plaçai l'orchestre sur l'estrade. Parfois, mon ami Luis Álvarez faisait office de musicien et de chanteur, car il jouait très bien de la guitare. Sa femme l'accompagnait toujours. À l'aide de deux cuillères, elle battait un rythme infernal. À d'autres occasions, j'ajoutais à l'orchestre un musicien qui maîtrisait la tumbadora, cet instrument dont jouaient les *guajiros* en plus des maracas et des claves. L'orchestre était prêt pour danser !

À cette époque, les gens étaient fanatiques d'une chanson tirée de films mexicains, et dont les paroles disaient : « *Mets une pièce dans le piano et que la fête continue* ». Luis l'interprétait très bien.

D'un point de vue commercial, le Ciné Juanita était indubitablement en avance sur son temps. C'était un endroit multifonctionnel, qui se transformait également en cirque au moins deux ou trois fois par an. Quand certains cirques ambulants, si pauvres qu'ils ne disposaient pas même d'une tente, passaient par la région, le Ciné Juanita de Birán se chargeait d'accueillir le spectacle de clowns, de magiciens, de voyants et bien d'autres encore. Il s'y passa beaucoup de choses.

Le Ciné Juanita vécut quinze ans, et son activité s'acheva avec le désenchantement de la Révolution, en 1963. Je préférai le détruire que de laisser quiconque s'en servir à d'autres fins. Je réunis un grand nombre de *guajiros* et leur dis : « Prenez tout. » Malgré la taille monumentale de l'édifice, ils m'aidèrent à le démonter et je leur laissai prendre ce qui pouvait leur servir : le bois, les fauteuils, tout, absolument tout. Personne ne s'emparerait du Ciné Juanita. Il avait grandi avec moi et disparaîtrait avec moi.

Volontiers traîné dans la boue, Birán était pourtant un endroit où vivaient des gens honnêtes et travailleurs, comme moi. Si j'en ai tiré une leçon, elle vient certainement de l'enseignement que je reçus de mes parents à Birán, le Birán bien réel où je naquis et vécus.

5. Une famille de sept enfants

Évidemment, je n'ai aucun souvenir des naissances d'Angelita, Ramón et Fidel, mes frères et sœur aînés. Aux dires de mes tantes Belita et María Julia, il ne se passa rien de spécial pendant ces accouchements. Aucun d'eux ne naquit au milieu de coups de tonnerre, au cœur d'une nuit orageuse, et ma grand-mère Dominga ne s'adonna certainement pas à la sorcellerie, bondissant d'un côté à l'autre, comme on a pu le relater injustement. Pour ma grand-mère comme pour n'importe quelle mère, mais aussi pour mes tantes et mon père, c'étaient au contraire des moments d'angoisse comme tous ceux qui précèdent habituellement le bonheur d'une naissance. Pour eux, l'essentiel était que Lina, ma mère, se porte bien après ces accouchements. À sa naissance, Angelita pesait cinq kilos et demi, et elle était si grande qu'elle ressemblait déjà à une petite fille. Mettre au monde un enfant de cette taille fit bien sûr souffrir ma mère. Ramón et Fidel furent également de grands nourrissons, sans cependant sortir de la norme. L'accouchement de Raúl fut tout aussi ordinaire, et j'appris les détails de ma propre naissance par Isidra, la sage-femme qui, chaque fois, assista ma mère.

Selon Isidra, je naquis assez tard le soir du 6 mai 1933.

« Tu es venue au monde avec de la chance, Juanita, observait-elle. Je dis cela parce que tu te présentais par le siège, un accouchement dangereux pour ta mère, mais un accouchement qui porte chance à celui ou celle qui naît ainsi. »

Il m'arrive de me demander si j'ai vraiment eu de la chance, mais peu importe.

« Ton papa, tes frères et sœurs ainsi que ta grand-mère ont accouru pour te voir et fêter ton arrivée. Je me rappelle que Raúl était content d'avoir une petite sœur. Il avait deux ans et voulait tout le temps te porter. Dès ta naissance, un lien très fort s'est tissé entre vous. »

Après moi vinrent mes sœurs Enma et Agustina. Je ne me rappelle pas la naissance d'Enma car j'ai seulement deux ans de plus qu'elle, mais j'ai gardé un souvenir vivace de celle d'Agustina parce que, le moment venu, il y eut beaucoup de remue-ménage. Ma mère n'étant plus toute jeune, mon père s'inquiétait beaucoup à cause d'éventuelles complications. Il était très nerveux.

Finalement, la petite naquit, à la plus grande joie de tous. On en fit tout un événement car mon père avait déjà soixante-trois ans, il était bien plus âgé qu'à la naissance d'Angelita, Ramón ou Fidel.

Nous formions une famille unie, avec des enfants sains – une famille normale, tranquille et ordinaire, qui ne différait pas des autres familles d'origine espagnole où la coutume veut que le père ne gronde jamais, se limitant à transmettre les remontrances à la mère. Il était dur avec les garçons mais se contentait de quereller gentiment ses filles. Moi qui fus toujours très proche de lui, je me souviens de nos petites disputes. C'est à ma mère qu'incombait la tâche en rien facile de discipliner sept enfants toujours prêts à faire des bêtises. Quand, par exemple, une coupure de courant survenait alors que nous jouions au loto, on pouvait être sûrs de découvrir, une fois la lumière revenue, que l'un d'entre nous avait subtilisé l'argent du jeu. D'autres fois, c'étaient des bruits de fantômes qui nous effrayaient. Fidel et Raúl se cachaient toujours derrière ces plaisanteries, car ils adoraient nous enquiquiner.

Avant de revenir en détail sur chacun des membres de ma famille, je souhaiterais préciser un élément important de notre enfance : parmi les « caractéristiques » nous concernant, on mentionne parfois le fait que nous ne sommes pas baptisés car nos parents n'étaient pas mariés. C'est faux. Nous sommes tous baptisés. Le fait que mes parents n'avaient pas réglé légalement leur situation maritale n'implique aucunement que l'Église ait refusé à ma mère, dont la foi était si ancrée, le baptême de ses enfants.

Angelita fut baptisée en 1923, juste après sa naissance, et il en fut de même pour Ramón. Comme mes parrain et marraine, tante María Julia et son mari Martín Conde, vivaient tout près de chez nous, j'eus également la chance d'être baptisée immédiatement après ma naissance. Les cérémonies avaient lieu un peu plus tard quand les parrain et marraine se trouvaient loin. Dans ces cas-là, il fallait tout planifier, et c'est ainsi que Fidel dut patienter quelque temps parce que son parrain, Fidel Pino, le meilleur ami de mon père, habitait à La Havane. Raúl et Enma furent baptisés le même jour alors que je suis née entre eux deux ; quant à Agustina, elle fut baptisée à trois ans car ses parrain et marraine étaient de Santiago de Cuba et repoussèrent le voyage à plusieurs reprises, jusqu'à ce qu'on finisse par leur emmener leur filleule *ex professo*.

C'est là la véritable histoire de nos baptêmes, qui préoccupèrent tant ces individus qui se sont donné pour tâche d'« étudier » nos vies. Maintenant, passons à la famille.

Agustina

Agustina était une fillette très jolie mais elle était aussi l'enfant la plus gâtée au monde, et par conséquent la plus mal élevée d'entre nous. Si quelque chose lui déplaisait, elle se mettait aussitôt à crier : « Maman, papa, Juanita et Raúl me détestent ! »

Gare à celui qui la touchait ! Il ne tarderait pas à le regretter. On passait tout à cette petite fille de la vieillesse, et personne ne pouvait rien lui dire. Enma et moi nous souvenons encore qu'elle refusait d'avaler autre chose que des chewing-gums, des boissons fraîches et du lait. Mes parents lui cédaient en tout, sans protester. Il lui arrivait bien évidemment de réclamer ce genre de choses à table. Dans ces cas-là, Raúl, le plus farceur, ne tardait jamais à l'imiter en silence quand mes parents tournaient le dos, à moins que Ramón ou Fidel ne lui tirent la langue ou lui fassent des signes. Agustina n'attendait que cela pour se lancer dans « le couplet d'Agustina » : « Maman, papa, Raúl, Fidel et Ramón m'embêtent ! »

Invariablement, nous entendions ma mère répéter : « Raúlito, Fidel, Ramón, laissez tranquille la pauvre petite Agustinita. »

La « pauvre petite Agustinita » profitait de la situation. Elle avait très bien compris que ses parents étaient prêts à lui donner ce qu'elle voulait pourvu qu'elle cesse de pleurer. Si on lui permit beaucoup de choses pendant son enfance et si la vie lui offrit beaucoup, l'ironie voulut qu'elle lui refusât tous ces présents à l'âge adulte. Aujourd'hui, Agustina se consacre pleinement à la religion et vit humblement à Cuba, loin de tout et de tous. Si elle craint que les détails sur sa vie ne soient rendus publics, elle a néanmoins pris la peine de relater son enfance pour démentir les mensonges écrits sur ses parents. Elle évoque ici ses souvenirs :

« Étant la petite dernière, j'ai été outrageusement gâtée par mes parents. Ils me passaient tous mes caprices. Ainsi, si je partageais ma chambre avec Enma, je n'y ai quasiment pas dormi car je passais toutes mes nuits dans le lit de mes parents. La sensation de sécurité que cela me procurait est indescriptible. J'ai dormi comme cela durant des années, jusqu'à mon départ en pension. J'étais heureuse ainsi et eux aussi. Ils me regardaient grandir, moi, leur "fille de la vieillesse". Voilà à quoi ressemblaient mes nuits. Pendant la journée j'étais très occupée, j'adorais suivre ma mère partout où elle allait, marchant derrière elle, posant mes pas dans les siens. J'étais son ombre. Elle passait la journée au magasin ou vaquait sans répit à ses occupations. Mais le soir, c'était différent. Le même rituel se répétait invariablement : très pieuse, ma mère nous avait appris à réciter le rosaire dès notre plus jeune âge. Tous les soirs, sans exception, elle nous réunissait pour prier avec elle devant son image pieuse préférée : la Miraculeuse. Dieu fit grâce d'une profonde foi à ma mère, et ceux qui la connurent, pas seulement nous mais aussi ses petits-enfants, les enfants d'Angelita, de Ramón, de Raúl et même de Fidelito, se souviennent de cette belle habitude qu'elle avait de mettre toute son âme dans ses prières. »

Agustina illustre par ses actes, moi par des photographies, la manière dont nos parents nous inculquèrent la religion catholique. Ainsi, deux de mes photos favorites représentent-elles ma première communion, le 23 mai 1940 au collège de Belén à Santiago de Cuba, et celle de Raúl au même endroit. Avant eurent lieu celles des aînés et après suivirent celles d'Agustina et d'Enma.

Enma

Cette dernière en imposait. Mince, délicate, discrète, très studieuse, c'était une jeune fille très jolie, très sociable, entourée dès l'enfance d'amis qui la suivaient partout. Elle étudia le piano et les langues, et a toujours adoré la danse. Enma se souvient que très tôt elle apprit à mettre en pratique les principes de ma mère :

« Maman nous apprenait la tolérance envers notre prochain. Elle ne disait jamais du mal des autres. Des années plus tard, quand quelqu'un la snobait, elle disait : "Je laisse ça à Dieu, moi, je n'y peux rien." L'exemple qu'elle nous donna fut celui d'une femme croyante, sans rancune, d'une mère qui ne se laissait pas envahir par la colère. C'est avec ce modèle que nous avons grandi. Elle nous enseigna le courage, l'envie d'apprendre toujours plus. L'âme en peine, elle s'est séparée de nous pour nous envoyer étudier loin de la maison, parce qu'elle voulait que nous soyons différents. »

Raúl

C'est celui dont j'étais le plus proche, nous étions très unis. Je l'appelais « Muso » et lui me surnommait « Juana Palangana ». Il était bien différent de ses sœurs cadettes. Il aimait par-dessus tout faire des blagues à tort et à travers, comme cette fois où il avait environ dix ans et moi sept.

« Viens, Juanita, on va jouer au coiffeur. Tu viendrais te faire couper les cheveux… »

Je le suivis, naturellement, car nous étions inséparables, sans me douter qu'il s'agissait là d'une nouvelle farce. Comme il n'avait encore jamais coupé les cheveux de quiconque et qu'il ne savait pas s'y prendre, il me les coupa à ras ! Je n'eus d'autre solution que de mettre un chapeau pour que personne ne le remarque.

« Pourquoi viens-tu à table avec un chapeau enfoncé jusqu'aux oreilles, Juanita ? » me demanda ma mère, curieuse.

Raúl me fit des signes, me suppliant de garder le silence, jusqu'au moment où l'un de mes frères et sœurs m'arracha le chapeau et qu'on se rendit compte que je n'avais plus un seul cheveu sur la tête. Se voyant découvert, Raúl partit en courant se réfugier dans la cour, craignant la pire des punitions. Personne ne réussit à le rattraper car il était très rapide. Plus tard, il me demanda pardon pour cette plaisanterie, pardon que je lui accordai bien volontiers car nous faisions mille et une sottises ensemble.

Ramón, Fidel et Raúl étaient très indépendants et très différents les uns des autres, comme le sont les garçons. Bien que Ramón se montrât toujours affectueux avec ma mère, elle avait un faible pour Raúl, peut-être parce qu'il était le plus jeune des garçons. Elle l'appelait « mon Musito » et, en retour, il lui était très attaché.

Fidel

Fidel a toujours eu un caractère ferme et fort, distinct de Ramón, plutôt paisible, et de Raúl qui était plutôt tapageur. Mais il se distinguait de nous tous parce qu'il était le leader des garçons, alors qu'avec mon caractère très affirmé j'étais celui des filles.

Parfois, les filles de la fratrie se liguaient pour embêter Fidel, nous nous moquions de lui ou lui donnions un surnom. Il se fâchait, mais sa colère passait aussitôt. Il n'a jamais eu de geste violent envers l'une d'entre nous, même quand nous lui jouions des tours.

Il s'entendait bien avec tous ses frères et sœurs mais ne se montra jamais câlin, affectueux ou soucieux de nous comme pouvaient l'être Ramón et Raúl. Bien entendu, chacun avait une relation différente avec lui, Enma étant celle dont Fidel se sentait le plus proche. Ils se ressemblaient physiquement, et Fidel la traita avec beaucoup d'affection dès son plus jeune âge. Pour lui, elle était simplement « Enmita ».

Angelita

Angelita, de neuf ans mon aînée, me prenait en charge et me faisait également payer toutes mes bêtises. Elle me terrorisait. Elle n'en laissait jamais passer une et me suivait comme une ombre, surveillant le moindre de mes gestes pour me punir. Je n'avais pas de chance, elle me surprenait très souvent en train de faire une sottise, comme cette fois où Raúl et moi-même prîmes en cachette un cigare de mon père et que nous nous cachâmes dans un coin pour fumer. Pendant que Raúl essayait de l'allumer, je voulais tirer dessus pour qu'il prenne feu. Nous étions en train de nous battre au moment où Angelita nous aperçut du bout du couloir de la maison. Elle vint tout de suite nous chercher. Dès qu'il la sentit s'approcher, Raúl se mit à courir, quant à moi je restai paralysée par la peur et elle m'attrapa. Je me souviens encore aujourd'hui de notre punition : nous avons dû copier des centaines de fois « Je ne dois pas fumer ». Au lieu d'aller me dénoncer à ma mère ou mon père, Angelita décida de nous infliger elle-même une sanction.

C'était notre sœur aînée et nous l'aimions beaucoup. Bien plus âgée que nous, Angelita était une jeune fille très droite. En pension, elle s'est toujours montrée très protectrice à notre égard.

Ramón

Ramón était doué pour les travaux dans la propriété et pour la mécanique. Il réparait aussi bien une voiture qu'un tracteur et y prenait beaucoup de plaisir, ce qui le décida à travailler avec mes parents en tant que gérant. Il avait toute leur confiance pour ce poste, même s'il passait son temps à offrir ce qu'on lui demandait : aussi bien un camion plein de poteaux de bois pour les clôtures qu'un cochon de lait ou un sac de riz. Tout le monde appréciait Ramón, c'était un garçon très sympathique qui aimait beaucoup la musique et qui jouait à l'oreille. Il était toujours accompagné d'un personnage très pittoresque qu'il appelait « Serrucho ». Il l'avait rencontré quelque part sur la route, entre Birán et Santiago de Cuba, d'où il revenait après avoir acheté un camion pour la maison. « Serrucho » lui demanda de l'emmener, et c'est ainsi qu'il devint son protégé. « Serrucho » lui plaisait parce qu'il était bonimenteur et qu'il jouait très bien de la guitare. Une fois, « Serrucho » fut réveillé par une rage de dents au beau milieu de la nuit. Étant donné qu'il n'y avait personne pour le soigner, Ramón me prit comme assistante ! Il saisit une pince et une bouteille d'eau-de-vie pour anesthésier le malade, désinfecter la pince et la blessure, et arracha la dent. Ramón avait un talent particulier pour rencontrer ce genre de personnages. Il les gardait ensuite à la maison pour les avoir près de lui.

Lina

Tous sans exception, nous admirions notre mère pour la façon dont elle nous avait élevés : sans crainte, dans un grand esprit de sacrifice et, surtout, avec un amour illimité. Dès notre plus jeune âge, nous l'accompagnions tous les sept au Charco del Jobo et barbotions dans ce cours d'eau qui traversait la propriété et faisait office de plage privée. Plus tard, elle nous laissa aller seuls à la rivière. Nous nous couchions sur la rive en dégustant les mangues qui poussaient à portée de main. À sept ans, elle nous enseigna une activité essentielle à la campagne : monter à cheval. Au début, Tino Cortiñas et son frère Carlos, deux ouvriers que nous aimions beaucoup et qui avaient toute la confiance de mes parents, nous accompagnaient. Ils nous conduisaient en tenant les rênes, et c'est ainsi que, petit à petit, nous apprîmes à monter seuls.

Ángel

Et sans parler de mon père. Mon père était un Espagnol au caractère fort et au grand cœur. S'il avait de la tendresse pour ceux qui n'étaient pas de sa famille, imaginez ce qu'il en était avec nous, ses enfants.

Quand, pour une raison ou une autre, ma mère devait quitter la propriété pour s'occuper de ses affaires et passer la nuit loin de la maison, c'est Ramón qui l'accompagnait. Pendant ce temps, papa se chargeait de nous avec mes tantes Belita et María Julia. Une nuit, ma mère qui souffrait d'une pneumonie dut rester à l'hôpital. Face à une invasion de moustiques qui ne reculaient pas même devant notre moustiquaire, Agustina, Enma et moi-même dormîmes dans le lit de mon père qui passa la nuit à chasser les intrus pour qu'ils ne piquent aucune de ses filles, sans se soucier de son propre sommeil. Voilà le genre de père qu'il était : un homme toujours inquiet du bien-être de ses enfants.

Il était très tendre et ne s'étendait pas sur ce qui lui faisait de la peine. Comme il avait quitté l'Espagne très jeune et qu'il n'y retourna jamais, la chaleur d'un foyer lui avait manqué avant qu'il ne la retrouve dans la famille de ma mère, avec mes grands-parents et mes oncles et tantes, et ensuite avec nous tous. C'était un bon père et un fils fantastique, qui s'arrangeait toujours pour aider les siens en Galice ou en Argentine, où vivait son frère.

Ángel fut un père irréprochable pour les Castro Ruz. Il souffrit cruellement à cause de ses autres enfants, Pedro Emilio et Lidia Castro Argota, qui lui firent du mal et lui causèrent beaucoup de peine. Mais c'est de l'histoire ancienne, qui ne mérite pas d'être mentionnée ici.

6. Qu'y a-t-il de mal à cela ?

Les sept enfants Castro Ruz n'oublieront sans doute jamais l'image la plus réconfortante de leur enfance : la silhouette toute menue de ma mère qui nous attendait à la gare pour nous emmener dans la petite voiture de ligne. Elle nous déposait directement à la maison, après le long périple que nous avions accompli depuis les pensions de Santiago de Cuba ou de La Havane où, suivant la coutume de l'époque, nous étions tous partis étudier dès l'enfance, car Birán ne nous offrait pas cette possibilité. Eufrasia Feliú nous apprit à lire et à écrire et nous enseigna les connaissances basiques que l'on acquiert à l'école primaire, mais nous étions encore loin de ce que mes parents rêvaient pour nous, même s'il leur en coûtait de se séparer de leurs enfants. Chaque fois que le moment était venu pour l'un de nous de quitter la maison, tous éprouvaient la souffrance que mon père endurait même s'il se contrôlait. Quant à ma mère, cet éloignement, même temporaire, l'écrasait littéralement de chagrin.

« Quelques jours avant le départ, expliquait ma grand-mère Dominga, on voyait déjà que Lina avait le cœur brisé. Elle fondait en larmes pendant que ta tante María Julia raccommodait les vêtements, les uniformes et tout ce dont vous auriez besoin à l'internat. Elle disait toujours la même chose : "La peine que Castro ou moi pouvons ressentir en les voyant s'en aller n'a pas d'importance. Ces enfants vont avoir un bel avenir, ils vont étudier dans les meilleures écoles, et si le prix à payer est le chagrin de ne pas les avoir tout près de nous, alors ce sera notre grand sacrifice de parents. Qu'y a-t-il de mal à cela ?" »

Pour apaiser la tristesse due à notre absence, ma mère déployait une énergie incroyable. Dès notre départ, elle rassemblait les journaux et en découpait soigneusement les bandes dessinées qu'elle collectionnait pendant toute la durée de notre absence, de sorte qu'en vacances nous puissions les lire. Elle nous souhaitait la bienvenue dans cette gare où nous nous étreignions et où elle, heureuse et fière comme une « mère poule », nous avait attendus pour passer ensemble un long séjour.

Angelita fut la première à entrer au collège de Belén à Santiago de Cuba, suivie de Ramón et de Fidel. Apparemment, cela ne se passait pas très bien. Ils vivaient chez un couple d'amis de mes parents, qui avaient proposé de prendre soin d'eux, de les loger et de leur donner des cours particuliers. Jugeant que c'était une solution idéale pour leurs enfants, mes parents acceptèrent et ils se mirent d'accord sur une bonne somme d'argent contre le gîte et le couvert. Les ennuis commencèrent quand Fidel commença à se plaindre de manière répétée : « On ne s'occupe pas bien de nous, on ne ne nous donne rien à manger, nous avons toujours faim, la maison est très laide, la dame est une mollassonne, nous perdons notre temps là-bas. »

Plus tard, j'ai lu que quand il évoque cette partie de son enfance, Fidel accuse mes parents de l'avoir arraché au foyer. Je suis lasse de ces commentaires, qui sont pain bénit pour les personnes désireuses d'accuser mes parents de s'être séparés de leurs enfants trop jeunes. Cela suffit ! Je peux prouver que pendant cette période, c'est-à-dire à l'époque où Fidel avait cinq ans, les choses n'étaient pas telles qu'il les décrit.

Fidel était toujours geignard. Petit, déjà, il était indiscipliné et exagérait toujours tout pour obtenir ce qu'il désirait. Dans ce cas précis, il est évident qu'il ne voulait pas rester chez les amis de mes parents et qu'il souhaitait revenir à la maison. Il se mit donc à inventer. D'où me vient cette certitude ? Du fait que Fidel et Ramón étaient accompagnés d'Angelita, et que celle-ci n'était pas facile quand quelque chose n'allait pas bien. Pourquoi Angelita ne mentionna-t-elle jamais les conditions inhumaines dans lesquelles ils durent vivre à Santiago de Cuba ?

« Tu exagères, Fidel », le reprenait Angelita quand il racontait ces histoires, des années plus tard.

Ma mère se souvenait qu'Angelita la rassurait.

« Ne fais pas attention, maman, Fidel parle en l'air, il dit n'importe quoi. »

Ramón aussi y vivait au même moment et il ne se plaignit jamais de rien, ce qui me conforte dans l'idée qu'il s'agit là de mensonges auxquels je ne peux accorder de crédit. Les années ont passé, avec leur lot quotidien d'anecdotes et d'histoires.

Pendant son enfance et son adolescence, Fidel parlait volontiers, mais il ne se lançait pas à la moindre occasion dans des discours interminables. C'est une habitude qu'il prit plus tard. À la maison, il s'adonnait à d'autres activités, comme la lecture. Il a toujours beaucoup lu, d'autant plus qu'il n'était pas enclin à s'amuser et à avoir des amis comme Ramón et Raúl. Fidel était réservé, il aimait chasser et se promenait avec des fusils et des pistolets, mais parler et se répandre comme il le fit par la suite ne faisait pas partie de ses habitudes d'enfant.

En juin 1945, Fidel fut reçu au baccalauréat ès lettres avec de très bonnes notes. Ma mère fut sa marraine lors de la cérémonie de remise de diplôme. C'était la coutume au collège de Belén : les jeunes gens choisissaient leur mère comme marraine. Je ne l'ai quasiment jamais revue aussi belle qu'à cette occasion, vêtue d'une robe sombre en dentelle, coiffée, maquillée, et tellement heureuse ! N'était-ce pas son rêve de voir l'un de ses enfants terminer le lycée ? C'est pour vivre ce moment-là qu'elle s'était infligé et avait supporté une aussi longue séparation avec ses enfants. La même année, Fidel s'inscrivit en droit à l'université de La Havane.

Lors d'un séjour à la maison, mon père offrit à Fidel sa première voiture. C'est à cette occasion que je me rendis compte que Fidel devenait égoïste, ce qu'il n'était pas auparavant. Ramón, toujours prêt à rendre service, accompagna mon père pour la lui acheter, et se chargea également de lui apprendre à conduire. Quand la voiture arriva, Fidel refusa que quiconque y touche, et il ne fit pas même d'exception pour Ramón. Mais six mois à peine après qu'il l'eut reçue, à La Havane, il la prêta à des amis de l'université qui voulaient se rendre à une manifestation à Matanzas. Ses amis eurent un accident qui détruisit la voiture.

C'est à l'université qu'il rencontra Mirta Díaz-Balart, étudiante en philosophie et sœur de Rafael Díaz-Balart, l'un de ses meilleurs amis. Ce dernier deviendra d'ailleurs vice-ministre de l'Intérieur sous Batista avant de fonder l'organisation anticastriste « la Rosa blanca[12] », après la Révolution. Mirta était une jeune fille très drôle

12. Organisation anticastriste fondée en janvier 1959 par Rafael Díaz-Balart.

mais qui avait beaucoup souffert. Elle avait perdu sa mère toute jeune et eut ensuite à endurer avec ses frères Rafael, Waldo et Frank le remariage de leur père avec une femme qui se révéla bientôt tyrannique avec ses beaux-enfants. Mirta nous raconta que cette femme contrôlait tout, peut-être est-ce cela qui incita Mirta et Fidel à sortir ensemble.

Fidel était amoureux d'elle, je crois d'ailleurs que ce fut un coup de foudre. Ils se fiancèrent dès le mois d'octobre 1946 malgré les expériences politiques étudiantes de Fidel. Enma et moi, qui étions encore au collège, ne rencontrâmes pas Mirta avant le milieu de l'année 1947. Un jour, alors que nous étions aux Ursulines – où Enma participait à un spectacle de danse grecque dans le cadre d'une fête pour récolter des fonds destinés à des missions –, Mirta et Fidel nous rendirent visite. Après la représentation, ils voulurent nous emmener dîner, mais comme ce n'était pas prévu, Enma hésita à les suivre.

« C'est dommage, Mirta, mais vraiment, je ne peux pas aller au restaurant déguisée en grecque. »

Notre future belle-sœur réagit très gentiment.

« Ne t'inquiète pas. Nous allons passer chez mon oncle et je te prêterai des vêtements. Tu devras juste garder tes sandales grecques parce que mes chaussures ne t'iront pas. »

Enma se retrouva vêtue d'un tailleur bleu plumbago et blanc. Après le dîner, le jeune couple nous raccompagna au collège, et Mirta offrit son ensemble à Enma, arguant qu'elle l'avait déjà beaucoup porté.

De toute manière, Enma (la sœur la plus proche de Fidel) et moi avions déjà donné « notre approbation » à la petite amie de mon frère qui partagerait dorénavant nos vies. Les vacances suivantes, elle nous accompagna en train à Birán, ce fut toute une aventure.

Mes parents envoyaient de l'argent à Fidel qui était chargé d'acheter nos billets, mais il était tellement pris qu'il s'en occupait toujours au dernier moment, alors que nous étions sur le point de partir, et, chaque fois, il se passait quelque chose. Cela ne manquait pas, et cette fois ne fit pas exception. Quand il se décida à acheter les billets, il n'y avait plus de places. Il décida donc de prendre des couchettes pour Enma, Mirta et moi, et pour lui une place à part ! Évidemment, ce fut un vrai calvaire : il nous fut impossible de dormir et nous arrivâmes à Birán épuisées, y compris Mirta qui, bien élevée, ne se plaignit pas et entra ainsi officiellement dans nos vies.

Comme Enma le remarque souvent, « Fidel s'éloigna de la famille à partir du moment où il s'intéressa à la politique, après le coup d'État de Batista. Avant, c'était tout le contraire. Ainsi demandait-il à ses sœurs, au moment de Noël, de l'aider à coller les timbres sur les cartes postales et les lettres qu'il envoyait. Bien qu'il fût très indépendant et très occupé, il trouvait toujours le temps de venir nous rendre visite aux Ursulines et de discuter avec les sœurs. La mère Elizabeth Teresa me disait : "Qu'il est beau ton frère, et intelligent ! Tu sais ce qu'il m'a dit ? Qu'un jour il sera président de la République ! Avec l'assurance, le charisme et la sympathie qu'il possède..." ».

Enma dit vrai. J'ai beau fouiller dans mes souvenirs, je ne trouve pas un seul moment justifiant à mes yeux les allégations de ceux qui accusent mes parents d'être à l'origine de ce qui s'est passé à Cuba et remettent ainsi notre enfance en cause. Mes parents ne nous firent pas différents des autres Cubains. Ce qu'ils désiraient le plus était que leurs enfants poursuivent leurs études, qu'ils reprennent leurs affaires et qu'ils fondent une famille. Mes parents se sont battus pour que nous tous, Fidel et Raúl compris, soyons en mesure d'atteindre cet objectif. Qu'y a-t-il de mal à cela ?

7. Fidel et les années de violence

Les premières années de mon adolescence furent marquées par un sentiment que nous partagions tous à la maison : l'inquiétude de mes parents pour Fidel, qui se retrouvait mêlé à toutes sortes d'histoires depuis qu'il était à l'université et qu'il se transformait en leader étudiant. Nous étions au courant de tout parce que mon père consacrait la majeure partie de son temps à s'informer sur ce qui se passait à la capitale, que ce soit *via* la radio, les journaux ou des connaissances qui lui faisaient part des détails. Le 26 octobre 1946, Fidel, qui commençait à se distinguer en tant que leader, assigna plusieurs étudiants du groupe ennemi. Le lendemain, il fut blessé lors d'une bagarre tumultueuse à la faculté de droit. Quelques semaines plus tard, il fut mis en cause dans l'attentat contre Leonel Gómez, un étudiant trouvé mitraillé devant le stade de l'université. En l'absence de preuves incriminantes, il ne fut ni arrêté ni jugé.

Mais ce fait ne soulagea pas ma mère du poids qu'elle avait tous les jours sur le cœur. Son chapelet à la main, elle priait sans cesse, demandant la grâce du ciel pour protéger mon frère et ses affaires. Mais la situation ne fit qu'empirer.

L'année 1947 débuta sous de mauvais auspices. Un après-midi, une connaissance passa à la maison pour donner à mon père les dernières nouvelles concernant Fidel. Le sujet dut être délicat, car tous deux s'enfermèrent dans le bureau. Quand le visiteur prit congé, la tête de mon père en disait long : « Je viens d'apprendre que Fidel fait partie d'une expédition de Dominicains et de Cubains qui veulent destituer la dictature de Rafael Leónidas Trujillo[13] en République dominicaine, et, pire encore, ils ont le soutien du président Ramón Grau San Martín[14]. Apparemment, ils seraient en train de se préparer à Cayo Confites, près de la baie de Nipe. Je suis très inquiet. On va nous le tuer, ce gamin… Lina, je sais ce que tu dois ressentir. Va voir ton fils une dernière fois et essaie de le raisonner pour qu'il rentre. »

Ma pauvre mère pleurait, inconsolable. Elle était soutenue par ma grand-mère Dominga et mes tantes María Julia et Belita, les seules personnes avec qui elle se laissait aller à exprimer ses émotions et sa tristesse. Devant nous, elle était toujours forte et battante.

« Il ne nous reste plus qu'à nous rendre à Cayo Confites, dit-elle au déjeuner. Demain, nous partons voir Fidel. »

Je suis restée silencieuse pendant les préparatifs du voyage.

« Je pars avec Angelita, Manuel et Enmita. Les autres, vous devez attendre notre retour ici, et croyez-moi, je ferai ce que j'ai à faire. »

Notre mère était ainsi faite. Elle affrontait les situations les plus graves avec sérénité. Enma, témoin oculaire de ces événements, se souvient :

« Le voyage avec maman, Angelita et Manuel Fraga a été long et compliqué. Nous avons traversé la baie de Nipe vers les Antilles en canot et sommes finalement arrivés à Cayo Confites, où les membres de l'expédition s'entraînaient. Ce qui retint l'attention de maman, c'était l'étrange mélange d'hommes qui composaient le groupe. Il y avait là Rolando Masferrer, un sbire de Batista, qui ne tarderait pas à être l'ennemi juré de Fidel. L'entrée au campement n'a pas été

13. Rafael Leónidas Trujillo Molina (1891-1961), dictateur de la République dominicaine de 1930 à 1961.

14. Ramón Grau San Martín (1887-1969), président de la république de Cuba de 1933 à 1934 et de 1944 à 1948. Fondateur du Parti authentique.

facile. Angelita et Manuel ont dû rester dehors car deux personnes seulement étaient autorisées à pénétrer. Comme j'ai toujours été proche de Fidel, ma mère décida que nous irions le voir toutes les deux pour tenter de le convaincre de se rétracter.

« "Je ne peux pas, maman, essaie de comprendre. Renverser Trujillo est notre mission pour la démocratie, et si nous devons sacrifier nos vies pour cela, nous tous qui sommes ici sommes d'accord pour payer ce prix. Cela me fait de la peine de te voir comme cela, mais je ne peux pas abandonner mon devoir. Seule la mort me ferait renoncer !"

« Maman et moi le suppliâmes une dernière fois, puis Fidel nous étreignit en disant :

« "Allons, ne pleurez pas, je me suis engagé mais je ne veux pas vous voir souffrir. Ne soyez pas pessimistes. Pensez au contraire que tout va bien se passer et ayez confiance, il ne va rien arriver de mal". »

En effet, il n'arriva rien parce que le président de Cuba, Grau San Martín, céda au dernier moment à la pression que Trujillo, le dictateur dominicain, exerça sur les États-Unis, qui à leur tour annoncèrent publiquement leur soutien. Par ailleurs, Trujillo envoya un message très clair à Cuba : « Si les envahisseurs pénètrent sur le territoire dominicain, nous bombardons La Havane. » Le président Grau San Martín pesa le pour et le contre avant de revenir sur sa position. Le chef de l'armée cubaine ordonna donc à l'expédition de regagner la terre en bateau, précisant qu'ils étaient dès lors détenus. Comme chacun sait, Fidel sauta à l'eau dans la baie de Nipe qui regorgeait de requins, mais qu'il connaissait bien parce que nous y nagions déjà petits, l'endroit étant près de la maison. Il avait d'ailleurs l'avantage d'être le meilleur nageur d'entre nous. Il était accompagné d'un ami grand et corpulent, qui se targuait d'être capable de manger huit poulets en un repas. Par miracle, les deux compagnons en sortirent vivants et apparurent à la maison au petit matin. Fidel rapportait une mitrailleuse qu'il avait volée et qu'il garda.

Les parents furent très heureux de le voir, d'autant plus qu'il séjourna à la maison pendant un laps de temps au cours duquel ils n'eurent donc pas à s'inquiéter. L'angoisse les reprit cependant quand, peu après, il leur annonça qu'il retournait à l'université.

À partir de ce moment, ils ne connurent pas de répit. Fidel était de tous les événements politiques importants relatés par les journaux : la Fédération d'étudiants universitaires, le dénommé Parti du peuple cubain ou Parti orthodoxe. Il se trouvait en Colombie pendant le dénommé « Bogotazo », les événements pendant lesquels le leader libéral colombien Jorge Eliécer Gaitán[15] fut assassiné. Fidel, Rafael del Pino et Alfredo Guevara avaient prévu de lui rendre visite le jour-même. Rafael et Alfredo étaient amis car ils fréquentaient la même université. Ils firent ensemble le voyage à la convention d'étudiants. Les troubles qui éclatèrent ensuite furent amplement diffusés dans le pays et, à Birán, nos parents étaient sur les charbons ardents.

Mais la situation s'aggrava encore. On ne tarda pas à accuser Fidel d'un attentat pendant lequel Manolo Castro, un autre leader estudiantin, mourut. Pendant l'été 1948, Rolando Masferrer, également leader et rival de Fidel, fut agressé. Il s'en sortit sain et sauf mais accusa à son tour Fidel d'être l'instigateur de cette attaque. Face à ce désastre, Fidel décida d'interrompre ses études pendant quelque temps et de rentrer à Birán, où mes parents le reçurent, inquiets et contrariés par ses histoires.

« Je crois que c'est le moment de réfléchir à ton avenir. Parmi les possibilités que ta mère et moi avons envisagées pour vous, il y a toujours eu les études, lui dit mon père. Laisse tout ça et étudie ! Où veux-tu aller hors de Cuba ? Choisis l'université que tu veux aux États-Unis. »

Contrairement à ce que racontent les historiens de notre famille, Fidel respectait ses parents, il ne dépassait jamais les bornes avec eux et, surtout, il n'était pas matérialiste.

« Papa, étudier aux États-Unis coûte très cher. Je refuse. Attends que les choses se calment et tu verras, je terminerai mes études.

— Mon fils, quand s'il s'agit d'étudier, l'argent n'a pas d'importance. Tu as toujours voulu aller à Harvard, Fidel, et je crois que c'est ce que tu devrais faire. Ton père n'a pas vécu en vain et n'oublie pas ce que je t'ai promis : je t'entretiendrai jusqu'à ce que tu décroches ton diplôme d'avocat. »

Fidel se leva de table pour donner une accolade à notre père. Mais ma mère ne demeura pas en reste. Elle avait également réfléchi à une solution qui correspondait bien à l'état d'esprit régnant à Cuba dans ces années-là, et qui, croyait-elle, allait inciter son fils à mener une vie plus tranquille.

« Je trouve très bien que tu finisses tes études où tu veux, mais je sais aussi que tu es amoureux de Mirta tout comme elle l'est de toi.

---

15. Jorge Eliécer Gaitán (1898-1948), homme politique colombien, leader du Parti libéral colombien, assassiné le 9 avril 1948.

Vous êtes jeunes, il est temps pour vous de fonder une famille... Pourquoi ne vous mariez-vous pas avant d'aller aux États-Unis ? »

Fidel accepta avec joie la bénédiction parentale pour son mariage, qui se prépara avec beaucoup de tendresse : c'était la troisième noce d'un Castro Ruz.

8. Fidel marié et diplômé, à la grande joie de mon père

Un grand voyage s'organisait chez nous, apportant son lot de valises. Depuis le couloir, mon père observait tristement la scène. Nous nous préparions à assister à un événement important auquel, par ordre du médecin, il lui était interdit de se rendre : le mariage de Fidel et Mirta.

« Castro, chéri, dit ma mère, ne fais pas cette tête, tu te fais du mal. Dis-toi que ce n'est qu'un voyage de plus et que nous penserons tous à toi. De plus, je rentre bientôt. J'emporte les dix mille dollars, ton cadeau de mariage aux enfants. Tu verras que cela leur fera très plaisir. »

Depuis quelques semaines, mon père était souffrant, et le trajet jusqu'à Banes, province d'Oriente, lui avait été fermement déconseillé par le médecin. Mais il n'était pas le seul : Enma, Agustina et moi n'allions pas pouvoir y aller non plus, même si nous en mourions d'envie. Nous étions au collège, et à cette époque ce n'était pas aussi simple qu'aujourd'hui. Faire venir trois jeunes filles de si loin, en plus des préparatifs habituels, allait sûrement compliquer les choses. Finalement, ma mère s'y rendit accompagnée de Raúl, de Ramón et Sully, ainsi que d'Angelita et Manuel, son mari.

« La cérémonie était des plus élégante, nous raconta ma mère. Mirta était très jolie et semblait tellement heureuse, sans parler de Fidel. Ils forment vraiment un beau couple. Ils se sont d'abord mariés à l'église, et la cérémonie civile s'est déroulée, dans un second temps, chez elle. Quant à la fête, qui réunissait la meilleure société de Banes, la ville dont le père de Mirta avait été maire, elle eut lieu au Club américain. C'était extraordinaire. J'étais tellement contente : pour la première fois depuis longtemps, j'ai vu Fidel tranquille et très amoureux. Voilà ce que nous souhaitons pour vous tous : que vous soyez heureux. »

Le 11 octobre 1948, Mirta Francisca de la Caridad Díaz-Balart Gutiérrez devint l'épouse de Fidel. Elle fut la première et la seule femme avec laquelle il se maria officiellement. L'événement fut commenté dans les chroniques des journaux de l'époque. Personne ne se doutait alors de l'ironie de la situation, qui allait prendre corps des années plus tard. Fulgencio Batista, un ami du père de Mirta, originaire de Banes, comme la plupart d'entre eux, leur envoya un cadeau de mariage qui trônait au centre de la table des présents.

« C'était une paire de lampes d'albâtre impressionnantes, se souvenait ma mère. Cela a dû couter très cher à Batista. Il les leur a envoyées pour en imposer, mais en réalité elles n'étaient pas si jolies que cela. »

Plus tard, ces lampes seront l'objet d'une scène de ménage qui changera le cours de la vie du couple.

Avant qu'ils ne partent en lune de miel aux États-Unis, ma mère remit à Fidel et Mirta le cadeau de mariage de mon père.

« Dix mille dollars ! Non maman, papa est devenu fou ! Je ne peux pas accepter cette somme.

— Tais-toi et prends-les, Fidel. Castro vous donne cet argent de bon cœur. Il vous servira pour le voyage et pour votre séjour d'études à New York. »

Excitée, Mirta étreignit et embrassa sa belle-mère.

« Remercie-le bien de notre part. C'est le plus beau des cadeaux que nous ayons reçus, et c'est sûrement celui qui nous aidera le plus. »

Les mariés quittèrent la réception pour se rendre à Camagüey, d'où ils prirent un avion pour leur lune de miel aux États-Unis. Ils atterrirent à Miami et logèrent à l'hôtel Versailles de l'avenue Collins, à Miami Beach. La première chose que fit Fidel fut d'acheter une Lincoln bleue qui leur coûta deux mille dollars, et avec laquelle ils prévoyaient de faire la route jusqu'à New York, en bonne compagnie.

« Ne vous inquiétez pas pour nous, nous nous amusons beaucoup, écrivit Mirta à mes parents. Nous ne sommes pas seuls, Fidel a proposé à mon frère Rafael et sa femme Hilda, qui viennent de se marier, de se joindre à nous. Nous nous relayons pour conduire. Quand Fidel est fatigué, Rafael prend le volant et tout se passe bien. Je vous remercie à nouveau pour votre cadeau, une fortune qui nous est bien utile pour ce voyage. »

Si de nos jours dix mille dollars constituent un généreux cadeau de mariage, ils représentaient à l'époque une véritable fortune, et Mirta, émerveillée, ne se lassait pas de remercier nos parents pour ce présent.

« Ton père est le plus généreux des hommes, disait-elle, admirative. On ne m'avait jamais donné autant d'argent. »

Mes parents étaient ainsi avec chacun de nous, et Mirta faisait déjà partie de la famille.

À leur arrivés à New York, leur voyage de noces en voiture prit fin et Fidel loua un appartement situé au 156 Ouest de la 82e Avenue à Manhattan, où ils vivraient le temps de choisir son université. Mais à la surprise de tous, Fidel n'en choisit aucune, et en décembre, un peu plus de deux mois après leur mariage, Mirta et lui revinrent à Cuba avec la voiture. Quelques jours plus tard, Fidel vendit la Lincoln, loua un appartement à La Havane, d'abord dans le quartier d'Almendares puis dans le quartier du Vedado, à l'angle de la 3e et de la 2e rue, au deuxième étage de l'immeuble. Fidel s'inscrivit en auditeur libre à l'université. De cette manière, il n'était pas astreint à assister aux cours tous les jours mais étudiait pour son compte, jour et nuit, pour réussir les examens. Seul le Fidel de cette époque pouvait s'imposer une telle discipline. Il faisait preuve d'une formidable ténacité pour obtenir ce qu'il voulait.

Quand nous étions aux Ursulines, nous passions les week-ends chez eux. Nous le voyions donc se lever tous les matins à 7 heures et étudier jusque tard dans la nuit avec beaucoup de courage. Ses notes furent d'ailleurs excellentes. Cet été-là, Fidel et Mirta – qui était sur le point d'accoucher – décidèrent de séjourner à Birán. Fidel continua à étudier sans relâche pendant que nous profitions de ce temps partagé avec Mirta. C'est au cours de cet été-là que Fidel et Raúl se rapprochèrent. Ce dernier travaillait alors dans les bureaux de la propriété, et les deux frères prirent l'habitude de se lancer dans de grandes discussions.

« Tu sais quoi, Juanita ? me dit un jour Raúl. Plus je m'entretiens avec Fidel, plus je découvre nos points communs. Il a beaucoup étudié, il maîtrise n'importe quel sujet. »

Ils conversaient des heures, et Raúl, le petit frère, prêtait une attention quasi dévote aux discours politiques de Fidel. Personne ne posait davantage de questions sur ce que Fidel inculquait à Raúl, la seule chose que nous comprenions était que les sujets qu'il abordait lui tenaient particulièrement à cœur. Ce laps de temps passé ensemble porta ses fruits car, en septembre 1949, Raúl annonça à mon père qu'il avait changé d'avis et qu'il voulait accompagner Fidel à La Havane pour étudier. Trop heureux de voir Raúl retourner sur les bancs de l'école, et sous la protection de son grand frère pour couronner le tout, notre père accepta.

Raúl, qui n'avait pas le baccalauréat, entra dans un lycée spécial où il pouvait valider les disciplines nécessaires à l'examen d'entrée à l'université. Pendant toute cette période, il révisa en compagnie de Fidel, comme il me le raconta lui-même dans une lettre : « Tu ne peux pas t'imaginer quel genre de professeur est Fidel. Il me demande d'apprendre le dictionnaire par cœur. Un jour, je dois m'atteler aux lettres A jusqu'à C, et le lendemain je m'attaque à d'autres lettres… Bref, il dit qu'on apprend beaucoup dans les dictionnaires, et je suis d'accord avec lui. »

Grâce à ce tutorat, il fut reçu à l'université des sciences sociales, où il obtint de bonnes notes. Des années plus tard, en repensant à cette époque, je réalisai que c'est à partir du moment où il s'inscrivit en sciences sociales que Raúl rejoignit un groupe d'étudiants d'affiliation communiste, ce qui l'amena à s'intéresser davantage aux réunions politiques qu'à ses études. Ses notes baissèrent en conséquence, et il échoua à tous ses examens. Mais une chose encore bien plus grave était en train de se produire sans que personne en prenne conscience, moi comprise : si Fidel prétendait à cette époque ne pas vouloir se compromettre avec les éléments marxistes de l'université, ce n'était là qu'une apparence. En fait, il poussait Raúl à les fréquenter. Ils attirèrent donc Raúl, le convainquirent de leurs idées, et il ne tarda pas à intégrer l'Union des jeunes communistes, une branche du parti communiste de cette époque. On mentionna de plus en plus souvent son nom en association avec ce mouvement. Il n'était pas aussi rusé que Fidel qui se dissimulait, il était plus ouvert à assumer ses sympathies politiques, de sorte qu'en l'espace de quelques mois Raúl fut identifié comme un militant de la jeunesse communiste au sein de l'université. À Birán, nous étions bien loin de nous douter de ce qui se tramait. Jamais mes parents n'auraient pu imaginer que Fidel restait en marge de ces activités tandis que c'était Raúl qui le défendait. Nous aurions été bien incapables de le comprendre, d'ailleurs. S'il l'avait su, Ángel Castro Argiz se serait rendu personnellement à La Havane pour les arrêter.

Pendant ce temps, nous coulions des jours tranquilles à la maison, au rythme des lettres rassurantes d'Enma : « S'il y a une chose que j'admire chez Fidel, c'est sa grande détermination non seulement à étudier, mais aussi à terminer rapidement ses études. Je passe mon temps libre avec eux, et Fidel passe ses journées entières plongé dans les livres. Il se réveille tôt le matin, enfile une robe de chambre, se met à son bureau et voilà. »

En une année et demie, Fidel rattrapa le temps perdu et présenta cinquante matières à l'université. En l'espace de trois jours, il apprit par cœur son manuel de droit des hypothèques, ce qui lui rapporta cent points à l'examen. Il avait une mémoire d'éléphant.

« La prochaine étape, Mirta, c'est la Sorbonne. J'ai l'intention de demander une bourse pour aller vivre à Paris », annonça un jour Fidel à sa femme.

Trop heureuse, Mirta nous écrivit pour nous annoncer cette nouvelle qui l'enchantait :

« Vous imaginez ? Fidel rapporte de bonnes notes dans toutes les disciplines, il ne lui sera pas difficile d'obtenir une bourse. Je saute de joie à la perspective d'être bientôt en France. »

Ma mère non plus ne se tenait pas de fierté et soutenait leurs projets avec enthousiasme : « Ne t'inquiète pas s'il ne remporte pas la bourse, Mirta. J'en ai parlé à mon mari et nous ferons un sacrifice pour vous aider à réaliser ce rêve. »

En juin 1950, enfin, Fidel obtint son doctorat en droit. Ce diplôme représentait une belle récompense pour les efforts fournis par mes parents, qui avaient toujours été obsédés par les études universitaires. L'occasion était si importante que mon père, alors très âgé et malade au point de ne plus quitter la maison, fit spécialement le voyage.

« Cela en vaut bien la peine ! Ce jeune homme a fait de mon rêve une réalité », disait-il.

Bien sûr que cela en valait la peine ! Pour une raison ou une autre, nous avions tous interrompu nos études à mi-chemin. Fidel est le seul à avoir vraiment réussi. Suivant une tradition européenne, mon père lui avait réservé une surprise : une bague surmontée d'un solitaire de huit carats.

« Cette bague, je l'ai gardée toute ma vie en attendant le moment de la donner au premier de mes enfants qui serait diplômé de l'université. Elle est à toi, Fidel.

— Non, papa, je ne peux pas l'accepter. Garde-la pour maman, elle la mérite. Elle a beaucoup travaillé et n'a pas profité de la vie. Je préfère que tu me prêtes de l'argent pour d'autres projets ; je voudrais par exemple monter un cabinet d'avocats. Je n'accepterai pas cette bague, garde-la, s'il te plaît. »

À contrecœur, mon père déposa donc la fameuse bague dans le coffre de la maison. En 1958, ma mère se rendit à Santiago de Cuba avec Ramón et remit un paquet à Raúl Pino. Son père Fidel Pino était le meilleur ami de mon père. Ils connaissaient Raúl pratiquement depuis sa naissance.

« Peux-tu le garder dans ton coffre-fort, lui demanda ma mère. Je crains qu'un jour l'armée de Batista ne vienne fouiller la maison. Je serais obligée d'ouvrir le coffre et elle me le volerait. »

Avec le triomphe de la Révolution, cependant, notre famille oublia de récupérer la bague chez Raúl Pino... et lui-même ne pensa pas à nous la rendre. Il s'exila à Miami quelque temps après, où il mourut d'un cancer au poumon, sans laisser la moindre trace du solitaire de huit carats de mon père.

La générosité de mon père ne s'arrêta pas là : il permit à Fidel et Mirta de déménager dans un appartement plus grand, où ils pourraient vivre plus confortablement avec Fidelito, leur fils nouveau-né. C'était un beau duplex de la 23e rue, au numéro 1511, entre la 24 et la 26, altos, dans le quartier du Vedado. Frank et Waldo, les frères de Mirta, tout comme Bolalà, sa grand-mère, y habitaient également. Chacun participait financièrement aux frais mensuels mais mon père restait leur principal bienfaiteur.

Afin de lancer la nouvelle carrière de Fidel, Ángel Castro Ruz l'aida à installer son cabinet dans La Vieille Havane avec deux confrères, Jorge Aspiazu et José Luis Reséndiz. Pour nos parents, le jour où le cabinet Aspiazu-Castro-Reséndiz ouvrit ses portes fut également un grand moment de réussite personnelle.

Personne n'aurait pu deviner qu'une grande tempête était sur le point de se déchaîner.

9. Les petits-enfants

Cette période d'accalmie fut marquée pour mes parents par la joie indescriptible de voir naître la nouvelle génération Castro, leur descendance qu'ils adorèrent tout de suite : les enfants d'Angelita, de Ramón et de Fidel.

Ils savourèrent leur statut de grands-parents et profitèrent de leurs petits-enfants comme ils n'avaient pu le faire avec leurs propres enfants. Quand nous étions petits, ils consacraient beaucoup de temps à la constitution de leur patrimoine, travaillant à toute heure tout en s'occupant de sept enfants et les envoyant à l'école. La situation était très différente à ce moment-là. Leur situation financière était assurée, leurs propres enfants étaient grands et ils pouvaient pleinement profiter de leurs petits-enfants.

Angelita représenta toujours un cas à part parce qu'elle venait régulièrement s'installer à Birán avec ses enfants quand son militaire de mari, Manuel, était envoyé en mission. C'est ici qu'elle mit au monde Mirta, sa première fille, qui sera suivie de quatre enfants : Mario, la petite Tania qui a toujours été très affectueuse avec moi, Tony et finalement Ileana. À cette époque, ma mère s'inquiétait beaucoup pour sa fille aînée.

« Chéri, je me fais beaucoup de souci, disait-elle à mon père, Angelita accouche d'un enfant par an, et chaque fois elle va mal parce que son corps ne produit pas de suc gastrique. Le médecin dit que son foie pâtit un peu plus à chaque naissance. Cela m'étonne que Manuel ne s'en inquiète pas. »

En effet, Angelita faillit succomber à la naissance d'Ileana et dut rester à l'hôpital de Santiago de Cuba pendant près de trois mois. Dieu merci, c'est Sully, la femme de Ramón, qui s'occupa de ses enfants pendant que ma sœur était malade. Quant à moi, leur tante, j'ai toujours été très attachée à ces enfants que j'aimais beaucoup. Je leur achetais ce qu'ils voulaient, je les emmenais se promener. Ils ont toujours beaucoup compté pour moi, à tel point que, alors qu'il était tout jeune, Tony a vécu quelque temps avec moi à La Havane, à l'époque où je tenais la pension. Tony était mon bras droit, je l'aimais vraiment beaucoup. Je prévoyais de l'emmener avec moi en exil mais mon projet fut dévoilé à cause d'une indiscrétion au téléphone. J'avais oublié que le G2 (le service de renseignements du régime, la police politique) m'avait mise sur écoute. J'appris plus tard qu'il était devenu vétérinaire et qu'il s'était rapproché du système. Mais ce sont là de tristes souvenirs et je voudrais consacrer ce chapitre au bon temps que mes parents ont partagé avec leurs petits-enfants. Nous verrons le reste plus loin.

À Birán, les cinq enfants d'Angelita et de Manuel et les trois de Ramón et Sully menaient leurs grands-parents Castro par le bout du nez. Petits, nous respections beaucoup le bureau de mon père et faisions attention de ne rien casser. Quand il travaillait ou se reposait, nous ne le dérangions jamais. Ses petits-enfants faisaient tout le contraire. Mon père était de leur côté. Quand il faisait la sieste ou qu'il terminait de déjeuner en écoutant les nouvelles à la radio, ils arrivaient et lui jetaient des gouttes de citron dans les yeux. Au lieu de les gronder, il riait, et les enfants réfléchissaient déjà au prochain tour qu'ils pourraient jouer à mon père, qui se réjouissait de les voir heureux. Quant à la permissivité de leur grand-mère, elle était identique, voire pire.

Rien n'aurait pu les séparer de leurs petits-enfants. Tous les deux étaient ravis de les avoir auprès d'eux. Tania surtout, la seconde fille d'Angelita, était très aimée de son grand-père et le lui rendait bien.

« Juanita, j'ai parlé à ta mère : je voudrais que tu m'aides à ce que tout soit prêt pour que mes petits-enfants ne manquent jamais d'argent pour leurs études, quelle que soit l'école qu'ils voudront fréquenter. Ils ne doivent manquer de rien pour réaliser leurs ambitions, quelles qu'elles soient. Je veux leur garantir cela. »

Quant à Fidelito, le premier enfant de Fidel et de Mirta, il était unique.

C'était l'enfant le plus gâté que je connaisse. Fidel Ángel Castro Díaz-Balart est né à La Havane le 1er septembre 1949, à la grande joie de toute la famille. Sa naissance a été un événement, Fidel rayonnait littéralement de bonheur. Quelques mois après sa naissance, il nous fit une peur bleue en attrapant une méningite virale, mais Dieu merci, il s'en remit sans peine. C'était un petit garçon très gai et souriant, il n'était jamais fâché, il avait l'air heureux. Il était très mignon et ressemblait à son père.

Mon père et moi étions ses parrain et marraine, et sa naissance coïncida avec une période de tranquillité passagère à la maison.

« Que pouvons-nous souhaiter de plus, Castro ? demandait ma mère. Fidel a un fils, il est sur le point d'être diplômé, on ne lui connaît aucune activité politique à l'université et Raúl étudie de nouveau grâce aux efforts et à la tutelle de Fidel. Est-ce que nous n'avons pas tout pour être heureux ? »

Nos parents avaient raison : nous ne pouvions pas être plus heureux à Birán. Mais cette époque bénie n'allait pas durer, et elle serait la dernière avant bien longtemps.

10. L'histoire commence

Le rêve d'une vie tranquille à Paris entre Fidel et Fidelito que nourrissait Mirta depuis que son mari lui en avait fait la promesse s'écroula quand leurs plans changèrent subitement. Enma, qui se trouvait chez eux au même moment, nous relata une conversation qu'elle avait surprise entre Fidel et sa femme, un après-midi au salon :

« Mirta, je ne vais pas aller à Paris. Ce n'est pas là mon destin. J'ai décidé de ne pas aller à la Sorbonne et de rester ici, à Cuba. Je vais annoncer ma candidature comme représentant du Parti orthodoxe à La Havane, je vais me battre au Congrès du pays, et un jour, je prendrai le pouvoir. »

Étonnée, Mirta se mit à pleurer tout en essayant de le faire changer d'avis : « Mais Fidel, tu ne peux pas annuler comme ça nos projets ! Tu nous as promis, à tes parents et à moi, que nous irions à Paris pour passer ta maîtrise ! Tu ne peux pas faire ça, Fidel. Écoute-moi. »

Fidel se mit tellement en colère qu'il saisit une des lampes d'albâtre de Batista qui se trouvaient à côté du canapé et la jeta par terre, la brisant en mille morceaux.

« Tu me fatigues, Mirta ! N'insiste pas, je ne partirai pas ! »

L'attitude de Fidel l'impressionna tellement qu'elle cessa de pleurer. Enma, qui ne savait que faire, ramassa les morceaux de la lampe éparpillés sur le sol.

À la suite de cet épisode, le temps passant, je finis par comprendre que, depuis le début, Fidel savait parfaitement ce qu'il voulait. L'effort que mes parents avaient fourni pour le mettre sur la bonne voie avait porté ses fruits pendant à peine une année.

« Je ne t'ai pas souvent demandé ton aide, papa, lui dit-il lors d'une visite. Quand tu m'as donné trop d'argent, je te l'ai toujours rendu. Cette fois cependant, j'ai besoin que tu me soutiennes financièrement pour réaliser un projet que j'ai en tête. J'adhère au Parti orthodoxe parce que je soutiens leurs principes et leur devise : "Honnêteté contre argent". Ils représentent à mes yeux le changement vers un gouvernement juste, et je m'identifie pleinement à leur cause. J'ai l'intention de me présenter en tant que candidat comme représentant au Congrès, et pour cela, j'ai besoin de me consacrer entièrement à la politique. Il me faut de l'argent pour faire vivre ma famille. »

Mon père ne s'opposait à aucune de nos requêtes si elles étaient cohérentes. Ainsi se convertit-il une fois de plus en principal soutien financier de Fidel, qui ne requérait pas d'aide pour sa campagne politique mais pour sa famille.

Comme j'étais très proche de mon père et que je m'occupais des comptes de la famille, c'est moi qui reçus les ordres de virement.

« Je veux qu'on assure à Fidel au moins cinq cents dollars mensuels pour entretenir sa famille.

« — Castro, moi aussi, j'ai contribué, intervint ma mère. J'ai ouvert un crédit pour Mirta dans certains magasins de La Havane. Ils pourront y acheter des vivres, et tout ce dont ils ont besoin. Nous paierons les factures. De plus, Juanita et moi avons emmené Mirta acheter une très jolie salle à manger de couleur blanc d'huître, qu'elle aimait beaucoup. Avec ce que nous leur donnons, ils couvrent la majorité des besoins de la maison. Pour le reste, même si c'est peu, Waldo et Frank participent comme ils le peuvent. Fidel, Mirta et le petit peuvent être tranquilles.

« — C'est très bien, approuva mon père. Fidel m'a affirmé qu'il allait se dédier pleinement à la politique, ajouta-t-il, et il me semble très décidé. Manifestement, il a de bonnes chances de remporter le siège. Nous devons le soutenir. Vous savez ce qu'il m'a dit ? Qu'un jour, il sera président de Cuba. Je n'en doute pas. Pour l'instant, nous allons l'aider. »

Fidel pouvait à nouveau compter sur la générosité d'Ángel Castro Argiz qui, depuis la maison, lui faisait parvenir l'argent nécessaire aux besoins de sa famille. Il quitta le cabinet Aspiazu-Castro-Reséndiz pour se vouer pleinement à sa campagne électorale, qu'il mena sans argent mais avec beaucoup de bagout, beaucoup de ruse et force discours.

La vie politique cubaine était de plus en plus agitée. L'opinion publique se sentait leurrée par le gouvernement de Carlos Prío Socarrás[16]. Le Parti orthodoxe dirigé par Eduardo Chibás[17], dont Fidel faisait partie comme simple militant, prenait de plus en plus d'importance. Pour autant que je m'en souvienne, le Parti orthodoxe répondait à ce que la majorité du peuple désirait à ce moment-là, et Fidel se lança dans la lutte antigouvernementale avec la même passion que celle avec laquelle il a pris toutes ses décisions. Peu lui importait de n'être pas encore reconnu comme orthodoxe à l'université, il allait de l'avant.

Il consacrait la majeure partie de son temps à faire des déclarations à la presse et à assister aux événements importants pendant que Mirta, délaissée, se plaignait : « Fidel ne vient pratiquement plus

16. Carlos Prío Socarrás (1903-1977), homme politique, président de Cuba de 1948 à 1952.

17. Eduardo Chibás (1907-1951), homme politique, fondateur du Parti orthodoxe.

à la maison, il ne vit que pour la politique et le Parti orthodoxe, je me sens vraiment abandonnée ; nous ne nous parlons presque plus, il passe toutes ses journées dehors. Sans votre argent, je ne sais pas comment Fidelito et moi pourrions subsister. »

Fidel continuait à s'occuper de ses affaires. De nombreuses luttes antigouvernementales s'organisaient sur le perron de l'université, et il voulait participer à chacune d'entre elles. Il loua une station de radio pour diffuser ses accusations contre le gouvernement de Prío Socarrás. La figure de l'étudiant Carlos Rodríguez, tué par la police lors d'une de ces manifestations, fut aussitôt reprise pour servir d'étendard au mouvement de rébellion contre Prío, qui ne s'était pourtant jamais fait remarquer pour des actes de violence jusque-là. Fidel exigea également le jugement des deux officiers impliqués dans cette mort.

Il se présenta en tant qu'avocat de la partie civile ; nous espérions le voir débuter à la cour, mais ce jugement n'eut jamais lieu.

Pendant ce temps, les ennuis le poursuivaient jusqu'à son domicile. Mirta eut beaucoup de mérite à supporter le Fidel de cette époque : un homme à femmes doublé d'un cœur d'artichaut, une forte tête, et impliqué dans de nombreux problèmes politiques qui absorbaient tout son temps et ne lui en laissaient pas beaucoup pour sa famille.

C'est pendant cette période que Fidel eut deux enfants hors mariage. Nous l'apprîmes parce que, chaque fois qu'il était sûr que l'enfant était de lui, il allait le raconter à ma mère et à Angelita pour qu'elles veillent sur celui-ci et qu'elles le déclarent légalement sous son nom. C'est ainsi que nous avons été informés de la naissance de Jorge Ángel, que Fidel conçut avec une jeune « maure », comme on appelle les gens à la peau mate dans la province d'Oriente. Puis vint Francisca, qui était née d'une aventure avec une autre jeune femme, alors que Fidel suivait un procès. De la mère de Francisca, Fidel disait : « J'ai été attiré rien qu'en la voyant traverser la rue, c'était un coup de foudre. »

Francisca ne porte pas le nom Castro, non parce que Fidel ne le lui a pas donné, mais parce que la mère s'est remariée avec un homme qui a adopté la petite. Je suis sûre que Fidel veillait à ce que ses enfants ne manquent de rien. Nous connaissions leur existence, et plusieurs fois dans l'année ma mère et Angelita les emmenaient vivre quelque temps chez elles.

Quant à notre famille, les choses suivaient leur cours sans beaucoup de changements, excepté quelques contrariétés. Ainsi, quand

Enma et moi étions en pension à La Havane, mon père envoyait de l'argent à Fidel pour payer le collège. Comme Fidel ne réglait pas à temps, nous avions des ennuis avec lui. Une autre fois, alors que nous avions demandé des montres à mon père, celui-ci en remit le montant à Fidel pour les acheter, mais au lieu de cela, notre frère le dépensa. Comme nous voyions le temps passer sans voir arriver les montres, nous les lui avions réclamées.

« Arrêtez de vous plaindre. Les voici, vos montres. »

Enma, toujours discrète, ne dit rien, mais moi, je bondis.

« Qu'est-ce que c'est que ces vieilleries, Fidel ? Elles ne marchent pas. Regarde, elles sont rouillées.

— N'exagère pas, Juanita, secoue-les et tu verras qu'elles marcheront. »

Évidemment, elles ne fonctionnèrent jamais.

Fidel poursuivait ses activités politiques. Le 16 août 1951, le leader du Parti orthodoxe, Eduardo Chibás, un homme très populaire, se tira tout simplement une balle dans la tête au beau milieu d'un programme de radio qu'il animait le dimanche… Il ne mourut pas sur le coup mais dix jours plus tard, le 26 août. Un grand deuil suivit ce suicide. Le 28 août, pendant la veillée funèbre, à l'université de La Havane, Fidel proposa de porter sa dépouille jusqu'au palais présidentiel et d'exploiter l'émotion des citoyens pour monter un coup mémorable, mais les dirigeants orthodoxes refusèrent. L'enterrement de Chibás fut tumultueux, et Fidel en profita pour bondir à la tribune et faire un serment dramatique, soutenu par de nombreux jeunes, qui l'entendirent ainsi annoncer ses prétentions à la Chambre des représentants.

Mais un événement inattendu et inimaginable à Cuba fit avorter les projets électoraux de Fidel : à l'aube du 10 mars 1952, quatre-vingt-deux jours seulement avant la date des élections, Fulgencio Batista, l'un des candidats à la présidentielle, accompagné d'importants chefs militaires, pénétra par la force dans la forteresse militaire de Columbia, la plus importante de Cuba. Ses troupes renversèrent le gouvernement de Prío Socarrás, lequel s'enfuit en exil. Cela entraîna l'annulation immédiate des élections. Dérogeant à la Constitution de 1940 alors en vigueur, Batista imposa l'état de siège à tout le pays.

Tout cela semblait invraisemblable à Fidel, qui n'arrivait pas à y croire. Il reçut alors chez lui au Vedado un appel de son beau-frère et ami, Rafael Díaz-Balart. « Je t'appelle pour te prévenir que j'ai rejoint le gouvernement de Batista… »

Dans le fond, cela n'avait rien d'étonnant, vu que les Díaz-Balart étaient de Banes, tout comme le dictateur. Ils avaient toujours entretenu de très bonnes relations avec lui, au point que le beau-père de Fidel fut immédiatement nommé ministre des Transports et Rafael vice-ministre de l'Intérieur.

« Il vaudrait mieux que tu te rallies à nous, ajouta Rafael.

— Jamais, Rafael, jamais ! Je ne soutiens pas Batista comme toi ! »

Fidel jeta le téléphone et, furieux, quitta la maison. Il passa la nuit dehors pendant que Mirta se trouvait au pied du mur. Le lendemain, il lui fit parvenir une lettre par l'intermédiaire de René Rodríguez, qui deviendra par la suite un célèbre commandant de la Révolution.

> « Ma chère Mirta,
>
> « Ce qui s'est passé ces dernières heures montre clairement la position de ta famille, position qui n'est pas celle pour laquelle je lutte. Je ne peux pas imaginer partager mon foyer avec des ennemis, j'ai donc décidé de ne pas rentrer tant que tes frères Waldo et Frank ne seront pas partis. »

Pauvre Mirta ! Elle avait de nouveau des problèmes de couple à cause de la politique ! Voyant la lettre, ses frères quittèrent aussitôt la maison et Fidel disparut lui aussi quelque temps. Personne n'eut de ses nouvelles jusqu'au 24 mars, lorsqu'un article de presse reprit l'accusation de Fidel qui demandait au Tribunal d'exception de La Havane de punir le nouveau président de fait. Après avoir attaqué Batista et les magistrats, il réclamait qu'on envoie au plus vite le nouveau dictateur de Cuba en prison. Le Tribunal d'exception ne tint pas compte de cette publication mais Fidel continua à ourdir des actes de conspiration et d'agitation. Hormis l'indignation qui l'envahissait face à la nouvelle dictature, il se sentait profondément frustré dans ses ambitions électorales. Raúl me confia :

« Ne vous inquiétez pas pour Fidel, il va bien. Il passe ses journées à monter, à planifier et à réaliser grâce à des polycopiés un journal appelé *El Acusador*, où il signe sous le pseudonyme d'Alejandro. Mais ne le dites pas aux parents pour ne pas les inquiéter. »

Pour le premier anniversaire de la mort de Chibás, en août 1952, Fidel distribua un tract où il incitait à la guerre totale contre Batista. En agissant ainsi, il doublait les dirigeants orthodoxes traditionnels qui voulaient gagner le pouvoir en respectant les règles et les sommait d'en terminer avec leurs luttes internes. En réalité,

Fidel profitait de n'importe quelle occasion pour critiquer le régime de Batista, ce qui conduisit malheureusement son mariage à l'échec.

« Je passe des journées entières à la maison avec Fidelito et parfois Enma, disait Mirta à ma mère, alors que mon mari se bat contre tout ce que mon père et mon frère représentent. Fidel n'est pratiquement jamais là. C'est très difficile pour moi de vivre ainsi. D'un côté il y a Fidel, de l'autre ma famille… »

L'été 1953 débuta brutalement, avec son lot de mauvaises surprises. Fidel, qui s'était étrangement calmé, restait tranquille avec Mirta. Cette fois, les ennuis vinrent de Raúl. Sans rien dire, pas même à moi sa confidente, et bien sûr encore moins à mes parents, il était parti à Bucarest en Roumanie ! Il était allé assister au quatrième Festival mondial de la jeunesse et des étudiants (FMJE), organisé depuis 1947 par la Fédération mondiale de la jeunesse démocratique et l'Union des étudiants. On y débattait de politique à tendance gauchiste avec un public composé majoritairement de militants d'organisations de la jeunesse des partis communistes. À ce moment-là, Raúl n'était pas affilié au Parti socialiste populaire (le Parti communiste cubain), mais il s'était lié aux leaders estudiantins de ce courant.

Le festival terminé, il décida de parcourir l'Europe. Il se retrouva bientôt sans argent à Prague, et m'écrivit dans l'urgence.

> « Juanita, ma petite sœur chérie, je suis venu en Europe pour un congrès et je veux profiter du voyage pour visiter plusieurs capitales européennes. Aide-moi, ma chère sœur. Fais en sorte que les parents m'envoient un peu d'argent. Tu sais bien que je ne les sollicite jamais mais voilà une occasion qui ne se présente pas souvent. »

Naturellement, je plaidais pour sa cause ! Non seulement Raúl était mon frère préféré, mais il était aussi l'enfant gâté de Lina, sans parler de mon père ! Le pauvre, il était si étranger, comme nous toutes, aux aventures de son plus jeune fils.

« Juanita, me dit mon père, va à la banque et envoie suffisamment d'argent à Raúl pour qu'il puisse terminer ce voyage qui promet d'être très instructif. »

Raúl passa le mois de mai et le début du mois de juin à sillonner l'Europe sans imaginer ce qui l'attendait à La Havane : informés des activités des participants au FMJE, les sbires de Batista les attendaient et les rouèrent brutalement de coups. Ils infligèrent une correction terrible à Raúl qui ne s'en plaignit jamais, préférant taire l'événement. Il garda également le silence sur ce périple et ce qu'il y avait fait.

Nous n'eûmes pas le temps de nous intéresser davantage à son escapade, car la remise des diplômes d'Enma, reçue au baccalauréat, devait avoir lieu le 12 juin 1953. Quelques jours plus tôt, la santé de mon père s'était détériorée et ma mère ne voulait pas le laisser seul. Seuls Fidel, Raúl et moi avons donc assisté à la cérémonie. Heureusement que les parents n'avaient pas pu venir, car ils auraient été fort contrariés de voir Raúl blessé.

« Raúl est venu me voir au collège il y a quelques jours, m'expliqua Enma. Il m'a dit que Fidel viendrait probablement mais que ce n'était pas sûr. Même s'ils sont tous les deux très pris, Raúl m'a donné sa parole que lui serait là. »

Naturellement, il tint sa promesse. S'il était mal en point, il se montra comme toujours tendre, affectueux et de bonne humeur en notre compagnie.

Après la cérémonie, je rentrai à la maison tandis qu'Enma restait quelques jours à La Havane pour ranger ses affaires à l'internat et préparer son retour ainsi que son entrée à l'université. Elle passa ensuite l'été à Birán.

« Tu sais Juanita ? Fidel s'est de nouveau réconcilié, temporairement en tout cas, avec Lidia Castro Argota. Quand je suis allée dire au revoir à Fidel, elle était là. Elle se comportait comme la maîtresse de maison, recevant tout un groupe, dont Abel et Haydée Santamaría, Chuchú Reyes, Melba Hernández et Chucho Montané (il s'agissait là du cercle restreint des collaborateurs de Fidel, les futurs fondateurs de la Révolution cubaine). Tous étaient très occupés, ils fabriquaient la feuille de chou clandestine qu'ils distribuent et ils discutaient d'une conspiration contre la dictature de Batista.

— En quoi est-ce bizarre ? lui demandai-je.

— En rien, répondit Enma. Tu as raison, nous devons nous habituer à leurs activités. Dans la lutte de Fidel, rien ne devrait plus nous surprendre. D'ailleurs, en les voyant si absorbés dans leur travail, je n'ai pas voulu leur faire perdre de temps : je leur ai dit au revoir et suis rentrée à la maison. »

Comment aurions-nous pu nous douter que « ce » que Fidel et Raúl préparaient avec autant d'acharnement et de concentration était ni plus ni moins l'assaut de la caserne Moncada ?

11. L'assaut de la caserne Moncada

Sur le bureau de mon père, la page du calendrier indiquait la date du 26 juillet 1953. Je le remarquai quand je vins le chercher pour déjeuner car tout était prêt et nous l'attendions. Jusque-là, rien n'aurait pu laisser croire que je me souviendrais de cette date comme d'un dimanche qui changerait la vie des Cubains de cette époque et des générations suivantes. C'était un beau dimanche d'été et nous étions réunis à table, ma mère, Enma, Tania, la fille d'Angelita, mon père et moi. La conversation se prolongeait après le repas pendant que mon père, comme à son habitude, écoutait les nouvelles de l'après-midi à la radio. Soudain, la musique annonçant un bulletin spécial nous imposa le silence. Nous entendîmes :

« Nous interrompons ce programme pour vous informer qu'un groupe de rebelles a attaqué aujourd'hui la caserne Moncada, la seconde garnison militaire du pays située à Santiago de Cuba, capitale de la province d'Oriente. Il y aurait des morts et des blessés. Nous n'avons pas plus de détails... L'information continue... »

Nous fûmes tous parcourus de frissons quand mon père nous dit en nous regardant : « Je ne sais pas pourquoi mais quelque chose me dit que ce jeune homme, Fidel, est mêlé à tout ça. »

Enma intervint aussitôt : « Calme-toi, papa. Comment peux-tu imaginer que Fidel est mêlé à ça ? Enlève-toi cette idée de la tête ! »

Bien que nous ne sachions pas encore si Fidel avait participé à l'assaut de Moncada, l'ambiance à la maison était tendue, et elle le fut bien plus encore quand on vint nous signaler que les deux gardes ruraux détachés à Birán avaient été appelés d'urgence pour faire un rapport à la caserne du Central Marcané.

« Qu'est-ce qui se passe ? plaisantait Enma. C'est le début de la révolution contre Batista ? »

Nous avons passé les heures suivantes dans l'ignorance, jusqu'à ce que le vendeur de notre boutique arrive chez nous en courant, vers 6 heures du soir.

« Doña Lina, Doña Lina, je viens d'entendre à la radio que le chef de l'assaut de la caserne Moncada est Fidel ! »

Cette nouvelle m'angoissa beaucoup. J'étais sûre que Raúl, très dévoué à Fidel qui exerçait une grande influence sur lui, était également impliqué dans cette action révolutionnaire. Les larmes aux yeux, ma mère murmura : « Oh mon Dieu, oh mon Dieu... »

Petit à petit, nous eûmes davantage d'informations.

« Nous interrompons de nouveau le programme pour confirmer que le leader des assaillants de la caserne Moncada est Fidel Castro Ruz, son frère Raúl faisant également partie du groupe. L'information continue... »

Mon père, ce fier Espagnol, se mit à pleurer. Nous ne l'avions jamais vu dans cet état...

« Moi qui lui ai confié Raúl, le plus jeune de mes fils, pour qu'il en fasse un homme bien, regardez où il l'a entraîné ! À l'abattoir ! »

Devant le désespoir de son grand-père, Tania, ma nièce, impuissante à l'aider, fondit également en larmes. J'essayai de la calmer. Tania, alors à peine âgée de cinq ans, dira plus tard que cette image s'était à jamais gravée dans sa mémoire. Enma et moi accompagnâmes ma mère et ma grand-mère Dominga qui voulaient réciter le rosaire devant la Miraculeuse tandis que mon père, abattu, essayait de capter autant de stations radiophoniques possibles pour obtenir davantage de détails, mais sans succès. On aurait dit que l'événement était soigneusement tenu secret.

La nuit tomba. Alors que nous attendions les nouvelles à la télévision, nous avons surpris des bruits bizarres provenant de l'extérieur. Les uns après les autres, les fidèles ouvriers de la propriété venaient nous trouver pour nous tenir au courant :

« Doña Lina, Don Ángel, la propriété est encerclée par des soldats armés de fusils !

— Calmez-vous, leur dit ma mère, il ne va rien se passer ici. N'ayez pas peur. »

Peu après, les émissaires de Batista se présentèrent à leur tour :

« Nous venons vous informer que nous surveillons la maison ainsi que toute la zone qui l'entoure. Nous ne faisons qu'obéir aux ordres. »

Quand ils repartirent, mon père conclut :

« Fidel et Raúl ne sont pas morts : ces soldats attendent qu'ils rentrent ici. »

C'était la voix de la raison, et elle nous redonna l'espoir qu'ils étaient vivants...

« Fidel est plus intelligent que les autres, déclara Enma. Il ne viendra pas ici parce qu'il sait que nous serons les premiers surveillés. »

Bien entendu, personne ne dormit cette nuit-là, à la maison. Ce n'était pas la première fois que cela arrivait. Ces nuits de veille se multipliaient au fil des années et des frasques de Fidel. Toujours inquiet pour ses enfants, mon père, qui ne se couchait jamais sans avoir prié pour notre santé, redoubla de ferveur à partir de ce 26 juillet 1953. Il s'accrochait de toutes ses forces à ses oraisons pour supporter ce qui se passait au sein de sa famille.

À peine remise du choc, ma mère s'alarma :

« Castro, il y a eu combien de morts et combien de blessés ? Qui étaient-ils ? Que leur est-il arrivé ?

— Ils n'ont rien dit, Lina, ils n'ont absolument rien dit.

— Ah, chéri, encore plus de victimes, plus de familles déchirées par la souffrance, parents, frères et sœurs, enfants en deuil. N'y aura-t-il jamais de paix dans les foyers cubains ? »

Nous ignorions complètement les détails et l'origine de l'opération. C'est Abel Santamaría qui avait proposé de baptiser le groupe de militants révolutionnaires qui avaient pris d'assaut la caserne Moncada du nom de « jeunesse martienne » ou du « Centenaire », allusions au centenaire de la naissance de José Martí[18]. L'objectif de ces jeunes gens était d'organiser et de mobiliser toute la jeunesse et le peuple de Cuba pour renverser la dictature de Fulgencio Batista. Ils voulaient rendre le pouvoir aux autorités civiles provisoires, qui auraient la tâche immédiate de rétablir la Constitution de 1940. J'appris tout cela plus tard de la bouche de Raúl.

« Nous nous préparions au combat contre la dictature mais sans connaître le rôle de chacun dans cet assaut. C'était l'idée de Fidel de ne pas en savoir plus, de ne rien demander. Tout ce que nous savions, c'est que notre voisin pouvait nous dénoncer à tout moment. Les batistiens étaient partout, et la moindre erreur nous aurait coûté l'opération tout entière. »

Les premiers financements destinés à l'attaque vinrent du groupe d'Abel Santamaría, et leur permirent d'acheter quelques armes. Abel et Fidel se partageaient la coordination des actions. Les participants validèrent un entraînement léger et plutôt théorique. Ils n'avaient aucune idée précise de l'action dans laquelle ils s'engageaient. Ils savaient qu'ils allaient se battre, mais ils ne savaient pas où, ni quand, ni comment. Pourtant, tous étaient partants. Deux personnes seulement connaissaient l'endroit : Fidel et Raúl.

---

18. José Martí (1853-1895), poète et patriote cubain, fondateur du Parti révolutionnaire cubain, chantre de l'indépendance de Cuba contre l'Espagne.

Pour déterminer la date de l'attaque, Fidel avait choisi le carnaval de Santiago, qui débutait le 24 juillet. Tout le monde ne penserait qu'à s'amuser et à faire la fête, y compris les soldats qui sortaient aussi pour boire et passer un bon moment.

L'assaut de la caserne Moncada prévoyait plusieurs actions simultanées. Secondé d'un groupe de dix personnes, Raúl devait placer une mitrailleuse sur la terrasse de l'immeuble du palais de justice. C'est de là qu'on ouvrirait le feu, cette étape était donc d'une grande importance stratégique. L'histoire relate que la première voiture conduite par les jeunes gens y entra sans problèmes à 5 h 10 du matin, et que la seconde voiture ne rencontra pas davantage de difficultés. C'est l'apparition imprévue d'une patrouille militaire, démasquant l'opération, qui entraîna les coups de feu et le massacre.

L'assaut se transforma en véritable boucherie pour les rebelles. Après leur avoir fait subir des horreurs, les militaires torturèrent lâchement ceux qui étaient encore en vie, avant de les assassiner. On dénombra quantité de morts, essentiellement du côté des rebelles mais aussi parmi les soldats. En ripostant à l'agression, ces derniers firent cependant preuve d'un acharnement remarquable, dépeçant et profanant les jeunes qu'ils attrapaient sans le moindre scrupule : l'ordre était de les achever. Pour le colonel Chaviano, le chef de la garnison militaire de Santiago de Cuba, la mesure était simple : « Plus il y a de rebelles morts, plus je suis tranquille. »

Profitant de la confusion, Raúl et son groupe parvinrent cependant à s'échapper du palais de justice. Fidel donna l'ordre de se replier. Il parvint également à se sauver grâce à l'une de ses astuces : si les rebelles portaient des uniformes de l'armée de Batista au moment de pénétrer dans la caserne, ils avaient pris soin de passer sous ces derniers des vêtements civils qui leur permirent de se mêler aisément à la foule et de prendre la fuite.

Tandis que la radio diffusait de plus en plus de détails, ma mère et moi étions arrivées à Santiago de Cuba. Nous mobilisâmes aussitôt des amis pour exécuter notre plan : sauver la vie de mes frères et de leurs compagnons, et empêcher, si c'était encore possible, qu'ils subissent le même sort que les rebelles qui avaient été bassement massacrés. Parmi les amis auxquels nous recourûmes, il y avait Mgr Enrique Pérez Serante, évêque de Santiago de Cuba et confesseur de mon père, qui nous rendait souvent visite à la maison parce que ce dernier l'aidait à résoudre de nombreux problèmes.

À ce moment-là, Santiago de Cuba était en pleine effervescence. On commença par nous annoncer que Fidel était mort dans l'attaque, puis que mes deux frères étaient décédés. Somme toute, c'est le genre d'informations qui circulent toujours dans les instants qui suivent un événement de cette nature. Finalement, ma mère et moi découvrîmes qu'ils s'étaient enfuis.

Mirta nous rejoignit au milieu de la foule :

« J'ai parlé à mon père et à Rafael, qui me soutiennent. Mon père m'a dit que Batista lui avait promis d'agir en conséquence et qu'il avait donné l'ordre de capturer Fidel vivant, alors, croyez-moi, ils ne vont pas le tuer.

— Et Raúl ? demanda ma mère.

— Pareil, Lina. L'ordre est de les appréhender vivants. »

Mirta nous montra le billet envoyé à tous les commandements de l'armée :

« Aux troupes qui recherchent les assaillants de la caserne Moncada et de ses environs, Fidel et Raúl Castro doivent être capturés et présentés vivants... »

Le communiqué en effet était signé par l'état-major des Forces armées.

Raúl réussit à fuir et à se cacher chez des amis qui lui conseillèrent de se diriger vers Caney, un petit village situé non loin de San Luis, lequel était encerclé par l'armée. Il fut interpellé alors qu'il faisait du stop entre El Cristo et San Luis. Lorsqu'une patrouille l'interrogea, il déclara qu'il était le fils d'Arcadio Cruzata, délégué du parti de Batista dans cette zone. Au début, il crut pouvoir s'en sortir ainsi, mais les militaires décidèrent finalement de l'arrêter tout de même et de l'emmener à San Luis pour vérifier son identité. Ils appelèrent Fermín García, le chef du bureau du Central Marcané, un ami de la maison qui était là de passage. Quand celui-ci vit Raúl, il resta pétrifié. Il affirma ne pas savoir s'il était ou non le fils d'Arcadio Cruzata et partit immédiatement nous prévenir que Raúl était à San Luis et qu'ils essayaient de l'identifier. Aussitôt, ma mère et moi nous rendîmes à San Luis. Une fois qu'ils eurent découvert son identité réelle, nous déclarâmes publiquement qu'il était vivant.

Nous voulions le voir, mais on ne nous laissa pas entrer le premier jour. Nous le vîmes donc le lendemain. Ces retrouvailles furent émouvantes ; Raúl nous aimait beaucoup toutes les deux, et il pressentait les efforts désespérés que nous déployions pour les sauver.

« Et ton frère, Musito, où est-il ?

— Je n'en sais rien, maman, mais aie confiance, il n'a pas pu mourir… »

Trois jours à peine après avoir interpellé Raúl, ils le transférèrent à Santiago de Cuba et nous donnèrent la permission de lui apporter de la nourriture. En route, notre attention fut attirée par le fait que l'armée avait fermé toutes les rues de Santiago. Il y avait une grande mobilisation, dont nous déduisîmes aussitôt qu'ils avaient capturé Fidel et qu'ils l'emmenaient au Vivac (la prison de Santiago de Cuba) !

La seule personne susceptible de sauver la vie de Fidel à ce moment-là était Mgr Enrique Pérez Serante !

L'esclandre était tel que nous étions certaines que Fidel était vivant, ce que la presse ne tarda pas à confirmer. À mesure que les vingt-huit autres militants étaient attrapés, le colonel Chaviano lâchait la bride. Il n'osa pas les fusiller de sang-froid. Fidel fut arrêté au cœur des montagnes orientales, dans la zone connue sous l'appellation de « la Grande Pierre ». Il s'y était réfugié en compagnie d'Óscar Alcalde, un homme qui avait vendu sa ferme et son élevage de poulets pour financer l'assaut de Moncada, ainsi que d'autres hommes endormis, écrasés de fatigue. Ils avaient été surpris dans une petite cabane en *guano*[19]. Le lieutenant Pedro Sarría, qui commandait la colonne de militaires, reconnut Fidel. Après lui avoir demandé de prononcer son nom à voix haute, ses hommes l'appréhendèrent et l'emmenèrent à Santiago. Par une heureuse coïncidence, ma mère et moi nous y trouvions au même moment. Nous attendions de pouvoir entrer au Vivac pour apporter des provisions à Raúl quand nous aperçûmes Fidel parmi les détenus.

« Ils sont tous les deux vivants, Juanita ! Quel soulagement qu'ils soient ensemble ! » s'exclama ma mère.

Quelques jours plus tard, ils furent transférés à la prison de Boniato où quelqu'un ordonna au lieutenant Jesús Yánez Pelletier d'éliminer Fidel en empoisonnant son plat de morue. Yánez refusa et s'empressa de nous prévenir. Par l'intermédiaire de son avocat, Fidel se servit de l'événement pour accuser publiquement les batistiens de vouloir le supprimer. Yánez Pelletier fut expulsé de l'armée et mis en prison.

Un avocat commis d'office, Baudilio Castellanos, professeur à l'université d'Oriente, défendit tous les combattants qui se déclarèrent coupables. De notre côté, nous avions engagé le meilleur avocat pénal de

19. Feuilles de palmier.

Santiago de Cuba, Jorge Paglieri, pour se charger de la défense de Fidel et de Raúl. Durant ce procès, qui débuta en septembre, Fidel exposa devant le procureur Mendieta sa propre plaidoirie intitulée « L'histoire m'acquittera », qui allait entrer dans l'histoire... Le procès s'acheva un mois plus tard, en octobre 1953. Fidel fut condamné à vingt-six ans de prison tandis que Raúl et leurs vingt-huit autres compagnons écopèrent de treize ans de réclusion dans la prison de l'île des Pins, qui s'appelle aujourd'hui île de la Jeunesse.

Je m'inquiétais de plus en plus pour mon pauvre père qui déprimait et ne faisait que prier. Il s'accrochait plus que jamais à sa foi pour supporter tout ce qui touchait sa famille et ses enfants.

Les événements de la caserne Moncada illustrent l'ironie du sort. Des années plus tard, nous nous en servirions pour taquiner Raúl. En effet, quand celui-ci était petit, il avait fréquenté pendant quelque temps un de ces établissements que Batista avait implantés partout à Cuba au début de sa présidence : des écoles civico-militaires qui se trouvaient en majorité dans les zones rurales. Un jour, un groupe trié sur le volet d'élèves issus de ces établissements, et dont Raúl faisait partie, gagnèrent un prix : un voyage à La Havane et une rencontre avec Batista en personne. Alors que tous se tenaient en rangs devant le Président, celui-ci remarqua un enfant souriant. Il le prit dans ses bras et lui demanda :

« Comment t'appelles-tu ?

— Raúl Castro.

— Dis-moi ce que tu veux et tu l'auras, continua Batista.

— Je veux que mon instituteur soit récompensé parce qu'il est très gentil », répondit Raúl.

La requête était noble et pour immortaliser l'occasion un photographe fit un cliché de Batista avec Raúl dans les bras. Comme nous l'avons embêté avec cette photo, des années plus tard ! Qui aurait pu prédire alors à Batista que ce petit garçon allait un jour prendre part dans ce qui changerait le destin de sa propre histoire !

12. L'île des Pins : prison et divorce

Notre rythme de vie changea pendant que Fidel et Raúl étaient en prison. Le voyage que nous devions entreprendre pour leur rendre visite était interminable. Le moyen le plus simple était d'aller de Birán à La Havane, d'où nous pouvions rejoindre l'île des Pins en avion. Quand il n'y avait pas de place dans l'avion, nous nous rendions de La Havane à Batabano en train, et de là nous prenions un canot jusqu'à l'île.

« Nous allons nous relayer, dit ma mère, comme cela, Fidel et Raúl auront toujours quelqu'un lors des deux visites mensuelles autorisées. »

C'est ce que nous fîmes. Quand je l'accompagnais, je l'admirais d'autant plus que, atteinte de sclérodermie, elle avait les jambes qui gonflaient pendant le voyage. Pour voir ses enfants en prison, elle supportait ces souffrances avec une force et un courage inouïs. Même si cette situation la dépassait, son amour maternel était plus fort que tout. De plus, mon père, très âgé, ne pouvait se déplacer. Quand je restais à la maison avec lui, c'est Enma ou Angelita qui faisait le voyage avec elle. Parfois, nous emmenions Fidelito, pour lequel Fidel s'inquiétait beaucoup à ce moment-là.

Un jour, Fidelito, qui était toujours très drôle, emporta un petit pistolet comme jouet. Quand il dut le laisser à l'entrée, il déclara aux gardiens :

« Gardez-le bien et rendez-le-moi tout à l'heure, parce qu'avec ce pistolet je vais tuer Batista et sortir mon père de prison. »

Le garde se mit à rire de bon cœur parce que Fidelito n'avait que cinq ans.

« Hors de question ! Ah ! tel père, tel fils. »

Les visites aux détenus se déroulaient dans une pièce où ils étaient tous réunis. Un jour que Batista était également en visite à la prison, tous se mirent à chanter l'hymne du 26 juillet composé par Rafael Díaz-Cartaya. Fidel paya cette action par un isolement relativement long avant d'être réintégré petit à petit, mais nous ne fûmes plus autorisés qu'à voir l'un de nos frères à la fois. Enfin, les geôliers laissèrent Raúl accompagner Fidel au parloir et, au bout de plusieurs mois, Raúl fut même transféré dans la cellule de Fidel qui, paraît-il, passait son temps à lire et à préparer des spaghettis. Je ne sais pas quel genre de cuisinier il peut être car je n'ai jamais goûté ses plats.

Toujours aussi généreux, mon père continuait d'envoyer à Mirta une pension afin qu'elle et le petit ne manquent de rien. Comme elle travaillait pour l'aviation cubaine, Mirta recevait de temps en temps un billet pour aller voir Fidel, ce qui lui était également d'une grande aide. Étant mariés, ils avaient droit à des visites conjugales leur offrant une certaine intimité, mais ils en usèrent peu car ils ne tardèrent pas à se séparer.

L'origine de la débâcle fut le texte « L'histoire m'acquittera », une version sténographiée de la plaidoirie de Fidel devant le procureur Mendieta. Fidel mobilisa toute son énergie pour le rédiger en prison, mais la difficulté que représenta sa rédaction ne fut rien par rapport aux efforts qu'il lui fallut déployer pour le faire sortir en cachette. Fidel le dissimulait dans des lettres d'apparence anodine qu'il adressait à la famille et aux partisans, dont Mirta, Enma et d'autres. Il écrivait une lettre normale et prenait soin de laisser une partie de la feuille blanche. C'est là qu'à l'aide d'un morceau de plume et d'un citron obtenus clandestinement, il écrivait le texte invisible. Une fois arrivées à leur destinataire, les lettres étaient passées au four et la chaleur révélait la partie écrite au citron. Elles étaient ensuite remises à Jorge Manach, un grand écrivain et avocat, afin qu'il les corrige.

C'est à ce moment-là que Lidia Castro Argota revint sur le devant de la scène. Il se trouve que, parmi les destinataires, il y avait quelques femmes qui couraient après Fidel. Il semblerait que Lidia, qui les connaissait, entretînt alors le contact avec elles pour embarrasser Mirta. Ainsi, dans un retour de courrier à sa femme, Fidel s'exprima-t-il très simplement avant d'insérer un texte caché, mais, au même moment, il aurait écrit une seconde lettre, plus affectueuse, à une autre femme. Il se trouva que le censeur chargé de lire cette correspondance – Dieu sait à la demande de qui – échangea les deux lettres, insérant le courrier destiné à Mirta dans l'enveloppe de l'autre, et vice versa. Selon certains, Lidia Castro Argota aurait été mêlée à cette histoire parce qu'elle n'aimait pas Mirta. Toujours est-il que des intrigues circulaient autour de Fidel, de ses conquêtes et du rôle de Lidia Castro.

Quand Enma et moi découvrîmes ces lettres, nous jouâmes les idiotes. Pour nous, l'important était les textes cachés. Dans la lettre adressée à sa femme, Fidel restait simple et concis pour pouvoir passer la censure. En revanche, il écrivit à l'autre femme les mots suivants : « Parfois, je me sens comme un petit chat qui a envie qu'on lui caresse la tête. » Quelle pagaille cette phrase engendra-t-elle !

Quand Mirta ouvrit sa lettre, elle comprit qu'elle ne lui était pas destinée mais qu'elle s'adressait à une femme qu'elle connaissait. Cela la rendit furieuse.

« J'ai parlé à cette moins-que-rien, je lui ai dit des horreurs. Comment peut-on avoir le culot de courir ainsi après un homme marié qui par ailleurs est mon mari ? Le comble, c'est qu'elle est mariée, elle aussi ! »

Pour Fidel, le véritable problème était de récupérer la lettre envoyée à l'autre femme, une mission délicate qui échut à Melba Hernández, une des deux femmes qui participèrent à l'assaut de la caserne Moncada. Lorsque Melba rencontra cette femme, celle-ci lui déclara : « Imaginez quel genre de femme est Mirta ! Fidel lui a écrit une lettre si peu inspirée et dépourvue d'humour... en revanche, la mienne... »

Je ne sais pas si Melba lui expliqua de quoi il s'agissait, mais elle put récupérer le texte.

Quant au couple Castro-Díaz-Balart, je ne sais pas non plus comment Fidel se débrouilla pour arranger la situation après cet échange de lettres, mais il parvint à convaincre Mirta, et ils se réconcilièrent au cours d'une visite conjugale. Je vis Mirta le lendemain, alors que nous arrivions à l'île des Pins. Elle était très excitée après ces retrouvailles avec son mari, et dit à Enma :

« Ah, ton frère était si passionné... »

J'étais soulagée de voir que leurs problèmes s'étaient finalement résolus. Cependant, cette tranquillité n'a pas duré, Fidel et Mirta ont fini par divorcer à la suite d'un grand scandale reposant sur de tout autres raisons. Contrairement à ce que nous aurions pu penser, ce n'est pas elle qui eut l'initiative du divorce mais Fidel, à cause d'une histoire qui ne lui en laissa pas le choix.

Un samedi, alors que Mirta revenait heureuse de sa visite conjugale, elle mit la radio sur Radio Reloj, comme à son habitude, et entendit alors une nouvelle qui la laissa stupéfaite : elle avait été « démise » de ses fonctions au sein du gouvernement de Batista. Ni Fidel, ni nous n'étions au courant du fait qu'elle occupait un tel poste. Il s'agissait d'un cas typique de « bouteille », le terme utilisé à Cuba pour désigner les emplois fictifs au gouvernement, où l'on est rémunéré sans travailler. Dans le cas de Mirta, il s'agissait d'un poste au ministère de l'Intérieur où son frère était vice-ministre et Ramón Hermida ministre.

Désespérée, Mirta me téléphona :

« S'il te plaît Juanita, aide-moi à expliquer à tes parents que tout cela n'est qu'une vengeance politique contre ma famille. La vérité est que Rafael et Ramón Hermida se sont disputés. »

En attendant, les radios ne cessaient de répéter l'information : « L'épouse du guérillero Fidel Castro congédiée pour avoir perçu de l'argent d'une "bouteille". » En arrivant aux oreilles de Fidel, en prison, la nouvelle le prit de court. Il écrivit aussitôt à Mirta pour lui dire qu'il lui faisait entièrement confiance, et il profita de la visite de la mère de Pedro Miret, un combattant du Moncada emprisonné comme eux, pour lui remettre la lettre. Mais les hasards de la vie ne jouèrent pas en sa faveur. Quand la mère de Pedro arriva chez Mirta, celle-ci était sortie avec sa famille. La mère de Pedro décida donc de garder la lettre. « Il vaut mieux que Lidia Castro la lui transmette », se dit-elle avant de la remettre à cette dernière.

Bien évidemment, Lidia ne songea pas à s'acquitter de sa mission envers Mirta.

Sans autre recours face à cette situation qui échappait à tout contrôle, Fidel décida de s'adresser au journaliste Luis Conte Agüero, qui disposait presque d'une heure entière d'antenne radio à lui seul et avec qui il entretenait de bonnes relations (si certains rebelles du 26 juillet ne l'aimaient pas, il n'en avait pas moins une attitude positive et révolutionnaire). Conte Agüero accepta sans hésiter de défendre publiquement Mirta, mais il dut se taire quand les assignations se révélèrent exactes.

En réalité, le mariage de Fidel et Mirta échoua davantage à cause de la « bouteille » qu'en raison de l'échange de lettres ou des infidélités de Fidel. Au sein de la famille, nous trouvions que Mirta n'avait pas besoin de ce poste que son frère lui avait prétendument offert. Avec ce que lui donnait mon père en sus de ce qu'elle gagnait, elle pouvait couvrir honnêtement ses frais et bien vivre.

Voyant la confusion que généraient les informations et déclarations contradictoires, Enma lui rendit visite.

« Tout n'est que calomnie, Enma, calomnie.

— Explique-moi comment cela s'est passé », lui suggéra Enma.

Mirta obtempéra, mais plus elle parlait, plus l'évidence apparaissait. Se croyant perdue, Mirta s'empara d'un rasoir Gillette et menaça de se suicider. Après l'avoir calmée, Enma l'écouta s'enfoncer encore un peu plus dans ses explications...

« Ce sont les affaires de mon frère, c'est lui qui a mis la "bouteille" à mon nom et qui prenait l'argent. »

En ce qui me concerne, je ne crus jamais à cette histoire. J'avais au contraire l'intuition – infondée – que, d'une part, Mirta était au courant de cette « bouteille », mais qu'en plus elle touchait le salaire correspondant.

L'après-midi même, tandis qu'elle s'entretenait avec Enma, on vint lui annoncer que son père et son frère Rafael l'attendaient dehors.

« Ça suffit comme ça, les plaisanteries, Mirta. Laisse tomber tout cela et viens avec nous. Il te faut maintenant choisir entre ta famille et ton mari. »

Mirta décida sur-le-champ : « Ma famille », et partit avec eux à la plage de Tarará, chez son frère Frank.

Il est vrai qu'à ce moment-là Fidel n'avait rien à lui offrir : c'était un révolutionnaire à l'avenir incertain et, pour couronner le tout, il se trouvait en prison ! À l'inverse, sa propre famille était politiquement en vue. Enma en tira la conclusion suivante :

« Mirta n'a pas eu besoin de fournir de gros efforts pour choisir sa famille et en terminer avec les ennuis. »

Tout s'est passé aussi simplement que cela. Sans attendre l'autorisation de Fidel, sa famille l'installa avec Fidelito et Frank dans un avion à destination de Miami.

Depuis sa prison, il ne resta plus à Fidel qu'à demander le divorce en 1954. Il attendit cependant d'avoir assimilé et accepté les derniers événements avant de prendre sa décision. J'ai toujours pensé qu'il aimait beaucoup Mirta, malgré tout. Les avocats Pelayo Cuervo Navarro et José Manuel Gutiérrez se chargèrent de la procédure. Fidel ignorait alors qu'avec le divorce il perdrait également son autorité parentale sur Fidelito. Les circonstances ne jouaient pas en sa faveur : d'une part il était en prison, d'autre part l'influence de sa belle-famille était considérable.

Désormais divorcé, Fidel passa Noël 1954 en prison. Enma séjourna sur l'île des Pins chez Jesús Montané, le mari de Melba Hernández, l'un des rebelles du Moncada également en détention, et originaire de cette île où résidait sa famille. Les Montané invitèrent Enma à passer la soirée avec eux. Ne voulant pas laisser Fidel et Raúl seuls, elle commença par refuser, mais ce dernier protesta :

« Mais si, vas-y, va, bois une bière à ma santé. De toute façon, nous n'allons pas sortir d'ici, alors pourquoi tu n'y vas pas ? »

Cette habitude avait duré toute l'année 1954. Quinze mois se succédèrent jusqu'à ce qu'une grande surprise vienne interrompre le rythme incessant des mauvaises nouvelles. Le 12 mai 1955, Fulgencio Batista décida de concéder une amnistie générale grâce à laquelle mes frères furent libérés ! Dans tout le pays, des protestations provenant de tous bords s'étaient élevées pour soutenir les jeunes du Moncada. Batista finit par céder à la pression publique et, ce 12 mai, Fidel, Raúl et leurs partisans furent enfin relâchés. Parmi eux se trouvaient les deux seules femmes qui avaient participé à l'assaut : Haydée Santamaría et Melba Hernández, qui purgèrent respectivement dix mois et un an de prison. Elles prirent leurs distances par rapport au groupe peu de temps après leur sortie, sans que j'en connaisse la raison.

Mirta ayant légalement quitté la scène, les sœurs Castro Ruz ont dû apprendre à batailler contre « l'élément féminin » qui rôdait autour de Fidel. Deux ou trois femmes se mirent en tête que le champ était libre pour devenir un jour la première dame de Cuba. Elles étaient loin d'imaginer que ce chemin était semé d'innombrables embûches essentiellement composées de jupes, de noms et de prénoms féminins…

13. En route pour l'exil mexicain

La sortie de prison de mes frères se déroula dans une euphorie inimaginable. Enma et moi étions sur place, nerveuses, incrédules et impatientes de les voir. Lorsque Fidel et Raúl apparurent sur le seuil, agitant la main pour nous saluer, une grande ovation s'éleva d'un groupe venu lui aussi accueillir les siens. Tandis que nous nous étreignions tous les quatre, Enma et moi étions au bord des larmes. Haydée Santamaría entraîna ensuite Fidel dans un bain de foule tandis que Raúl voulait seulement avoir des nouvelles de la famille.

« Comment vont les parents ? »

Je lui répondis que notre père l'attendait à la maison et que notre mère nous rejoindrait le jour même à La Havane.

« Dans un jour ou deux, j'irai à Birán voir papa. Je te promets qu'il n'y aura plus de malheurs. »

Pendant notre retour, nous avons vu des gens se rassembler dans les gares pour acclamer ce groupe de jeunes qui avaient eu le courage d'attaquer la caserne Moncada. Ce genre de scènes se répéta tout le long de notre route, de Batabano jusqu'à La Havane. À notre arrivée en gare de La Havane, la foule entreprit d'extraire directement Fidel d'une fenêtre du train. Ce fut un jour de fête pour les milliers de gens qui s'opposaient à la dictature de Fulgencio Batista. Pour la première fois, Fidel perçut la folie des partisans qui le portèrent sur leurs épaules le long du quai. Il fut accueilli par José Antonio Echavarría, le plus célèbre des leaders estudiantins, et par le journaliste Luis Conte Agüero.

Nous vécûmes des moments indescriptibles. Il était le frère grandiose et respecté, le héros d'une belle histoire pour moi, la gamine qui goûtait pour la première fois au triomphe après une période si longue d'angoisse et de tourments. Il nous semblait vivre à la fois un rêve et un moment inoubliable.

« C'est incroyable, c'est incroyable de vivre tout ça », ne cessait de répéter Enma.

La tornade humaine ne se détachait pas de Fidel et de Raúl, littéralement happés par toutes ces démonstrations populaires d'affection. Nous décidâmes de les laisser profiter de leur heure de gloire. Ainsi, pour conclure cette journée du 12 mai, nous prîmes congé d'eux et partîmes fêter l'événement de notre côté, avec ma mère qui nous avait retrouvées à La Havane. Depuis qu'elle avait vu ses garçons libres, celle-ci s'était tranquillisée.

Le Théâtre América, qui recevait les meilleurs artistes de passage à Cuba, présentait ce soir-là Libertad Lamarque[20]. Ma mère l'adorait, et j'avais pensé qu'aller la voir serait la meilleure façon de couronner ce grand jour. Nous étions tellement submergées par les émotions que je ne me rappelle plus qui était avec nous. La seule chose dont je me souvienne est que ma mère invita un groupe d'amis à dîner dans un restaurant chinois qui se trouvait en face de l'hôtel Bristol où nous logions quand nous venions à La Havane. Rafael le Chinois, un des garçons du restaurant que nous avions affectueusement surnommé ainsi et qui avait l'habitude de s'occuper de nous, nous annonça aussitôt : « Sur ordre du patron, il n'y aura pas d'addition pour vous ce soir ! C'est la maison qui invite ! »

Ainsi se conclut le premier jour de liberté de Fidel et de Raúl. Nous espérions qu'il marquerait la fin d'une période difficile, mais il ne fut qu'une parenthèse dans nos vies.

Dès le lendemain, Lidia Castro embobinait Fidel avec un autre de ses chantages.

« Pedro Emilio est méchant, il ne fait qu'intriguer contre la famille, à commencer par moi. J'ai décidé de ne plus le voir. J'habite seule maintenant, et il y a un appartement vide juste à côté de chez moi. Pourquoi ne le prendrais-tu pas ? Maintenant que je n'ai plus Pedro

20. Libertad Lamarque (1908-2000), actrice argentine et chanteuse de tango.

Emilio à mes côtés, laisse-moi au moins me rapprocher de toi. Et puis, je peux t'être très utile. »

Fidel l'écouta et loua l'appartement voisin de celui de Lidia, dans l'immeuble du Jardin Le Printemps, au coin de la 23e et de la 20e rue, dans le quartier du Vedado. Fidel en fit sa maison-bureau. Il y accueillait ses rendez-vous et recevait beaucoup de monde. L'un de ces rendez-vous devint célèbre. Les membres des jeunesses communistes ne se contentèrent pas de critiquer Raúl mais se plaignirent par ailleurs du fait que Raúl se soit rallié à Fidel pour Moncada sans y avoir été autorisé par les dirigeants du parti. À son tour, Raúl les affronta, leur rétorquant qu'ils n'avaient pas à lui dicter sa conduite. À partir de ce moment, leurs relations se refroidirent.

Raúl n'était cependant pas le seul à avoir des soucis avec ses anciens alliés. Le 16 août, jour anniversaire de la mort d'Eduardo Chibás, le leader et fondateur du Parti orthodoxe, Fidel se rendit au cimetière. Étant donné que ses relations avec le parti étaient quasi nulles, il semblerait qu'il ait été reçu assez froidement. Au moment de l'assaut de Moncada, Batista avait ordonné d'arrêter de nombreux orthodoxes accusés de conspirer avec Fidel. Les batistiens étaient persuadés que les orthodoxes avaient soutenu l'attaque, ce qui était faux. En réalité et pour la première fois, Fidel était passé outre les dirigeants et avait organisé l'attaque seul. Ainsi s'expliquait également la distance qui s'était installée entre eux. Cela n'enleva rien, cependant, à la gloire de ces instants.

Nombreux étaient ceux qui venaient le trouver, du matin au soir. Luis Conte Agüero, par exemple, insistait sur le fait qu'une lutte civile constituait certainement la meilleure option. Je me souviens de la réponse de Fidel :

« Conte, la seule façon de combattre Batista, c'est la lutte armée. »

Fidel se concentra dès lors sur ce projet, cherchant le meilleur moyen de mener son combat. La revue *Bohemia*, qui bénéficiait du lectorat le plus important à Cuba, y compris à la campagne, constituait sans aucun doute un levier intéressant. Cette publication se démarquait de toutes les autres parce qu'elle était extrêmement diffusée, notamment dans les zones rurales. Fidel commença donc à publier dans *Bohemia* des articles incitant le peuple à la rébellion totale. Au même moment, on lui proposa un poste dans une compagnie d'assurances pour gagner un peu d'argent.

« Non, merci. Dans cette lutte, les sacrifices ne comptent pas », répondit Fidel.

Il avait d'autres projets. Une seule personne était au courant de ses plans les plus secrets : Raúl.

Un soir, Enma les entendit bavarder sur la terrasse.

« Allons à Mexico organiser l'insurrection. S'il faut prendre de l'argent à Prío, nous le prendrons. Nous revenons ensuite avec une expédition, nous nous battons, et, à trente-deux ans, je prends le pouvoir.

— Tu as vingt-neuf ans, cela ne nous laisse que trois ans, rétorqua Raúl.

— N'oublie pas ça : si je pars, j'arrive ; si j'arrive, je rentre ; et si je rentre, je triomphe. »

Enma se souvient d'avoir souri toute seule en les entendant évoquer leur avenir avec autant d'assurance.

Après avoir passé plusieurs jours à La Havane, ma mère et moi rentrâmes à Birán, emportant leur promesse de venir passer quelques jours avec mon père dès qu'ils le pourraient.

Bien sûr, Raúl tint sa promesse et annula tous ses engagements pour venir nous rendre visite. Il nous expliqua alors, y compris à ma grand-mère Dominga qu'il aimait beaucoup, que lui et Fidel allaient s'absenter pendant un long moment.

« Ne soyez pas tristes, nous devons nous rendre à Mexico, mais ensuite, les choses s'arrangeront. »

Une semaine plus tard, Raúl retournait à La Havane. Je revois encore aujourd'hui cette scène d'au revoir où Raúl embrassait mon père très attristé.

« Prends bien soin de toi, fiston, ne fais pas de bêtises.

— Je t'aime, papa, je t'aime beaucoup. Tu as toujours été un bon père. »

Ce fut la dernière fois qu'il vit notre père en vie. De son côté, Fidel ne tint pas sa promesse et ne le revit jamais vivant. À son retour de Birán, Raúl lui remit quelque chose de la part de notre père : sa chaîne de montre en or, qui allait réapparaître plus tard dans des circonstances bien particulières.

Quelques jours plus tard, Fidel prévint Raúl :

« J'ai appris que nos détracteurs étaient en train d'inventer un prétexte pour se défaire de nous. Apparemment, tu es le plus en danger de nous deux. Nous allons donc changer nos plans : tu pars tout de suite à Mexico et je te rejoins plus tard. Il faut te dépêcher. »

Aussitôt, Raúl appela l'ambassadeur du Mexique à Cuba qui lui offrit sa protection et le cacha à l'ambassade pendant les quinze jours précédant son départ.

Son ami Ñico Lopez, également membre du parti communiste, et Lester Rodríguez, un autre ami proche faisant quant à lui partie du Mouvement du 26 Juillet, lui rendirent visite et lui transmirent une liste de noms de contacts à Mexico. Onelio Pino, futur capitaine du *Granma*, le bateau avec lequel Fidel débarquera à Cuba depuis le Mexique, était l'un de ces noms.

Raúl et Ñico se rendirent ensemble à Mexico où ils allaient devenir les contacts de Lázaro Cárdenas, l'ex-président mexicain. Une fois arrivés dans la capitale mexicaine, ils rencontrèrent les chefs du Parti communiste cubain : Lázaro Peña, Aníbal Escalante et Blas Roca, tous réfugiés au Mexique et vivant entre les deux pays en fonction de la situation, parce que eux aussi avaient été en faveur de Batista. Certains d'entre eux avaient été « ministres sans portefeuille », très liés au dictateur qui avait lui-même été candidat du parti communiste, mais n'avait pas remporté les élections.

Dix jours après le départ de Raúl, le 15 juillet 1956, Fidel le rejoignit enfin à Mexico. C'est son ami José Manuel Gutiérrez, l'avocat qui s'était occupé de son divorce et dirigeait également le Parti orthodoxe, qui l'emmena à l'aéroport.

Avant de partir, Fidel distribua plusieurs missions. Il confia à Enma les originaux de « L'histoire m'acquittera ». Celle-ci se dit que le collège des Ursulines, où on nous connaissait si bien, était le meilleur endroit pour les cacher.

« J'ai glissé les lettres originales sous les couvertures de mes cahiers de piano, expliqua Enma. Ils occupaient deux étagères d'une armoire ancienne située dans la lingerie où travaillait Consuelo, la petite vieille qui était chargée de garder les vêtements des internes et qui m'aimait beaucoup. Un jour, Consuelo regarda ce que j'avais laissé et tomba sur les lettres. Elle les emmena chez elle pour les conserver et en profita pour les montrer à toute sa famille. Peu de temps après, son neveu lui recommanda de les brûler parce que la police était en train de fouiller le quartier, et elle s'exécuta. Je pus récupérer mes livres, que Consuelo rapporta personnellement au collège et que les sœurs me rendirent plus tard. Mais il ne restait que des cendres du discours original de Fidel. »

Fidel entretint quelques liaisons pendant les préparatifs. Enma, qui vivait encore à La Havane, fut le témoin de quelques-uns de ces « rendez-vous », tous couverts par Lidia qui essayait par ce moyen de s'assurer la sympathie de Fidel. Un après-midi, alors qu'Enma se rendait comme à son habitude chez Lidia en sortant du collège, elle passa saluer ses frères dans l'appartement voisin et aperçut Fidel assis sur le canapé. À ses pieds se tenait une femme, manifestement en train de le contempler. Cette attitude lui fit tellement horreur qu'elle partit sans rien dire. Plus tard, Fidel lui demanda : « Ah ! Enmita, pourquoi t'es-tu montrée si mal élevée ? Tu as tourné le dos à cette personne.

— Je ne trouve pas très correct que cette femme, mariée et mère de famille, se jette à tes pieds en adoration.

— Tu te trompes, je suis un gentleman. Il n'y a rien entre nous. »

Il se défilait toujours ainsi quand nous le surprenions avec ses conquêtes. L'appartement où il les recevait, simplement meublé d'un lit et d'un canapé, commençait déjà à être célèbre. Nous nous demandions quel genre de femmes elles étaient pour ne penser qu'à passer un moment avec lui !

Lorsque j'y repense, je réalise aujourd'hui que ces amourettes constituaient sans doute la seule distraction que s'autorisait Fidel avant de partir pour Mexico. Ce qui lui importait était résumé dans ce postulat qu'il gardait toujours en tête : « Si je pars, j'arrive ; si j'arrive, je rentre, et si je rentre, je triomphe. »

14. Mexico, le *Granma*, les bons, les méchants et un cœur brisé

En 1955, la ville de Mexico brillait de tous ses feux : ses grandes avenues étaient encore peu fréquentées, c'était l'âge d'or du cinéma mexicain qui faisait fureur sur le continent. Si Jorge Negrete et Pedro Infante[21] n'étaient plus de ce monde, Cantinflas[22], Tin Tan[23], Tito Guízar[24], María Félix et Arturo de Córdova[25] rencontraient à leur tour un énorme succès. La musique d'Agustín Lara[26] faisait le tour du monde, tout comme les voix de Toña la Negra[27] et de Los Panchos[28].

21. Pedro Infante (1917-1957), acteur et chanteur mexicain.
22. Cantinflas (1911-1993), acteur mexicain.
23. Tin Tan (1915-), acteur comique et chanteur mexicain.
24. Tito Guízar (1908-1999), chanteur et acteur mexicain.
25. Arturo de Córdova (1907-1973), acteur mexicain.
26. Agustín Lara (1900-1970), compositeur et chanteur mexicain.
27. Toña la Negra (1912-1982), chanteuse afro-cubaine.
28. Los Panchos, groupe mexicain de boléros, fondé en 1944.

La vie nocturne battait son plein, et sur les planches d'El Patio, El Capri ou du Théâtre Blanquita défilaient Libertad Lamarque, Lucho Gatica[29], Pérez-Prado[30] et ses mambos, Benny Moré[31], Bola de Nieve[32], La Sonora Matancera[33], le Trio Matamoros[34] ainsi que les rumberas comme Rosa Carmina[35] ou María Antonieta Pons[36], au rythme de l'immortel cha-cha-cha créé par l'orchestre Aragón[37]. C'était la grande époque de Mexico, où florissaient les grandes affaires et les grosses fortunes basées sur des contrats avec le gouvernement, en majorité dans le domaine de l'industrie pétrolière. Trop nombreux, les riches qui vivaient dans le très aristocratique Lomas de Chapultepec vinrent s'installer dans le très riche Pedregal de San Ángel, un nouveau quartier investi par des millionnaires et des politiques de très haut rang. Telle était la capitale mexicaine que Raúl découvrit pendant les premiers jours de juillet 1955.

Dès qu'il arriva, il prit contact avec les personnes figurant sur la liste qu'il avait rapportée de Cuba, à commencer par le Cubain Onelio Pino, capitaine de la Marine de guerre cubaine, qui fut démis de ses fonctions durant le coup d'État de Batista. Devenu chômeur, Onelio était venu à Mexico parce que son beau-frère, l'ingénieur Alfonso Gutiérrez, affectueusement surnommé Fofo, un homme généreux et fortuné marié à Orquídea Pino, lui avait ouvert un café dans un club social pour qu'il puisse survivre.

Fidel quitta Cuba le 15 juillet, dix jours après Raúl, et il fut petit à petit suivi par tous ceux qui allaient faire partie de l'expédition : Faustino Pérez, Jesús Montané, Ramiro Valdés, Juan Almeida, Juan Manuel Márquez, les frères Arcos Bergnes (Gustavo et Luis), Jesús « Chuchú » Reyes, Cándido González et aussi Haydée Santamaría, Armando Hart et Melba Hernández.

Une fois réunis à Mexico, Raúl et Ñico présentèrent à Fidel les personnes qu'ils avaient rencontrées. Ils l'emmenèrent au café d'Onelio

29. Lucho Gatica (né en 1928), chanteur de boléros chilien.
30. Pérez-Prado (1916-1989), compositeur, chef d'orchestre cubain et mexicain, « roi du Mambo ».
31. Benny Moré (1919-1963), chanteur et compositeur cubain, « le barbare du Mambo ».
32. Bola de Nieve (1911-1971), chanteur, compositeur, pianiste cubain.
33. La Sonora Matancera, groupe de son cubain.
34. Le Trio Matamoros, groupe cubain formé en 1925.
35. Rosa Carmina (1929-), actrice et danseuse cubaine.
36. María Antonieta Pons (1922-2004), actrice et chanteuse mexicaine.
37. Orchestre Aragón, groupe cubain fondé en 1939.

Pino, et les deux hommes s'entendirent très bien, tant et si bien qu'Onelio l'invita chez lui. C'est lors de cette soirée chez Onelio qu'eut lieu la rencontre qui se révèlerait cruciale pour Fidel et pour la future Révolution cubaine : on lui présenta Orquídea Pino et l'ingénieur Alfonso Gutiérrez, deux personnes déterminantes pour Fidel mais qui, depuis, ont été comme gommées de l'histoire contemporaine de Cuba. Fidel employa tout son pouvoir de conviction et le couple ne tarda pas à endosser à son tour un rôle pivot au sein de l'organisation. Orquídea tout comme Alfonso allaient se consacrer pleinement et pendant des années à la planification et à la cause de la révolution menée par Fidel. Non seulement les époux crurent en lui, mais ils s'éprirent également de l'histoire que Fidel leur raconta sur Cuba. Gutiérrez surtout lui assura dès lors un soutien absolu. Ingénieur pétrolier, patron d'une importante entreprise de forage de puits, il bénéficiait de contacts essentiels pour Fidel. Il comptait parmi ses amis aussi bien des ministres et des présidents mexicains qu'un cercle fort « select » de chefs d'entreprise, dont quelques partisans du Mouvement du 26 Juillet. À peine eurent-ils fait la connaissance de Fidel que l'ingénieur Gutiérrez et sa femme Orquídea l'invitèrent chez eux, au 791 de la rue Fuego, au coin de la rue Risco. Fidel s'y rendit le lendemain, et la maison se transforma dès lors en quartier général des membres de l'expédition.

Mes frères ne tardèrent pas à faire partie de la famille de Fofo et Orquídea, si bien que Raúl fréquenta quelque temps Esthercita, la nièce d'Orquídea, qu'il accompagnait à la messe tous les dimanches. Lorsqu'Arturo Chaumón, un membre du groupe de Fidel et Raúl, tomba amoureux et se maria avec Odilia, la sœur d'Onelio et d'Orquídea, Fidel fut le parrain du mariage.

Grâce à l'aide immédiate et inconditionnelle de Fofo et d'Orquídea, Fidel put laisser de côté certaines préoccupations pour se concentrer pleinement sur l'invasion de Cuba. Pendant ce temps, d'autres acteurs entraient en scène. Ñico Lopez connaissait déjà Ernesto « Che » Guevara, le médecin argentin et activiste de gauche amené à devenir l'un des idéologues et commandants qui aiderait Fidel à prendre la tête de la Révolution cubaine. Il l'avait présenté à Raúl qui le présenta à son tour à Fidel. Orquídea et Fofo se chargèrent également de faire le lien entre Fidel et les marxistes de la vieille garde cubaine. C'est aussi chez eux que fut arrangé un autre rendez-vous essentiel pour le groupe de révolutionnaires : un entretien avec Lázaro Peña, leader du mouvement ouvrier cubain, qui se trouvait à Mexico au même moment.

« C'était très confidentiel, raconta Orquídea. Seuls Lázaro Peña et Fidel savent ce qui s'est dit. Il m'a seulement demandé d'organiser la rencontre dans la chambre de la domestique parce qu'il ne souhaitait pas être vu avec les marxistes. Il n'était pas communiste. »

À ce moment-là, Fidel reprochait à Fulgencio Batista de s'être une fois présenté à des élections comme candidat du parti communiste. Bientôt, mes frères réalisèrent cependant que la réussite d'une révolution dépendait en grande partie de ses alliés et surtout de son financement. Grâce à ses nombreuses relations, Fofo obtint de l'ambassade des États-Unis à Mexico un visa de touriste pour Fidel, qui se lança dès lors dans des tournées de récolte de fonds aux États-Unis.

« Je vais à New York, mais je dois d'abord passer par Miami rendre visite à Mirta et Fidelito », annonça Fidel.

Orquídea et Fofo étaient enthousiasmés par cette initiative, si bien que l'ingénieur lui donna les quatre-vingts dollars du billet pour Miami.

Fidel arriva à Miami en 1956 avec Juan Horta, son futur secrétaire qui mourra plus tard en exil au Venezuela. Il prit la tête des actions de récoltes de fonds au Théâtre Flagler et rencontra un autre activiste et ami : Rafael del Pino, qui l'accompagna à New York et à Mexico, où il rejoignit à son tour l'organisation de l'expédition.

Deux ans avaient passé depuis son divorce, et pour Fidel il était très important de revoir Mirta et de parler à tête reposée de ce scandale qui avait si brutalement éclaté pendant qu'il était en prison. Au cours de ce premier tête-à-tête depuis 1954, tous deux comprirent que ce qu'ils éprouvaient l'un pour l'autre n'avait pas disparu.

« C'était une manœuvre politique, Fidel, crois-moi, le supplia Mirta. J'ai été la victime d'un complot de ma famille qui a voulu profiter des circonstances, mais je t'aime toujours. »

Ils passèrent deux ou trois jours ensemble, au terme desquels Fidel proposa à Mirta non seulement de se réconcilier, mais également de se remarier à Mexico. Mirta en fut très heureuse et ils se mirent d'accord pour qu'elle le rejoigne dans la capitale mexicaine dès qu'il serait rentré de New York. Pendant cette période, ses proches le virent rayonner comme jamais auparavant. Ma famille, ma mère comprise, a toujours considéré Mirta Díaz-Balart comme la seule femme qu'il ait aimée.

Après cette promesse de mariage, Fidel partit pour New York où il mit en place trois groupes du Mouvement du 26 Juillet chargés de recueillir des fonds pour l'invasion. Fidel n'avait rien à cacher, son action étant totalement publique. Il en parlait partout et annonçait même son retour à Cuba : « N'importe quel jour mais avant la fin de 1956 ! »

De retour à Mexico, il exposa à qui voulait l'entendre ses nouveaux projets personnels.

« Mirta et moi, nous nous sommes expliqués. Elle a été victime de sa famille et je la crois. Je l'ai toujours aimée. Nous nous sommes réconciliés, et envers et contre tout, j'ai décidé de me remarier avec elle ! »

Mais les jours passèrent sans autres nouvelles de Mirta.

Au lieu de venir le rejoindre à Mexico comme promis, elle rentra à Cuba. C'est sur la plage de Tarará, chez son frère Frank, qu'elle croisa à nouveau Emilio Núñez-Blanco, qu'elle avait déjà rencontré à l'occasion d'un récital de piano d'Enma aux Ursulines où – ironie du sort – elle s'était rendue avec Fidel.

« Emilio est très petit mais il est très mignon, tu ne trouves pas ? lui avait alors demandé Enma.

— Ah oui ! avait répondu Mirta, mais il est minuscule. Moi, j'aime les hommes plutôt grands, comme ton frère. »

Un mois après sa présumée réconciliation avec Fidel, les bans de son mariage avec Emilio Núñez-Blanco furent publiés dans le *Diario de la Marina* de La Havane ! À Mexico, tout le monde était au courant. Fidel recevait tous les journaux qui en parlaient. Il était furieux !

« Il était très blessé, raconta Orquídea. Après avoir lu les chroniques sur le futur mariage de Mirta, il m'a dit : "Orquídea, jamais plus je ne donnerai mon nom à une femme, jamais plus ! Ce que Mirta a fait est une trahison, une belle trahison !". »

Fidel, qui aimait encore Mirta, vécut ce revirement de situation comme un coup bas. Il voulait voir Fidelito et s'en remit à Enma.

« Je suis allée voir Mirta, lui expliqua-t-elle plus tard. Cela n'a pas été facile mais j'ai réussi à la convaincre : "Tu vas te marier et passer ta lune de miel en Europe. Pourquoi ne laisses-tu pas le petit avec Fidel à Mexico pendant ce mois ?". »

Mirta accepta et Fidelito fut envoyé à Mexico.

Attristé par ces événements, Fidel n'allait pas très bien. Il entama néanmoins une relation avec une jeune femme, Isabel Custodio. Cette ravissante intellectuelle était la fille d'Álvaro Custodio, un écrivain républicain espagnol réfugié à Mexico. Selon Orquídea, il s'agissait davantage d'un flirt que d'une vraie relation. La liaison tourna court quand, ouvrant le journal, Fidel découvrit une photo d'Isabel Custodio le jour de son mariage !

Ce fut une période grise d'un point de vue sentimental, mais les mésaventures amoureuses de Fidel tombèrent rapidement dans l'oubli face à l'inquiétude croissante qui gagnait son groupe de révolutionnaires : il manquait encore de l'argent pour l'expédition.

Après avoir consulté plusieurs personnes, Fidel jugea que l'heure était venue de demander de l'aide à l'ex-président Carlos Prío Socarrás. Les deux hommes se donnèrent rendez-vous à McAllen, au Texas. Mais un nouveau problème se présenta : son visa de touriste avait expiré. Devant les déclarations répétées de Fidel, qui continuait d'évoquer publiquement son intention d'envahir Cuba, l'ambassade des États-Unis à Mexico l'avait invalidé. Les batistiens avaient suffisamment d'argent et de moyens pour l'arrêter. En outre, aucun gouvernement ne souhaite passer ouvertement pour le sponsor d'une attaque visant à destituer un chef d'État.

Le seul recours était l'entrée illégale sur le territoire américain, et c'est ainsi que Fidel traversa le Río Bravo à la nage. Fofo s'arrangea pour qu'un employé de ses bureaux, situés dans la ville frontière de Reynosa, le conduise au meilleur endroit pour se jeter à l'eau. Une voiture ainsi que des vêtements secs l'attendaient sur l'autre rive. On le conduisit à l'hôtel Las Palmas, situé dans le centre de McAllen et où il rencontra Prío. Orquídea évoquera plus tard cette rencontre :

« Cela s'est déroulé dans la plus grande confidentialité, et sans témoins. Fidel m'a raconté qu'il avait exposé à Prío le besoin urgent qu'il avait de se procurer un bateau pour rentrer à Cuba. Prío lui remit sur-le-champ un paquet renfermant cinquante mille dollars pour son acquisition, tout en formulant sa condition : il voulait embarquer avec lui et rentrer à Cuba. » Je ne sais pas pourquoi cette condition n'a jamais été remplie. En revanche, la recherche du bateau démarra tout de suite.

« L'origine de son nom est simple et n'a rien d'un mystère, raconta Raúl. Les premiers propriétaires, qui l'avaient baptisé en anglais *Grandmother*, n'en avaient finalement gardé que le diminutif, *Granma*. »

Le bateau faisait partie d'un lot comprenant également une petite maison. Ils achetèrent le tout pour vingt-deux mille dollars à un couple d'Américains. Amarré dans le port de Tuxpan, ville de l'État de Veracruz située sur la côte du golfe du Mexique, à un jour de route environ de la capitale, le *Granma* était en mauvais état.

Pendant ce temps, Fidel vaquait à ses occupations, cherchant à mobiliser des groupes d'aide à Mexico et rendant public ce qui aurait dû rester confidentiel : « Avant la fin de l'année, nous serons libres ou martyrs à Cuba. » Que se passa-t-il ? À force de clamer haut et fort ses intentions, tant les Mexicains que les batistiens le mirent sous surveillance, et les acolytes de Fidel durent s'astreindre à une vigilance accrue. Ainsi, Pablo Machado, un Cubain fortuné très lié à Batista, recevait-il régulièrement des rapports sur Fidel qu'il transmettait aussitôt aux autorités mexicaines et cubaines, de sorte qu'Orquídea passait sa vie à changer les armes de cachette. Fofo et elle étaient obligés de demander à leurs amis de garder chez eux des objets, sans leur dire de quoi il s'agissait. Personne n'aurait pu imaginer qu'Orquídea entreposait dans sa cave un arsenal effrayant. Tous faisaient très attention aux espions de Batista, qui avaient les moyens financiers de contrôler tout le monde à Mexico. La maison de Fofo et Orquídea présentait néanmoins un avantage non négligeable : son adresse intimidait la police, soucieuse de ne pas s'attirer d'ennuis avec les habitants du Pedregal, le quartier des riches et puissants.

Mais la situation était différente dans les bidonvilles où les « centres d'aide sociale » furent fouillés après avoir été dénoncés. Un jour, alors que l'un de ces centres, où étaient cachés de vieux fusils destinés à l'entraînement, était perquisitionné, Raúl, qui avait appris à temps que la police les talonnait, avertit Orquídea et Fofo : « Il faut changer très vite les vêtements de place, prévenez tout le monde. »

Ils en réchappèrent. Mais dans ce milieu d'espions, de guérilleros et de combattants en tous genres, on n'était jamais à l'abri d'une mauvaise surprise.

Le 21 juillet 1956, Fidel fut arrêté et mis en prison. Son arrestation est le fait d'une coïncidence qui, peut-être, lui sauva la vie. Alors qu'il marchait en compagnie du Che sur l'avenue Mariano Escobedo à Mexico, il remarqua qu'ils étaient suivis par une voiture blanche, probablement des batistiens. Les deux hommes pressèrent le pas, ce qui attira l'attention de trois policiers en couverture qui déjeunaient à un stand de tacos. Ces derniers abandonnèrent sans tarder leur repas pour filer ces inconnus au comportement suspect qui tournèrent rapidement au prochain coin de la rue, toujours pourchassés par la voiture d'où on leur tira dessus. Les policiers se jetèrent alors sur Fidel et le Che tandis que la voiture prenait la fuite. Les trois hommes se présentèrent comme étant des policiers de la Direction fédérale de sécurité, le très craint service de renseignements mexicains. Ils les emmenèrent à leurs bureaux rue Miguel Schultz pour les interroger. C'est là que Fidel rencontra pour la première fois le capitaine Fernando Gutiérrez Barrios, qui le questionna au sujet des actions subversives qu'il projetait.

« Je ne commets aucun délit contre Mexico ni contre les Mexicains, dit-il en regardant fixement le capitaine. Je lutte pour mon peuple et pour la liberté de ma patrie. Tuez-moi si vous le voulez, je ne dirai rien de plus. »

Gutiérrez Barrios, quelqu'un de très intelligent, racontera plus tard : « Fidel avait quelque chose de spécial, j'étais sûr que l'action qu'il planifiait allait entrer dans l'histoire. »

Ce qui est sûr, c'est que Fidel et Gutiérrez Barrios scellèrent à cette occasion une amitié qui dura jusqu'à la mort du policier, devenu par la suite un homme politique important au Mexique. Il fut non seulement gouverneur de Veracruz mais aussi ministre de l'Intérieur, et, tout au long de ses quarante années de carrière dans la fonction publique. Il y avait dans ses bureaux une très grande photo dédicacée de Fidel, le remerciant de son aide. Gutiérrez Barrios lui fournit en effet des renseignements très utiles, mais la chance ne lui sourit pas longtemps.

Alerté par certaines informations provenant de Gutiérrez Barrios, Fidel s'empressa de prévenir Orquídea.

« Le capitaine Gutiérrez dit qu'il y a une taupe dans notre groupe, qui informe les batistiens de tous nos faits et gestes. Tout indique qu'il s'agit d'Orlando de Cárdenas, l'ami du frère de Pablo Machado (le millionnaire cubain). Il faut que tu sois très vigilante. »

La nouvelle toucha Orquídea et Fofo qui s'inquiétèrent sans cependant savoir comment réagir. Puis tout se précipita. Alors qu'ils doutaient encore de l'identité du délateur, la police fit irruption par surprise dans le ranch de Santa Rosa qui se trouvait au Chalco, dans la banlieue de la capitale. C'est là que le groupe s'entraînait. Elle arrêta Fidel, Cándido González, Carlitos García, Arturo Chaumón et Ciro Redondo – les membres du Mouvement du 26 Juillet et de l'expédition *Granma* – et les emmena à la prison Miguel Schultz avec tout leur matériel de propagande et leurs armes.

Parmi eux se trouvait Chuchú Reyes, que la police mexicaine tortura sans pitié. Il perdit neuf kilos suite aux atrocités qu'on lui fit subir pour lui soutirer des informations concernant l'emplacement des autres armes qui étaient cachées chez Orquídea, mais il ne dit rien. Ironie du sort, Chuchú survécut à la torture et au débarquement du *Granma,* mais il succomba à un simple accident de voiture, des années plus tard à Cuba.

Fofo et Orquídea envoyèrent rapidement un de leurs amis à la célèbre prison Miguel Schultz. Rafael Lebrija, avocat de renom, fut chargé de sortir Fidel de là.

« Fofo et Orquídea me demandent de vous rassurer concernant les armes. Ils les ont changées de place et ils vont en rapporter d'autres pour remplacer celles qui ont été saisies. Cela va coûter dix mille dollars », leur dit Lebrija.

C'est dans cette prison, en attendant une entrevue avec Fidel, qu'Orquídea fit la connaissance du Che, membre du groupe lui aussi.

« Il ne me plaît pas. Je sais que Fidel et Raúl l'aiment bien, mais moi non. C'est un drôle de type. Il n'a même pas la politesse de lever la tête pour regarder les gens. Il était avec sa femme [Hilda Gadea] et leur bébé. Je ne sais pas, mais quelque chose en lui ne me plaît pas. »

Orquídea était loin d'imaginer ce que l'avenir leur réservait, à elle et à Fofo, avec le Che !

C'est précisément dans la prison mexicaine que le Che dévoila ses intentions d'endoctrinement. Il commença par en parler à Arturo Chaumón, le beau-frère d'Orquídea, qui ne lui prêta aucune attention. En août, tous les prisonniers furent libérés, et chacun se remit à sa tâche en vue de l'expédition de retour à Cuba. Mais les manœuvres se multipliaient au sein du groupe.

Melba Hernández, Pedro Miret et Gustavo Arcos, qui n'avaient pas été arrêtés, accusèrent le grand ami de Fidel, Rafael del Pino, d'avoir livré à la police l'adresse de Teté Casuro, une activiste révolutionnaire cubaine vivant à Mexico et chez laquelle fut confisquée une grande quantité d'armes, ainsi que celle de l'appartement d'Arturo Chaumón, dont la police força la porte avant d'emporter les armes qui s'y trouvaient. Pourtant, Orlando de Cárdenas était le seul à savoir où les armes étaient cachées. Mais Melba et Pedro Miret menaient une guerre personnelle contre Rafael del Pino.

« Il est nul, il est inutile, disait Pedro.

— Il faut faire comprendre à Fidel qu'il doit se séparer de lui. »

Ils étaient loin d'imaginer à cet instant que Rafael del Pino les écoutait comploter, caché derrière la porte. Plus tard, celui-ci raconta aux autres ce qu'il avait entendu.

« C'est une intrigante, je la tuerai ! »

On ne lui autorisa pas la phrase « je la tuerai ».

En fait, Melba était jalouse de tout le monde. Elle enviait en particulier à Chuchú Reyes et Rafael del Pino leur influence sur Fidel. C'était la reine des commérages. Elle ne se gênait devant personne, même pas devant nous.

Melba tenta à plusieurs reprises d'influencer ma sœur : « Enmita, pourquoi ton propre frère ne s'occupe-t-il pas de toi, ma petite ? »

Connaissant le personnage, nous nous étions mis d'accord pour l'ignorer. Mais comme le dit le dicton, « qui sème le vent récolte la tempête ». Pour Melba, le retour de bâton arriva quand elle s'y attendait le moins.

Un jour qu'elle se trouvait chez Orquídea, Melba commença à médire sur le Che et sur Fidel. Elle déblatérait sans se rendre compte que Fidelito était à côté d'elle, en train de jouer. Bien sûr, il ne perdit pas un mot de ce qu'elle disait et ne manqua pas de répéter tout ce qu'il avait entendu à son père dès le retour de celui-ci. Ce fut la goutte d'eau qui fit déborder le vase. Lassé de ce manège, le groupe décida d'organiser un jugement privé de Melba, accusée de machination.

Le procès eut lieu dans la nuit du 11 au 12 octobre, entre 6 heures du soir et 7 heures du matin, dans la maison du Pedregal. Orquídea et Fofo firent office de juges. Après avoir écouté la défense de Melba, l'audience la déclara coupable à l'unanimité. Ils ne la fusillèrent pas parce qu'elle était une femme et l'épouse de Chucho Montané, et qu'ils ne voulaient pas s'attirer davantage de problèmes avant le départ en expédition.

« Mais attention, Melba est désormais exclue de tous nos plans, dit Fidel, et Chucho Montané doit comprendre qu'il ne peut absolument rien lui dire concernant nos projets. Raúl, dis-le-lui. S'il ne suivait pas cette recommandation, il commettrait une grave erreur. »

Tous ces désagréments furent compensés par l'entrée dans leur groupe d'une personne qui n'allait pas tarder à faire partie de notre famille. Quelques jours plus tôt, Fidel avait demandé à Gustavo Arcos, l'un de ses proches collaborateurs : « Nous avons besoin d'une personne de confiance dotée d'une bonne mémoire et inconnue pour ne pas risquer d'être interceptée à Cuba en possession de messages clés pour le débarquement.

— Je connais la personne qu'il te faut, Fidel, répondit Gustavo. Elle vient d'obtenir son diplôme d'ingénieur chimiste à l'Institut de technologie du Massachusetts et s'apprête à rentrer à Cuba, mais elle pourrait faire un crochet par Mexico pour vous rencontrer, Raúl et toi. C'est une jeune activiste du Mouvement du 26 Juillet, issue d'une bonne famille de Santiago de Cuba. Elle s'appelle Vilma Espín.

— C'est parfait. Dis-lui de venir. »

C'est ainsi que Vilma Espín arriva à Mexico. Elle fut logée chez Orquídea pendant deux ou trois jours, le temps pour Fidel de lui transmettre personnellement les instructions nécessaires au bon déroulement du soulèvement. Son rôle consistait à faciliter l'expédition en communiquant des données précises concernant le débarquement. Lorsqu'elle repartit, Vilma offrit des fleurs à Orquídea pour la remercier de ses attentions.

Orquídea et Fofo s'inquiétaient toujours pour leur entourage, imaginaient mille solutions à leurs problèmes. Un jour, ils proposèrent à Fidel : « Tes sœurs Enma et Agustina sont seules à La Havane. Sache que nous serions ravis de les accueillir à la maison. Penses-y. C'est dangereux pour elles de poursuivre leurs études à Cuba, maintenant que vous êtes politiquement engagés. Elles devraient venir vous rejoindre ici à Mexico. »

À ce moment-là, ma mère se trouvait à l'hôpital à La Havane à cause de ses problèmes de circulation sanguine. Mon père, qui l'avait accompagnée, avait prévu de la ramener à Birán dès la fin de son hospitalisation, mais ni l'un ni l'autre ne voulaient laisser Enma et Agustina, alors respectivement âgées de vingt et dix-sept ans, à La Havane.

« Jamais de la vie ! Même si c'est risqué, nous ne rentrerons pas à la maison. Nous restons à La Havane, nous ne voulons pas abandonner nos études. »

Enma était inscrite en faculté de lettres et de philosophie, tandis qu'Agustina se dédiait déjà complètement à la religion, parallèlement à la poursuite de ses études.

« Il va falloir que nous trouvions une solution, dit ma mère, car nous ne voulons pas que vous restiez seules à La Havane, c'est trop dangereux. »

Dans ce contexte, l'invitation d'Orquídea et de Fofo tomba comme un cadeau du ciel. Enma et Agustina s'envolèrent donc pour Mexico, même si Enma dut abréger ses études et Agustina mettre un terme à ses activités. Elles arrivèrent à Mexico le 12 octobre 1956, dans des circonstances ainsi relatées par Enma :

« Nous étions jeunes, nous n'avions sur nous ni adresse, ni téléphone. C'est le genre de choses que l'on fait quand on a vingt ans. Un mystère planait sur les détails de notre voyage, mais cela nous importait peu : en cas de besoin, nous savions que nous pouvions écrire à une adresse située dans la rue Nicolás San Juan, dans la capitale mexicaine. Je m'étais dit que nous pourrions prendre un taxi et demander notre chemin une fois arrivées là-bas, mais à notre sortie de l'avion, la première personne que nous aperçûmes au terminal fut Fidelito, accompagné de Raúl et de Ñico Lopez ! Nous étions très contentes. Raúl m'avait expliqué qu'ils avaient décidé le matin même de se rendre tous les jours à l'aéroport pour attendre le vol de l'aviation cubaine. Et nous sommes arrivées précisément ce jour-là ! »

Elles se rendirent directement au domicile d'Orquídea et Fofo qui allait être leur nouveau foyer et où elles retrouvèrent, outre leurs frères, une hôte inattendue : Lidia Castro Argota ! Fidèle à elle-même, elle avait suivi Fidel jusqu'à Mexico sous le prétexte suivant :

« J'ai peur à Cuba, avait-elle confié à Fidel au téléphone. Les gens qui connaissent notre lien de parenté m'ont averti : les batistiens pourraient être tentés de me faire du mal pour vous nuire. Je préférerais être avec vous. »

Fidel profita de l'occasion pour lui demander d'emmener Fidelito à Mexico, comme cela avait été convenu avec Mirta. Pour Lidia, cela tombait à pic. Elle rejoignit donc les autres dans la demeure du Pedregal.

Dans cette maison, tout le monde était reçu très chaleureusement et personne n'avait jamais à débourser un seul centime pour son logement. Enma et Agustina furent très en colère de voir Lidia profiter cette fois encore de la situation. Elle n'arrêtait pas de répéter à qui voulait bien l'entendre : « Je suis Lidia, la sœur de Fidel, le héros de Moncada. »

Elle suivait un régime, se faisait masser et médisait de tout le monde, à commencer par ma mère. Toute occasion était bonne pour la discréditer : ma mère lui aurait volé son père, elle qui n'était qu'une domestique… On retrouve dans son discours tous les mensonges qui ont ensuite été repris et publiés comme des faits authentiques dans certains ouvrages. Voilà ce que mes sœurs durent supporter à cette époque-là.

Un beau jour, elle manifesta le désir de se confesser. Nous fûmes un peu surprises car elle était la seule agnostique et non-baptisée d'entre nous. Mais cela n'avait pas d'importance pour elle, et elle décida donc d'aller voir le père Cervantes, le confesseur de Fofo et d'Orquídea. Quand Orquídea eut vent de son dessein, elle réagit aussitôt.

« Vite, il faut dire au prêtre que votre mère n'est pas la même que la sienne ! Imaginez qu'elle lui raconte ses bêtises habituelles. »

Orquídea se chargea personnellement de le prévenir :

« Mon père, la véritable intention de Lidia ne consiste pas à se confesser ni à communier, mais à calomnier. C'est une personne un peu particulière. »

Une fois le prêtre averti, nous en restâmes là.

Fofo et Orquídea logeaient ainsi dix-sept personnes, sans compter celles qui étaient de passage, comme Vilma Espín et quelques autres.

Le matin, au petit déjeuner, ils avaient l'habitude de servir du jus d'oranges pressées. Étant donné le nombre de convives et le travail que cela requérait, nous étions cependant rationnés à un demi-verre par personne. Lidia en faisait toute une histoire. Elle se rendait alors à la cuisine, jetait son verre dans l'évier et s'en prenait à l'employée de maison : « À moi, la sœur de Fidel, on ne sert pas qu'un demi-verre de jus ! »

Il y eut beaucoup d'autres scènes de ce genre à cette époque. Un autre jour, par exemple, Lidia déclara : « Fidel n'est pas marié. Comme sa mère ne peut pas remplir le rôle de première dame actuellement, ce sera à moi de le faire ! »

Mais mes sœurs ne l'écoutaient pas. Elles avaient bien d'autres soucis : elles étaient parties à Mexico en laissant mon père aux prises avec une grosse grippe. Cela faisait déjà huit jours qu'elles étaient arrivées, et personne n'avait pu téléphoner à Birán à cause du mauvais temps. Toutes deux étaient accablées par l'angoisse de ne pas savoir comment il allait ni ce qui se passait.

15. Mon père décède

J'avais rarement traversé le fleuve Nipe en Jeep pendant une crue telle que celle de ce 21 octobre 1956, tandis qu'une très forte tempête balayait toute la région de Birán. Ma mère et moi étions désespérées. Je conduisais dans la boue, face au vent, attentive à ne pas m'enliser pendant que ma mère serrait mon père dans ses bras en disant : « Castro, chéri, allons, accroche-toi, nous y sommes presque, tiens le coup. »

Nous nous doutions qu'Ángel Castro Argiz allait très mal, mais nous ne savions pas qu'il était déjà mourant. Plus tôt dans la journée, il avait semblé souffrir d'un simple rhume qu'il avait déjà en revenant avec ma mère de La Havane la semaine précédente, et qui avait été mal soigné. Au fil des heures cependant, les symptômes avaient empiré. Mon père n'arrêtait pas de tousser, et pendant une nouvelle quinte de toux, il se mit à cracher du sang. Nous réalisâmes brutalement la gravité de la situation. Nous ne pouvions pas le laisser à la maison, j'appelai immédiatement Ramón.

« Il n'est pas là, Juanita, me répondit Sully, mais je vais tout de suite essayer de le joindre pour l'avertir de l'état de santé de votre père. »

C'est donc seules que ma mère et moi traversâmes ce déluge qui avait inondé les routes au point de les rendre pratiquement invisibles. Lorsque nous arrivâmes enfin aux urgences de l'hôpital du Central Marcané, le Dr Armando Fajardo se montra lapidaire : « Il s'agit d'une hernie qu'il a sûrement depuis très longtemps, qui n'a pas été prise en compte, et qui a empiré avec la toux. Vous avez le choix : soit nous l'opérons ici, soit vous l'emmenez à La Havane, mais il faut agir vite.

— Avec ce mauvais temps, il est impossible de l'emmener ailleurs, docteur, dis-je.

— Opérez-le et sauvez-le, docteur, je vous en supplie », dit ma mère.

L'intervention chirurgicale dura près d'une heure, et mon père en sortit dans un état très grave. Nous ne le quittions pas une seule seconde. En raison de ses problèmes de circulation aux jambes qui l'avaient également conduite à l'hôpital peu de temps auparavant, ma mère s'allongea à côté de lui. Elle lui caressait la tête.

« Chérie, je me sens vraiment très mal... Je voudrais te remercier pour cette vie passée ensemble. Tu m'as rendu si heureux. Tu sais que tu as été le grand amour de ma vie. Prends soin des enfants, Lina, prends-en soin.

« Juanita, ma fille, occupe-toi bien de ta mère. »

Peu après, mon père décéda.

Vingt-cinq heures exactement s'étaient écoulées depuis l'opération. Ma mère pleurait, enlaçant l'homme avec lequel elle avait partagé toute sa vie, tandis que j'assistais, interdite, à la scène. Je n'arrivais pas à assimiler l'idée que mon père était mort. Il avait été mon compagnon de tous les jours, ma mère et moi avions toujours eu recours à lui, et j'étais celle sur laquelle il comptait le plus après ma mère. Comment pouvais-je réaliser que ce même homme que je voyais là, dans ce lit, dans cette chambre, était sans vie ?

J'étais dévastée mais je me repris rapidement car il fallait être forte, surtout pour ma mère qui était profondément affectée.

Dès qu'il fut averti, Ramón se présenta à l'hôpital, mais c'était trop tard. Il pleura comme un enfant.

« Papa… papa… »

La première stupeur passée, ma mère décida d'emporter la dépouille de mon père chez Ramón pour la veillée funèbre. Le 22 octobre, alors que celle-ci avait déjà commencé, Fidel appela de Mexico. Il venait d'apprendre la nouvelle qui avait été annoncée à la radio par Luis Conte Agüero. Quelqu'un avait par ailleurs envoyé un télégramme à Orlando de Cárdenas, lui demandant d'en informer Fidel qui se trouvait alors chez Fofo et Orquídea.

Enma et Agustina ne se doutaient de rien. Deux jours auparavant, le 20 octobre, elles avaient joyeusement fêté les quinze ans d'Esthercita, la nièce d'Orquídea et petite amie de Raúl. Le lendemain, le 21, Orquídea et mes sœurs avaient décidé de se rendre au cinéma Chapultepec, sur le Paseo de la Reforma, et c'est en rentrant à la maison, ce soir-là, qu'Enma se rendit compte qu'il se passait quelque chose.

« J'ai remarqué que Raúl avait les yeux rouges, comme s'il avait pleuré. Fidel parlait avec Fofo. Supposant qu'ils discutaient de politique, Agustina et moi avons décidé de ne pas les déranger. Nous leur avons souhaité bonne nuit et sommes allées nous coucher. »

« Il vaut mieux qu'elles ne sachent rien pour l'instant, avait dit Fidel. Pourquoi les angoisser inutilement ? Je leur parlerai demain. »

Le lendemain, très tôt, Orquídea alla les réveiller dans leur chambre.

« Fidel et Raúl veulent vous voir…

— Si tôt ? demanda Enma.

— Oui, répondit Orquídea. Nous sommes en bas.

— Je suis sûre qu'ils vont nous annoncer leur départ en expédition, intervint Agustina. Descendons vite, Enma. »

Elles entrèrent dans la salle à manger où Fidel et Raúl les attendaient. Lidia Castro Argota s'était jointe à eux et se tenait assise, très calme, arborant un demi-sourire. Fidel se lança : « Enmita, comment allait papa avant de partir ? Agustinita, tu l'as vu ?

— Écoute, il allait bien, il avait un rhume qui semblait vouloir se transformer en grippe, il toussait beaucoup, mais rien de grave. »

Fidel ne savait pas comment annoncer la nouvelle, mais son visage ainsi que celui de Raúl en disaient long. Cela se voyait que Raúl avait pleuré. Finalement, ce fut Enma qui devina de quoi il s'agissait :

« Ne me dites pas que papa est mort...

— Si, répondit-il. Papa est mort hier et on va l'enterrer aujourd'hui. »

Si Raúl était inconsolable, il avait la conscience tranquille car il était allé lui rendre visite avant son départ, contrairement à Fidel qui ne l'avait pas revu depuis 1955. Mon père avait toujours aimé et soutenu Fidel, n'hésitant jamais à lui assurer le financement nécessaire à ses projets. Sa générosité était sans limites : même quand mes deux frères étaient en exil à Mexico, mon père me demandait de leur envoyer de l'argent pour qu'ils puissent vivre convenablement. Mais pour Fidel, les sentiments ont toujours été signes de faiblesse. Il secoua Raúl : « Nous n'avons pas le temps de nous affliger, nous devons nous préparer à des événements bien pires encore. »

Pendant ce temps, Birán était en deuil. Nous veillions la dépouille de mon père dans un petit salon situé au rez-de-chaussée de la maison de Ramón, au Central Marcané. À la campagne, il n'y avait pas de pompes funèbres et la coutume voulait que l'on veille les défunts chez soi. Mais nous n'étions pas préparés à recevoir la foule qui déferlait par vagues à la veillée. Les humbles *guajiros* de la propriété tout comme nos amis du plus haut rang se déplacèrent. Le prêtre et confesseur de ma mère entama les chants liturgiques, et nous enterrâmes mon père dans l'après-midi. Un cortège qui semblait interminable accompagnait le cercueil. La plupart de mes frères et sœurs se trouvant au Mexique, seuls Angelita, Ramón, Sully, les petits-enfants et moi-même étions présents pour entourer ma mère. Aujourd'hui encore, le souvenir du chagrin des ouvriers haïtiens de la propriété m'émeut quand j'y pense. La nouvelle les avait beaucoup touchés car ils étaient très attachés à lui. Ils répétaient en sanglotant : « Papa Castro est mort, Papa Castro est mort. »

Ángel Castro est parti subitement, sans se douter des événements qui allaient bientôt ébranler Cuba. J'ai été particulièrement bouleversée de voir ma triste mère rentrer seule à la maison pour la première fois depuis tant d'années.

« Juanita, nous sommes seules désormais, mais nous devons aller de l'avant et continuer à travailler dans la propriété comme si ton père était encore là. C'est le meilleur hommage que nous puissions lui rendre. Je ne te demande qu'une chose, ma fille : fais en sorte que je sois enterrée avec lui quand ce sera mon tour.

— Je te le promets, maman, mais ne parle pas de ça, nous avons encore besoin de toi. »

J'étais peinée de voir ma mère souffrir. J'étais peinée par la mort de mon père, et j'étais peinée pour moi car, pour la première fois de ma vie, ce soir-là, je me sentis orpheline de l'homme qui m'avait élevée.

Après avoir fait cette promesse à ma mère, je partis me coucher sans imaginer qu'elle le suivrait sept ans plus tard, et sans me douter que l'époque des larmes et de l'inquiétude pour mes frères et pour notre pays s'annonçait. Je me consolais au contraire en me disant que « Papa Castro », mon père, reposait enfin après quatre-vingt-deux longues années d'une vie riche sur cette terre.

16. Une invasion à date fixe

Il ne restait qu'un petit mois avant la fin de l'année 1956. Si les quatre-vingt-deux Cubains qui faisaient partie de l'invasion la plus annoncée de l'histoire de leur patrie voulaient tenir leur promesse, ils allaient devoir quitter Mexico pour atteindre Cuba avant que l'année ne s'achève.

Ancré dans le port de Tuxpan, le *Granma* était sous la surveillance de Chuchú Reyes, qui attendait les ordres pour prendre la mer. Cinq personnes seulement connaissaient l'emplacement du bateau : Fidel, Raúl, le capitaine Onelio Pino, Fofo et Chuchú, mon ami. Pour ne pas éveiller les soupçons, cet homme très sympathique, coureur automobile de son métier, se faisait passer pour un riche touriste.

Pendant que les préparatifs battaient leur plein à Mexico, nous ne chômions pas à Birán. Pour respecter la volonté de notre père, nous devions nous charger de l'exécution de son testament. Si le débarquement annoncé devait avoir lieu, Dieu seul savait quand j'allais revoir mes frères et sœurs. Je leur demandai donc une procuration notariée pour les représenter. Mes motivations étaient très claires. De son vivant, mon père pouvait faire ce qu'il voulait de son argent, mais une fois décédé, j'avais la responsabilité d'exécuter ses vœux et de distribuer selon sa volonté chaque centime de son patrimoine.

Fidel, Raúl, Enma et Agustina m'envoyèrent sur-le-champ leur procuration. Avait-il eu un pressentiment ? Le fait est que, lors de son dernier séjour à La Havane, mon père avait pris le temps de régler la question de son héritage, léguant la majorité de ses biens à ma mère, un geste tout à fait justifié dans la mesure où elle avait toujours travaillé corps et âme avec lui. Pendant ce temps, au numéro 791 de la rue Fuego, à Mexico, on en arrivait aux tout derniers préparatifs. La date avait été fixée : quoi qu'il arrive, ils partiraient pour Cuba le 25 novembre. Le 24, tout était déjà prêt.

« Fidel m'avait donné la liste des vivres qu'ils emporteraient, raconta Orquídea, jambon *serrano*, oranges et pain de mie, ainsi que suffisamment d'eau pour quatre-vingt-deux personnes. Il faut être fils d'Espagnol pour demander du jambon *serrano*, avec la soif que cela provoque ! »

Ils avaient également décidé de ce qu'ils allaient faire du *Granma* après le débarquement. Onelio Pino, le capitaine, les débarquerait sur la côte et retournerait ensuite au Mexique pour le confier à Tony del Conde, dit « Cuate », un des plus proches collaborateurs de l'expédition, chargé de l'achat des armes. Il garderait le *Granma.*

Il restait néanmoins un problème très épineux à régler : Orlando de Cárdenas, que les hommes du capitaine Gutiérrez Barrios avaient identifié comme étant la taupe des batistiens.

« La meilleure solution serait sans doute que Cárdenas, sa femme et son fils nous accompagnent à Tuxpan et qu'ils embarquent sur le *Granma* », dit Fidel.

Enfin, l'heure des adieux sonna chez Fofo et Orquídea. Chacun réagit à sa façon.

Raúl, qui ne logeait pas à la maison, avait rapporté quelques jours auparavant des sous-vêtements destinés à être teints en vert olive, la couleur du camouflage. La dernière nuit, il dormit sur place et s'habilla dans une salle de bains avant d'aller se chausser dans la chambre de mes sœurs. Il offrit alors à Enma la chemise qu'il portait, et dont elle ferait cadeau au musée de la Révolution quelques années plus tard.

« Si nous triomphons, oubliez Birán, leur recommanda-t-il, parce qu'il y aura une réforme agraire.

— Oui, je sais, dit Enma.

— Et si nous échouons, si nous mourons au combat, dites à Juanita que je donne ma part d'héritage à Temis Tasende, ma filleule. »

Temis était la fille de José Luis Tasende, assassiné au Moncada. Raúl lui avait fait le serment de s'occuper d'elle s'il s'en sortait.

« C'est un service que je te demande, Enma.

— Bien sûr que je le ferai », répondit-elle.

Raúl termina d'enfiler ses bottes.

« Celui qui les enlève est un homme mort. »

Il faisait allusion à la partie rocheuse de la côte où ils débarqueraient. On appelait également ces roches « dents de chien », car elles étaient très aiguisées. Il était impossible de les escalader avec des chaussures ordinaires.

« Ne pleurez pas. Et dites à Juanita que je l'aime beaucoup. »

Il étreignit et embrassa chacune d'entre elles puis, au bord des larmes, se retourna et grimpa dans l'un des véhicules qui l'attendait, moteur en marche.

Manifestement indifférent à toute cette agitation, Fidelito jouait…

Soudain, il sembla se rendre compte qu'il avait perdu son père de vue. Ne sachant comment dire au revoir à son fils, Fidel était en effet sorti dans la rue et avait grimpé dans l'une des voitures. Fidelito sortit alors en courant de la maison : « Papa, papa, attends-moi, ne t'en va pas, papa. »

Fidel redescendit de son véhicule, prit son fils, l'étreignit et l'embrassa. Puis il le rendit à Enma et retourna s'asseoir. Il y avait avec lui Fofo, Orquídea, Raúl, Cándido González et Rafael del Pino.

« Démarrez, en route pour Tuxpan ! »

Pour ne pas éveiller les soupçons, le reste de l'équipée s'était déjà acheminé vers Tuxpan par groupes de six, logeant dans des hôtels bon marché et se déplaçant en car.

« Quand nous sommes arrivés au petit ranch où le Che nous attendait, il avait l'air parfaitement calme. Après nous avoir aperçus, il a repris sa lecture, comme si de rien n'était. Cet homme est inébranlable », remarqua Orquídea.

Vers 11 heures du soir, enfin, ils furent tous réunis. Ils avaient traversé le Río Pánuco à bord de canots qui faisaient la navette entre les deux rives. Surpris de cette affluence inhabituelle, le passeur leur avait demandé : « Eh bien, mon vieux, qu'est-ce qui se passe par ici ce soir, pour qu'il y ait autant de monde ? »

Personne ne lui avait répondu. La nuit était noire, froide et humide, les conditions climatiques étaient mauvaises. Malgré la jubilation que ressentaient les rebelles enfin réunis, le silence était saisissant.

Le 24 novembre autour de minuit, les membres de l'expédition finissaient d'embarquer quand ils rencontrèrent un dernier obstacle : les moteurs du bateau étaient endommagés. Un seul était en état de fonctionnement.

« Nous partons, même si nous coulons à pic », ordonna Fidel.

Finalement, Orlando de Cárdenas et sa famille ne montèrent pas à bord. Au dernier moment, Fidel décida de ne pas les emmener et donna des consignes à Orquídea : « Tu les gardes chez toi, Orquídea. Il faut les surveiller nuit et jour. Il ne faut pas les quitter des yeux, pas même une minute, jusqu'à ce que l'expédition soit bien arrivée sur le sol cubain.

— Mais tu me demandes de les enlever, Fidel, c'est ennuyeux.

— Orquídea, il faut que tu comprennes : c'est lui ou c'est nous. »

Orquídea obéit aux ordres. Au petit matin, Fofo, Orquídea, Raúl, le fils d'Onelio Pino et les « prisonniers » se tenaient debout sur le quai. Ils regardèrent en silence les lumières du *Granma* diminuer puis disparaître à l'horizon.

Selon Orquídea et le capitaine Gutiérrez Barrios, Orlando de Cárdenas avait réussi à informer les batistiens de l'opération. À leur tour, ceux-ci avaient prévenu la police mexicaine qui avait suivi le groupe et l'encerclait maintenant. Les rebelles restés à terre décidèrent donc d'aller finir la nuit dans une chambre d'hôtel de Tuxpan et d'attendre le lever du jour. Une fois la journée bien avancée, ils rentrèrent à Mexico.

En route, Orquídea et Fofo expliquèrent la situation à Cárdenas. Suivant les ordres de Fidel, ils ne le lâcheraient pas avant de recevoir la confirmation du débarquement des rebelles à Cuba. Orlando ne protesta pas. Il demanda seulement s'il pouvait téléphoner à sa mère, une fois arrivés à la maison, pour l'avertir qu'il ne faisait plus partie du groupe. Bien évidemment, il n'en eut pas l'autorisation.

Une fois à la maison du Pedregal, Orquídea reçut un appel :

« Mon amie, lui dit une voix masculine.

— Mon ami », lui répondit-elle.

C'était le code que Fernando Gutiérrez Barrios et elle utilisaient.

« Nous devons nous voir dès ce soir, c'est très urgent. »

Comme le téléphone sonna au moment même de leur retour de Tuxpan, Orquídea, qui s'était coiffée d'une perruque pendant le trajet pour éviter d'être reconnue, ne voulut pas perdre de temps à se changer ; elle alla le retrouver dans cet accoutrement.

« Ils ont été dénoncés il y a quelques heures, lui annonça le capitaine Gutiérrez Barrios. Il faut absolument prévenir Fidel. S'ils n'ont pas encore quitté le Mexique, ils doivent le faire très vite car toute la zone de Tuxpan est cernée par les services secrets. Nous avons reçu l'ordre de les arrêter.

Effrayée, Orquídea lui cacha la vérité.

« Je ne sais pas où ils en sont. La dernière chose dont j'aie été informée, c'est qu'ils se dispersaient autour de Tuxpan, c'est tout.

— C'est très grave, mon amie, très grave pour la suite de leurs plans. L'ordre de les arrêter a déjà été donné. Il faut trouver un moyen d'informer Fidel. »

Au moment de lui dire au revoir, une autre surprise attendait Orquídea.

« Soyez prudente à partir de maintenant, vous aussi. Vous avez été identifiée mais ils ne connaissent pas votre nom. Ils ont réalisé votre "portrait-robot" aujourd'hui, avec ces mêmes vêtements que vous portiez sur la route. Soyez vigilante et essayez de joindre Fidel. Nous restons en contact. »

Malgré cette mise en garde, il y eut plus de peur que de mal, car la police ne découvrit jamais son identité.

Leur présence, quand ce type de situation se présentait, faisait d'Orquídea et de Fofo des éléments essentiels de l'expédition. Ils furent les témoins de dizaines de rendez-vous, qu'ils soient informels ou strictement confidentiels. Ils participèrent aux échanges d'armes, ils firent sortir des camarades de prison, ils mobilisèrent leurs amis et assistèrent aussi, quelques minutes avant que le bateau ne lève l'ancre pour Cuba, au discours que Fidel adressa aux quatre-vingt-deux passagers du *Granma* et à leurs camarades restés à terre :

« Nous partons pour Cuba afin de mettre en place des changements politiques très importants. Les réformes que nous voulons garantiront à chaque Cubain un travail décent, la pleine jouissance de la liberté et l'exercice absolu de la souveraineté. Peu importe le prix que nous aurons à payer, cela en vaudra la peine. »

Tandis qu'elle roulait dans les rues de la capitale mexicaine, après son rendez-vous avec Fernando Gutiérrez Barrios, Orquídea se demandait avec inquiétude : « M'enverra-t-on à Cuba si on m'arrête ? M'accusera-t-on de subversion ? Les batistiens vont me tuer ! »

Puis elle se rappela la dernière phrase que Fidel avait prononcée avant de prendre la mer et reprit courage : « Cuba vaut bien la peine d'avoir peur. Tout vaut la peine pour Cuba, oui Monsieur ! »

17. Avec quatre-vingt-deux hommes

Depuis le *Granma*, la silhouette de Tuxpan se perdait petit à petit à l'horizon. Avec leur unique moteur en état de marche, ils quittèrent lentement le Pánuco pour s'aventurer dans les eaux du golfe du Mexique. Mais ils n'étaient pas au bout de leurs difficultés : tout d'un coup, les vents du nord s'emballèrent. De violentes rafales et une houle de plus en plus forte empêchaient le *Granma* d'avancer. Le bateau tanguait tellement qu'ils furent nombreux à avoir le mal de mer.

La situation empira encore le deuxième jour : le *Granma* se remplissait d'eau. La pompe à écoper s'avéra hors d'usage et l'eau commença à couvrir le pont. Dans l'urgence, l'équipage se servit de ses bras et de seaux, jusqu'à ce que, par miracle, le tuyau de drainage se débouchât et que le calme revînt momentanément.

Mais le bateau surchargé continuait de tanguer sous l'effet de la tempête et menaçait de céder sous le poids de sa cargaison. Réalisant le danger, Fidel ordonna que l'on jette le ravitaillement et les armes par-dessus bord. Pour couronner le tout, et bien qu'Onelio Pino fût un bon capitaine, il ne semblait pas trouver l'endroit convenu. On me rapporta que Fidel, nerveux, n'arrêtait pas de lui demander : « Alors, mon vieux, tu es sûr que nous sommes devant les côtes de Cuba ? »

Le 30 novembre, date présumée du débarquement, ils se trouvaient encore en mer, et le 1er décembre, personne n'avait de leurs nouvelles. Au petit matin du 2 décembre, un drame survint : Roque, un ancien lieutenant de la marine qui était monté sur le pont supérieur pour chercher le phare de Cabo Cruz, tomba à l'eau. Fidel ordonna à Onelio de faire demi-tour et ils s'aidèrent de lampes de poche pour chercher leur compagnon dans la nuit noire. Après plusieurs échecs, ils réussirent par miracle à le retrouver et à le hisser à bord.

Le 3 décembre avant l'aube, ils atteignirent finalement une petite plage située à deux kilomètres de Niquero, l'endroit initialement prévu pour le débarquement, et où les attendaient des camions alliés pour lancer la rébellion. Mais deux jours s'étaient écoulés depuis la date prévue, et il n'y avait plus personne pour les accueillir. Ils se trouvaient en outre dans une zone marécageuse, dite Playas Coloradas, qui se trouvait assez loin du lieu convenu au départ. À peine avaient-ils posé un pied à terre qu'un avion de l'armée les aperçut et les bombarda. Ils perdirent encore davantage d'armes alors qu'il ne leur en restait que très peu. Le débarquement fut un vrai désastre. Fidel ordonna à ses compagnons de se diriger vers la Sierra Maestra, un sanctuaire dans lequel ils pourraient se cacher le temps de reprendre des forces pour continuer la lutte. Ils ne se battirent pas mais beaucoup d'entre eux perdirent la vie. Surpris par cette attaque qui prouvait qu'ils avaient été dénoncés, ils se dispersèrent. Si Chuchú Reyes survécut au débarquement, Ñico Lopez y succomba. L'un des survivants me relata un épisode cocasse du débarquement : arrivés à Minas del Frío, où se trouvait un poste de commandement de l'armée de Batista, les rebelles attaquèrent un petit groupe de soldats.

Quand la nouvelle du débarquement de l'expédition sur les côtes cubaines atteignit Mexico, Orlando de Cárdenas put enfin circuler plus librement dans la maison. Gustavo Arcos, qui était chargé de le surveiller, raconta que Cárdenas lui demanda un jour la permission de prendre un verre d'eau dans la salle de bains. Gustavo Arcos la lui accorda mais, poussé par la méfiance, il le suivit peu après et le retrouva en effet les chaussures à la main, qui essayait de s'enfuir par la fenêtre. Malgré cet incident, Gustavo Arcos en personne, tout comme Melba Hernández, plaidèrent pour sa libération. Orquídea les convainquit du contraire : « Ce serait irresponsable de le faire maintenant… J'ai parlé au capitaine Gutiérrez Barrios, qui me conseille de garder Cárdenas deux ou trois jours de plus. »

Ils finirent par le relâcher, et, deux jours plus tard, Cuba annonçait officiellement le débarquement ainsi que le décès de Fidel Castro. À cette nouvelle, Enma et Agustina se mirent à pleurer à chaudes larmes.

« Ne pleurez pas, mes tantes, leur dit alors Fidelito. Mon papa n'est pas mort. Et s'il est mort, je tuerai Batista quand je serai grand ! »

Chacun réagissait à sa manière face à la mort présumée de Fidel. De la prison, Pedro Miret s'écria : « Fidel est mort ! Il ne reste donc plus personne. Celui qui va faire la révolution, c'est moi ! »

Et Orlando de Cárdenas ? D'après Fofo, une semaine seulement après sa libération, Cárdenas, qui n'avait jamais d'argent, roulait au volant d'une nouvelle voiture. Il en conclut qu'il avait été rétribué pour sa trahison.

Enma se souvient que, des années plus tard, bien après les lendemains désenchantés de la Révolution cubaine, Fofo, qui était toujours en relation avec le monde de la politique mexicaine, avait été invité à la prise de pouvoir d'un gouverneur et y avait rencontré Pablo Machado, le Cubain fortuné et d'affiliation batistienne.

« J'ai toujours voulu te demander quelque chose. C'est peut-être l'occasion, maintenant qu'il n'y a plus de problème. Qui était le mouchard ?

— C'était Orlando de Cárdenas. C'est lui qui m'a prévenu du débarquement, et c'est moi qui ai transmis l'information à Cuba. »

Nous avions donc la confirmation que l'armée de Batista était prête à repousser les rebelles, fût-ce par une attaque aérienne !

Après le débarquement, Enma et Agustina se rendirent tous les jours dans les rédactions des journaux mexicains pour leur signaler que Fidel n'était pas mort. Au contraire, elles avaient eu des contacts avec lui, et à Cuba cinq mille hommes assuraient la relève.

« C'était un mensonge, bien sûr, dit Enma, mais c'était nécessaire ! »

La police fédérale voulut les conduire en prison pour fait de propagande, mais tout s'arrangea avec un pot-de-vin de six cents dollars. Elles se cachèrent pendant quelque temps dans l'appartement d'Onelio Pino qui, lui, était à Cuba.

Pendant ce temps, Orquídea se rendait à Miami avec Odilia, sa sœur, pour une visite à l'ex-président Prío Socarrás, qui avait promis d'aider Fidel si celui-ci parvenait à débarquer.

« C'est de plus en plus difficile, nous manquons de moyens. Mais nous avons la preuve que Fidel et Raúl sont vivants, dit Orquídea. Frank País[38] nous a envoyé cette lettre où vous pouvez voir que si un grand nombre de compagnons ont péri dans le débarquement, Fidel est toujours à la tête de l'expédition. Mais leur situation financière est précaire. Vous nous aviez proposé de nous aider, c'est pourquoi nous venons vous demander votre soutien.

— Malheureusement, répondit Prío, c'est impossible à l'heure actuelle. Le moment venu, je vous aiderai. Maintenant, je ne peux pas. »

Orquídea et sa sœur revinrent bredouilles à Mexico. Pendant ce temps, à Cuba, nous désespérions. Nous avions reçu un soutien important de personnes nous affirmant que mes frères étaient

38. Frank País (1934-1957), dirigeant étudiant réformiste, professeur et révolutionnaire cubain, en lutte contre Batista, membre du Mouvement du 26 Juillet. Assassiné à vingt-deux ans, il fait figure de martyr de la Révolution.

vivants, mais la réalité était autre. Personne, à part ceux qui avaient participé à l'expédition, ne savait ce qui s'était réellement passé, et cela nous angoissait terriblement. Les choses s'aggravèrent quand une autre nouvelle nous arriva : ce n'était pas Fidel qui était mort, mais Raúl. Je crus que le ciel me tombait sur la tête !

L'année 1956 touchait à sa fin. Le 24 décembre, pour la première fois, nous ne fîmes aucun préparatif pour fêter Noël en famille comme de coutume.

« Qu'est-ce que nous allons fêter ? disait amèrement ma mère. La vie nous frappe durement, Juanita. Non seulement nous sommes en deuil de ton père, mais nous ne savons pas si Fidel et Raúl sont vivants, et puis Enma et Agustina ne sont pas là. Que pourrions-nous célébrer ? »

Ma mère était lucide. Je me préparais donc à l'une des fins d'année les plus tristes de nos vies, mais le plus beau cadeau arriva mystérieusement le jour de Noël. Nous reçûmes une petite lettre que Raúl avait écrite à ma mère ! Il l'avait écrite à la Sierra Maestra avant de la remettre à une personne de confiance qui était chargée de nous la donner en main propre. Qui était-ce ? Ni plus, ni moins le Dr Armando Fajardo, celui-là même qui avait opéré mon père !

« Doña Lina, dès que j'ai vu que ce courrier vous était adressé, je suis venu aussi vite que j'ai pu. »

Dans la lettre, en réalité un bref message griffonné sur un petit bout de papier, Raúl disait : « Maman, j'imagine ce que tu ressens, et comment tous doivent se sentir à la maison comme à Mexico, c'est pourquoi je t'adresse ces quelques lignes pour te dire que nous sommes vivants. Luar. »

« L'écriture est bien celle de mon Musito ! C'est son écriture ! répétait ma mère, heureuse. J'ai maintenant la certitude que mes enfants sont en vie ! »

Si la signature ne nous disait rien, la petite écriture était bien de Raúl. Nous réalisâmes après réflexion que « Luar » n'était autre que son prénom, Raúl, à l'envers. Au milieu des contrariétés et de l'angoisse de ces derniers mois, sans aucune nouvelle des deux frères, ce bout de papier nous confirmait enfin qu'ils avaient survécu ! Nous appelâmes aussitôt Enma et Agustina à Mexico pour partager la nouvelle qui apporta un grand soulagement à tous les habitants du 791 rue Fuego, au Pedregal. Le message de Raúl redonna du courage à la famille, mais aussi à ceux qui œuvraient pour le Mouvement du 26 Juillet.

Il y eut d'autres raisons encore de se réjouir : Gustavo Arcos, Melba et Aldama étaient restés à Mexico car Pedro Miret sortait de prison fin décembre. Le jour de sa libération, ils se réunirent tous chez Orquídea et achetèrent du poulet et des frites pour célébrer deux choses : la liberté de Miret et le débarquement de Fidel et Raúl à Cuba.

Pendant ce temps, le régime de Fulgencio Batista, qui croyait encore au décès de Fidel, l'annonça officiellement. Mais l'illusion dura peu. En janvier 1957, le journaliste Herbert L. Matthews du *New York Times* fit une interview de Fidel en pleine Sierra Maestra. L'interview, publiée en une du journal, plongea tout le monde dans la confusion. Le lendemain, le secrétaire du gouvernement de Cuba se fit le porte-parole de la réaction du pays : « Cette interview présumée de Fidel Castro est un leurre. C'est officiel : Castro est mort. »

Le *New York Times* répliqua en publiant deux jours plus tard plusieurs articles décrivant le mode de vie des rebelles, photos de Fidel et de Raúl à l'appui. Les deux hommes, portant désormais la barbe, y étaient entourés d'autres hommes.

« Comment Herbert L. Matthews a-t-il pu faire ce reportage ? demandai-je à Raúl, des années plus tard.

— Faustino Pérez avait été chargé de le conduire dans la Sierra Maestra. Pour déjouer les pièges, Matthews était venu avec sa femme, et ils se faisaient passer pour un couple d'Américains en lune de miel. C'est comme ça qu'il put nous rejoindre. »

Devant l'évidence de ces publications et des déclarations de Fidel au *New York Times*, nous avions compris que les rebelles poursuivaient leurs plans malgré le débarquement catastrophique à Cuba. À Mexico, nos amis s'étaient procuré le journal et tous étaient euphoriques. Mais l'argent pour financer la lutte manquait toujours.

L'organisation politique qui mobilisa la plus grande quantité de citoyens aux États-Unis fut le Mouvement du 26 Juillet. Enma et Orquídea se rendirent à New York pour recontrer Pablo Díaz, l'un des responsables du Mouvement, et participer aux manifestations de Cubains. New York était essentielle pour notre levée de fonds car la communauté cubaine y jouissait de moyens financiers plus importants qu'ailleurs. La raison en était simple : il y avait plus de travail, et les salaires étaient plus élevés. En revanche, Miami était une place morte pour notre cause. Les personnes fortunées y soutenaient Batista, et les Cubains qui voulaient coopérer n'avaient pas d'argent. Finalement, Enma et Orquídea réussirent à réunir quatre mille dollars à New York, qu'elles firent aussitôt parvenir dans la Sierra Maestra par l'intermédiaire d'un jeune homme, René Picard, chef des ventes de Procter & Gamble, qui voyageait dans la région et n'éveillerait aucun soupçon. Picard rencontra d'abord Faustino Pérez, l'un des chefs officiels de la résistance à La Havane, et lui remit les fonds. Pendant ce temps, au Mexique, Pedro Miret fulminait : « C'est moi qui ai besoin de cet argent ! C'est à moi qu'ils auraient dû le remettre ! »

Bien entendu, personne ne lui prêta attention, et la somme servit immédiatement à couvrir les besoins de l'armée des rebelles dans la Sierra Maestra.

En marge des luttes internes, il se produisit un phénomène inattendu : le Mouvement du 26 Juillet se propageait partout, attirant un nombre croissant de sympathisants. C'était incroyable de voir les ouvriers donner ce qu'ils avaient, et d'observer l'enthousiasme de ceux qui voulaient renverser Batista et rentrer à Cuba. Si de nombreuses personnes s'étaient battues pendant cet exil de plus de cinquante ans, rien n'était comparable à l'effort de ces modestes personnes qui, se regroupant autour de Fidel, apportèrent leur contribution centime par centime. Au bout du compte, c'est le peuple cubain en exil – hormis le don de Prío – qui finança l'expédition du *Granma* et la Révolution.

Au milieu de ce vaste mouvement de soutien, Enma subit un violent revers de fortune en mai 1957.

« Je devais aller à Miami, où l'engouement était moindre qu'à New York et où les groupes formés par Fidel s'entre-déchiraient. Il était difficile de naviguer dans ces eaux : si je me montrais en compagnie de Pablo Díaz ou d'Arnaldo Barrón, je m'attirais les foudres de leurs concurrents qui boycottaient la cérémonie. »

Nous, les Cubains, sommes toujours confrontés au même problème : la division. Ce n'est pas nouveau. La différence, cette fois, c'est qu'ils étaient moins nombreux et qu'ils disposaient de moyens plus modestes. Cette nouvelle récolte de fonds devait se dérouler au Théâtre Flagler, et l'événement avait été largement médiatisé parce que c'était la sœur de Fidel, Enma Castro, qui devait le présider. Afin de recueillir davantage de fonds, il avait été décidé que l'entrée serait payante. L'endroit était plein de partisans de l'ex-président Carlos Prío Socarrás.

Arnaldo Barrón, venu de New York, rapporta un discours qui avait été enregistré alors que Fidel était de passage au Pangarden, le haut lieu des événements politiques de cette ville. Il s'était engagé à couper les phrases qui pourraient blesser l'ex-président et respecta son engagement, mais omit de supprimer les passages au cours desquels Fidel Castro attaquait les pratiques de malversations. Une phrase en particulier fit l'effet d'un coup à l'estomac aux partisans de Prío : « Lorsque la Révolution triomphera, nous frapperons à la porte des corrompus... »

Ah, mon Dieu ! Enma me raconta plus tard qu'elle avait éprouvé une telle honte qu'elle aurait voulu disparaître : « En entendant ces mots, tous les partisans de Prío se sont levés et ont quitté les lieux. Après leur départ, le théâtre était vide ! »

Mais ce n'était pas tout : Rafael Izquierdo, le trésorier du Mouvement du 26 Juillet mais aussi l'homme de confiance de Prío pendant le mandat de ce dernier, et qui possédait désormais une épicerie à Miami, laissa éclater sa colère : « Je ne veux plus adhérer à ce Mouvement qui nous bafoue ! Il est insensé d'insulter de cette manière l'ex-président Prío, je ne peux vous le permettre. Tous mes clients sont des partisans de Prío, et je suis dans leur camp. Je démissionne. »

Enma et les autres membres du groupe essayèrent de le persuader que cette bévue n'avait rien d'intentionnel et qu'il ne devait pas renoncer à son poste de trésorier, parce que son désistement démoraliserait les troupes. Après de longues supplications, Izquierdo finit par se laisser convaincre et accepta de rester à son poste.

À peine la cérémonie au Théâtre Flagler était-elle terminée que la pauvre Enma rencontra une nouvelle difficulté : elle reçut la visite d'un agent officiel du service d'immigration.

« Vous avez vingt-quatre heures pour quitter les États-Unis. Vous ne pouvez organiser ni participer à aucun acte public si vous n'êtes pas inscrite en tant qu'agent de Fidel Castro à l'étranger. Si vous n'obéissez pas aux ordres, vous serez renvoyée à Cuba. »

Enma en resta muette de stupéfaction. Elle devait rentrer à Mexico le plus vite possible. Ce qui arrivait à ma sœur était simple : en 1957, les batistiens étaient puissants à Miami. Ils avaient beaucoup de relations, en particulier au service d'immigration. Sachant qu'Enma récoltait des fonds pour destituer Batista, il fallait s'attendre à ce qu'ils se servent de leurs contacts pour l'arrêter.

« Le lendemain de sa visite, se souvient Enma, l'agent des services d'immigration est revenu me voir. Il était ennuyé parce que je n'étais pas encore partie. Je lui ai expliqué que je n'avais pas obtenu de place le jour même dans les vols pour Mexico et lui ai montré mon billet pour le lendemain. Il m'a demandé si j'avais fait des déclarations sur les programmes du Mouvement du 26 Juillet et je lui répondis que je n'en avais pas faites puisque, en accord avec Fidel, il avait été décidé que Pablo Díaz seul y serait habilité. »

Cette époque fut difficile pour nous toutes, où que nous soyons. Nous, les sœurs Castro, nous nous battions pour la famille, chacune assumant sa propre charge. J'aidais ma mère à maintenir la propriété, je m'occupais des comptes comme je le faisais déjà du temps de mon père, et je me chargeais de la répartition des biens de l'héritage. Pendant ce temps, Enma et Agustina continuaient d'œuvrer pour Fidel, Enma en particulier se consacrant entièrement à recueillir des fonds. Elle se rendit ainsi en Amérique latine pour demander de l'aide à l'un des amis de mon père, Rafael Bilbao, un Cubain qui vivait au Venezuela. Elle le rencontra à Panamá, où il lui fit un don de dix mille dollars.

« Rafael Bilbao me donna à cette occasion des conseils d'organisation pour que je les transmette à Fidel », précisa Enma.

Il les lui exposait dans une lettre : « Vous devez accorder des interviews à la presse et expliquer les programmes du 26 Juillet. Jusqu'à présent, personne ne les connaît. Ne faites rien qui puisse vous compromettre ou vous éloigner de la pensée bolivarienne. Il n'est pas question de sortir d'une dictature pour entrer dans une autre, mais de bâtir un Cuba démocratique. »

Enma fit directement parvenir cette missive à Fidel dans la Sierra Maestra, accompagnée du don de dix mille dollars, répartis – nous ne sûmes jamais pourquoi – en dix chèques de mille dollars. Mais tout ne fonctionnait pas ainsi partout.

À New York, l'unité du groupe avait commencé à se fissurer. Arnaldo Barrón invita Enma à s'adresser aux équipes dans l'espoir que la présence d'un membre de la famille de Fidel contribuerait à les unir. Enma me raconta que Lidia Castro Argota avait alors demandé à être également présente ! Par un stratagème qui m'est inconnu, elle parvint à convaincre Orquídea et Fofo de la laisser partir avec Enma. Ma pauvre sœur n'était pas au bout de ses peines.

D'emblée, Lidia se montra furieuse dès qu'Enma prenait la parole, lors des conférences.

« Elle était épouvantable, Juanita, me raconta ma sœur. Dès que je m'adressais au public, Lidia essayait de me voler la vedette. Mais quand elle avait l'opportunité de monter sur la tribune, elle prenait peur, se mettait à pleurer et me suppliait d'y aller à sa place. Et ce n'est pas le pire ! Elle passait son temps à me dire : “S'il te plaît, ne dis pas que nous portons des noms de famille maternels différents, je ne veux pas que l'on sache que je suis la fille du premier mariage de papa." Tu te rends compte ? Je me suis retrouvée à batailler pour des broutilles de ce genre tandis que nous luttions pour l'avenir de notre pays ! »

Peu après ce séjour à New York, en juillet 1957, Orquídea et Fofo reçurent une lettre de Fidel, également adressée à Gustavo Arcos et à Pedro Miret. Fidel leur demandait d'envoyer des armes et des munitions, car ils en manquaient cruellement. Il fut donc décidé d'engager la somme qu'ils avaient réunie dans cet achat, mais une fois encore, Pedro Miret se montra réticent : « Vous devez comprendre, vociféra-t-il, que s'il y a de l'argent ou des armes, c'est à moi qu'il faut les remettre ! »

Enma et Orquídea ne lui répondirent pas et s'étonnèrent même de son audace : « Comment Pedro peut-il penser que nous allons lui confier de l'argent alors qu'il s'entoure d'Evaristo Venereo et d'Orlando de Cárdenas, nos deux célèbres mouchards batistiens ? »

Au lieu de prendre sa demande en compte, elles avertirent Fidel qui adressa aussitôt un courrier exposant ses nouvelles conditions à Pedro : ce dernier pouvait continuer à apporter son soutien aux rebelles, mais seulement s'il prenait ses distances avec Venereo et Cárdenas.

« Fidel se trompe, déclara Miret. Et puis ce n'est pas lui qui va me dire qui je dois fréquenter. Evaristo Venereo et Orlando de Cárdenas sont mes amis, je ne vais pas cesser de les voir juste parce que Fidel me l'interdit ! »

Suite à cette mise au point, Pedro Miret décida d'organiser sa propre expédition pour débarquer à Pinar del Río avec Tony del Conde dit « El Cuate », l'homme qui fournissait des armes à Fidel. Cette fois, il avait récupéré un lot d'armes belges pour cette opération qui comptait également Cándido de la Torre et Evaristo Venereo ! À peine arrivée à Pinar del Río, l'équipée fut arrêtée et incarcérée. Curieusement, Venereo sortit de prison comme par magie quelques jours plus tard, et put aussi s'envoler pour Mexico depuis l'aéroport de La Havane.

« Malgré tout, ajouta Enma, Pedro Miret a continué de travailler avec Evaristo ! Mon Dieu, quel panier de crabes ! »

L'ironie de cette histoire vieille de plus de cinquante ans est qu'il s'agit du même Pedro Miret qui fut vice-président de Cuba jusqu'à mars 2009 !

Tandis que d'autres menaient ces guerres intestines, Enma, Orquídea et Fofo continuaient à chercher des fonds. Aureliano Sánchez Arango – ministre de l'Éducation dans le gouvernement de Prío – et

Paquito Cairol leur rendirent visite pour exprimer leur solidarité avec le Mouvement. Aureliano voulait apporter son soutien au groupe mais à titre personnel, sans représenter l'organisation rebelle à laquelle il appartenait. Il leur annonça que le président du Costa Rica, José Figueres, était prêt à coopérer amicalement avec le Mouvement, au nom de sa sympathie pour Fidel. Ils lui présentèrent Tony del Conde, qui devait les aider à mener une incursion destinée à envoyer des armes dans la Sierra Maestra. Ensemble, ils chargèrent un avion d'armes et de munitions, mais arrivé près des côtes du Yucatán, l'appareil donna des signes de faiblesse. Pour éviter qu'il ne chute, il fallut alléger sa cargaison, et l'équipage jeta toutes les armes à la mer. Sans cela, ils n'auraient pas pu gagner la terre ferme et s'en sortir.

Les querelles et les médisances ne cessaient de croître, impliquant toujours les mêmes protagonistes. Il y avait les bons d'un côté, les méchants de l'autre, et ceux qui faisaient tout leur possible pour mettre de l'huile sur le feu !

Je ne comprends pas comment le Mouvement put survivre face à tant d'adversité et à tant d'intrigues parallèles. Le seul moyen de communication qui reliait les équipes du Mexique avec la Sierra Maestra était le courrier, et il fallait par ailleurs déjouer les intrigues des gens proches de Fidel. L'un des messagers étant Faustino Pérez, un ami de Pedro Miret, la méfiance était de rigueur. Même quand Fidel écrivait à Enma, celle-ci ne recevait pas directement les lettres, et vice versa. Dieu seul sait ce qu'on a pu raconter à Fidel sur ce qui se passait à Mexico entre mes sœurs et les groupuscules qui se disputaient le pouvoir ! Le fait est qu'Enma reçut un jour des mains de Fofo une lettre de Fidel qui lui sembla provenir de New York.

« Je sais qui travaille pour nous, écrivit Fidel, mais une coordination entre tous les groupes est nécessaire. Gustavo Arcos et Pedro Miret en seront les seuls responsables. »

Peu après, Lester Rodríguez arriva de la Sierra Maestra. Fidel l'avait envoyé à Miami comme délégué et lui avait demandé de faire une halte à Mexico pour se faire une idée de la situation. Sans connaître l'opinion de Lester, Enma lui raconta les derniers événements. Elle fut surprise de sa réaction.

« La famille ne doit pas se mêler à ce genre de choses, lui dit-il. À Cuba, le caciquisme ne devrait plus exister.

— Fidel peut dire ce qu'il veut, répondit Enma, très vexée. Il ne sait pas ce qui se passe hors de Cuba, ni comment les relations entre les différents membres du groupe ont évolué. Je finis par croire que cela ne vous dérangerait pas que Fidel soit tué… Peut-être même que cela arrangerait Pedro Miret, lui qui a toujours voulu prendre le pouvoir. »

Cette entrevue en resta là. Enma et Orquídea continuèrent à recueillir des fonds auprès de la haute société et décidèrent d'inscrire le nom de tous ceux qui apportaient leur soutien à la Révolution dans un livre qu'elles enverraient ensuite à Fidel dans la Sierra Maestra.

La seconde moitié de l'année 1957 fut également riche en événements. En novembre arriva Raúl Chibás, nommé directement par Fidel comme trésorier du Mouvement du 26 Juillet à l'étranger. Pedro Miret et Enma l'accueillirent et lui proposèrent un rendez-vous avec Rafael Bilbao qui voulait le rencontrer. Sa réponse fut surprenante.

« Je n'ai rien à lui dire, leur expliqua-t-il. La Révolution ne peut pas être subventionnée par l'argent de millionnaires. »

Rafael Bilbao, qui s'identifiait véritablement au Mouvement, réagit calmement à sa prise de position : « D'accord. Si Raúl Chibás refuse mon aide, c'est son choix. Je continuerai néanmoins à apporter ma contribution au travers d'Enma Castro et d'Orquídea Pino, chaque fois qu'elles me le demanderont. »

En dépit des critiques de Raúl Chibás, Rafael tint sa promesse et continua de soutenir le Mouvement du 26 Juillet. C'est Bilbao qui finança le bateau *Orión* pour le groupe de New York voulant monter une nouvelle expédition pour se battre dans la Sierra Maestra aux côtés de Fidel et de Raúl. Malheureusement, ils ne prirent pas suffisamment de précautions et la police les arrêta lorsqu'ils arrivèrent à Brownsville, au Texas. Ils perdirent le bateau et les armes. Hormis le *Granma*, toutes les tentatives d'accoster du Mouvement échouèrent.

Durant toute l'année 1957, Enma et Orquídea poursuivirent leurs interminables tournées de levées de fonds sous les auspices de Rafael Bilbao. Elles rendirent ainsi visite au président du Costa Rica, José Figueres, qui les reçut dans sa propriété.

« Au-delà de ce don, transmettez à Fidel ma profonde inquiétude face à la désorganisation et aux divisions qui minent le Mouvement. Je suis disposé à coopérer, mais il est absolument nécessaire que Fidel fasse cesser tous ces problèmes qui ne font qu'affaiblir le Mouvement. »

Enma et Orquídea regagnèrent Mexico avec un apport financier important, qui fut immédiatement acheminé vers la Sierra Maestra, mais ce voyage alimenta une fois de plus les commérages et les disputes. Pourquoi ? Parce que les deux femmes étaient parties de leur propre chef, sans attendre les ordres de Fidel. Cette prise d'initiative déplut aux membres du Mouvement du 26 Juillet. Loin d'apprécier le fait qu'elles n'avaient jamais failli à leur mission de récoltes de fonds, Pedro Miret, Gustavo Arcos et leurs acolytes ne virent dans cette attitude qu'un prétexte supplémentaire à la dissension.

« Pensant que c'étaient eux qui déchiraient le groupe avec leur jalousie et leurs opinions, raconta Enma, nous avons pensé qu'il valait mieux les ignorer. »

Mais les tensions ressurgirent quand, sur les conseils de Rafael Bilbao, Enma se rendit au Venezuela pour recueillir des fonds auprès de Mario de la Rosa. En tant que représentant du Mouvement du 26 Juillet, Manuel Urrutia Lleó était également présent lors de cette rencontre. Ils perçurent plus de trente mille dollars en donations, dont vingt-cinq mille de la main même de leur hôte. Pourtant, s'il n'y eut pas de conflit ouvert avec Enma, on s'interrogea néanmoins sur la légitimité de sa présence. Mais que cela plaise ou non, elle était là en sa seule qualité de sœur de Fidel.

En dépit de cette guerre d'intrigues, de tensions et de frictions, Fofo et Orquídea se devaient de donner le change : ils devaient dissimuler leur inquiétude pour la lutte dans la Sierra Maestra et faire comme si de rien n'était. Financer, couvrir et favoriser une révolution depuis l'étranger était et reste toujours illégal. Sur les conseils du capitaine Gutiérrez Barrios, Orquídea accepta donc, pour détourner l'attention, d'accueillir le tournage du film *Les Années folles du rock'n roll* dans les jardins de sa maison. Tous tombèrent d'accord sur le bien-fondé de cette initiative, jusqu'à ce que quelqu'un prenne conscience d'un détail non négligeable : Fidelito. Ce n'était qu'un enfant, et on ne pouvait exclure de sa part une parole malencontreuse. Orquídea lui fit la leçon : « Fidelito, mon cœur, si quelqu'un du film te demande comment tu t'appelles, il faut que tu répondes Manolito. Sinon, ils vont savoir que ton papa est le Fidel Castro de la Sierra Maestra, et nous aurons des problèmes. »

Fidelito acquiesça. Pendant les pauses entre les prises, il adorait aller voir comment cela fonctionnait. Un jour, quelqu'un s'approcha : « Qu'est-ce qu'il est mignon ! Comment tu t'appelles ?

— Bon, en vrai, je m'appelle Fidel Castro Díaz-Balart… mais on me surnomme Manolito. »

18. L'enlèvement de Fidelito

Malgré les préparatifs de l'expédition, Fidel avait pris le temps de penser au futur de Fidelito au cas où il lui arriverait malheur. Juste avant de partir à Tuxpan et d'embarquer dans le *Granma*, il remit une lettre à Fofo et Orquídea.

« Si je meurs au cours de la libération de Cuba, je souhaite que mon fils Fidelito Castro Díaz-Balart demeure à Mexico, aux soins de l'ingénieur Alfonso Gutiérrez et de sa femme Orquídea Pino. Je leur confie mon fils, à eux mais aussi au Mexique, pour qu'il puisse grandir et étudier dans un pays libre et ami, où des enfants devinrent des héros. Je souhaite qu'il ne rentre pas à Cuba avant que ce pays ait retrouvé sa liberté ou qu'il soit en âge de lutter pour sa liberté », notait-il.

C'était une belle lettre, dans laquelle il n'oubliait pas de nous donner des consignes : « À mes sœurs, je confie une autre mission : elles doivent cacher mon fils, dans une montagne s'il le faut. Il ne doit pas être rendu à Mirta. »

Pour nous cependant, il n'y avait pas de doute : une fois Fidel parti, nous avions le devoir de rendre Fidelito à sa mère si elle le réclamait. Le petit garçon était sacré pour Mirta ; pour Fidel, il représentait une grande source d'inquiétude.

« Je ne peux pas accepter que mon fils grandisse parmi les sbires contre lesquels je me bats », expliqua-t-il à Enma et Agustina.

Les mois passèrent, Mirta revint de sa lune de miel et Fidel laissa filer les jours sans renvoyer Fidelito à Cuba chez sa mère. Mirta ne tarda pas à prendre conscience de la situation et, au moment du décès de mon père, elle écrivit à Enma. « Votre père a toujours été quelqu'un de très bon avec moi, sa générosité ne connaissait pas de limites. Sa disparition me fait beaucoup de peine et je vous présente mes condoléances. Je voudrais cependant te demander quelque chose : s'il te plaît, renvoie-moi Fidelito à Cuba dès que possible. »

Quand Fidel l'apprit, il se mit à hurler et ordonna de ne pas le rendre.

Sans plus attendre, Mirta et sa famille organisèrent soigneusement un enlèvement. Fidel était déjà dans la Sierra Maestra.

Le 8 décembre 1956, Enma, Agustina et Orquídea emmenèrent Fidelito jouer à Chapultepec. Ils roulaient dans la voiture conduite par le chauffeur des Gutiérrez quand, au croisement des rues Revolución et Martí, une voiture noire dépourvue de plaque d'immatriculation, qui les suivait sans qu'elles s'en soient aperçues, leur barra le passage. Des hommes armés de mitrailleuses en surgirent et attrapèrent le petit. Ils le transportèrent dans leur véhicule en l'espace de quelques secondes et redémarrèrent immédiatement. Enma, Agustina et Orquídea ne purent rien faire. Catastrophées, elles rentrèrent à la maison. Elles redoutaient le pire. « C'est sûrement un enlèvement organisé par un ennemi politique ! »

Elles étaient loin d'imaginer la vérité. Fofo et Orquídea firent appel à leurs puissants amis pour alerter la presse, la radio et la télévision. Puis Fofo se rendit aux Pins – la résidence des dirigeants mexicains – pour s'entretenir avec le président Adolfo Ruiz Cortines, l'un de ses très bons amis, qui le reçut tout de suite. Ruiz Cortines ordonna la fermeture de tous les aéroports au cas où il s'agirait d'un enlèvement politique et que les ravisseurs prévoient d'éloigner l'enfant par voie aérienne. Le Président mobilisa également le ministère des Affaires étrangères mexicain pour faire pression sur l'ambassadeur de Cuba, qui se vit obligé de prendre ses responsabilités. L'après-midi même, on téléphona à la maison du Pedregal : c'était le ministère de l'Intérieur du Mexique.

« Nous vous informons que le mineur Fidel Castro Díaz-Balart se trouve avec sa mère à l'ambassade de Cuba. Par conséquent, il ne s'agit pas d'un enlèvement. »

On leur enjoignit également de se rendre dès le lendemain matin aux bureaux du ministère de l'Intérieur pour y déposer le passeport de l'enfant, qui rentrerait immédiatement à Cuba avec sa mère. C'est Enma qui s'en chargea.

« La première personne que je vis en arrivant à l'entrée du bâtiment était Emilio Núñez-Blanco, que je connaissais très bien. Nous nous entendions bien, il était le frère de l'une de mes meilleures amies. Mais à cet instant, il était le mari de Mirta. Quand Emilio me vit, il baissa la tête, et j'entrai dans le bureau où se trouvaient Mirta, Fidelito et l'ambassadeur de Cuba à Mexico. »

Sans plus de cérémonie, Enma posa le passeport de l'enfant sur le bureau, mais Mirta commença alors à l'insulter copieusement : « Pauvre fille ! Malheureuse ! cria Mirta. Vous voyez comment la roue de la fortune tourne ? Maintenant vous êtes en bas et moi en haut ! »

Enma n'a jamais oublié cette altercation. Mirta agissait ainsi car elle croyait que Fidel ne reviendrait pas vivant de son expédition. Elle continua d'invectiver Enma, à tel point que l'ambassadeur cubain lui-même – un ami de sa famille – finit par la prendre par le bras.

« Mirta, tais-toi s'il te plaît ! »

Mirta hurlait dans ce bureau du gouvernement mexicain comme une folle furieuse, sans réaliser qu'Enma et Agustina, les tantes de son fils, s'étaient tout le temps occupées de Fidelito. Elles adoraient ce petit garçon mignon et intelligent, et il le leur rendait bien. Le pauvre petit ne comprenait pas la réaction de sa mère. Quand il avait aperçu Enma, il s'était jeté dans ses bras :

« Tante, tante, regarde quelle belle montre maman m'a rapportée de Suisse ! »

Plus tard, Enma m'a décrit la scène : « Cette volée d'injures avec cette formule "la roue de la fortune", c'est quelque chose que je n'oublierai jamais, d'autant plus que nous avons été très unies. À l'époque, je laissais des vêtements chez Fidel et Mirta, et les week-ends, quand je sortais de pension, j'allais chez eux me changer. Nous avons partagé beaucoup de choses ensemble. »

Mirta s'était toujours montrée affectueuse avec Enma, et cette affection était réciproque. Mais ce jour-là, Mirta mit un terme à leur amitié. Le passeport en main, elle coupa court au rendez-vous et emmena directement Fidelito à l'aéroport. Une fois arrivée à Cuba, elle rentra chez elle, à la plage de Tarará. Il fallut attendre deux ou trois ans avant que Mirta, Fidel et Fidelito ne se revoient, car même s'il avait voulu agir, Fidel était trop pris par la Révolution pour se consacrer à autre chose.

Comme toujours, toutes sortes d'histoires circulèrent alors à Cuba : on raconta que Fidelito n'aimait pas Mexico et qu'il pleurait tout le temps, qu'il vivait chez une chanteuse de cabaret, qu'il était battu. Ce ne sont que calomnies issues d'esprits malades, avides de publicité et de haine, de gens qui déballèrent sans scrupules et sans réserve des tas de mensonges dans des émissions de télévision, sachant que personne n'allait leur demander de preuves et croyant sans doute que personne ne pourrait démentir.

Mais moi, je suis là, tout comme d'autres témoins de première ligne, comme ma sœur Enma. Ensemble, nous voulons défendre la mémoire d'Orquídea Pino et de son mari Alfonso Gutiérrez « Fofo ». Ce couple exemplaire, et mes sœurs, ont pris soin de Fidelito avec adoration tout le temps qu'il vécut à Mexico.

« Sans Fidelito, la maison de Mexico n'était plus la même, disait Enma, mais nous savions que nous ne pouvions rien faire. Cette période nous avait néanmoins unis pour toujours, Fidelito et nous. Il est d'ailleurs resté très affectueux envers moi et, aujourd'hui encore, la première chose qu'il me demande quand il me voit est : « Tante, comment vas-tu ? Quand est-ce que tu es arrivée ? » Il prend toujours de mes nouvelles.

Quelles ont été les suites de cet enlèvement spectaculaire ? Il n'y en eut pas. Il resta ce qu'il avait été : un spectacle. Mirta et Fidel se mettaient d'accord sur tout, mais c'était elle qui donnait le ton.

Dès que la Révolution eut triomphé, l'incident de Mexico tomba dans l'oubli. Mirta, en accord avec Fidel, choisit de partir vivre en Espagne. Elle revenait et revient encore plusieurs fois dans l'année pour rendre visite à son fils et à ses trois petits-enfants, les enfants de Fidelito. Elle a toujours été très bien reçue. Grâce à ma famille, je suis au courant de certaines choses nous concernant. Plus d'un me relata qu'après avoir renoué avec Fidelito son père lui fit la recommandation suivante : « Prends soin de ta mère, surtout maintenant qu'elle est veuve. N'oublie pas cela. »

Au bout du compte, et comme chacun le sait à Cuba, Raúl est tenu de procurer à Mirta Díaz-Balart tout ce dont elle a besoin : chauffeur, logement, soins médicaux, médicaments, etc. Voilà ce qui s'appelle recevoir les bénéfices du régime, qui la traite comme la reine mère, avec respect et dignité.

Ce n'est donc pas sans raisons qu'elle n'hésite pas à dire : « Raúl me couvre toujours d'égards, il l'a toujours fait. Il est un véritable frère pour moi. »

19. Juanita Castro l'activiste

En tant que responsable de nos affaires familiales, à Birán, je consacrai cette année 1957 à régler l'héritage de mon père. Sur ce plan, je devais être claire avec tout le monde.

« Avec les procurations notariées de Fidel, Raúl, Enma et Agustina, nous devrions demander à un expert de réaliser un inventaire. Comme cela nous saurons ce que nous avons et où nous en sommes », dis-je à ma mère. Elle accepta ma proposition et nous nous mîmes d'accord pour appeler un cabinet d'experts-comptables d'Holguin dont le patron s'appelait Reynaldo Peña. C'est lui qui prit en charge les opérations.

Il était lui aussi un activiste du Mouvement du 26 Juillet, mes sœurs ne furent donc pas les seules à s'attirer des ennuis à cause de leurs efforts pour renverser la tyrannie batistienne. Il organisait des collectes d'argent pour aider les rebelles de la Sierra Maestra et il se procurait du matériel pour mettre le feu aux plantations de canne à sucre. Entre-temps, les batistiens s'étaient largement renseignés sur notre famille, aucun détail ne leur avait échappé. S'ils respectèrent toujours ma mère, Ramón, Angelita et sa famille, ils se montrèrent moins respectueux avec moi. Ils avertirent Ramón et ma mère : « Nous avons des preuves que Juanita, votre fille et sœur, est très liée au Mouvement du 26 Juillet et qu'elle participe à la propagande subversive. Ce sont des délits passibles de prison. Envoyez-la à l'étranger si vous voulez lui éviter des problèmes. Nous savons tout ce qu'elle fait. »

« Juanita, ma fille, me raconta ma mère, très angoissée. Ils sont venus nous voir, ils m'ont dit que tu étais en danger. Il vaudrait mieux que tu t'éloignes de Birán pendant quelque temps. »

C'est à ce moment-là que je décidai de séjourner aux États-Unis. Je n'oublierai jamais le soir de mon arrivée à Miami. J'avais embarqué sur le ferry qui reliait La Havane à Cayo Hueso avec ma belle voiture, une Chevrolet Impala 1957 verte. Une fois arrivée aux États-Unis, je parcourus seule la route et arrivai à Miami Beach où je pris une chambre à l'hôtel South Seas, au coin de l'avenue Collins et de la 17e rue. C'était un tout petit hôtel où j'avais l'habitude de descendre quand je venais en vacances.

Ce soir-là, je me couchai seule. Je ne connaissais personne, mais j'avais un carnet d'adresses bien rempli.

Dès le lendemain, je m'attelai à contacter les personnes dont j'avais les coordonnées. Le temps passa, et petit à petit je m'habituai à cette vie qui, c'est ce que je croyais alors, ne serait que passagère.

Je m'engageai dans des groupes du Mouvement du 26 Juillet comme celui de Pablito Fernández Alegre et Lester Rodríguez. Le hasard voulut que ce soient ceux-là mêmes qui se disputaient avec le groupe du Mouvement du 26 Juillet de Mexico dont faisaient partie Orquídea et Enma. Était-ce de la jalousie ? Je n'ai jamais connu les raisons de leur mésentente, mais avec moi ils se sont toujours bien conduits, me traitant en alliée.

Ma tâche consistait à recevoir les Cubains exilés qui fuyaient la dictature batistienne. La plupart étaient d'anciens membres du Parti orthodoxe, parmi lesquels de nombreux professeurs d'université.

Lorsque Raúl Chibás, le frère d'Eduardo Chibás, se présenta, je dus chercher un appartement pour lui et sa famille et l'assister ensuite dans toutes ses démarches. Comme j'avais une voiture, je pouvais circuler à ma guise et passais mes journées à courir d'un endroit à l'autre.

Un autre groupe important en exil était celui d'Ángel Pérez-Vidal. Quand ses membres apprirent que j'étais arrivée, ils me contactèrent et m'emmenèrent au Pangarden de New York. Je parcourus le New Jersey, faisant le tour des groupes de Cubains qui donnaient de l'argent pour la cause de Fidel. Pendant ce séjour, je logeai chez mon amie Raquel Pérez de Miret, qui était mariée à l'un des frères de Pedro Miret. J'étais surprise de constater à quel point les exilés étaient heureux de nous rencontrer, nous les sœurs Castro : il y avait le groupe d'Arnaldo Barrón avec Enma, et celui de Pérez-Vidal avec moi. À partir de ce moment, Enma n'eut plus besoin de revenir aux États-Unis pour représenter la famille de Fidel, car cette tâche m'incomba. Je reçus aussi d'autres missions, plus dangereuses celles-là.

Nous avons par exemple transporté des armes depuis New York jusqu'à Miami dans le coffre de ma voiture, pour les envoyer à Cuba. Je n'ai jamais su comment elles arrivaient à destination, c'était la mission de Lester et Pablito. Je me contentais de les convoyer en voiture.

Les fêtes de Noël 1957 approchaient et les soucis aussi. Ma mère était venue à Mexico pour nous rendre visite, à mes sœurs et à moi. Elle me manquait beaucoup, après tous ces mois loin d'elle. Je n'eus aucun mal à prendre un avion à Miami, ignorante de ce qui s'était tramé autour de moi.

Durant nos retrouvailles, je compris que son voyage à Mexico n'était pas seulement motivé par le désir de voir Enma et Agustina.

« Je suis très inquiète pour Agustina, me dit-elle. Elle prend la religion très à cœur. On m'a dit qu'elle passait son temps libre à parcourir les rues et réclamer de l'argent pour son église.

— Agustina est exténuée, ajouta Enma, alarmée. J'ai une idée. Il faudrait qu'elle aille étudier le chant en Suisse, elle qui a une si belle voix de soprano lyrique. La distance aidant, ce fanatisme lui passera sûrement. »

Ces moments que nous partageâmes, mes sœurs, ma mère et moi, dans la capitale mexicaine, furent très agréables. Nous nous sentions très proches. Les ennuis commencèrent quand, au début de l'année 1958, je voulus acheter mon billet de retour pour Miami.

« Nous ne pouvons pas effectuer de réservation à votre nom, me répondit l'employée de la compagnie aérienne.

— Pourquoi ? J'ai un visa d'entrées multiples pour les États-Unis.

— Ce sont les instructions. Vous devez vous présenter à l'ambassade des États-Unis pour arranger cela. »

Je me dirigeai tout de suite vers l'ambassade située sur le Paseo de la Reforma. Mais à peine avais-je prononcé mon nom au guichet qu'on m'envoya immédiatement vers un bureau. Je tombai alors sur le consul, une femme que je n'oublierai jamais. Alors que je m'approchais, elle m'arracha littéralement mon passeport des mains ! C'était une Américaine grande et maigre dont le visage trahissait un caractère aigri. Sans me fournir la moindre explication, elle saisit le tampon qu'elle tenait déjà prêt et invalida mon visa, sourde à toutes mes prières. Pour une diplomate de carrière, elle se comporta de la façon la plus inhumaine qu'on puisse imaginer. Je repartis – non sans lui avoir dit deux mots, mais cela ne changeait rien. Je ne savais que faire pour rentrer à Miami, mais j'étais décidée à trouver une solution.

Aidée d'Orquídea et de Fofo, je passai en revue toutes les possibilités qui s'offraient à moi, y compris le soutien de leurs puissants amis. Très vite, nous réalisâmes cependant qu'il s'agissait d'une affaire politique et que nous étions impuissants. C'était un ordre des batistiens. Je refusai pourtant d'en rester là, j'étais résolue à rentrer. La seule possibilité qui me restait pour passer aux États-Unis était de traverser la frontière sans papiers.

Mais qui pouvait m'aider ? Une seule personne me vint à l'esprit : Tony del Conde, le fameux « Cuate », le trafiquant d'armes qui avait fourni à Fidel toutes celles dont il avait eu besoin pour l'expédition du *Granma*. Orquídea et Fofo lui demandèrent donc de nous emmener à Laredo au Texas, Enriquito Barroso, un jeune partisan du Mouvement du 26 Juillet, qui devait également entrer aux États-Unis, et moi. Ce fut un périple rocambolesque que de quitter Mexico pour gagner la frontière à Nuevo Laredo. Nous parcourûmes ce très long trajet dans une camionnette, traversant Querétaro puis le désert. Nous avons fait des heures et des heures de route sans dormir.

Enfin arrivés à la frontière, le « Cuate » essaya de franchir les contrôles du côté américain en me faisant passer pour une amie qu'il avait rencontrée dans un bar à Nuevo Laredo et qui avait trop bu. Malheureusement, les Américains ne nous crurent pas et nous dûmes faire demi-tour. Le « Cuate » eut alors une autre idée :

« Tu vas te mettre dans le coffre. C'est très risqué, je sais, mais nous n'avons pas le choix. Surtout ne bouge pas quand nous arriverons devant la guérite. Le moindre bruit pourrait nous trahir et c'en serait terminé. Attendons la relève des gardes, c'est le moment où ils sont le moins attentifs. »

J'avais le cœur au bord des lèvres quand la voiture s'arrêta devant l'inspecteur de l'Immigration que j'entendais de ma cachette.

« Ah, mon Dieu ! S'il donnait l'ordre d'ouvrir le coffre ? » me disais-je.

Je priais mentalement le ciel de me protéger, et il m'écouta sans aucun doute puisque, après quelques minutes, le « Cuate » accéléra et prit la route. Nous avions réussi à passer la frontière ! Il roula jusqu'à un petit hôtel où Enriquito Barroso nous attendait déjà. Dieu merci, il avait traversé sans dommages. Vers minuit, nous quittâmes Laredo pour nous diriger vers San Antonio et prendre l'avion pour Miami. Je m'en souviens comme si c'était hier : au petit matin, nous nous réveillâmes à San Antonio et avalâmes un copieux petit déjeuner. Un vrai festin avec des œufs frits, que je trouvai délicieux. S'ils me paraissaient si bons, c'est sûrement parce que j'étais heureuse de me retrouver aux États-Unis. J'atterris finalement à Miami et la vie reprit son cours.

Même sans papiers, je circulais librement et n'hésitais pas à me rendre dans les restaurants que j'aimais. Cela dura un certain temps, jusqu'au jour où, déjeunant dans un café du centre appelé M&M – une véritable institution pour les Cubains –, je tombai sur un inspecteur de l'Immigration américain qui me reconnut. J'étais démasquée. Je contactai l'avocat qui aidait les exilés de Miami à cette époque et me rendis avec lui aux bureaux des Services d'immigration. C'est là que commença mon calvaire.

Pendant des journées entières, l'Immigration me harcelait pour que je lui révèle le nom du passeur qui m'avait fait entrer sur le territoire américain sans papiers, mais je ne pipai mot. Comme j'étais en liberté sur parole, je devais constamment me présenter à leurs bureaux, jusqu'au jour où j'en eus assez d'être traitée comme une délinquante. Je leur dis : « Très bien. Si le prix à payer pour pouvoir mener une vie tranquille à Miami est de vous livrer quelqu'un, laissez tomber. Je rentre à Cuba. En revanche, s'il m'arrive quelque chose là-bas, vous en serez responsables. Réfléchissez. »

J'étais lasse de tout, de la pression des autorités, des querelles et des divisions entre les groupes avec lesquels je travaillais. De plus,

Haydée Santamaría, la reine des commérages, venait d'arriver en ville chargée d'une mission importante :

« Je suis ici sur les ordres de Fidel qui m'a officiellement chargée de coordonner le Mouvement du 26 Juillet aux États-Unis. Mon travail consistera à unir les exilés, c'est-à-dire à réorganiser et souder les différents groupes. »

« Mon Dieu ! » pensai-je. Je ne me trompais pas. Loin de remplir sa mission, Haydée obtint le résultat inverse : le chaos. Elle ne faisait que scinder les groupes, compliquer les choses et médire. Elle se disputait avec tout le monde. Au lieu d'user de son pouvoir de conviction, elle s'adressait à tous avec une prétention de « commandant en chef en exil ». L'une de ses premières actions à Miami fut de se brouiller avec Lester Rodríguez, son prédécesseur au poste de délégué. Lors d'une discussion, elle n'hésita pas à renvoyer Lester. C'était une vraie plaie. J'étais donc fatiguée de ces problèmes avec l'Immigration tout comme des conflits internes au Mouvement, et je décidai tout bonnement de prendre congé.

« Tu ne peux pas faire ça, me dirent les membres du groupe. Ton départ causera plus de mal que de bien à la cause, surtout si tu te rends à Cuba. De plus, là-bas, tu seras en danger. »

Je partis néanmoins, sans autre forme de procès.

J'eus de la chance, car dans un de ces gestes politiques destiné à célébrer les élections et à donner l'illusion que la liberté existait à Cuba, Batista rétablit les garanties individuelles pendant une brève semaine, et décréta entre autres la liberté de la presse. Alors je me dis : « Juanita, c'est l'occasion ou jamais de rentrer. »

Comme j'étais arrivée à Miami en voiture, je fis également le trajet de retour dans mon Impala, empruntant le ferry de Cayo Hueso à La Havane. Ma pauvre mère, toujours prête à tirer ses enfants de l'embarras, m'attendait sur le quai, à La Havane. Nous nous étreignîmes et je l'embrassai.

« J'ai préféré venir te chercher pour pouvoir te défendre si quelqu'un avait tenté de te faire du mal. »

C'était bien là ma mère ! Toujours forte, toujours prête à tendre la main. Nous rentrâmes ensemble à la maison où je restai près d'un mois. Je le consacrai à chercher des contacts pour aider la Révolution puis je partis pour La Havane.

Cette fois encore, les batistiens ne tardèrent pas à rendre une petite visite à Ramón :

« Il va arriver quelque chose à Juanita si elle continue à soutenir les bandits de la Sierra Maestra. Tu es prévenu. Un homme averti en vaut deux. » Ramón se tourna aussitôt vers notre mère : « Maman, tu dois parler à cette folle, elle va s'attirer des ennuis. »

Une fois de plus, ma pauvre mère vint me chercher à La Havane. Ramón et elle m'emmenèrent chez des amis pour me cacher. J'y suis restée pendant près de trois mois, tout en poursuivant bien évidemment mes activités pour la cause. Un beau jour, un ami, Jorge Blanco, vint m'informer que le téléphone de la maison était sur écoute. J'étais surveillée. Malgré ma discrétion et mes efforts pour laisser mes hôtes en dehors de tout ça, je ne pus éviter les problèmes. Un jour, Jorge Blanco m'appela : « J'ai ramené de Birán des messages et des lettres pour toi. Est-ce que cela te va si on se retrouve à la pharmacie, tu vois, celle de La Vieille Havane ? »

Nous nous mîmes d'accord, mais quand j'arrivai à la pharmacie, les services de renseignements l'avaient déjà arrêté et emmené, sans motif précis. Un policier de grande taille et au caractère cynique m'arrêta. Il se moqua de moi tout en me menaçant : « Tu vas voir ce qui va t'arriver, tu vas voir… »

Je priai Dieu de m'aider. J'étais de plus en plus effrayée, car personne ne savait ce qui m'arrivait. Par miracle, le policier reçut un appel radio. Ses supérieurs lui ordonnaient de me laisser partir. De retour à la maison, je racontai mon aventure à mes hôtes et ils cherchèrent une autre cachette qui ne mettrait personne en danger. Quant à mon ami Blanco, ils l'emmenèrent faire un tour dans les environs de La Havane pour essayer de lui soutirer des informations, mais comme il n'était pas impliqué dans notre combat, il ne put rien révéler. Lorsque sa famille apprit son arrestation, elle se mobilisa pour le faire libérer. Blanco étant le neveu d'un associé de Batista, propriétaire de centrales sucrières ; il ne tarda pas à être relâché, mais il avait eu peur.

À la suite de ces événements il me fallut prendre une décision – qui allait se révéler lourde de conséquences : j'allai demander l'asile politique à l'ambassade du Brésil à Cuba. Je connaissais la gentillesse des ambassadeurs brésiliens, Vasco Leitão da Cunha et sa femme Virginia. Ils m'accueillirent aussitôt, comme ils l'avaient fait auparavant pour les membres du Directoire révolutionnaire. Comme moi, ces derniers avaient reçu des menaces de mort de la part de la police de Batista.

J'entrai à la mission diplomatique du Brésil de La Havane fin septembre 1958, et je n'en ressortirais que le 2 janvier 1959.

20. Le 1er janvier 1959

Je pénétrai dans l'ambassade du Brésil à La Havane, une des plus belles de la capitale, située au coin de l'avenue Paseo et de la 23e rue, dans le quartier du Vedado. J'étais réfugiée politique du régime de Fulgencio Batista. C'était le premier asile politique de ma vie. Rien ne me laissait penser qu'un autre, plus long et définitif, m'attendait. Mais ce jour de septembre 1958 où je franchis la porte de la mission diplomatique, je n'avais que deux solutions à l'esprit : soit l'armée rebelle renversait le dictateur, soit j'obtenais un sauf-conduit pour quitter Cuba par l'intermédiaire de l'ambassadeur Vasco Leitão da Cunha et de sa femme Virginia.

Vasco et Virginia étaient des gens formidables qui devinrent de grands amis, surtout Virginia, parce que nous partageâmes toutes sortes d'aventures. Je les connaissais par l'intermédiaire de Fidel dont ils étaient des amis. Ils avaient déjà aidé beaucoup de gens, et mon frère leur était reconnaissant de leur travail en faveur de la Révolution. Leur avis était important pour lui.

Une fois installée à l'ambassade, je goûtai au calme pour la première fois depuis longtemps tout en étant informée de ce qui se passait à l'extérieur. J'avais un téléphone pour rester en contact avec ma mère à la propriété, et une radio pour écouter Radio Rebelde[39] qui émettait depuis la Sierra Maestra. De cette manière, nous pouvions nous faire une idée générale de la situation. Par ce moyen, nous suivions les avancées des troupes et apprîmes par exemple que le Che s'était emparé de la province de Las Villas, présageant le triomphe imminent des rebelles et la chute de Batista. De plus en plus de territoires se rendaient dans les provinces orientales.

À cette époque, Cuba était divisée en deux : celle de Batista, où l'information était manipulée et maquillée par Otto Meruelos, le ministre de l'Information, et celle de l'armée rebelle, qui avançait pas à pas dans les villages et les villes. Pourtant, personne n'en parlait. Au contraire, pendant la troisième semaine de décembre 1958, les batistiens gardèrent un étrange silence qui semblait cacher quelque chose. Noël approchait et je réalisai que les fêtes seraient encore plus tristes cette année pour ma mère, avec un enfant de

39. « Radio Rebelle ».

moins. Fidel et Raúl se trouvaient dans la Sierra Maestra, Enma à Mexico, Agustina en Suisse et moi à l'ambassade du Brésil à La Havane.

Je décidai de l'appeler tôt, ce 24 décembre. À ma grande surprise, elle exultait au téléphone et m'annonça une nouvelle incroyable : « Juanita, Juanita, Fidel vient d'arriver à la maison ! Ma fille, il est venu nous voir ! »

J'étais tellement émue que j'ai cru m'évanouir.

« Comment va-t-il ? Qu'est-ce qu'il raconte ? demandai-je, pressée de tout savoir. Et Raúl, comment va-t-il ? Est-il là ?

— Fidel va bien. Il m'a dit que Raúl était sur un autre front et qu'il viendrait me voir très bientôt. Il voulait d'abord passer ici. Il vient de déclarer Birán "territoire libre de Cuba", c'est ainsi qu'ils nomment toutes les localités conquises par l'armée rebelle. Je lui ai expliqué que tu étais réfugiée depuis que les batistiens t'avaient menacée, et il me demande de te dire de ne pas t'inquiéter. Ce ne sera plus long. »

Fidel s'était arrêté à la maison avec un groupe de rebelles, il voulait savoir ce qui était arrivé à mon père. Le lendemain, lui et son groupe levèrent le camp non sans avoir réconforté ma mère : « Maintenant, c'est au tour de Batista. Nous allons à la capitale. Tu verras, maman, que tu n'auras plus à t'inquiéter pour nous, je te le promets. »

Quand je rapportai cette conversation à Virginia, elle fut aussi heureuse que moi : « Si Fidel a dit que ta réclusion ne durerait plus longtemps, c'est sûrement vrai. Jusqu'à maintenant, il a toujours tenu ses promesses. »

Ce 31 décembre semblait annoncer un nouvel an comme les autres pour tous les Cubains, y compris ceux qui se trouvaient à l'ambassade du Brésil. Pourtant, les douze coups de minuit avaient à peine sonné que nous dûmes interrompre le rituel des vœux. Un tambourinement désespéré sur la porte d'entrée nous fit sursauter.

« Ouvrez la porte, s'il vous plaît ! Ouvrez ! »

Virginia et Vasco se précipitèrent pour voir qui frappait ainsi à la porte.

« Otto, mon Dieu, que s'est-il passé ? demanda l'ambassadrice.

— Je vous demande officiellement l'asile, je suis en danger. »

Nous assistions à la scène de loin, et quand nous eûmes reconnu le personnage, nous nous mîmes à crier : « Espèce de rat ! Lâche ! »

Ce n'était rien de moins qu'Otto Meruelos, le ministre de l'Information de Fulgencio Batista !

« Silence, je vous prie ! », exigea Vasco alors que nous encerclions Otto Meruelos qui tremblait comme une feuille.

« Toi, tu demandes l'asile politique ? Batista s'est retourné contre toi et veut te tuer ?

— Vasco, Virginia, la situation est bien plus grave que cela... Le président Batista a quitté le pays il y a quelques minutes pour l'étranger ! Les rebelles ont pris quasiment tout le territoire, ce n'est plus qu'une question de jours avant qu'ils n'entrent à La Havane. Batista a filé en exil sans laisser aucune trace et nous a laissés en plan. Je suis en danger. »

C'est ainsi que nous apprîmes la fuite de Batista et la victoire de l'armée rebelle.

Je ne savais que faire. J'avais envie de sortir, de me joindre aux passants dans la rue pour fêter l'événement, de voir de mes propres yeux ce qui se passait dehors.

« Non, non, non, disait Virginia, ce ne serait pas prudent maintenant. »

À partir de ce moment, l'ambassade du Brésil commença à se remplir de gens ; il y en avait de plus en plus au fur et à mesure que les heures passaient. Les partisans de la Révolution s'étaient donné le mot et savaient qu'un groupe des leurs se cachait à l'intérieur. C'est ainsi que nous entrâmes dans l'année 1959 en célébrant comme nous le pûmes la fin de la tyrannie et le triomphe des rebelles. Nous ne sortîmes pas avant le 2 janvier, après que les ambassadeurs se furent assurés qu'il ne nous arriverait rien si nous quittions la mission diplomatique.

Tout à coup, je réalisai que, dans l'euphorie, j'avais oublié d'appeler ma mère !

« Quel bonheur, Juanita, quel bonheur ! s'exclamait-elle tandis que je lui expliquais que j'étais encore bloquée. Je vais enfin retrouver tous mes enfants. Fais ce que les ambassadeurs te disent, s'il te plaît. Je te connais, tu vas vouloir sortir dès la première occasion. Attends qu'ils te le permettent. Nous aurons tout le temps de nous voir. »

Je lui en fis la promesse et ne sortis pas avant le 2 janvier. Quand je pris congé de Vasco et de Virginia Leitão da Cunha, notre amitié était scellée. Depuis ce jour, ils seraient présents dans les mauvais mais aussi, bien sûr, dans les bons moments.

À peine avais-je mis un pied dehors pour marcher en toute liberté dans les rues de La Havane que tout me sembla différent. Pourtant, on ne remarquait aucun changement notable. Dans les provinces libérées, la joie éclatait, les membres de l'armée rebelle étaient accueillis partout comme des héros. À La Havane en revanche, l'atmosphère était plus calme, hormis dans les beaux quartiers où quelques maisons avaient été pillées. Je remarquai cependant surgir d'un peu partout des gens habillés comme les rebelles, c'est-à-dire en tenue de camouflage. Ils étaient de plus en plus nombreux. Ils avaient dû les conserver soigneusement, me dis-je, parce que je ne voyais pas comment ils auraient pu se les procurer aussi vite.

Le 3 janvier, l'ambiance changea. Le calme fit place à un certain désordre. Chacun entendait récupérer ce qui lui était dû, chacun voulait rendre sa propre justice. Si j'entendis quelques coups de feu isolés et si je croisai des gens exaltés, je ne vis aucun combat de résistance dans la capitale, car il n'y en eut pas. Comment se fait-il qu'il n'y eut pas d'épanchement de sang ? La raison en est simple. D'une part, le peuple soutenait la Révolution, et d'autre part, un grand nombre de batistiens se rangèrent du côté des rebelles quand ils se virent perdants. Il n'y avait rien d'étrange à ce phénomène typique des périodes de révolution. Cependant, il est vrai que certains se vengèrent des années précédentes et firent payer la note à quelques sbires de Batista.

Autour du 4 janvier, je pus recevoir les premières informations concernant mes frères, et à partir de ce moment j'en obtins de plus en plus. Même si je n'avais toujours pas de contact direct avec Raúl, je savais qu'il était à la tête des troupes qui, venant de la Sierra Cristal, se dirigeaient vers la capitale. J'appris également que Fidel était plus près de La Havane, et qu'il avait nommé Manuel Urrutia Lleó président temporaire. Ancien magistrat à Santiago de Cuba, il avait été démis de ses fonctions au moment du procès de l'assaut de Moncada parce qu'il était un partisan de Fidel. « Il n'aurait pu mieux choisir », me dis-je.

Je décidai alors de rejoindre Fidel où qu'il soit, et comme il se trouvait à Santa Clara, dans la province de Las Villas, je pris ma voiture et roulai jusque-là.

Quand j'arrivai, il était entouré d'une foule compacte. Comment pouvait-il supporter tout ce monde autour de lui ? Je fis la connaissance de quelqu'un qui deviendrait pour nous un personnage clé : Celia Sánchez Manduley. Il y avait aussi Carlos Franqui, le directeur du journal *Revolución*, qui arrivait de la Sierra Maestra où il s'était battu avec les autres. Des années plus tard, il écrirait ses mémoires depuis l'exil et s'en prendrait violemment à mes parents. En lisant ce livre, je ne pus m'empêcher de repenser à ce jour de janvier, au début de la Révolution, où il était tout mielleux.

Pendant cette période, je ressentis une paix extraordinaire, un apaisement bien mérité pour nous, les femmes de la famille. Nous avions été présentes à chaque instant et avions partagé tous les malheurs des rebelles, folles d'inquiétude pour Fidel et Raúl. Pour nous, cet instant était inoubliable.

Fidel était là, plus que jamais. Mon frère, le héros, l'homme qui avait destitué la dictature de Batista, celui que le peuple cubain idolâtrait. Évidemment que j'étais heureuse ! Heureuse et fière que ce soit mon propre frère qui ait réussi cet exploit. Nos retrouvailles furent un grand moment d'émotion.

Contrairement aux bêtises qui ont été proférées sur notre famille, nous nous aimions beaucoup, entre frères et sœurs, et chacun l'exprimait à sa manière. Je n'avais pas vu Fidel depuis longtemps, exactement depuis ce jour de 1956 où il était parti préparer l'expédition du *Granma* à Mexico.

Quand il me vit, il vint vite m'étreindre. Je sentais qu'il essayait de rattraper cette longue séparation physique, et je voulais moi aussi savourer cet instant avec lui, avant de le faire avec Raúl. Mais j'allais devoir attendre quelques jours avant de revoir mon frère préféré. Fidel prit le temps de bavarder avec moi.

« Je suis passé à la maison, j'ai appris que tu t'étais occupée de tout en ce qui concerne l'héritage de papa. Je te remercie d'avoir respecté ses dernières volontés. Maman m'a raconté que tu t'étais réfugiée à l'ambassade du Brésil. Je n'oublierai jamais ce que les ambassadeurs ont fait pour la Révolution. »

Soudain, je pris conscience que Fidel n'avait pas beaucoup de temps, et que des gens érigeaient un mur autour de lui. Ils préparaient leur entrée triomphale à La Havane. Je lui dis au revoir et rentrai à la capitale, pressée de téléphoner à Enma à Mexico. Mais celle-ci semblait embarrassée :

« Ah Juanita ! C'est dommage, mais ici, la joie est mitigée face à tous ces événements. D'une part, nous nous réjouissons du triomphe à Cuba, pour lequel tout ce que nous avons fait ici à Mexico a sans nul doute été fondamental. Mais, d'autre part, Fidel n'a encore appelé ni Fofo ni Orquídea qui sont un peu contrariés ou plutôt sensibles à ce qu'ils perçoivent comme un manque d'attention. Ils disent avec raison : "Si Fidel ne téléphone pas, nous n'y allons pas."

— Ce n'est pas une excuse, répondis-je, mais si tu voyais ce qui se passe ici et partout à Cuba ! C'est de la folie, les gens adorent Fidel, c'est inimaginable, Enma ! Tu devrais le voir ! Il passe son temps à rencontrer des gens, il n'arrête pas. Mais ne t'inquiète pas, je m'en occupe. Tu as entièrement raison. Quoi qu'il en soit, Fidel doit appeler Fofo et Orquídea. Je vais le chercher. »

Comme il avait d'importantes affaires à régler, je ne pus le voir avant le 7 janvier, à Matanzas, l'ancienne caserne de l'armée de Batista. Ce jour-là, à peine arrivé, Fidel inaugurait une école. Quand je l'avais vu à Santa Clara, j'avais trouvé qu'il y avait foule autour de lui, mais ce n'était rien comparé aux hordes de Cubains qui l'accompagnaient à La Havane ! Il était impossible de l'approcher. Une personne de son entourage me conduisit à l'endroit où il accordait une interview au journaliste mexicain Jacobo Zabludovsky, le seul journaliste d'Amérique latine qui ait pu parler à Fidel pendant ces journées qui suivirent la Révolution. Cela me facilita la tâche.

« Commandant, je suis un ami de Fofo et d'Orquídea, à Mexico », dit-il pour démarrer l'entretien.

À ce moment-là, Fidel réalisa qu'ils n'étaient pas là, eux qui avaient été parmi les rares, à l'époque où personne ne voulait l'aider, non seulement à lui faire confiance mais aussi à lui apporter leur soutien, ainsi qu'à assurer une protection inconditionnelle à toute sa famille.

« Mais où sont Fofo et Orquídea ? demanda Fidel, inquiet. Pourquoi ne sont-ils pas venus ? Je n'entrerai pas à La Havane sans Fofo et Orquídea ! »

Alors que l'interview avec Zabludovsky tirait à sa fin, il y eut soudain un remue-ménage autour de Fidel et, comme par magie, un téléphone apparut. C'était un vrai miracle. Grâce aux « satellites » qui gravitaient autour de lui, il put immédiatement appeler Fofo et Orquídea à Mexico.

« C'était une conversation très émouvante, me raconta Enma plus tard. Fidel parla longuement avec Fofo et Orquídea, et le malentendu se dissipa. Seules toi et moi savons ce que c'est que d'entendre à nouveau la voix de Fidel ! Nous sommes sur une file d'attente car tous les vols pour La Havane ont été suspendus. Nous allons devoir patienter jusqu'à ce qu'ils fonctionnent à nouveau. »

Cette interruption de la liaison entre Mexico et La Havane avait été terrible, me raconta Jacobo Zabludovsky : « J'ai passé cinq jours entiers à l'aéroport de Mexico avant de trouver un avion pour Cuba.

Finalement, quelqu'un en a loué un à destination de La Havane, mais je n'ai pas pu venir avec mon caméraman, j'ai dû venir seul, avec tout mon matériel. »

Je me souviens qu'il était à la fois journaliste et caméraman. Les hasards de la vie voulurent que ma famille apprît deux faits très importants de la bouche de Jacobo Zabludovsky.

« J'étais un ami de Fofo et Orquídea. Dès que je discutais avec Fofo, il me ressortait son sujet favori :"Fidel Castro va bientôt triompher à Cuba." Il répétait sans cesse le même refrain. Il le disait tellement souvent que nous n'y prêtions plus beaucoup d'attention. Il se trouve que pour fêter le 31 décembre 1958, nous avions décidé d'aller au Capri. Nous étions trois couples d'amis. Il y avait Fofo et Orquídea, Jorge Veeskin et sa femme Chelita, ma femme Sarita et moi. Après les vœux du nouvel an, nous nous sommes séparés et chacun est rentré chez soi. Vers 6 heures du matin, le journal où je travaillais m'appela pour m'annoncer la nouvelle : Fulgencio Batista s'était enfui de Cuba à minuit et la Révolution cubaine avait donc triomphé ! J'ai tout de suite appelé Fofo qui m'a répondu, à moitié endormi, "tu es encore soûl" avant de raccrocher. Je l'ai rappelé dans la foulée, mais il a recommencé ! Alors j'ai appelé Jorge Veeskin, je lui ai raconté ce qui se passait à Cuba et lui ai demandé de prévenir Fofo parce qu'il ne me croyait pas. C'est comme ça que Fofo et Orquídea ont appris la victoire de Fidel. »

La seconde information que nous donna Zabludovsky fut celle de la présence de Fofo et d'Orquídea Pino qui, après avoir parlé avec Fidel au téléphone, purent finalement atterrir à Cuba le 10 janvier. Ils logèrent à l'hôtel Habana Hilton, qui avait aussitôt été rebaptisé Habana Libre, et qui abritait à partir du vingtième étage le quartier général de l'armée libératrice.

Mais revenons au 7 janvier. À ce moment-là, La Havane était en effervescence. Des fêtes s'organisaient à tous les coins de rue, et les préparatifs en vue de l'entrée triomphale battaient leur plein. Je croisai quelques touristes échoués là à cause de l'annulation des vols, et qui attendaient de rentrer aux États-Unis. Personne ne semblait s'en inquiéter, l'immense majorité n'ayant qu'une idée en tête : trouver un endroit pour assister, le moment venu, à l'entrée victorieuse des rebelles dans la capitale.

Je remarquai par ailleurs un phénomène qui se répéta de plus en plus souvent au fil des jours : l'apparition de femmes en délire devant Fidel, qu'elles considéraient comme un héros. Elles s'exclamaient :

« J'aimerais passer une nuit avec lui et lui faire un enfant. » Je ne compris jamais cette attitude, mais c'était ainsi.

21. Ça va, Camilo ?

Les chroniques de l'époque décrivirent ce qui se passa à La Havane, ce 8 janvier 1959, tandis que le peuple cubain guettait les rues pour savoir par où passerait le convoi de la victoire. Tout le monde voulait voir Fidel et ses hommes. Les femmes quittaient leur domicile pour s'aventurer dans les rues, et si personne ne pouvait surveiller leurs enfants, elles les emmenaient pour qu'ils se souviennent de cet instant. Ce fut, sans nul doute, la plus grande manifestation spontanée d'enthousiasme populaire de l'histoire de Cuba. Par la suite, les Cubains allaient assister à des milliers de manifestations, quelle qu'en soit la raison. La plupart du temps, ils seraient contraints d'y aller. Mais celle-ci resterait unique et inégalée.

Chaque Cubain présent la vécut à sa manière. Je sortis moi aussi dans la rue pour voir cette marée humaine qui envahissait les parcs, le Paseo du Prado, le Vedado, le Malecón. Les balcons, les terrasses, tout ce qui pouvait servir de mirador était immédiatement réquisitionné par les Havanais et les touristes qui ne voulaient perdre aucun détail du défilé. Alors que je me promenais dans la foule, je tombai sur le journaliste mexicain Jacobo Zabludovsky, avec sa caméra. Il avait trouvé une astuce amusante pour prendre des images de l'arrivée triomphale de Fidel et de l'armée rebelle, qu'il enverrait ensuite à Mexico. Jacobo précédait le convoi à moto, tournant le dos au conducteur de façon à filmer l'événement de face.

« Ce ne sont pas seulement les habitants de La Havane qui sont là. Tout Cuba s'est rassemblé ici ! » disait-il.

Il avait raison. Fidel avançait en tête du défilé triomphal, juché sur un tank avec Fidelito à ses côtés. Ensuite, il changea de véhicule, monta dans une Jeep et continua son parcours, pour arriver enfin au campement militaire de Columbia, le plus important de l'armée cubaine, qui sera rebaptisé Ciudad Libertad par la suite. Columbia devint le poste de commandement de Camilo Cienfuegos, l'un des commandants les plus puissants et les plus populaires de l'armée rebelle, ancien passager du *Granma* et combattant de la Sierra Maestra aux côtés de Fidel. C'était un homme très simple, avec qui je m'entendis très bien. De son côté, le Che était arrivé depuis plusieurs jours à La Havane pour les attendre et s'était approprié la prison de La Cabaña, à côté de la forteresse du Morro.

Les « barbus » devinrent instantanément l'objet d'un engouement populaire. J'entendis de grandes bêtises à leur sujet.

« La barbe de Fidel est comme celle de Jésus-Christ ! »

Cette comparaison quelque peu exagérée allait être suivie d'autres encore plus excessives.

« Ce sont les Douze Apôtres ! »

En effet, les barbus enflammèrent le peuple fanatique ce 8 janvier quand Fidel, arrivé à la caserne de Columbia, accéda à la tribune. Il avait à ses côtés l'état-major des rebelles, dont Camilo Cienfuegos. Au milieu de son discours, une des trois célèbres colombes – en réalité, plus probablement emportées par leurs soins qu'arrivées là par hasard – se percha sur l'épaule droite de Fidel. Les deux autres se posèrent sur la tribune. La foule était en délire.

« C'est extraordinaire !

— C'est le signe que Fidel est un envoyé de Dieu !

— Il est l'élu envoyé pour sauver Cuba ! »

Aujourd'hui, un grand nombre de personnes essaient de s'expliquer les événements qui secouèrent Cuba à cette époque. La réponse se trouve certainement dans ce 8 janvier 1959. L'adoration pour Fidel fut immédiate. Jamais auparavant, il n'y avait eu de leader comme lui.

Mais revenons à son discours. Fidel était en train de parler quand soudain, il se tourna vers sa droite et demanda : « Ça va, Camilo ? »

Cette phrase entra instantanément dans le vocabulaire des Cubains ! On disait « Ça va, Camilo ? » à tout bout de champ, en particulier pour requérir l'approbation d'un interlocuteur sur ce qu'on était en train de faire. La foule surexcitée criait « Fidel ! Fidel ! », la célèbre consigne en vigueur jusqu'à nos jours dans les manifestations. Elle lui jetait des petits bouts de papier qui volaient partout.

Des petits panneaux en aluminium de la taille de plaques d'immatriculation apparurent ensuite, arborant l'inscription : « FIDEL, NOUS SOMMES AVEC TOI », ou « FIDEL, TU ES ICI CHEZ TOI ». Malheur à celui qui n'accrochait pas ce genre de pancarte sur sa porte ! Il était aussitôt regardé de travers. C'était l'extase. Tous idolâtraient Fidel qui se rendit compte que le peuple était fou de lui. Je ne pense pas qu'un tel engouement puisse se reproduire un jour à Cuba.

Voyant cette foule en adoration, mes amis me demandaient : « Mais où est Raúl ? » Je leur répondis qu'il était en route, qu'il venait de la Sierra Cristal. En fait, je n'avais pas encore pu parler avec lui. Ce soir-là, j'appelai ma mère pour lui raconter les détails de l'arrivée de Fidel à La Havane.

« Attends, je te passe quelqu'un qui aimerait te parler.

— Juanita ! Sœurette ! »

C'était Raúl ! Je ne pouvais croire à tant de bonnes nouvelles dans la même journée.

« Je ne voulais pas aller à La Havane sans avoir d'abord vu maman et grand-mère. Elle m'a raconté ce que tu as enduré. Mais cette mauvaise passe est terminée, Juanita. Je pars maintenant pour Santiago de Cuba où je m'occuperai – tu ne le devineras jamais – de la caserne Moncada ! C'est le comble ! Mais attends, j'ai quelque chose à te dire : j'ai une fiancée et je me marie le 26 ! Alors arrange-toi comme tu le peux, mais je te veux à mes côtés pour cette occasion, tu sais à quel point c'est important pour moi. Ne fais pas de folies, prends soin de toi. Je te repasse maman.

— Ah ma fille ! Je dois être en train de rêver ! disait-elle. C'est un vrai miracle qu'ils aient survécu sans une égratignure. »

J'étais excitée par la nouvelle. Bien sûr, je voulais en savoir davantage : qui était-elle ? Comment était-elle ? Quand aurait lieu le mariage, et où ? Est-ce que Raúl était heureux ? Je l'assaillis de questions pour me remettre de cette surprise : le mariage de mon frère, dans moins de deux semaines !

« Elle s'appelle Vilma Espín et elle m'a fait très bonne impression, Juanita. Elle a l'air intelligente, elle est ingénieur chimiste, et d'après ce qu'on m'a dit, ils ont traversé ensemble la période de la Sierra Maestra. Ils ont l'air très heureux et amoureux. Ils ne se quittent jamais. »

L'arrivée de Raúl à Birán fut un grand événement pour les habitants du coin, qui le connaissaient depuis son enfance et qui avaient souffert quand on l'avait cru mort. Raúl emmena Vilma faire le tour de la propriété, il lui montra la boutique, la poste, le bureau des télégrammes, la petite école et le Ciné Juanita. Ma mère me raconta que les gens le suivaient partout – un véritable cortège triomphal. Ils étaient ravis de voir les futurs mariés. Vilma et Raúl se rendirent ensuite chez ma grand-mère Dominga pour lui faire la surprise.

« Musito ! Mon petit ! Tu es sain et sauf ! Mes prières à la Miraculeuse t'ont protégé ! » lui répétait-elle tendrement.

L'une des plus belles photos que j'aie gardées de cette époque est celle où l'on voit Raúl avec Vilma et Dominga sur le seuil de sa maison. Peu après, ils quittèrent Birán pour Santiago de Cuba, où Raúl devait mettre en ordre – ironie du sort – la caserne Moncada. Il y consacra les premiers jours de janvier jusqu'à son mariage, loin de la folie de La Havane et l'euphorie de ceux qui, accédant à des postes élevés au sein du gouvernement, deviendraient les favoris de la Révolution.

Le 10 janvier m'apporta également mon lot de bonheur. Les vols entre La Havane et Mexico ayant été rétablis, ma sœur Enma était en route, accompagnée de Fofo et d'Orquídea Pino. Près de deux ans après leurs adieux, le jour du départ du *Granma* à Tuxpan, ils allaient enfin revoir Fidel. Les retrouvailles de Fidel et d'Enma, sans nul doute sa sœur préférée, furent plus qu'émouvantes.

« Je n'oublierai jamais ce moment, raconta Enma par la suite. Pareil pour Fofo et Orquídea, ses très chers alliés. Nous avons pris une chambre au vingt-troisième étage de l'hôtel Habana Libre, et je me suis mise au travail sans tarder. Après tout j'étais encore “la sœur de Fidel”, même si tout était différent désormais. Dès ce premier jour à La Havane, une amie du collège des Ursulines est venue me solliciter : son frère avait été arrêté pour des histoires liées aux batistiens de Santa Clara, et il était en danger. Très angoissée, elle était venue me chercher à l'hôtel Habana Libre et je l'ai emmenée voir Fidel qui l'écouta. Il ordonna ensuite à l'un de ses hommes : “Tu vas accompagner Enmita et cette jeune fille à Santa Clara pour régler cette affaire. Je la crois. Tout comme Enmita, c'est une demoiselle croyante et bonne.” J'ai donc terminé la journée à Santa Clara avec mon amie, et nous avons sorti son frère de prison ! »

Pour moi comme pour Enma, la vie prit un cours étonnant durant ce mois de janvier. Les gens venaient me trouver pour que je les aide à sauver des vies ou à récupérer des propriétés de batistiens qui avaient été confisquées. Autrement dit, ma tâche consistait à porter secours à des batistiens ! Personne ne peut dire que je m'y refusai. Pendant ces premiers jours de l'année 1959, je fis tout ce qui était en mon pouvoir pour réparer les injustices qui se multipliaient partout. Les commandants de la Révolution s'étaient tout bonnement emparés de certaines positions. L'un d'entre eux, surtout, était extrêmement puissant : Ernesto « Che » Guevara, le maître et seigneur de la prison La Cabaña.

22. Ce personnage dit le « Che »

Il ne m'a jamais plu et nous n'avons jamais sympathisé. C'est aussi simple que cela.

Le Che arriva à La Havane dès le 2 janvier. Fidel les avait envoyés en avance, lui et Camilo Cienfuegos, pour soutenir l'appel à la grève générale contre les derniers officiers batistiens. Ils espéraient leur reddition. Camilo fut nommé délégué au campement de Columbia et le Che décida de se fixer à La Cabaña. Je trouvai tout de suite un terrain d'entente avec Camilo, et notre petit entretien fut très agréable. Il m'offrit son aide :

« Ma petite, me dit-il, si tu as besoin de quoi que ce soit, tu n'as qu'à me le demander et je te l'accorderai. Je n'ai pas besoin de te le dire parce que tu le sais déjà : ma porte t'est ouverte vingt-quatre heures sur vingt-quatre. »

Je ne sais pas pourquoi – une intuition, peut-être – tout était aussi simple avec Camilo. En revanche, je voulais attendre l'arrivée de Fidel avant de me présenter au Che. J'avais en effet le dessein de lui parler des horreurs qu'en l'espace de quelques jours seulement on m'avait déjà racontées sur l'ancienne prison batistienne. Le Che avait fait de cet endroit son quartier général du 2 janvier au 12 juin 1959, et il y régnait en maître des lieux.

Je me décidai finalement à le rencontrer personnellement et me fis accompagner de Virginia Leitão da Cunha et d'Ana Ely Esteva, qui lutta plusieurs années à mes côtés dans la contre-révolution. Était-ce là le personnage vers lequel tous les regards étaient tournés, ce mythe, cet homme courageux qui s'était battu dans la Sierra Maestra et avait conquis Santa Clara au milieu d'atroces combats ? À notre arrivée, Aleida March, son aide de camp devenue ensuite sa seconde épouse et la mère de quatre de ses enfants (Aleida, Ernesto, Celia et Camilo), nous fit passer dans le bureau du Che. Manifestement occupé, il s'entretenait avec des gens. S'il nous aperçut du coin de l'œil, il ne s'interrompit pas pour autant. Malgré la présence d'une des sœurs de Fidel, il eut tout juste la politesse de nous dire :

« Asseyez-vous. »

Il y avait d'autres personnes disséminées tout au long de cette galerie convertie en bureau. Je l'observai attentivement pendant que nous attendions notre tour.

« Il a l'air arrogant, me chuchota Virginia à l'oreille.

— Moi je trouve qu'il a l'air sale, comme s'il ne s'était pas lavé », lui répondis-je tout bas.

Toujours est-il que son attitude, qui nous laissait clairement entendre qu'il avait mieux à faire que de s'occuper de nous, nous fit supposer que notre présence le dérangeait. Après avoir écouté plusieurs personnes, le Che se tourna enfin vers nous et, sans perdre de temps après les banales présentations, lâcha sa bombe : « J'espère que vous n'êtes pas venues pour “jeter l'éponge”. »

Virginia Leitão, Ana Ely Esteva et moi-même l'avons regardé d'un air stupéfait. Mes deux amies ne purent articuler un mot. Quant à moi, qui suis incapable de me taire dans ce genre d'occasion, je rétorquai aussitôt : « “Jeter l'éponge”, je ne vois pas ce que vous voulez dire par là…

— C'est quand quelqu'un vient intercéder pour l'un de ces bandits que nous détenons par douzaines, ici. J'espère que ce n'est pas le cas…

— Non, bien sûr que ce n'est pas le cas, répondis-je, gênée. Nous venions seulement faire connaissance. Mais comme vous semblez très pris, nous n'allons pas vous faire perdre plus de temps. Au revoir. »

Nous sortîmes du bureau dépitées. Son attitude ne fit que nourrir notre antipathie réciproque.

« Je ne comprends pas, demanda Virginia, pourquoi a-t-il réagi comme ça avec nous ? Et toi Juanita, il ne te connaissait même pas…

— Il fait sûrement partie de ces hommes qui n'aiment pas voir la famille s'impliquer dans le Mouvement du 26 Juillet. J'en ai vu d'autres, à Mexico. Il a profité de l'occasion pour me remettre à ma place. Au moins, une chose est claire maintenant : si j'ai besoin de quoi que ce soit ici, à La Cabaña, je ne pourrai compter que sur Fidel ou sur Raúl. Il n'y a rien à tirer de cet homme-là. Orquídea Pino avait raison : il ne brille pas par son éducation, et semble par ailleurs manquer de cœur. »

Alors que nous joignions la sortie de la forteresse, Virginia conclut : « Juanita, je n'aime pas du tout le Che, j'ai l'impression qu'il se prend pour le maître du monde. »

Je partageai largement son impression : « Même s'il est difficile de juger quelqu'un au premier abord, il m'a semblé à moi aussi que ma présence le contrariait. D'ailleurs, il ne s'en est pas caché. »

Soudain, une constatation frappante nous interrompit dans nos réflexions.

« De plus en plus de prisonniers sont amenés ici. On dirait que le Che décide lui-même du sort de tous ces gens.

— J'ai eu la même impression », confirma Ana Ely Esteva.

Mais cette visite à La Cabaña ne fut pas totalement inutile puisque j'y rencontrai Otto Vílchez, qui vit aujourd'hui en exil dans le sud de la Floride. Il est comptable public. C'est à lui que je m'adressai dès lors pour tout service relevant du domaine du Che, et il me l'accorda toujours. Ancien membre des Jeunesses communistes, Otto Vílchez était alors un jeune homme très proche du Che. Très influent au sein du commandement d'Ernesto Guevara, il m'aida plus d'une fois à plaider la cause de détenus sur le point d'être éliminés. Il y avait parmi eux quantité de pauvres bougres qui, s'ils faisaient effectivement partie de l'armée de Batista, ne portaient pas de responsabilité pour les délits commis par celle-ci, car ils n'étaient que de simples soldats. Pourtant, ils subissaient le même sort que les officiers de haut rang : le poteau d'exécution sans jugement préalable. Ils étaient attrapés puis fusillés, la volonté de ceux qui commandaient à ce moment-là faisant office de jugement.

Virginia Leitão, Ana Ely Esteva et moi-même partîmes néanmoins de La Cabaña très déçues par ce premier contact avec le Che Guevara. Si les rendez-vous suivants ne furent pas franchement désagréables, ils furent plutôt « malencontreux », car il était désormais évident que nous défendions des positions opposées. Est-ce pour cette raison qu'il se donnait tant de mal à raconter des histoires abominables chaque fois qu'il me voyait chez Raúl ? C'est probable. Peut-être voulait-il m'impressionner.

« En Afrique, j'ai appris à manger de la cervelle de singe. Je leur coupais le crâne et je la mangeais alors que l'animal remuait encore. »

Ces récits accroissaient encore ma répugnance. Il me semblait qu'il en usait pour se faire craindre. J'ai toujours éprouvé une répulsion pour le Che. Dès le premier jour, j'avais déchiffré sa personnalité. Il était intelligent, aventurier, et c'est précisément cette soif d'aventures qui le poussa à s'engager dans la lutte qui s'organisait à Mexico. C'est Raúl qui le présenta à Fidel. À cette époque, le Che n'était encore qu'un médecin parmi d'autres. Il travaillait au pavillon des allergies d'un hôpital de Mexico et passait son temps libre à faire des photos de touristes pour arrondir ses fins de mois. Il était marié à Hilda Gadea, sa première femme et la mère de sa fille aînée. Comme il cherchait à participer à une révolution naissante, la Révolution cubaine lui allait comme un gant.

Dès qu'il rencontra Raúl, le Che comprit qu'il en tirerait un grand profit pour ses futurs plans. Ancien membre de la Jeunesse communiste argentine, il tissa avec Raúl un lien idéologique instantané, et devint un grand ami de Fidel à travers lui. Mes frères lui exposèrent leurs projets ainsi que la situation dans laquelle se trouvait alors Cuba, et c'est ainsi que débuta l'odyssée du Che. Il participa à l'expédition du *Granma* et joua un rôle dans la révolution cubaine jusqu'à ce qu'il aille chercher d'autres révolutions ailleurs.

À mesure que s'égrenaient les jours du mois de janvier 1959, je découvrais de plus en plus de cas de confiscations éclairs. Il n'était pas rare que des individus soient arrêtés pour des motifs purement personnels. Ils étaient aussitôt dénoncés comme ennemis de la Révolution, ce qui suffisait à les faire éliminer. Sous les ordres du Che, la sanction était immédiate, il ne perdait pas de temps à envoyer les gens au poteau d'exécution. Ironie du sort, un grand nombre de personnes faisaient appel à Enma et moi pour les aider. Nous comptions en effet beaucoup d'amies aux Ursulines, dont les riches parents étaient fortement liés au régime de Batista.

Un jour, alors que j'étais déjà accablée par tout ce qu'on me racontait, je roulais dans la 23e rue du Vedado quand j'aperçus juste devant moi Fidel, accompagné de son escorte. Par plaisanterie, j'accélérai jusqu'à pousser sa voiture. Je ne courais pas de danger, car ses gardes du corps avaient reconnu la Buick 1959 de sa sœur Juanita. En me voyant, Fidel ordonna immédiatement de s'arrêter. Chacun descendit de son véhicule et il vint m'embrasser comme à son habitude. Nous nous mîmes alors à discuter dans la rue, bloquant la circulation, et je profitai de l'occasion pour avoir une petite conversation imprévue avec lui.

« Fidel, tu devrais savoir qu'il se passe beaucoup de choses épouvantables au nom de la Révolution. On confisque leurs biens à des innocents, on les met en prison et on en fusille encore plus. Dans la plupart des cas, les ordres viennent du Che et de La Cabaña. On me dit que les dérives sont très nombreuses. Il ne s'agit pas de traîtres, de mouchards ou de sbires de la police de Batista, mais d'innocents.

— Ne t'inquiète pas, Juanita, cela va se calmer petit à petit. Quand un processus de cette envergure et aussi extraordinaire que cette révolution se met en marche, cela peut arriver. Sois assurée que tout cela va bientôt cesser. Vois comme les gens soutiennent la Révolution et les mesures que nous prenons. Pour le reste, ne t'inquiète pas. Je t'affirme que cela va finir. La dictature est tombée et la joie est immense, mais il reste encore beaucoup à accomplir. »

Comme tout le monde, j'ai cru ce qu'il me disait. Notre entrevue s'est achevée comme elle avait débuté, au milieu de la 23e rue. Cette rencontre fut intéressante, car elle me permit de réaliser l'influence qu'avait gagnée le Che. Je n'oublierai pas ce qu'une de mes sources, proche de Fidel, m'avait confié au début du mois de février : « Le Che est si proche de Fidel qu'ils en sont à régler les papiers pour lui octroyer la citoyenneté cubaine. »

En effet, le 9 février 1959, Ernesto « Che » Guevara fut déclaré citoyen cubain de naissance, en remerciement pour « sa contribution à la libération nationale ». Nombreux furent ceux qui en restèrent bouche bée. C'est cet événement, auquel s'ajoutèrent de nombreux autres faits survenus au cours des années suivantes, qui m'inspirèrent la certitude que Fidel n'abandonna pas le Che, et qu'il ne nourrit pas non plus de jalousie à son encontre, bien au contraire. Il me semblait plutôt qu'avec le temps, et après avoir été successivement ministre de l'Industrie et directeur de la Banque centrale de Cuba, le Che se sentait à l'étroit dans notre pays. Car dans le fond, le Che n'était pas un président de banque ni un économiste, ni rien de tel. C'est pour cette raison qu'il commença par enrayer ce qui fonctionnait, avant de reconnaître qu'il était en mal d'aventures.

Pour ma part, je le trouvais inhumain et sans cœur. À mon avis, il ne désirait qu'une chose et ne poursuivait qu'un objectif : la guerre de guérilla. Il se voulait le héros grandiose de l'Amérique latine. Je ne crois pas que Fidel l'ait délaissé – au contraire, je crois qu'il l'a soutenu jusqu'au dernier moment. Il ne fait aucun doute qu'il voulait conquérir d'autres pays encore, et qu'il bénéficiait de l'appui total du gouvernement cubain. Il savait ce qu'il faisait en Bolivie, et il échoua ; il aurait pu réussir et cela aurait été dangereux.

Sur le plan personnel, Ernesto Guevara se mettait tout le monde à dos. Quiconque faisant montre d'un peu de bon sens ne pouvait le supporter. Je n'ai jamais pu comprendre comment cette légende a pu se créer autour de lui au fil du temps. Cela ne devrait pas être possible – à moins que ce ne soit là le résultat d'une propagande efficace. Pour ceux qui l'ont approché d'un peu plus près, l'image fabuleuse du guérillero sacrifié que le monde se fait de lui est inexplicable.

À mes yeux, il fut simplement néfaste. Il fit beaucoup de mal au régime. Il fit du mal à la Révolution qui allait transformer Cuba. Il aurait pu faire du mal à n'importe quel pays, s'il y avait triomphé avec ses idées nocives. On peut se féliciter du fait que certains des pays qu'il souhaitait sauver comme un rédempteur aient été épargnés, qu'ils n'aient pas eu à subir ses « succès » comme nous, les Cubains. Je ne l'ai jamais considéré comme un Cubain. Peu importe si ses papiers certifiaient qu'il l'était autant que nous, les natifs, nous qui avions souffert pour notre patrie. Il ne mérite donc pas plus que quelques pages dans mes souvenirs.

23. Le mariage de Raúl

Le mois de janvier 1959 fut riche en événements pour les Castro Ruz. Le 26, Raúl se mariait à Santiago de Cuba. Pour moi, l'événement était très émouvant. En effet, si nous nous étions parlé au téléphone quelques jours plus tôt, nous ne nous étions pas vus depuis 1956, quand il était parti pour Mexico.

La nouvelle de son mariage m'avait prise au dépourvu, ils s'étaient décidés très vite. Cela n'aurait pas dû m'étonner, pourtant, car tous mes frères étaient des cœurs d'artichaut, et Raúl ne faisait pas exception, même s'il était plus discret que Fidel et Ramón. En tant que confidente de Raúl, j'avais eu l'occasion de couvrir quelques-unes de ses aventures fugaces. Au début des années 50, il avait eu une petite amie en Oriente, Selma Álvarez. C'était une de mes amies et la nièce de ma belle-sœur Sully, la première épouse de Ramón. Leur relation se prolongea jusqu'à ce que Raúl suive Fidel à La Havane, puis elle commença à battre de l'aile.

À l'époque, je m'étais dit que la distance n'expliquait pas tout, et j'avais raison.

« Juanita, je suis tombé amoureux, m'avait annoncé Raúl, un jour. Il s'agit d'un amour platonique avec une jeune fille très belle et très sérieuse. C'est ma voisine. Elle s'appelle Madamina, c'est l'une des filles du très célèbre journaliste Guillermo Martínez Márquez. » L'amourette ne dura pas. Arrivé à Mexico, il fréquenta Esthercita Pino, que notre famille connaissait et dont il m'avait parlé un jour :

« Je suis amoureux d'Esthercita, la nièce d'Orquídea Pino. C'est ma petite amie. Tu remarqueras qu'elle me fait aller à l'église toutes les semaines. Maman serait contente de me voir aller à la messe tous les dimanches avec Esthercita ! Elle a l'air mûre mais elle vient d'avoir quinze ans. »

Je n'ai jamais été une sœur jalouse envers Raúl. Mais cette fois, j'apprenais que mon frère préféré se mariait avec Vilma Espín, une femme qui n'était pas de notre entourage, ou tout au moins pas du mien, mais que l'on connaissait déjà à Birán parce que Raúl l'y avait emmenée.

Ma mère, Ramón, Sully, Angelita, Enma et moi-même arrivâmes à Santiago de Cuba, d'où Vilma était originaire, la veille de la cérémonie. Nous logeâmes à l'hôtel Casa Granda. C'est aussi là que nous fîmes la connaissance de sa famille, de fait une famille riche, puissante et très connue en ville.

Son père, José Espín, un homme d'affaires, avait des intérêts dans l'entreprise Bacardi. Margarita Guillois, la mère de Vilma, était une femme élancée, aux yeux bleus. Elle ne se maquillait pas du tout et portait un chignon. Ce jour-là, ses quatre frères et sœurs étaient également présents : José, Iván, Sonia qui s'était beaucoup consacrée aux préparatifs du mariage, et Nilsa, la première hippie qu'Enma et moi ayons rencontrée.

Le couple se forma de la façon la plus courante qui soit. Vilma était la petite amie de Frank País, et venait de décrocher son diplôme d'ingénieur chimiste de l'Institut de technologie du Massachusetts. Quand les batistiens assassinèrent son compagnon, elle choisit alors de tout quitter pour rejoindre la Sierra Maestra avec Raúl où elle devint son aide de camp.

« Petit à petit, nous sommes devenus inséparables, me raconta Vilma un jour. Nous nous étions juré que si nous sortions vivants de cette guerre, si la Révolution triomphait, nous nous marierions. Nous avons tenu cette promesse. »

Ce déjeuner fut un moment de bonheur pour nos deux familles, même si nous savions que Fidel ne serait pas présent au mariage.

« Je suis triste, Musito, parce que ni Fidel, ni Agustinita ne seront là.

— Maman, tu es là avec nous. Ne sois pas triste. »

Il n'y aurait qu'un mariage civil parce que Vilma était athée. Ma mère lui demanda alors : « Vilma, dis-moi : quand tu as un problème, qu'est-ce que tu dis ? Tu ne dis pas "Ah mon Dieu !" ?

— Lina, je ne crois que ce que je vois, et comme je n'ai jamais vu Dieu... »

Enma intervint aussitôt :

« Tu sais Vilma, moi non plus je ne l'ai pas vu, mais je sens que Dieu veille sur moi, qu'Il est présent à mes côtés à chaque instant, comme maman nous l'a appris dès notre enfance. »

Mais Vilma ne prêtait aucune attention aux discussions sur la religion.

« Vous n'imaginez pas combien elle a changé, nous dit Enma plus tard. Je l'ai connue au carnaval de Santiago, et je me souviens qu'elle était sympathique à cette époque. Il fallait la voir danser *Elena toma Bombón* ! Mais il vaut mieux nous taire, car Raúl a l'air heureux. »

Cependant, ma mère ne s'avouait pas vaincue, elle avait quelque chose en tête et n'avait pas dit son dernier mot. Voyant que Vilma rechignait à se marier à l'église, elle décida de tenter sa chance quand l'occasion se présenta.

La maison des Espín, au numéro 473 de la rue San Jerónimo, était pleine de cadeaux. Nous leur avions offert tous les appareils électroménagers. Un certain nombre d'invités y étaient par ailleurs réunis avant la cérémonie. Il y avait dans le salon Manuel Piñeiro, également appelé « Barberousse », un important commandant révolutionnaire, directeur du service de renseignements qui rendait des rapports aux guérilleros, et témoin de Raúl, et ma mère, bientôt rejoints par la mère de Vilma. Croyant que le moment était opportun, ma mère lui dit :

« Ah, s'il vous plaît Margarita, j'aimerais que vous m'aidiez à convaincre Vilma de se marier à l'église. Qu'ils me fassent ce plaisir de les voir unis ici, à Santiago, par l'évêque Pérez Serante qui s'est montré si bon avec nous.

— Écoutez Lina, lui répondit-elle, je vais être sincère : ils sont adultes et je ne peux pas obliger ma fille à faire quelque chose qu'elle ne souhaite pas. Ils sont libres de se marier comme ils l'entendent, et je ne vais pas m'en mêler. »

Ma mère se tut et Raúl lui expliqua plus tard le déroulement de la cérémonie civile.

« Maman, je sais ce que tu ressens, catholique comme tu l'es. Je te promets que nous irons à l'église plus tard. En attendant, celui qui va nous marier s'appelle Juan Escalona. Avocat, il était officiellement l'homme de loi de l'armée rebelle. Sur le Second Front, nous tenions des registres civils pour les déclarations, et notre service juridique les supervisait. À la Sierra, il y a eu beaucoup de mariages. Tous les actes civils qui y ont été enregistrés vont maintenant être validés par le gouvernement. Comme je te le disais, celui qui en avait la charge était Juan Escalona, et c'est pour cette raison qu'il va célébrer notre mariage. »

Un autre épisode du mariage m'amusa beaucoup. Raúl, tout comme Ramón, avait toujours des amis pittoresques. Cette fois, c'était le lieutenant Hilario Peña, qui, avant que Raúl ne se marie, l'accompagnait partout. Ce matin-là, Hilario Peña était chargé de donner à Juan Escalona les informations sur les mariés dont il avait besoin pour les actes qu'il lirait à la cérémonie.

« Je commence par le mari. Raúl s'appelle donc Raúl Modesto Castro Ruz, né le 3 juin 1931... »

À ce moment-là, Hilario Peña prit la parole :

« Inscrivez aussi que Raúl a participé à l'assaut de Moncada, qu'il a été emprisonné vingt-deux mois sur l'île des Pins, qu'il a passé dix-sept mois en exil et vingt-cinq mois dans la Sierra Maestra, au sein du Second Front Frank País. Inscrivez cela sur l'acte, s'il vous plaît. »

Les précisions de Peña me firent rire. Je n'ai jamais su si Juan Escalona s'était exécuté.

Le lendemain, jour de la cérémonie, toute ma famille, moi exceptée, se rendit au Rancho Club de Santiago de Cuba, où l'union serait célébrée. J'étais restée avec Raúl pour l'aider dans les ultimes préparatifs et accompagner ses derniers instants de célibat. Il avait lui aussi envoyé ses amis – y compris Hilario Peña – sur le lieu de la fête, et nous restâmes donc seuls un moment. Nous discutâmes comme deux frère et sœur très proches, et j'en profitai pour l'interroger sur ce qui me préoccupait :

« Muso, tu es vraiment amoureux de Vilma ? Tu es sûr de ton choix ?

— Bien sûr que oui, Juanita, totalement certain. C'est une femme exceptionnelle ! »

Cette réponse si spontanée me confirma qu'il était heureux.

« Bien. Je suis vraiment contente pour vous.

— C'est dommage que papa ne soit pas là pour voir tout ça... C'est vraiment triste.

— Au fait, en parlant d'absents, qu'est-ce que Fidel t'a dit ? Pourquoi ne viendra-t-il pas ?

— La Révolution l'absorbe de plus en plus à mesure que les jours passent. Je l'ai eu ce matin au téléphone et il m'a dit qu'il lui était impossible de quitter La Havane pour l'instant. N'y attache pas trop d'importance et profitons de mon mariage. Tu n'iras nulle part ailleurs ! »

Je l'aidai ensuite à régler les derniers détails, sachant qu'il y en avait assez peu puisqu'il portait son uniforme vert olive. J'arrangeai le brassard du Mouvement du 26 Juillet sur son bras gauche et j'attachai en queue de cheval ses cheveux qui étaient alors très longs.

« Prends mon béret, Juanita, sinon je vais l'oublier. »

Nous partîmes pour le Rancho Club, où les invités se pressaient déjà. Raúl fut surpris de voir autant de monde. L'événement était même retransmis à la radio ! Nous entrâmes, et dès que Vilma et lui se furent retrouvés, je les abandonnai pour m'asseoir auprès d'Enma et de ma mère, toutes contentes. Il manquait cependant Agustina qui passait ses examens de chant en Suisse.

« Vilma est très jolie, commenta ma mère. Sa robe blanche est très élégante et cette parure de perles qui couronne son front lui va très bien aussi.

— Je suis impressionnée par la quantité de cadeaux qu'ils ont reçus, ajouta Enma. Les habitants de Guantánamo leur ont offert un plateau en argent gravé. Vilma m'a dit que cela comptait beaucoup pour elle car Guantánamo faisait partie du Second Front oriental, où ils avaient passé un certain temps. »

La cérémonie débuta au milieu de cette agitation. Lorsque Juan Escalona lut le nom du marié : Raúl Modesto Castro Ruz, quelqu'un s'écria dans la foule : « Eh bien il porte bien son nom, car Raúl est modeste ! »

C'était Simón, le cuisinier jamaïcain de la propriété, que Raúl avait invité et qui avait réussi à le féliciter et à l'embrasser avant nous !

Plus tard, Nilsa Espín leur demanda où ils allaient passer leur lune de miel.

« D'après Raúl, ils n'ont pas le temps de partir en voyage de noces, répondit ma mère, car ils doivent se rendre très vite à La Havane. Ils le feront plus tard. Vilma m'a dit qu'elle était d'accord parce que la Révolution ne pouvait pas attendre.

— Une chose est sûre, c'est qu'elle ne va pas attendre longtemps avant d'avoir des enfants, dit Nilsa. Vilma et Raúl les adorent. Préparez-vous à de nouveaux petits-enfants. »

La cérémonie se transforma au fil de la journée en fête populaire, à laquelle pratiquement tout Santiago de Cuba assista. On dit qu'il n'y eut jamais pareil mariage dans l'histoire de Santiago. Le moment venu, nous prîmes congé des mariés, non sans que ma mère leur eût donné sa bénédiction.

Enma, Ramón, ma mère et moi nous rendîmes à Holguín, où une Jeep Toyota nous attendait. Ramón profita de l'occasion pour nous conduire aux Pinèdes de Mayarí, la zone où Raúl opérait, dans le Second Front oriental.

Pendant que la terre rouge que soulevait la voiture nous recouvrait de la tête aux pieds, Ramón nous donnait des explications : « Raúl et Vilma m'ont raconté que même s'ils vivent à La Havane, ils resteront très attachés à ce qu'ils ont vécu ici. Ils aiment tellement cette terre qu'ils veulent être enterrés ici le jour où ils mourront.

— Quelle idée ! Mon Dieu ! Qui parle de mourir maintenant ? » s'écria ma mère.

Nous rentrâmes à Birán. Pendant les trois jours suivants, nous avons eu beau nous laver, nous n'avons pas pu nous débarrasser de cette terre rouge du Second Front oriental. Nous avons fini par jeter nos vêtements qui étaient irrécupérables.

Je ne me rappellerai les détails de cette conversation que quarante-huit ans plus tard, le 18 juin 2007, quand j'appris le décès de Vilma. Au cours d'une cérémonie privée, Raúl et ses enfants déposèrent les cendres de Vilma dans le mausolée aux héros de la Révolution, qui était précisément construit sur le lieu où opérait le Second Front oriental Frank País. Enma, qui assista aux funérailles, me raconta qu'il y avait une place pour Raúl à côté de la tombe de Vilma car, comme l'avait raconté Ramón le jour de son mariage, son vœu était qu'ils soient enterrés ensemble.

Malgré toutes les histoires qui circulèrent sur eux, j'ai toujours su que seule la mort les séparerait. C'est ce qui se produisit, après cinquante années de vie commune.

24. Le miel du triomphe

Je ne souviens pas d'avoir été plus gâtée dans ma vie que pendant cette année 1959. Ce fut une année de gloire et de grands succès. Ma mère était travailleuse et forte. Elle s'était beaucoup inquiétée pour Fidel ces derniers temps, le triomphe de la Révolution lui apporta donc une tranquillité bien méritée, malgré l'agitation qui l'entourait. Tout avait commencé après l'entrée triomphale de Fidel à La Havane, quand ma mère s'était rendue jusqu'à la capitale.

« Je n'aurais jamais imaginé que je me déplacerais un jour sous la protection d'un groupe de miliciens qui par ailleurs seraient fiers de cette mission. "Nous sommes là pour vous protéger", m'annoncèrent-ils. Ils ne me quittaient pas d'une semelle. »

Ils la traitèrent comme une reine, la conduisant partout pour qu'elle puisse assister à tous les événements. Mais cela la fatiguait et la gênait.

« J'y vais parce que je sais que c'est important pour mes enfants, Juanita, mais je n'aime pas beaucoup ça. Figure-toi que l'autre jour, nous étions à l'église, Angelita, tante Belita et moi, quand un groupe de photographes a commencé à nous entourer. Je voulais justement remercier la Vierge pour la réussite de tes frères, prier pour tous ces morts, et pour que tout se passe bien à Cuba. Ils n'ont pas arrêté de me prendre en photo pendant que je priais à genoux. Je n'ai pas pu prier tranquillement. Je ne m'habitue pas à cette situation. »

En effet, une très grande photo était parue dans la revue *Bohemia* en février 1959, alors qu'elle venait d'arriver à La Havane. Elle s'apprêtait à prier, lorsque quelqu'un l'avait reconnue sans qu'elle s'en rende compte et avait prévenu les journaux : la mère de Fidel était à l'église ! Cette photo d'elle, agenouillée devant la Virgen de la Caridad del Cobre[40], occupait tout une page de la revue.

« Ne t'inquiète pas trop, maman, cela va se calmer au fil des jours. Tu verras. »

En fait, je n'y croyais pas moi-même. Loin de refluer, les demandes d'interviews et de reportages pour la presse, la radio et la télévision augmentaient quotidiennement.

Parmi tous ces gens qui l'adulaient et qui l'appelaient respectueusement « madame Lina Ruz veuve Castro », nombreux sont ceux qui l'ont bassement calomniée et insultée par la suite. Ils eurent vite fait d'oublier leurs flatteries au moment du triomphe de Fidel.

À partir de 1959, ma mère passa plus de temps avec moi à La Havane. J'habitais tout d'abord dans le quartier de La Copa, à Miramar, puis à l'angle de la 42e et de la 7e rue, toujours à Miramar. Elle demeura avec moi pendant les trois années et sept mois qui lui restaient à vivre.

Elle s'inquiétait beaucoup de me voir travailler autant, et ce, dès les premiers jours de la Révolution. Je me consacrais entièrement à aider les paysans. Grâce à mes efforts, je remportai un

40. Notre-Dame de la Charité du Cobre, sainte patronne de Cuba.

beau succès : la construction de l'hôpital du Central Marcané. La ville en comptait déjà un, mais il était réservé aux cadres et aux fonctionnaires, tout comme aux rares chanceux qui avaient pu se procurer une recommandation. Cet hôpital était la « danseuse » de l'entreprise américaine qui en était propriétaire. Il était difficile de le transformer car cela coûtait déjà cher de l'entretenir.

Mais grâce aux dons d'amis fortunés et au soutien de Fidel, je réussis à l'améliorer en travaillant nuit et jour. On n'avait jamais vu cela dans la région : une clinique de cent lits comprenant un service de pédiatrie. Le fonctionnement du nouvel hôpital, appelé Camilo Cienfuegos, reposait sur la règle de conduite que j'avais édictée : « Son accès est ouvert à tous, sans nécessité de recommandation et sans obligation de paiement pour les personnes qui n'en auraient pas les moyens. »

Si un patient ne pouvait payer que dix centimes pour sa consultation, parce que c'était tout ce qu'il possédait, il était traité de la même manière que s'il avait payé des milliers de pesos. C'était quelque chose de nouveau : l'accès aux médicaments, aux soins et à l'hôpital pour tous dans les campagnes cubaines.

Les longues heures passées à recevoir les gens, à écouter leurs problèmes ou à rouler jusqu'aux coins les plus reculés du pays ne comptaient pas face à la satisfaction de soulager la douleur et de voir le bonheur sur le visage d'un grand nombre d'entre eux. Je me sentais épanouie parce que j'œuvrais pour le rêve commun à tous ceux qui avaient, chacun à leur manière, lutté contre la dictature de Batista. Nous nous battions pour une révolution qui allait entraîner un changement radical dans le pays et apporterait démocratie et justice sociale pour tous. J'étais tellement convaincue de cet objectif que rien ne m'arrêtait, pas même la fatigue. Ce que je désirais le plus, c'était travailler pour la cause.

Pour être honnête, il m'était par ailleurs aisé de mettre de nombreux projets en route, car j'avais librement accès à Fidel. C'était si vrai qu'un jour, alors que je lui demandais de l'argent pour financer d'autres réalisations, Fidel, qui était informé de mes plans et du succès que j'avais déjà obtenu, s'adressa à ma grande surprise à Celia Sánchez, son bras droit : « Celia, nous allons donner les fonds qui restent du Mouvement du 26 Juillet aux œuvres de Juanita. Elle construit des cliniques et des écoles pour les paysans. »

Ainsi, ce qui restait de l'argent dont le peuple nous avait fait don pour mener la Révolution et renverser la dictature lui revenait, au travers des travaux que je devais réaliser.

L'aide me venait de toutes parts pour cette gigantesque action. Je reçus bientôt un appel du ministre de la Santé publique.

« Juanita, le travail que tu as effectué depuis la victoire de la Révolution mérite ma reconnaissance, et, pour te faciliter la tâche, je te prie d'accepter ta nomination honoraire de Déléguée au ministère de la Santé publique dans la province d'Oriente. Tu es ainsi officiellement chargée de résoudre les problèmes de consultation médicale chez les paysans et les personnes dépourvues de ressources. »

Très touchée, j'acceptai ce poste honoraire qui, sans m'apporter de salaire, me permettait néanmoins de surmonter les difficultés et de me dédier encore davantage à l'action sociale. La situation qui régnait dans les campagnes m'inquiétait beaucoup pour ses conséquences familiales, ce qui me poussa à mener une grande opération : légaliser les couples par le mariage.

Chez les *guajiros*, l'usage était de vivre « à la colle », c'est-à-dire ensemble, mais sans être mariés. D'une part, les formalités étaient compliquées, et, d'autre part, un grand nombre d'entre eux ne possédait pas d'acte de naissance, condition *sine qua non* au mariage civil. Je fis donc légaliser des centaines d'unions entre les paysans et les villageois. Munis d'un certificat de mariage, ces couples purent enfin déclarer leurs enfants qui, à leur tour, ne rencontreraient aucun obstacle à leur propre mariage civil le jour venu. Le problème était résolu.

Je travaillais d'arrache-pied. C'était tellement gratifiant de voir ces nouvelles écoles et ces nouveaux hôpitaux ouvrir leurs portes au public ! On organisa une grande fête pour l'inauguration de la clinique. Quand il l'apprit, Fidel me dit : « Juanita, je t'envoie le Che pour me représenter.

— Non, Fidel, c'est hors de question. Le Che s'est forgé une mauvaise réputation depuis la victoire de la Révolution, il n'est pas apprécié. Je ne veux pas de lui ici. Les gens le voient comme un étranger, ils le traitent de communiste. Ce n'est bon ni pour toi, ni pour moi. »

Je ne craignais pas de parler aussi ouvertement avec mon frère de l'un de ses hommes de confiance. Ce n'était un secret pour personne à Cuba que le Che organisait des réunions avec des membres du parti communiste à La Cabaña. Il recevait tous les jours des étrangers aux « idées progressistes », ou plutôt communistes, venus du monde entier. Nombre d'entre eux s'installaient à Cuba et ne tardaient pas à occuper des postes importants dans le gouvernement révolutionnaire sous le seul prétexte qu'ils étaient des amis du Che.

Même si on ne prononçait pas ouvertement le mot communiste, ces étrangers qui se partageaient avec le Che de nombreux postes au gouvernement poussaient décisivement Cuba dans cette direction. En outre, le Che recevait toute la vieille garde du Parti communiste cubain à La Cabaña. Il occupait une grande partie de son temps à ces tâches, et d'ailleurs, les faits parlent d'eux-mêmes : c'est lui qui, en 1960, se rendit en URSS puis en Chine, pays du bloc communiste, afin d'établir des accords secrets. Il était sûrement soutenu par Fidel que cela arrangeait de ne pas assumer publiquement ses relations avec les communistes. Pour couronner le tout, le Che ne semblait pas vouloir mettre un terme à ses autres activités, comme les exécutions à La Cabaña, et cela inquiétait beaucoup les citoyens. Pour toutes ces raisons, il m'était impossible de permettre qu'un tel personnage préside l'inauguration d'une œuvre dans laquelle nous avions placé tant d'efforts.

« Écoute, envoie plutôt quelqu'un du peuple à sa place, suggérai-je à Fidel, avec lequel chacun pourrait s'identifier. À mon avis, la personne idéale est Juan Almeida. »

Fidel m'écouta et m'envoya le commandant Juan Almeida, qui bénéficiait de la sympathie populaire. Les gens le respectaient parce qu'il avait participé au Moncada ainsi qu'à l'expédition du *Granma*, et qu'il s'était battu dans la Sierra Maestra. Le jour de l'inauguration, on le reçut avec une grande joie. Pourtant, l'exercice ne fut pas aisé pour lui. Ce fut une grande cérémonie populaire, à laquelle assistaient également mon frère Ramón, Luis Conte Agüero et Almeida. Nous nous adressions à la foule depuis la tribune d'où, lors de cette unique manifestation populaire d'opposition qui eut lieu à Cuba en 1959, je déclarai :

« Démocratie, oui, communisme, non ! Justice sociale oui, communisme non ! »

Je fus extrêmement surprise d'entendre le peuple rassemblé répéter ces mêmes mots qui retentissaient partout...

« Démocratie oui, communisme non ! Justice sociale oui, communisme non ! »

Le commandant Almeida maîtrisa fort bien la situation, ignorant « ce » que le régime mettait en place. Personne, à part eux, n'était au courant, même si je le pressentais. J'avais été témoin des injustices qui se répétaient. À la campagne, on confisquait des terres non seulement aux anciens membres de la dictature mais aussi à de petits entrepreneurs, à des commerçants ou des propriétaires terriens, c'est-à-dire à des gens qui avaient soutenu la Révolution. Dans ce contexte, ma position était claire : je n'étais pas d'accord avec la façon dont se déroulaient les choses.

C'est pour cette raison que je ne serais sans doute jamais plus aussi gâtée que je le fus pendant l'année 1959. Dès 1960, les présents se firent plus rares. Mes amis commencèrent à quitter Cuba, et ce mouvement se poursuivit au cours des années ultérieures. Par la suite, je ne compterais plus les cadeaux que sur les doigts d'une main. Tout n'avait été qu'une grande illusion.

Avec le temps, je suis arrivée à la conclusion que ce que je prenais pour une vérité absolue et une lutte commune n'était que le fruit de mon imagination. Je croyais que Fidel n'avait jamais pardonné l'affront du président Dwight Eisenhower, qui avait refusé de le recevoir, préférant se faire représenter par le vice-président Richard Nixon. C'est cette humiliation qui aurait eu pour conséquence la rupture des liens entre Cuba et les États-Unis. Mais ce n'était qu'une illusion. Je croyais également que le rapprochement avec les Russes était le résultat de leur soutien à Fidel et à la Révolution. Cela aussi n'était qu'illusion. En vérité, ce qui s'est passé à Cuba était déjà planifié par avance, et il ne fait aucun doute que le Che avait été chargé d'effectuer les premiers pas dans cette direction. Malheureusement, je dois également reconnaître que le Che ne recevait d'ordre que de Fidel et de Raúl. Avec mon espoir optimiste que la Révolution apporterait de nombreux bienfaits, je fus donc la première dupée.

25. Le facteur Celia Sánchez

Lorsque Fidel et Raúl réintégrèrent leur entourage familial, nous fîmes la connaissance des nouveaux membres de leur cercle le plus intime. Il nous semblait rassembler les pièces d'un puzzle qui nous dévoilerait la vie qu'avaient menée Fidel et Raúl dans la Sierra Maestra. Une femme se distinguait aux côtés de Fidel par sa présence et sa grande influence. Quand je pense à elle, je pense également à toutes les « histoires d'amour » que certaines femmes ont rendues publiques, à Cuba et en exil, pour accéder à la notoriété. Certaines d'entre elles n'hésitèrent pas même à raconter leur intimité présumée. Or au même moment, celle que j'ai toujours surnommée « le facteur Celia Sánchez » existait déjà dans la vie de Fidel.

Même quand nous étions au courant, Fidel n'était pas enclin à se vanter en famille de ses conquêtes amoureuses, sauf si des enfants en étaient issus. Si cela arrivait, il en parlait à ma mère qui allait reconnaître officiellement l'enfant avec ma sœur Angelita. Elles essayaient tout au moins de le faire. Nous étions restées dans l'ignorance de ce qui s'était passé sur le plan sentimental dans la Sierra Maestra, mais nous ne tardâmes pas à le découvrir petit à petit.

« Juanita, me dit un jour ma mère, inquiète, quelqu'un est venu me dire que Fidel et Celia Sánchez, son aide de camp, sont bien plus qu'un chef et sa subordonnée. Il semble qu'ils se soient mariés dans la Sierra Maestra, *in articulo mortis !* »

Je ne sus que répondre à ma mère car nous n'eûmes jamais la certitude que Fidel avait épousé Celia dans la montagne. Quand il y a danger de mort, n'importe qui peut officier une cérémonie de mariage qui sera valide aux yeux de la loi de nombreux pays, dont Cuba. Le cercle des intimes de Fidel et de Raúl nous confirma cette information, et de mon côté j'avais assisté à des scènes entre eux qui me firent penser que cela était vrai.

Celia était la secrétaire de la présidence du Conseil des ministres. Elle était le bras droit, le bras gauche, les deux pieds et la barbe de Fidel. Elle était tout pour lui, et ils vivaient ensemble.

Au début de la Révolution, je pouvais librement rendre visite à Fidel, et il m'arrivait donc d'aller chez lui, dans le quartier du Vedado. Un jour, Celia, très gentille, m'ouvrit la porte : « Entre, Juanita, assieds-toi, Fidel ne va pas tarder. »

Je compris que mon frère était sous la douche quand j'entendis un cri : « Ceeeliaaa, apporte-moi mon caleçon ! »

Celia entra tout de suite dans la salle de bains pour le lui donner.

J'entendis qu'elle lui disait : « Juanita est dans le salon.

— Dis-lui que j'arrive. »

Celia se conduisait davantage comme une épouse que comme une secrétaire, et il avait manifestement une confiance absolue en elle. Raúl mis à part, il n'y avait personne à Cuba pour lequel Fidel éprouvât une telle confiance. Il se fiait aveuglément à son entière loyauté. Mais nous, nous la connaissions à peine.

Non seulement Celia Sánchez était une inconnue pour nous, mais aussi pour la plupart des Cubains. Elle avait rejoint Fidel dès le début de la Révolution, et ne le quitta jamais plus.

« Qu'en dis-tu ? Moi, je ne sais que penser, me demanda ma mère.

— Ne t'en fais pas, maman. Il suffit de la voir pour comprendre que c'est une femme indéchiffrable et énigmatique. Ce qui retient mon attention, c'est qu'elle ne parle pas beaucoup. Elle écoute, et quand elle parle, ce n'est jamais pour ne rien dire. C'est quelqu'un qui ne se laisse pas marcher sur les pieds. »

Celia était née à Media Luna, un village de Manzanillo, dans les contreforts de la Sierra Maestra. C'était une femme instruite, de famille fortunée. Son père, Manuel Sánchez, était médecin. Elle avait un frère dentiste et une sœur mariée au commandant Ochoa, qui faisait également partie du cercle des proches de Fidel. Elle était intelligente, lisait beaucoup et maîtrisait parfaitement l'anglais.

« Mais je ne le parle pas, me dit Celia, parce que je n'use pas de la langue de mes ennemis. »

Je ne lui trouvais pas de charme physique. Elle était menue, presque maigre, elle avait un visage plutôt banal, sans prétention, et elle était toujours vêtue de l'uniforme de l'armée rebelle. Raúl s'est toujours très bien entendu avec elle, tout comme Vilma Espín. Elle s'étaient retrouvées ensemble dans la Sierra Maestra et étaient devenues confidentes. Celia était toujours extrêmement sérieuse. Elle vivait pour Fidel et uniquement pour lui. Elle le voulait pour elle seule, toute autre personne devant d'abord obtenir son approbation. Ma mère et moi pouvions entrer et sortir à n'importe quelle heure chez Raúl, mais chez Fidel, il fallait passer des contrôles. Nous devions d'abord appeler Celia, et c'était elle qui déterminait qui Fidel allait recevoir. Elle contrôlait non seulement les entrées, mais aussi l'escorte.

Le choix de l'escorte était l'une des décisions les plus importantes que Raúl et Celia avaient à prendre quotidiennement. Il s'agissait de la sécurité et de la vie de Fidel ; les personnes qui avaient la charge de le protéger étaient donc très soigneusement sélectionnées. Celia se comportait tout le temps comme si elle était sa femme ou sa maîtresse, décidant de tout ce qui était en relation avec sa vie.

Le plus curieux, c'est que, malgré son pouvoir, Fidel craignait plus que tout qu'elle n'apprenne ses conquêtes. C'est si vrai qu'après le triomphe de la Révolution il évita de revoir les femmes qu'il avait fréquentées dans son passé récent, du temps de l'île aux Pins ou d'après sa sortie de prison. Que ce soit clair : une fois Fidel et Celia installés à La Havane, les liaisons antérieures de Fidel s'interrompirent… ou, plus exactement, Celia y mit un terme. Elle se chargea également de dissuader d'éventuelles futures conquêtes.

À une certaine période, Fidel tomba fou amoureux d'une de mes amies dont je tairai le nom car elle est aujourd'hui mariée et en exil. Mon amie était grande, impressionnante, et Fidel, qui séduisait toutes les femmes qui lui plaisaient, tomba sous son charme au premier coup d'œil. Il fit sa connaissance un jour qu'elle et moi faisions des courses et que je passais dire quelque chose à mon frère. Je la lui présentai et nous discutâmes un moment, mais nous avions beaucoup de choses à faire et nous ne tardâmes pas à prendre congé. Fidel s'arrangea cependant pour la revoir dès qu'il le put.

« Juanita ! m'avait annoncé mon amie enthousiaste, Fidel a trouvé mon numéro. Il m'a appelée et m'a dit qu'il enverrait son escorte me chercher ! Je te raconterai après. »

Le lendemain, elle m'expliqua les détails de leur rendez-vous.

« C'est la chose la plus bizarre que j'aie jamais vécue. Fidel avait envoyé son escorte qui devait passer me prendre. Je m'étais figuré que ce serait grandiose, mais après nous être retrouvés, nous ne sommes allés nulle part. Nous avons seulement fait des tours dans La Havane ! J'avais l'impression qu'il fuyait quelque chose. Quand il m'a ramenée à la maison, il m'a promis qu'on se reverrait. »

Son récit me fit rire mais je me demandais tout de même à quoi cela rimait, et j'enquêtai donc pour savoir ce qu'il s'était réellement passé. Le fait est que l'une de ses escortes particulièrement fidèle à Celia l'aurait avertie du fait que Fidel voyait une femme cet après-midi-là. Adieu l'*aventure*[41] ! Sachant de quoi était capable Celia, Fidel ne voulut pas s'y risquer. Ainsi, mon amie et lui ne se rendirent nulle part, Celia ayant mis fin à l'histoire avant même qu'elle ne commence. Elle contrôlait tous les faits et gestes de Fidel.

Nous n'avons jamais développé d'amitié de belles-sœurs, comme j'ai pu en connaître avec Mirta ou Sully, la première femme de Ramón. Je les aimais beaucoup toutes les deux. Ma relation avec Vilma fut toujours cordiale. Entre Celia et nous, cependant, il y avait toujours eu une distance, un mur, me semblait-il, qu'elle avait érigé entre elle et sa belle-famille.

Quand elle n'approuvait pas quelque chose, de quelque importance que ce fût, elle pouvait se montrer très pénible. Elle fumait des cigarettes Chesterfield, et cela la gênait que j'en fume également. Quant elle venait nous rendre visite chez moi, au coin de la 7e et de la 42e rue, je lui en offrais toujours un paquet pour détendre l'atmosphère. Elle le regardait et le manipulait avant de me répondre froidement « merci ». Puis, d'une petite voix douce, son visage trahissant

41. En français dans le texte.

une rage contrôlée, elle me demandait « et où tu l'as eu ? ». Elle n'ajoutait rien de plus.

En fait, je me suis toujours demandé qui était son fournisseur de cigarettes américaines si détestées du régime. À Cuba, elles étaient interdites et se faisaient de jour en jour plus rares. Conformément à ce que dictait la Révolution, Celia aurait dû fumer des Cubanitos. Mais elle se les procurait *via* les ambassades cubaines à l'étranger.

Enfin, il y avait toujours des exceptions qui confirmaient la règle. On ne savait jamais ce que Celia avait en tête.

« Ses visites sont toujours étranges, observait ma mère. On ne sait jamais pourquoi elle vient. Elle parle peu et quand elle parle, il vaut mieux déguerpir – comme tu l'avais déjà remarqué, Juanita. L'autre jour, elle m'a raconté qu'après s'être vantée de son aventure avec Fidel, une des maîtresses de celui-ci allait bientôt quitter Cuba pour une période indéterminée. Elle s'était personnellement chargée d'amener Fidel à la faire sortir du pays en lui pourvoyant un poste au sein d'une ambassade européenne. »

Mais cette dernière n'était ni la plus connue, ni la plus célèbre des femmes que Celia Sánchez avait fait exiler. Le cas de Jesús Yánez Pelletier fut bien pire, cependant, vu qu'il s'agissait de la personne qui avait sauvé la vie de Fidel quand ce dernier était emprisonné à Boniato, après l'assaut de la caserne Moncada. Il était le chef de prison qui avait reçu de Batista l'ordre de mélanger du poison dans un plat de morue destiné à Fidel, pour que celui-ci n'en détecte pas le goût. Pourtant, au lieu d'obéir aux ordres, Yánez Pelletier avait dénoncé le complot et lui avait sauvé la vie par la même occasion. Après le triomphe de la Révolution, il était devenu le conseiller le plus proche de Fidel.

Il le suivait partout, arborant ses nombreuses décorations sur son uniforme à la manière des conseillers présidentiels. Ce détail, entre autres, excédait Celia. Elle ne pouvait pas le voir en peinture. Sans doute avait-elle appris que Yánez Pelletier organisait les rendez-vous féminins de Fidel. Il s'était fait une réputation de « ministre de l'alcôve », surnom dont l'avait affublé Raúl. À cette époque, mon frère rendait les femmes folles. Elles voyaient en lui le guérillero triomphant de la Révolution, un homme sympathique par ailleurs, ce qui facilita largement la tâche de Yánez Pelletier.

J'ai toujours été curieuse de savoir combien de temps cet homme accepterait d'effectuer un travail aussi particulier. Certainement peu. Le problème était que les relations féminines qu'il organisait pour

Fidel ne tardaient jamais à devenir publiques, non pas parce qu'il en parlait mais plutôt parce que les « belles » aimaient à s'en vanter. Yánez Pelletier était entouré d'ennemis qui avaient quelques raisons profondes de nourrir une certaine aversion à son endroit. Raúl le détestait pour les soucis qu'il lui causait.

« Ce type, me disait-il, celui qui porte ces hochets accrochés à son uniforme, va finir par nous attirer des ennuis avec Fidel. N'importe laquelle de ces femmes qu'il lui ramène pourrait essayer de le tuer sans que personne ne puisse rien faire pour le sauver. Je suis toujours inquiet. »

La période de gloire de Yánez Pelletier dura peu. Il ne tarda pas à tomber en disgrâce après que Celia Sánchez lui eut tendu un piège. On l'arrêta pour des histoires de jupons et d'accusations de malversations concernant des fonds provenant de la réforme agraire.

C'est ainsi qu'elle se débarrassa de l'homme qui, s'il arrangeait des histoires de « jupons » à Fidel, lui avait néanmoins sauvé la vie. Yánez Pelletier fut victime de sa soif de notoriété. Il lui aurait été facile de prédire cette fin s'il avait été doté de bon sens : Celia Sánchez n'était pas femme à souffrir la moindre concurrence, et elle n'épargnait personne.

Celia fumait comme un pompier, manie qu'elle partageait avec Fidel qui fumait depuis qu'il était très jeune. Il achetait uniquement des cigares Cohiba, ceux que mon père avait toujours donnés à mes trois frères. C'est à la prison de Mexico que Fidel devint véritablement dépendant du tabac, sans parler de la Sierra Maestra, où les vivres envoyés à l'armée rebelle comprenaient toujours des cigares… beaucoup de cigares.

« Quand Celia a eu un cancer au poumon, m'expliqua ma sœur Enma, Fidel a arrêté de fumer pour donner l'exemple au peuple. »

Au début de l'année 1980, les jours de Celia étaient comptés. Son cancer s'était généralisé. Un spécialiste vint de Boston la voir, mais elle était déjà très atteinte.

Les Cubains n'avaient jamais été informés de sa maladie. Ils apprirent sa mort le 11 janvier 1980, quand la télévision interrompit ses programmes habituels pour diffuser des éloges sur Celia suivis de la retransmission de l'enterrement en grande pompe.

En effet, Celia eut droit à des funérailles de chef d'État, un hommage à celle qui partagea le pouvoir avec Fidel.

Des parents qui y assistèrent me dirent par la suite que Fidel semblait anéanti. Il se tenait à côté du cercueil, qu'il avait fait couvrir d'une cape tissée d'orchidées couleur lilas. En effet, et comme l'exprima Armando Hart dans son éloge funèbre, Celia était à Cuba « comme une étrange fleur sauvage qui portait toujours une orchidée sur le revers ».

Sa mort laissa un vide immense dans la vie de Fidel tout comme dans son gouvernement. Elle avait eu le bras si long qu'elle participait à tout, lui apportant une aide importante pour contrôler et diriger le pays. Sa disparition ne le laissa pas seulement veuf, mais presque orphelin.

26. Huber Matos donna l'alerte

Je ne fréquentai pas longtemps Huber Matos. Après le triomphe de la Révolution, il ne resta parmi les rebelles que dix petits mois, de janvier à octobre 1959. Non seulement il était l'un des hommes les plus intègres du Mouvement du 26 Juillet, mais il fut aussi le premier qui tira publiquement la sonnette d'alarme.

Il était entré à La Havane avec Fidel, et pendant les années de la Sierra Maestra, c'est lui qui fournissait nourriture, armes, médicaments et combattants – tout ce qui était nécessaire pendant les deux années de lutte. Puis il y eut cette célèbre photo : Huber Matos, au commandement des troupes rebelles, arrive à Santiago de Cuba et reçoit l'accolade de Mgr Enrique Pérez Serante, ce fameux et influent évêque de Santiago qui sauva la vie de Fidel dès les premières heures suivant son arrestation pour l'assaut de la caserne Moncada. Ce geste était lourd de sens : l'Église catholique se plaçait donc du côté d'Huber, de ses hommes et de la Révolution. Il faisait l'admiration de tout le monde. Après qu'il fut tombé en disgrâce, tous furent témoins de sa malencontreuse histoire.

Fidel l'avait nommé commandant de l'armée rebelle dans la province de Camagüey mais au bout des sept premiers mois, en juillet 1959, il s'était montré déçu par le tour qu'avaient pris les choses. Après les premières mesures de la réforme agraire, il constata que des terres étaient injustement confisquées.

« Je suis allé parler à Fidel de l'infiltration des communistes, me raconta Huber. Quand j'ai essayé d'attirer son attention sur ceux-ci, mais aussi sur le fait que le Che et Raúl leur attribuaient des postes de pouvoir, au mépris de nombreux membres du Mouvement du 26 Juillet, il m'a tout simplement ignoré. J'en étais arrivé à un tel point que j'ai demandé à Fidel d'accepter ma démission. Je voulais qu'il me relève de mes fonctions et revenir à une vie privée comme celle du maître d'école que j'avais été à Manzanillo, mais il refusa. »

Bien loin d'accepter sa requête, Fidel lui demanda même de prolonger son engagement en faveur de la Révolution :

« Tu dois le faire pour le bien de la Révolution. Ce ne serait pas bon pour notre image si tu partais, surtout maintenant, en pleine réforme agraire. »

Au cours du mois de juin 1959, le Che contacta pour la première fois officiellement l'Union soviétique, initiative qui entraîna un refroidissement des relations entre Cuba et les États-Unis. À partir de ce moment, Huber Matos profita de la moindre occasion qui se présentait à Camagüey pour s'exprimer ouvertement contre le communisme. Parallèlement, son mécontentement croissait, et le 19 octobre 1959, il refusa de supporter plus longtemps cette situation. Il tourna le dos à ses fonctions et rentra chez lui, attendant la réaction de Fidel. Quand celui-ci l'apprit, il le taxa d'insubordination, c'est-à-dire de rébellion ouverte, et ordonna en conséquence sa détention qui prit effet le 20 octobre 1959. Face à l'opinion publique, il fut présenté comme un traître.

C'est Huber Matos qui avait mené le siège, à Santiago de Cuba, pendant les derniers jours de la guerre contre la tyrannie batistienne. Il s'était toujours battu à pied d'égalité avec ses hommes et tous respectaient son courage. Il suscitait une telle admiration que les rebelles qui étaient sous ses ordres refusèrent tout simplement de procéder à son arrestation, et plusieurs d'entre eux furent emprisonnés avec lui. Huber, à lui seul, avait eu la franchise de dénoncer ce qui lui semblait injuste et d'opposer une résistance pacifique, c'est pourquoi le régime décida d'organiser un procès.

Nous commençâmes dès lors à voir fleurir un nouveau vocabulaire au sein des révolutionnaires : « traître de la Révolution », « contre-révolutionnaire », « conspirateur ». Je n'y crus pas un instant. Au contraire, j'ai toujours pensé qu'Huber avait agi suivant sa conscience et qu'il n'avait même pas eu le temps de conspirer contre qui que ce soit. S'il avait œuvré sur les deux fronts, les résultats auraient été différents.

Il n'eut droit à aucune compassion et fut rayé d'un trait de plume.

On commença par supprimer son portrait de la célèbre photo de l'entrée victorieuse de rebelles, où il était juché sur le tank avec Camilo et Fidel. Quelle peine ne fut pas la sienne quand il s'avéra que ce fut le même Camilo qui l'appréhenda, son ami et camarade dans les temps de lutte !

Il se rendit après que Cienfuegos lui eut promis qu'il n'allait rien lui arriver, mais la réalité était autre. Tout le monde se posait les mêmes questions : pourquoi le laissait-on en vie au lieu de l'envoyer au poteau d'exécution ?

À cette époque, la communauté internationale était encore en mesure de faire pression sur Fidel pour qu'il le gracie. Sachant que Cuba était en train de se fermer sur l'extérieur, les rebelles auraient pu l'éliminer sans que personne ne l'apprenne, mais ce ne fut pas le cas. Je n'ai jamais compris ce qu'il s'était réellement passé mais, manifestement, il fut aidé par la Providence, en particulier après son procès. Un jour, alors que Fidel faisait une apparition surprise dans la cour de justice, Huber Matos, qui s'attendait alors à être condamné à mort, se leva et l'invectiva en hurlant.

L'ancien commandant de l'armée rebelle est resté emprisonné pendant vingt ans, et s'il ne sait pas lui-même pourquoi il n'a pas été exécuté, je le sais encore moins. Soit les forces qui gravitaient autour de lui s'étaient activées pour s'opposer à la peine capitale, soit Fidel le gardait en prison pour l'humilier. Le mystère est resté entier.

Huber Matos survécut à la prison et quitta Cuba une fois sa peine entièrement purgée, le 21 octobre 1979. Il se rendit tout d'abord au Costa Rica, puis à Miami. Tout comme moi, Huber Matos s'était attendu à un autre accueil et, tout comme moi, il eut à subir les attaques et le mépris d'une partie des exilés – heureusement de moins en moins nombreux – qui s'opposèrent à tous les anciens acteurs marquants de la Révolution qui avaient abandonné Cuba pour rejoindre la diaspora.

Sa destinée me rappela ma propre expérience. Après avoir dénoncé le régime, je me trouvais à New York, loin de ma famille et de ma patrie. Cette période qui suivit ma prise de position fut l'une des plus dures de ma vie. Un jour, je tombai par hasard sur des Cubains qui manifestaient contre ma présence là-bas. Ils portaient des pancartes qui clamaient, entre autres : « JUANA CASTRO A DEMANDÉ LE POTEAU D'EXÉCUTION POUR LES HÉROS DE LA

PLAYA GIRÓN ». Une organisation de filiation batistienne appelée *Los Pinos Nuevos*[42] en était l'auteur.

Je n'ai jamais rien lu de plus infâme et diffamatoire. Ce que je révélerai plus loin dans cet ouvrage fera taire les voix qui m'accusèrent lâchement sur la seule base de mon nom, Castro Ruz, et qui commirent ainsi – ironie du sort – une injustice semblable à celle qu'ils reprochaient à ces anciens révolutionnaires qu'ils détestaient tant.

C'est exactement ce qui arriva à Huber Matos, qu'ils ne tardèrent pas à viser. Lorsque j'allai l'accueillir à l'aéroport, accompagnée d'autres amis et collaborateurs, je lui offris mon soutien inconditionnel, sachant parfaitement ce qu'il pouvait ressentir pendant ces moments où, contrairement à ce à quoi il s'attendait, il rencontrerait davantage d'ennemis que d'amis. J'avais subi le même dédain.

Je ne le vis pas souvent par la suite, mais l'opinion que j'ai de lui en 2009, à l'heure où je rédige ces mémoires, est la même que celle que j'avais en 1959 : Huber Matos est un homme intègre que je respecte parce qu'il réveilla de nombreuses consciences. Quant à moi, il me confirma les doutes que je nourrissais : quelque chose de mauvais sourdait dans cette Révolution que, tout comme lui, j'avais aimée plus que moi-même.

27. Camilo

J'ai toujours apprécié Camilo Cienfuegos pour son authenticité. Il attirait la sympathie. C'était un bon vivant doublé d'un caractère aimable, et le pouvoir ne lui était pas monté à la tête, contrairement à beaucoup d'autres. Il avait pris possession de Columbia, la plus grande caserne militaire de Cuba, le 2 janvier, dès son arrivée à La Havane. Je lui rendis visite pour le saluer quelques jours plus tard… Quelle différence avec le Che !

Il me reçut en personne sans se soucier d'interrompre ses occupations : « Entre, ma petite, excuse tout ce désordre mais tu imagines bien contre quoi on bataille tous les jours. »

42. *Los Pinos Nuevos*, en référence à un discours de José Martí.

Je fus brève, je ne voulais pas lui voler son temps.

« Sache que ma porte t'est toujours ouverte, me dit-il. Si tu as besoin de quoi que ce soit, Juanita, fais-le-moi savoir et tu l'auras. Je me tiens à ton service. »

Il m'étreignit et m'embrassa spontanément, et je repartis très contente. Camilo était l'image même de la simplicité, aucun de ceux qui l'ont connu ne me contrediraient sur ce point. Le chapeau qu'il portait tout le temps retenait l'attention, tout comme sa barbe qui recouvrait son visage aux traits beaucoup plus fins que ceux de son frère Osmany, qui n'a jamais été aussi sympathique et charismatique que lui. L'abîme qui les séparait était évident.

Leurs parents, un couple d'Espagnols qui s'étaient battus contre Franco pendant la guerre civile, étaient des marxistes déclarés. Nés à Cuba, leurs enfants furent élevés dans ces convictions, aussi fut-il facile pour Camilo de rejoindre la lutte dès ses débuts.

Je voyais souvent Camilo chez Raúl. Il avait le don de gagner très aisément la confiance des gens et conquérait ainsi instantanément des alliés. C'est d'ailleurs cette capacité à inspirer la confiance qui décida Fidel à lui confier la tâche d'arrêter Huber Matos à Camagüey. Matos affirma plus tard qu'après son arrivée Camilo lui avait passé un bras autour de l'épaule en lui disant : « Ne t'inquiète pas, Huber, garde ton calme, il n'y aura aucun problème, tout va bien se passer. »

Matos lui fit confiance, et le reste est entré dans l'histoire. Camilo se chargea de rétablir l'ordre au sein des troupes dans la caserne d'Agramonte, de la confier à d'autres mains et d'arrêter les hommes d'Huber Matos qui s'étaient révoltés. Cela lui prit plusieurs jours.

Alors qu'il rentrait à La Havane, la nuit du 28 octobre 1959, son avion se perdit en plein vol, au-dessus de la mer. Après plusieurs jours de recherche, on le déclara officiellement disparu.

Qu'a-t-il bien pu se passer ? Mille scénarios sont envisageables. Camilo était quelqu'un de si distrait qu'il ne se souciait pas des détails. Il ne s'inquiétait jamais de l'état de la camionnette qu'il conduisait. Ses nouvelles responsabilités lui laissant encore moins de temps pour s'occuper de sa propre sécurité, il lui importait peu de savoir si son moyen de transport, quel qu'il soit, était en bon état de marche. Il n'accordait aucune importance à ces choses.

S'il devait se rendre quelque part, il montait à bord de n'importe quel engin. Après ce trajet fatidique, tous, Raúl compris, le cherchèrent. Le petit avion dont Raúl se servit s'abîma à son tour et nous crûmes un moment qu'il s'était tué. À l'angoisse qui nous tenaillait pour Camilo s'ajouta celle de ne pas revoir Raúl. Au bout de quelques heures, Raúl réapparut. Camilo en revanche ne revint jamais.

Le temps passant, une légende se forgea autour de sa personne. Je sais que Camilo n'est jamais tombé en disgrâce, pas une seule fois pendant ces dix mois. Il a toujours été en accord avec le régime. Si cet appareil s'est écrasé, cela n'a aucun rapport avec une quelconque conspiration. Il est bien plus probable que cet avion ait eu une défaillance et que Camilo ait été prédestiné à terminer sa vie ainsi, à vingt-sept ans.

Réaliste, Fidel était conscient du fait que Camilo n'aurait pas le courage de s'opposer au régime comme l'avait fait Huber Matos. Idéologiquement, ils étaient différents.

Camilo était né avec le marxisme dans le sang tandis qu'Huber y était d'emblée opposé. Camilo n'aurait jamais osé remettre en question cette idéologie, et encore moins dénoncer ce régime dont il était un acteur important.

Je suis convaincue que Camilo serait resté aux côtés de Fidel jusqu'à aujourd'hui, s'il avait vécu. Jamais il ne se serait rebellé contre la Révolution, jamais il n'aurait eu une prise de conscience de ce genre. Fidel le savait, il n'y avait donc aucune nécessité de l'écarter. Il était sûr de pouvoir compter Camilo parmi ses fidèles inconditionnels parce que ce dernier savait vers où s'acheminait la Révolution et qu'il approuvait cette évolution. Le but réel de la Révolution était très clair pour Camilo.

Ayant partagé leur vie pendant un certain temps, je suis certaine que Camilo Cienfuegos serait aujourd'hui l'une des figures marquantes du gouvernement cubain et qu'il aurait vieilli avec eux, à l'instar de son frère Osmany, de Pedro Miret, Juan Almeida, Ramiro Valdés, José Ramón Fernández et bien d'autres. Je ne peux accorder de crédit aux rumeurs d'une altercation entre Camilo et Fidel qui aurait conduit ce dernier à vouloir éliminer son collaborateur et ami. On a pu dire que Camilo lui ravissait la sympathie du peuple, que Fidel était jaloux de lui. Jaloux de quoi ? Pendant les dix derniers mois de la vie de Camilo, Fidel était le dieu omnipotent de Cuba.

Aujourd'hui, je garde en mémoire les trois qualités principales de Camilo : son rire communicatif, sa soif de vivre et son désir d'aider son prochain. Grâce à lui, j'ai pu sauver des persécutés du régime batistien.

Pendant les premiers jours de janvier, après avoir rendu visite à Camilo au camp de Columbia, Luz María Fornaris, une amie également exilée, vint me voir. Elle était désespérée :

« Juanita, mon frère est recherché. C'était un protégé de Rolando Masferrer, qui lui avait fourni un emploi de croupier au casino d'un hôtel de La Havane. Ils le chassent comme s'il était une bête sauvage. Tu sais bien que ce garçon n'a rien fait. La seule chose qu'ils lui reprochent, c'est d'être le filleul de Rolando Masferrer. Il n'a jamais participé à aucune activité du régime de Batista, et il ne s'est pas engagé contre la Révolution, non plus. Sa relation avec Masferrer est son seul délit. L'appartement où il vit est encerclé par des membres de l'armée rebelle qui ont ordre de l'emmener à La Cabaña. Tu sais ce que cela signifie : le poteau d'exécution. »

Que pouvais-je faire ? Je me rendis d'abord personnellement chez lui pour le sortir de là et le cacher chez des amis où je logeais également à cette période. Après qu'il eut passé un mois dans cette maison, je lui pris un billet d'avion de la compagnie Aerolíneas Q, à destination de Miami. Pour une raison que j'ignore, l'avion devait décoller des pistes du camp militaire de Columbia – déjà rebaptisé Ciudad Libertad à cette époque – et non de l'aéroport de La Havane, au Rancho Boyeros.

À ce moment-là, le jeune homme était déjà considéré comme un fugitif « très dangereux » ; se rendre à Ciudad Libertad sans accompagnement équivalait donc à se jeter dans la gueule du loup.

Je pris mon courage à deux mains et appelai Camilo : « Permets-moi d'abuser de ton aide. Il faut que je te demande un service. Je vais accompagner des amis qui s'envolent pour Miami avec Aerolíneas Q depuis Ciudad Libertad. Je sais que les contrôles sont très lents et nous sommes justes en temps. Pourrais-tu m'aider à passer plus rapidement les formalités ?

— Tu n'as pas besoin de me le demander, c'est chose faite, Juanita. Un de mes hommes de confiance vous attendra et emmènera tes amis directement à l'avion. »

Nous nous présentâmes les nerfs en pelote à l'entrée de Ciudad Libertad, mais, comme l'avait promis Camilo, le frère de mon amie passa les contrôles sans être fouillé. Il monta dans l'avion en quelques minutes, et peu après nous vîmes l'appareil s'envoler avec à son bord un homme qui devait sa vie à Camilo.

Voilà le Camilo Cienfuegos que je garderai en mémoire. Tout le reste ne sont que des histoires, des élucubrations dans le seul but de créer un mythe.

28. Ma guerre commence

Ramón, Angelita, Enma, Agustina, ma mère et moi avions pour habitude de défendre ceux qui étaient l'objet d'injustices. À mesure que la situation changeait à Cuba, des parents des détenus ou des persécutés venaient nous chercher à toute heure. Angelita, l'aînée et la moins visible de notre fratrie, m'appela désespérée un après-midi de 1960 :

« Juanita, je suis venue à Ciudad Libertad [Columbia] pour aider le fils d'une amie et on m'a arrêtée ! Je suis détenue ! Personne ne fait attention à moi. Qu'est-ce que je dois faire ? Aide-moi, s'il te plaît ! »

J'appelai tout de suite Augusto Martínez Sánchez, le ministre de la Justice et l'un des plus proches collaborateurs de Fidel et de Raúl, qui avait lutté avec ce dernier dans la Sierra Cristal.

« Augusto, qu'est-ce qui se passe avec ma sœur Angelita, elle a été arrêtée ?

— Rien, répondit-il d'un ton sarcastique. D'après mes sources, j'ai cru comprendre qu'elle accomplissait des démarches pour sortir un contre-révolutionnaire de l'embarras.

— De quoi parles-tu ? Qui a donné l'ordre de l'emprisonner ?

— Calme-toi, ta sœur n'est pas en prison... J'ai donné l'ordre qu'elle ne soit qu'en “détention provisoire”.

— Eh bien, si cela peut arriver aux membres de la famille Castro Ruz, je n'ose imaginer ce que ce doit être pour le reste des Cubains. Rien ne justifie sa détention comme tu dis, mais je te préviens, Angelita ne va pas y rester longtemps. Je pars immédiatement la chercher à Ciudad Libertad. »

Je n'attendis pas la réponse et lui raccrochai au nez, indignée. Je ne savais pas où se trouvait Fidel ni Raúl, que je n'arrivais pas à joindre non plus. J'entrai dans la caserne et tombai sur Abelardo Colomé Ibarra, une des figures marquantes de la Révolution. Au fil du temps, il est monté en grade et se trouve actuellement depuis deux décennies à la tête du ministère de l'Intérieur. J'affrontai ce sbire en herbe :

« Je viens chercher Angelita. Ne commence pas à me dire qu'elle n'est pas prisonnière mais en “détention provisoire”, je me moque de tout cela. J'emmène ma sœur sur-le-champ ! Elle n'a commis aucun délit. Elle n'a rien fait d'autre que de défendre une victime de vos injustices. Ramène-la-moi immédiatement. »

Je ne me laissai pas troubler par la colère de Colomé Ibarra. S'il m'invectiva avec virulence, il n'eut cependant d'autre solution que de me remettre Angelita l'après-midi même.

Augusto Martínez Sánchez, cependant, ne voulut pas s'avouer vaincu. À peine Colomé Ibarra lui avait-il rapporté mes propos qu'il embarquait dans un petit avion pour aller retrouver Fidel, qui se trouvait alors dans la Ciénaga de Zapata. J'ai appris par la suite qu'il était arrivé en pleine nuit, dans l'unique but de se plaindre.

Le lendemain, très tôt, j'entendis le claquement simultané de plusieurs portières de voiture. Fidel était là, accompagné de son escorte et de Celia. Ils arrivaient directement de la Ciénaga de Zapata. Il entra chez moi comme une furie ; jamais je ne l'avais vu dans un tel état. Pendant ce temps, Celia, silencieuse, nous observait. Fidel s'adressa à ma mère en criant et en gesticulant : « Pour qui elle se prend, Juanita ? Elle se croit peut-être plus forte que la Révolution ? Il faut qu'elle se méfie, maman, il faut qu'elle se méfie ! »

Ma mère essaya de le calmer, mais il ne cessait de se lamenter. « J'en ai assez d'entendre que Juanita œuvre contre la Révolution ! Je ne vais pas le permettre ! Hier soir, Augusto Martínez Sánchez est venu m'avertir. Il a embarqué dans un petit avion qui a atterri sur un terrain défriché, pas même un aéroport, et ce sans la moindre mesure de sécurité. Il aurait pu se tuer ! Et tu sais pourquoi ? Parce que ta fille qui se croit toute-puissante l'a insulté, tout comme elle a injurié Abelardo Colomé Ibarra. Tout cela parce qu'Angelita aide un contre-révolutionnaire ! Tu te rends compte, maman ? Juanita insulte les leaders de la Révolution sur ce simple prétexte, sans réfléchir ! »

Sa fureur était à son comble et elle explosa quand j'entrai dans la pièce :

« Écoute Fidel, calme-toi, j'ai juste voulu porter secours à notre sœur...

— Viens là, Juanita. C'est donc pour aider Angelita que tu t'es mise à accuser le gouvernement de communiste ? Tu crois que c'est une raison suffisante pour t'autoriser à te comporter de la sorte ? C'est pour cette raison que tu as insulté Augusto et Abelardo ?

— Ce n'est pas seulement une accusation, Fidel, c'est un fait. Je n'ai plus le moindre doute à ce sujet. N'essayez pas de vous cacher. Le peuple en est bien conscient, vous êtes démasqués. Je te répète ici clairement ce que je leur ai dit. »

Au cours de notre altercation, Fidel et moi nous étions rapprochés l'un de l'autre au point que quelques millimètres seulement séparaient désormais nos deux visages.

« Écoute Fidel, je ne suis pas comme tous ces gens qui t'obéissent au doigt et à l'œil ! Si tu veux que je te respecte, tu dois me respecter toi aussi ! »

Réalisant que ses hommes, qui se tenaient autour de nous, assistaient à ma révolte, il répliqua : « Nous allons régler cette affaire ailleurs, toi et moi… montons ! »

Furieuse, je le suivis dans une pièce du second étage où nous continuâmes à nous disputer violemment pendant presque une heure.

« Je ne trahirai jamais personne, Fidel. Ni toi, ni Raúl, ni aucun de mes frères et sœurs. Ce n'est pas forcément le cas d'un grand nombre de tes acolytes, y compris ton ministre de la Justice. Tu ne sais pas de quoi ils seront capables, une fois le moment venu. »

Au bout d'un moment, le ton de la discussion s'apaisa et nous pûmes parler comme un frère et une sœur. Je n'ai jamais su, cependant, pourquoi il s'en était pris à Angelita. Ceux qui, comme Celia Sánchez, assistèrent à la conclusion de cette scène, ne surent que penser quand ils nous virent descendre les escaliers bras dessus, bras dessous, Fidel portant sous le bras une pièce de gibier congelée qu'on m'avait offerte et dont je lui avais fait cadeau au terme de cet épisode.

En apparence, cet incident eut un dénouement heureux… mais, en réalité, ils savaient maintenant que je les avais percés à jour.

29. Un mariage d'État

Ma mère nous a toujours dit : « Les Espagnols sont de si bons maris que vous devez chercher un Espagnol comme votre père pour fonder un foyer. » Pauvre maman, aucune de nous ne l'écouta. Ni Angelita, ni Agustina qui se marièrent avec des Cubains, ni moi, qui ne me suis pas mariée, ne lui donnèrent ce plaisir ; et quand se présenta le moment pour Enma, ce ne fut pas le cas non plus. Elle épousa Víctor Lomelí, un Mexicain qu'elle avait connu pendant les temps de préparation de l'expédition du

Granma à Mexico, avec qui elle a fait un mariage extraordinaire qui dura quarante-neuf ans.

Pour évoquer le mariage d'Enma, comme on le dirait en cubain, il faudrait le formuler ainsi : « Ce n'était pas une mince affaire, allons donc ! »

La situation familiale qui était celle de ma sœur en 1960 convertit la cérémonie en une véritable affaire d'État. Depuis que Víctor lui avait demandé sa main, elle imaginait son mariage comme elle l'avait toujours rêvé : dans la cathédrale de La Havane. Cela n'avait rien d'extraordinaire. Des centaines de couples s'y mariaient, donc le rêve d'Enma était tout à fait envisageable, non seulement pour elle, mais pour n'importe quelle fiancée cubaine qui le souhaitait.

Enma était des plus enthousiastes à l'idée que Fidel soit le parrain du mariage. Et lui, cela va sans dire, était très excité de conduire Enma à l'autel, celle-ci étant la sœur avec qui il avait toujours eu le plus d'affinités. C'est pour cette raison qu'elle demanda à Fidel son consentement pour l'union. Quand Fidel le lui accorda, je me souviens qu'il lui demanda aussitôt ce qu'elle voulait comme cadeau.

« Comme papa n'est plus là et que c'est le rôle du père d'acheter la robe de mariée, j'aimerais que tu me l'offres.

— Et combien ça coûte ? » dit Fidel.

Enma lui donna le prix, et rapidement Fidel lui répondit :

« Écoute, tu vas me ruiner ! Souviens-toi que je suis un révolutionnaire. »

Ce n'était qu'une blague parce que, sans nul doute, il allait la lui offrir.

Raúl, ma mère et moi, qui participions à cette réunion familiale si importante, nous nous réjouissions en écoutant les détails de ce que ma sœur voulait. Étant donné l'organisation que requéraient ces préparatifs et compte tenu de l'événement que cela représentait, il ne pourrait s'agir d'une cérémonie intime. Nous calculions que le nombre d'invités se monterait à environ six cents personnes.

En l'apprenant, Raúl bondit de son siège :

« Quel genre de mariage bourgeois es-tu en train d'organiser avec six cents invités ? »

Enma lui répondit simplement :

« Un mariage comme celui de tout le monde – en 1960, à Cuba, on pouvait encore être capitaliste –, donc ne te plains pas. Maman règle toute la fête avec son argent, Fidel va m'offrir la robe de mariée, et je voudrais que tu m'offres la robe du lendemain de noces. »

Les éclats de rire de tous les frères et sœurs fusèrent. Raúl, qui s'était mis au milieu, proposant en plaisantant d'« aider » Fidel avec les cadeaux, devait finalement lui aussi acheter quelque chose ! Bien sûr, très content, il donna à Enma l'argent de la fameuse robe car il a toujours été un bon frère.

Quel mariage, où tous se battaient pour offrir quelque chose ! Luis Conte Agüero voulait se charger des invitations, mais quand nous arrivâmes à l'imprimerie, le propriétaire ne voulut pas en entendre parler.

« Pas question ! Pour ces invitations, c'est moi qui paie et personne d'autre ! »

Par conséquent, bien que Conte Agüero se vantât de les avoir offertes, en fait, c'est l'imprimeur qui en fit cadeau. Ces quelques jours précédant le mariage étaient intenses pour ma mère et pour moi parce que chaque détail avait son importance. Par exemple, les invités de la famille faisaient partie des difficultés avec lesquelles nous dûmes jongler. Que faire de Lidia Castro Argota ?

Au moment du triomphe de la Révolution, Lidia s'arrangea pour se faire très amie avec mes belles-sœurs Vilma Espín et Celia Sánchez, mais avec nous, elle n'y est jamais vraiment parvenue, parce que mes sœurs et moi connaissions les horreurs qu'elle racontait partout derrière notre dos à ceux qui voulaient bien l'entendre.

« J'ai élevé Raúl et Fidel parce que leur mère ne s'occupait pas d'eux. »

Et ce n'était rien en comparaison d'autres histoires qu'elle divulguait. C'est pour cela, et pour d'autres choses pires encore, que nous, les filles de la famille, la tenions à l'écart. Mais Agustina, ma petite sœur, la prenait en pitié et allait parfois la voir. Lors d'une de ces visites, elle se rendit compte que Lidia n'avait pas été invitée au mariage et questionna Enma :

« Tu as raison, Agustina, pour tout ce qu'elle a inventé sur maman et ce qu'elle a fait contre la mémoire de papa, je n'ai pas invité Lidia et je ne compte pas le faire… Elle ne viendra pas à mon mariage ! »

Agustina, toujours si conciliatrice, insista, et finalement Enma céda. Elles lui envoyèrent une invitation mais attendirent volontairement le dernier moment. Si j'avais su avec les années que les mensonges et les diffamations de Lidia Castro Argota serviraient à écrire des livres insultant mes parents, jamais je n'aurais permis qu'on lui envoie une invitation ! Heureusement, Lidia ne vint pas. Nous pensions qu'elle ne s'était pas présentée parce qu'elle ne pouvait pas supporter les moments de bonheur dans notre famille, mais nous ne connûmes jamais ses raisons exactes.

Ce fut donc la première difficulté avec laquelle nous dûmes batailler ; la suite se transforma en un véritable « festival » d'imbroglios.

Les préparatifs continuaient comme prévu. Il restait deux jours avant le mariage qui avait lieu le 30 avril 1960, et, un jour, lors d'une de ces nombreuses conversations que nous avions au téléphone, Raúl et moi, il me dit, très sérieux, qu'il voulait me voir, qu'il venait chez moi et qu'il avait un message de Fidel. Quand il arriva, je me suis tout de suite rendue compte que « le message » était grave parce qu'il cherchait ses mots. Il savait que ma mère, Enma et moi, nous nous étions démenées jour et nuit pour que la cérémonie et la soirée soient telles que ma sœur les avait souhaitées, et il lui en coûta donc beaucoup d'avoir à me dire ceci :

« Juanita, Fidel m'a demandé de vous faire comprendre à vous toutes que, en ces temps de rigueur que traverse le pays, il ne serait vraiment pas opportun qu'Enma se marie dans la cathédrale, d'autant plus que la cérémonie aura lieu la veille du défilé du 1er Mai, le premier anniversaire de la fête du Travail sous la Révolution.

— Dis à Fidel que se marier dans la cathédrale de La Havane, c'est à la portée de n'importe quelle jeune fille cubaine qui le souhaiterait, avec ou sans Fidel, avec ou sans Révolution, ça ne veut rien dire. »

Raúl continuait à défendre la position que Fidel lui avait enjoint de tenir : nous convaincre de changer d'endroit.

« Fidel pense que ce serait plus adéquat qu'Enma se marie dans une autre église, moins ostentatoire…

— Ostentatoire, la cathédrale ? Voyons, tu plaisantes ! Si on la compare à d'autres cathédrales, y compris à d'autres églises de Cuba, elle est austère et trop simple pour être la plus grande cathédrale d'un pays. »

Raúl m'écoutait et comprenait que nous avions raison, mais il était au pied du mur. En fait, moi aussi je comptais des amis parmi le cercle des intimes de mes frères, si on veut, « mon service de contre-espionnage », et c'est seulement de cette façon que je pus découvrir ce qui se tramait. En réalité, il y avait toute une conspiration menée par le Che Guevara autour de ce mariage. C'est le Che qui faisait pression sur Fidel pour que la cérémonie n'ait pas lieu à la cathédrale.

« Comment est-ce possible, disait-il à Fidel, qu'une de tes sœurs désobéisse et se marie comme une vraie bourgeoise ? Imagine les conséquences de ce mariage sur la Révolution ! Tout ça, c'est Juanita qui l'organise. C'est elle la responsable. »

C'était là le sujet principal des nombreuses réunions dont j'appris l'existence pour discuter des détails du mariage ! Et cela se compliqua de plus en plus, à cause des suggestions du Che, qui finit par persuader Fidel que si Enma décidait de poursuivre ses plans et de se marier à la cathédrale, il ne pourrait pas être le parrain !

Avec toutes les idées que le Che avait mises dans la tête de Fidel, quand Raúl nous rejoignit il était clair que c'était moi la coupable des « dangereux préparatifs » de la cérémonie. N'en déplaise au Che, je ne suis pas intervenue dans la décision d'Enma, c'était, comme il se doit avec toutes les mariées, le privilège de ma sœur.

Revenons à la réunion avec Raúl, ce 28 avril 1960 : nous voulions que Fidel comprenne qu'il ne restait plus que quarante-huit heures avant l'union.

« Dis-nous ce que nous devons faire, Raúl. Les invitations sont envoyées, le corps diplomatique au complet est prêt avec les sièges assignés, comme le veut le protocole. Nous avons fait toutes les modifications nécessaires pour que les invités aient chacun leur place, et pour couronner le tout, il ne reste plus que deux jours avant le mariage ! Qu'est-ce que vous voulez que nous fassions maintenant ? »

En vérité, Raúl ne savait que faire non plus, et cela lui faisait de la peine de voir la famille dans cette situation. Ma pauvre mère voulait trouver une solution mais elle n'y parvenait pas. Comme toujours, depuis notre enfance, elle n'aimait pas que nous nous disputions, elle n'aimait les problèmes d'aucune sorte, et elle tâchait seulement de calmer les esprits de tous. J'étais ennuyée.

« Vas-y et dis à Fidel qu'Enma ne va pas se marier ailleurs parce que tout est prêt pour la cathédrale. Dis-lui que changer maintenant c'est de la folie. »

Raúl essaya en vain de me raisonner, jusqu'à ce que Enma – après tout, c'était elle qui se mariait – finisse par céder :

« D'accord, Raúl, dis à Fidel que j'accepte une autre église. Mon rêve était de me marier à la cathédrale mais pour ne pas causer d'ennuis, je veux bien me marier ailleurs. »

Raúl nous étreignit toutes, embrassa maman et partit voir Fidel pour lui donner la nouvelle.

« Et maintenant qu'est-ce qu'on fait ? demanda ma mère.

— Rien, lui dis-je. S'activer sans perdre une minute de plus. »

Et les surprises surgirent. Sans nous en demander la permission, des messages commencèrent à passer à la radio : « Étant donné l'austérité que traverse le pays à cause de la Révolution, de l'histoire [et d'autres choses dont je ne me souviens pas], nous vous informons que le mariage de Mlle Enma Castro aura lieu à l'église de San Juan de Letrán au Vedado. »

Je dois préciser que Raúl accepta l'église de San Juan de Letrán, après que nous eûmes refusé leur proposition d'organiser la cérémonie à l'église de l'Ángel. Là-bas, nous disaient-ils, tout était prêt, et ce serait très bien parce que là aussi s'était marié Efigerio Almejeira, commandant du Second Front de l'armée rebelle et survivant du *Granma*. Il ne manquait plus que ça ! Après avoir tout réorganisé l'après-midi, je reçus après minuit un appel de Raúl.

« Juanita, écoute, l'église de San Juan de Letrán, ce n'est pas possible. C'est plein de curés conspirateurs et contre-révolutionnaires. S'il arrive quelque chose à Fidel, il ne restera aucun curé vivant ! »

Ce fut la salve que je reçus à une heure avancée, la veille du mariage d'Enma !

À nouveau, Raúl et moi nous nous disputions en moins de vingt-quatre heures. Je finis d'écouter les bêtises qu'il me racontait parce que je savais que tout cela ne venait pas de lui, ni de Fidel, mais du Che. Quand il eut terminé, très calme, je lui dis :

« Écoute, celle qui se marie, c'est Enma. Et ce sera à la cathédrale ! La discussion est close. Si Fidel veut être le parrain, qu'il le soit, s'il ne peut pas, qu'il ne le soit pas, s'il veut aller au mariage, qu'il y aille, s'il ne veut pas, qu'il n'y aille pas. Cela n'a plus d'importance ! Je crois que ce qui se passe relève d'un abus de pouvoir de votre part sur les conseils du Che, et nous n'allons pas l'accepter. Donc dis à Fidel que la réponse est non ! Enma va se marier à la cathédrale et, s'il te plaît, dis à tous ceux qui veulent faire bonne figure avec vous qu'ils arrêtent de diffuser comme ils le font ces messages à la radio, pleins de démagogie de bas étage. À vous écouter, il n'existe pas d'endroit sûr pour célébrer ce mariage, par conséquent, n'en parlons plus. »

Je raccrochai, tandis que ma mère, inquiète, priait avec Enma, qui prit une décision, tard ce 29 avril. Elle se saisit du téléphone et appela Raúl pour lui donner un ultimatum :

« Juanita m'a dit que vous vouliez encore changer d'église. Dis à Fidel que j'en ai assez de tant de revirements. Ou je me marie demain à la cathédrale, ou je me marie dans trois jours… à la cathédrale de Mexico. Je n'admets plus de modifications ! C'est terminé. »

Devant l'attitude ferme d'Enma, Fidel dut céder. Raúl m'appela tôt le matin.

« D'accord. Enma va se marier à la cathédrale mais, étant donné les circonstances, je ne peux t'assurer que Fidel y assiste. »

Ce fut le premier affrontement lié à toute cette histoire qui mélangeait notre vie privée à la politique.

Nous fîmes donc à nouveau marche arrière pour le lieu de la cérémonie religieuse : retour à la cathédrale de La Havane. Ma mère s'inquiétait de ce que les invités pourraient penser de nous et avait peur que tout cela ne débouche sur une guerre entre frères et sœurs. Pour ma part, j'étais préoccupée pour d'autres raisons. À un jour du mariage, il restait un autre problème à résoudre : si Fidel ne venait pas, alors Enma n'aurait pas de parrain pour entrer à l'église. Par mes amis, j'appris que c'était devenu une rumeur et que les paris allaient bon train dans la rue : Fidel entrera ou n'entrera pas à la cathédrale ?

Je fus tirée de mes pensées par un autre appel de Raúl qui nous donnait rendez-vous chez Fofo et Orquídea, qui avaient déménagé à La Havane. C'était pour nous informer des derniers accords qu'ils avaient pris concernant la cérémonie. En arrivant, rien qu'à voir la tête de mon frère, je savais que les ennuis n'étaient pas terminés. Aussitôt, Raúl, qui avait l'air accablé par tous ces changements, prit la parole devant cette réunion familiale « au sommet » qui réunissait Ramón, Enma, Agustina, ma mère et moi.

« Fidel veut que vous sachiez qu'il ne pourra définitivement pas entrer à l'église avec Enma. Vous devez prendre conscience, s'il vous plaît, du fait qu'après-demain, c'est le 1er Mai et que la presse du monde entier est à Cuba. Essayez de comprendre, je vous en prie. »

Orquídea intervint :

« Où est Fidel, pour qu'il ne vienne pas personnellement nous faire part de sa décision ?

— Dans la Ciénaga de Zapata, répondit Raúl.

— Et toi, pourquoi tu n'entres pas avec elle ? »

La question d'Orquídea le prit au dépourvu, mais Raúl savait se sortir de n'importe quelle situation.

« Moi ? Non, allons donc ! Je ne peux pas. Vous ne voyez pas que je boite parce qu'un téléphone m'est tombé sur le pied et que je me suis fait mal ? »

Il était vrai qu'il marchait en boitant et qu'il avait l'air blessé au pied, au point qu'il utilisait une canne, mais vu la façon dont on le regarda, il comprit que nous ne croyions pas à son excuse.

« Je suis blessé mais cela revient au même, je ne peux pas le faire parce que c'est un mariage bourgeois. »

Alors Enma trancha :

« Ce n'est pas grave, pour ma part il n'y a pas de problème, j'entrerai seule.

— Non, tu ne peux pas faire ça non plus », ajouta Raúl.

À ce moment-là, nos regards convergèrent vers Ramón – après tout, c'était le frère aîné.

« Non, non et non. Ne comptez pas sur moi, pour rien au monde je ne mettrai un frac. »

Alors Enma se tourna vers Fofo :

« Vous, ingénieur, vous avez été comme un père pour moi. C'est le rôle que vous avez joué dans ma vie pendant toutes ces années. Vous et Orquídea nous avez protégés, moi et mes frères et sœurs, dans ces moments d'incertitude, quand personne ne savait ce qui se passerait avec la Révolution. Chez vous à Mexico, on se sentait comme chez nous. »

Enma ne put même pas terminer sa demande parce que l'ingénieur, qui attendait qu'on le lui propose, lui répondit :

« Avec grand plaisir, Enmita. Ce sera pour moi un honneur d'être ton parrain, entrer avec toi à l'église, remplir le rôle qu'aurait tenu ton père et te conduire à l'autel. »

Enfin nous respirâmes, soulagés. Un problème de moins ! Maman, Raúl, Enma, Ramón, Agustina et moi étreignîmes Orquídea et Fofo ; Fofo qui, pour dire vrai, avait été un père pour mes frères et sœurs quand ils se trouvaient dans sa maison du Pedregal de San Ángel dans la capitale mexicaine. Nous pourrions même dire que la Révolution cubaine germa à l'intérieur de cette maison, donc il méritait pour ce mariage de représenter mon père, lui qui aurait été certainement heureux et fier d'accompagner Enma.

Pour le moins, toutes les embûches avaient été surmontées alors que nous étions à quasiment vingt-quatre heures du grand événement. Comme Raúl s'intéressait à tout ce que nous faisions, ma mère et moi, nous lui racontions où en étaient les derniers détails, quand Orquídea déclara :

« Raúl, j'ai besoin de parler à Fidel, où qu'il soit, à n'importe quelle heure, mais je dois le voir.

— Ne t'inquiète pas, tu vas prendre tout de suite mon hélicoptère pour aller à la Ciénaga de Zapata et lui parler. Toi, il va t'écouter. »

Orquídea prit son sac et partit avec Raúl pour la mission qu'elle seule connaissait. Nous l'apprîmes à son retour le soir.

« J'ai vu Fidel et je lui ai rappelé un tas de choses que personne d'autre dans son entourage n'aurait accomplies. Comme toujours, il m'a écoutée. Vous auriez vu la tête de l'armée de "satellites" autour de lui, en particulier quand il m'a dit qu'il ne t'accompagnerait pas à l'autel, Enma, mais en revanche, il m'a promis d'assister à la messe et à la réception. »

En entendant cela, naturellement, j'étais heureuse pour Enma. Finalement tout s'arrangeait !

Et le grand jour arriva.

Chez moi, c'était un va-et-vient continuel. Cela faisait plusieurs jours que les cadeaux arrivaient encore et encore, à n'en plus finir. Ma mère et moi, nous avions commencé à nous préparer de bonne heure. Enma, cela va sans dire, était nerveuse et heureuse comme toute mariée dont tous les vœux se réalisent le jour de son mariage. J'avais cessé de penser à Fidel et de me demander s'il viendrait ou non, et je m'étais promis d'en profiter aux côtés de ma mère, qui était très belle. Sa coiffure s'accordait parfaitement à l'événement et à sa robe, complétée par des boucles d'oreilles en saphir et diamants que mon père lui avait offertes le jour de la naissance d'Angelita, en 1923. Elle les portait pour des occasions spéciales, et la dernière fois qu'elle les avait mises, c'était pour le diplôme de Fidel. Avant de partir à l'église, elle voulut nous parler en privé, à Enma et à moi :

« Je veux vous dire que je suis très fière de vous. Votre père aussi le serait, s'il était encore en vie, et je remercie Dieu de m'avoir permis de vous voir ainsi. »

Elle était ainsi, une femme bonne, qui veillait toujours à ce que nous allions bien. Nous ne la laissâmes pas continuer car les larmes allaient lui défaire son maquillage.

« Arrête de pleurer, maman, dit Enma. Aujourd'hui est un jour de bonheur. Tu le mérites parce que tu as été la meilleure mère du monde. Personne ne sait ce que tu as enduré pour tes enfants, combien tu t'es sacrifiée pour nous tous. Tu dois être fière parce que tu as fait ton devoir, tu nous as donné tout ce que tu pouvais, et nous portons dans notre cœur ce que tu nous as appris. Si seulement je pouvais être une épouse et une mère comme tu l'as été, j'aurais ainsi ce dont j'ai toujours rêvé : un mariage aussi uni et heureux que le tien. »

Alors ma mère annonça son cadeau à Enma :

« Quand la cérémonie sera terminée, je te donnerai mes boucles de saphir et diamants, et pour Víctor, j'ai les boutons en or de ton père. C'est notre cadeau de mariage, de la part de ton père et de la mienne. »

Avec les yeux pleins de larmes de bonheur, nous nous étreignîmes à nouveau, et ensuite, nous partîmes en direction de la cérémonie.

Face à la cathédrale de La Havane, ce 30 avril 1960, je la vis plus grande et plus belle que jamais. Le rêve d'Enma s'était finalement réalisé. Avec le corps diplomatique et les invités, la cathédrale était bondée, tandis que l'orchestre de chambre jouait la musique choisie au préalable par Agustina, en attendant que la cérémonie débute. À l'intérieur se trouvaient déjà Raúl et sa femme Vilma, Ramón, Angelita et leurs familles respectives. Pendant ce temps-là, sur le parvis, nous, les autres, pensions tous la même chose : « Il faut attendre quelques minutes de plus, si jamais Fidel se présente. »

Sur les accords de la *Marche nuptiale* de Mendelssohn et avec Agustina dans le chœur en tant que grande soprano lyrique, Enma entra dans la cathédrale au bras de Fofo, très fier dans son rôle de parrain, qui l'accompagnait comme l'aurait fait Ángel Castro, mon père.

Durant la cérémonie, la voix d'Agustina chantant pour sa sœur l'*Ave María* de Schubert rendit cet instant si intense que je ne l'oublierai jamais. La messe se déroulait minute après minute, avec la solennité due à l'occasion, pendant que j'observais de temps en temps ma mère du coin de l'œil, sachant d'avance qu'elle pensait à l'absence de Fidel. Soudain, on entendit beaucoup de bruit de voitures et de portes qui claquaient dans la rue, et, quelques secondes plus tard, un bruit de bottes dans l'allée centrale de la cathédrale. Tout le monde tourna son regard vers l'entrée : c'était Fidel.

Bien que, en effet, ces jours-là, il se trouvât dans la Ciénaga de Zapata pour arranger les histoires de tout le monde sauf les siennes, il eut des remords de ne pas assister au mariage de sa sœur préférée et tint la promesse qu'il avait faite à Orquídea. Mais comme il s'était décidé au dernier moment, il entra au milieu de la grande nef avec l'uniforme en désordre et, bien évidemment, entouré de son escorte.

En fait, j'étais très gênée de voir la scène, qui fut suivie d'un grand applaudissement de l'assistance, ce qui, bien sûr, interrompit la cérémonie, jusqu'à ce que Fidel, avec Juan Almeida à ses côtés, s'asseye à côté d'Osvaldo Dorticós – à ce moment-là président de Cuba. Enma souriait et ma mère pleurait de joie de voir que Fidel avait finalement changé d'avis et était venu au mariage, même si c'était au dernier moment.

En tant que sœur, j'étais contente pour Enma parce que c'était le jour de son mariage, mais j'étais stupéfaite d'apercevoir parmi ceux qui étaient debout dans un côté de l'église, attendant Fidel, le Che Guevara ! Son regard défia le mien, et je lui fis comprendre sans mot dire qu'il n'était pas ici à sa place. Il baissa les yeux tandis que je ruminais ma rage, parce que je savais que ce que nous avions traversé était dû à cette intrigue de cour qu'avait suscitée le mariage.

En tant qu'athée, non seulement il lui fallut supporter la cérémonie religieuse, mais il dut également voir le nonce apostolique du Vatican à Cuba lire et remettre aux mariés la bénédiction papale signée par Pie XII en personne.

La messe s'acheva au milieu de cette guerre silencieuse de regards échangés. Enma sortit au bras de Víctor, dont elle était désormais l'épouse et, sur le parvis, il n'y eut qu'embrassades et félicitations. À un moment, je mentionnai à Enma l'entrée triomphale de Fidel en pleine messe.

« Ah Juanita ! Je sais, mais au moins il est venu ! »

Je ne voulais plus en parler, et nous partîmes à la soirée, où j'allais mener une autre guerre personnelle. Comme j'en avais assez de tous ces gens flatteurs et faux qui tournaient autour de mes frères, je m'étais promis qu'aucun d'entre eux n'entrerait au banquet. Je m'étais lassée de voir la cour être admise partout où se trouvait Fidel. C'était très bien pour les cérémonies politiques de sa vie quotidienne, mais le mariage d'Enma n'en serait pas une de plus : c'était une fête familiale avant tout.

Je me mis en tête de faire valoir mes règles sans en parler à aucun de mes frères et sœurs. Je postai donc des gens de confiance, dont Luis Fuentes à qui je donnai une sacrée mission : empêcher les ministres qui n'étaient pas invités d'entrer. Luis s'acquitta de sa tâche à la perfection, renvoyant les personnes *non grata*. Le seul qui osa défier les règles et qui essaya quand même de passer était Augusto Martínez Sánchez, le ministre de la Justice qui avait donné l'ordre de « détenir » temporairement Angelita.

« Je dois voir Fidel tout de suite, laissez-moi entrer », ordonna-t-il à la porte.

Luis Fuentes fit ce qu'il devait faire, le stoppant et le priant de rester là, le temps de me demander s'il pouvait passer. Les invités qui attendaient à l'entrée me dirent qu'Augusto Martínez Sánchez était furieux, et cela empira sûrement quand Luis Fuentes revint avec ma réponse.

« Désolé, monsieur le ministre, mais sur ordre de Juanita, vous ne pouvez pas assister à la réception à laquelle vous n'avez pas été convié. Juanita me fait dire que si vous devez parler à Fidel, il vous faudra attendre que cela se termine. »

Il ne lui restait plus qu'à faire demi-tour et à s'en aller.

La fête continua, et tout le monde était tranquille et heureux. Tous les détails correspondaient à ce qui avait été prévu. La table d'honneur, longue et très grande, se trouvait au milieu de la salle. Nous y étions tous assis : Víctor et Enma au centre, et à leurs côtés les deux familles mêlées, les Lomelí et les Castro. Fidel était à la droite d'Enma, et à côté de lui se trouvait Raúl.

Je me rappelle que Fidel adressa quelques mots aux uns et aux autres, tandis que les invités se montraient fiers d'assister au mariage de l'année à Cuba, en 1960.

Comme toujours, si prévoyant, Fidel dit à la mariée :

« Enmita, tu devras faire très attention quant à la rancune d'un quelconque batistien à Mexico. S'il t'arrive quoi que ce soit, n'hésite pas une seconde, tu vas tout de suite à l'ambassade de Cuba, et là on t'aidera. »

La soirée et la fête durèrent des heures sans aucun incident. Avant le départ en voyage de noces, nous tous, les frères et sœurs, nous mîmes à l'écart un moment en privé autour de ma mère, qui retira ses boucles de saphir et diamants.

« Ma petite fille, prends-les, un jour ton père me les a offertes et maintenant elles sont à toi. Et pour toi Víctor, voici les boutons en or de ton beau-père, il te les aurait sûrement donnés ce jour-là. »

Elle les étreignit et donna à Enma un dernier conseil :

« Ne sois pas une vulgaire ronchonne avec Víctor, c'est un bon garçon. »

Tout cela ne m'étonnait pas parce que ma mère était ainsi : quelqu'un de tendre et de généreux avec ses enfants, et aimable avec ses gendres. De plus, elle aimait vraiment beaucoup Víctor Lomelí. Les mariés partirent en lune de miel, et quand le dernier invité s'en alla, Fidel et Raúl en firent autant.

Finalement, malgré ces histoires, Enma se maria comme elle l'avait voulu, et son couple, qui a duré presque un demi-siècle, a été aussi réussi que la cérémonie. Maman et moi terminâmes la journée heureuses. Ce fut un événement à jamais mémorable dans l'histoire de notre famille.

30. J 406

Au fond, je ne sus jamais quand je franchis la ligne, soutenant d'abord le régime, puis luttant contre, parce que j'ai toujours détesté les injustices. C'est pourquoi je me mis à aider des batistiens en disgrâce, et ensuite des révolutionnaires tombés eux aussi en disgrâce. Étant donné les circonstances, je me rendis compte que j'avais besoin d'un endroit qui leur servirait de refuge. J'en hébergeais quelques-uns à la maison, et d'autres logeaient chez des amis qui prenaient des risques en m'aidant, mais j'avais besoin d'un lieu où ces gens pourraient demeurer sans éveiller les soupçons. J'y pensais toute la journée et retournais l'idée dans tous les sens jusqu'à ce que j'apprenne qu'une pension de famille était en vente au Vedado. C'était parfait comme solution !

J'y allai, je la vis et l'achetai. Ma mère me rapporta les commentaires de Fidel et Raúl sur le sujet :

« Tu connais le nouveau travail de Juanita ? demanda Raúl à Fidel.

— Comme elle construit des écoles et des hôpitaux, elle voudra sûrement avoir son propre hôpital ou une entreprise de BTP.

— Non. On m'a dit qu'elle a acheté une pension de famille, pas chère du tout, tu sais bien que ce qu'elle aime, c'est trouver quelque chose à acheter et à vendre.

— Mon vieux, elle a toujours été la commerçante de la famille, répondit Fidel. Elle est douée pour les affaires. »

Mais ce qui est sûr, c'est que personne n'imaginait à quoi allait servir J 406. À nouveau, ma mère garda le secret ; même si elle ne connaissait pas toute la vérité, sans que je le sache, elle avait deviné ce qui se passait.

La maison, située au numéro 406 de la rue J dans le quartier du Vedado, à La Havane, remplit diverses fonctions. Entre autres, de garder les effets personnels de ceux qui avaient demandé à quitter Cuba. Lorsqu'une personne formulait la requête, en général quelqu'un du ministère de l'Intérieur se rendait rapidement à l'adresse du sollicitant pour effectuer le fameux inventaire et il inscrivait ce que la famille possédait jusqu'à la dernière chemise. Il ne leur laissait rien d'autre que ce qu'ils avaient sur le dos, et si, au moment de partir, il manquait quelque chose à l'inventaire, c'était un motif plus que suffisant pour annuler l'autorisation de sortie.

C'est à ce moment-là que la pension entrait en jeu. Après avoir postulé pour la sortie, nous emmenions ceux que nous pouvions loger à la pension. Ils donnaient alors l'adresse comme étant la leur, et ainsi, quand quelqu'un venait faire l'inventaire, seuls étaient enregistrés comme biens personnels les vêtements qu'ils gardaient dans leur chambre, puisque le reste appartenait à la pension de famille où ils louaient prétendument. Nous eûmes vraiment beaucoup de chance, même si, parfois, nous nous trouvâmes réellement en danger.

Je n'oublierai jamais le cas de Blanca Salvat, sténographe au ministère de la Justice, qui vint à la maison envoyée par l'une des organisations avec lesquelles je coopérais. Elle avait besoin d'attendre l'inventaire pour quitter Cuba. En remplissant les papiers, un des pensionnaires me dit qu'il y avait un problème dans sa chambre. J'y allai rapidement et entendis une dispute.

« Qu'est-ce qui se passe ? demandai-je à celui qui se chargeait des formalités. Quel est le problème ?

— Que la dame vous le dise ! répondit-il.

— Juanita, nous sommes voisins, lui et moi. Cela fait très longtemps que nous vivons dans le même pâté de maisons et par conséquent, il sait que je n'habite pas ici. J'ignorais qu'il était employé au ministère de l'Intérieur et qu'il s'occupait des inventaires. »

J'eus une peur bleue !

J'essayai de le convaincre, exposant mille et un arguments. Une fois sorti, je pensai qu'il allait nous trahir et, donc, que nos efforts pour aider toutes ces personnes prendraient fin. Heureusement, les miracles existent, et cette fois-ci, il fut très grand. Je pris mon courage à deux mains et je dis à l'homme : « Donnez-moi un coup de main, elle ne fait de mal à personne. Je vous supplie de ne pas la dénoncer. »

Il lut l'angoisse sur nos visages et, après un silence, dit : « Calmez-vous, pour cette fois, je n'ai rien vu. »

L'homme tint parole, et la dame put finalement quitter Cuba, sauvant un peu de ce qu'elle possédait – des années plus tard, je la croiserais à diverses occasions à Miami.

D'autres fois, le J 406 abritait des gens persécutés qui se cachaient en attendant que nous trouvions une ambassade qui leur offrirait l'asile politique. Ils y restaient jusqu'à ce que nous puissions les transférer et les sortir de Cuba d'une façon ou d'une autre. Tout au long de ces quatre années de travail, des centaines de personnes purent ainsi être sauvées et garder le peu qui leur restait.

Ce qui est sûr, c'est qu'en arrivant à la pension les gens étaient fortement impressionnés. Les pauvres ! Ils étaient choqués par ma présence ! Ce fut le cas de Mirta Bianchi, une chef d'entreprise qui réussit à Miami. À l'époque, elle était étudiante en droit et fuyait car elle était liée à des groupes contre-révolutionnaires. Il s'avère qu'ils arrêtèrent un jeune homme de son organisation, qui, sous la torture, donna les noms de ceux qui étaient impliqués, dont celui de Mirta, sur qui pesait un mandat d'arrêt pour activité contre-révolutionnaire. Elle était férocement poursuivie par le G2, les redoutés services de renseignements, qui avaient réuni une importante quantité de charges contre elle. Ils l'accusaient notamment de conspiration et de transport d'armes, ce qui suffisait pour être fusillée. Désespérée, elle arriva au J 406 en quête d'un refuge.

« On m'avait dit, me racontait Mirta, que quelqu'un de bien cachait des gens et les aidait à fuir de Cuba. On m'avait donné cette adresse, en me disant qu'il s'agissait d'une pension de famille dans le Vedado, et j'y suis allée. Quelle ne fut pas ma surprise quand je suis tombée sur Juanita Castro en personne, la sœur de Fidel et de Raúl ! Quand je t'ai vue, Juanita, je me suis dit : “Ah mon Dieu ! Où est-ce que je me suis fourrée ? Je me suis jetée dans la gueule du loup !”. »

Je m'étais tout de suite rendu compte de ce qui se passait. La jeune fille tremblait de peur en ma présence. Je tâchai de la calmer en lui posant de banales questions, sur ce qu'elle faisait, son travail.

« Oui, je t'ai expliqué que j'étais au lycée et que j'allais entrer à l'université, raconta Mirta plus tard. En fait, je n'allais pas à l'école, je me dédiais à des actions contre-révolutionnaires. C'est seulement après m'être assurée que tu étais une personne de confiance que j'ai osé te faire cet aveu, quand je me suis aperçue que, dans cette maison, les gens te laissaient leurs titres de propriété et leurs biens pour que tu les fasses sortir de Cuba. Par conséquent, je n'avais rien à craindre. »

Officiellement, je ne vivais pas là-bas. C'était plutôt mon bureau, mon quartier général, le centre de mes activités si particulières que j'y gagnai le surnom de « mère des *gusanos*[43] » (*gusano* est le terme que le régime employait péjorativement pour désigner les contre-révolutionnaires). Dans la pension régnait un ordre total. Tous, nous connaissions notre position face au régime, mais personne ne se vantait de quoi que ce soit, et aucune action susceptible de nous trahir n'était rendue visible, bien au contraire. La discrétion était absolue, personne ne parlait de ce qu'il faisait, ce qui nous aurait coûté la vie.

Une autre des activités qui me prenait beaucoup de temps consistait à obtenir des passeports en vue des départs, car c'était l'une des deux conditions requises indispensables pour quitter Cuba, et ils faisaient donc l'objet d'un contrôle rigoureux. J'avais les moyens de me faire des amis dans tous les bureaux où on ne résistait pas à mon charme – au moins pendant un certain temps – en tant que « sœur de Fidel », et c'est ainsi que je pris contact avec quelqu'un qui s'occupait des passeports. Je me renseignai et découvris que cette personne aimait les étuis à cigarette en argent et le champagne, choses qu'il avait du mal à obtenir, ce qui fait que je lui en apportais chaque fois que je lui remettais entre dix et vingt passeports, qu'il approuvait sans aucune enquête.

Un beau jour, il m'appela :

« Ma chère amie, je vais changer de bureau, donc apportez-moi aujourd'hui même à l'endroit convenu tous les passeports que vous avez, parce que demain, peut-être que je ne pourrai plus m'en charger. »

Je pensai aussitôt à Mirta Bianchi ! Surtout parce que le G2 avait multiplié ses impitoyables recherches, et c'était l'occasion d'avancer son départ. Ils harcelaient sa famille à Santa Clara pour qu'elle leur dise où elle se cachait. C'était le moment de la sortir de là, mais elle courait le danger d'être découverte, et alors tout se terminerait pour elle. Mon contact signa les dizaines de passeports que j'avais emportés, dont celui de Mirta, et ensuite nous nous procurâmes son billet. Il lui fallait affronter la peur et je l'accompagnai à l'aéroport pour lui faire mes adieux, à elle et à d'autres amis. En fait, je voulais surtout

43. Vers de terre.

éviter un quelconque incident de dernière minute. Ses parents, qui ne l'avaient pas vue depuis longtemps, faisaient aussi partie du groupe.

« C'était angoissant, racontait Mirta, étant donné qu'il n'était pas permis de sortir de Cuba plus de vingt-sept kilos, et rien d'autre que trois vêtements de rechange ; j'étais là, à vingt et un ans, avec ma vie réduite à vingt-sept kilos. Une milicienne me prit le seul flacon de parfum que j'avais dans mon sac à main, et, alors qu'ils m'avaient déjà donné leur accord pour embarquer, ils m'emmenèrent au bureau appelé "l'aquarium" pour un contrôle plus approfondi. Ils m'interrogèrent et j'étais sûre qu'ils m'avaient découverte. Je pouvais à peine respirer, terrorisée, car je me voyais déjà emprisonnée à La Cabaña. »

Pendant ce temps, nous observions tous la scène, terrifiés, à travers les vitres de « l'aquarium ». Alors je me dis, c'est maintenant ou jamais ! J'entrai et me présentai :

« Je m'appelle Juanita Castro. Il y a un problème avec la demoiselle ? C'est une amie de la famille. »

Sans nul doute, mon nom impressionna le fonctionnaire qui, face à la sœur de Fidel venue prendre congé d'amis, cessa d'éplucher des papiers.

« Non, bien sûr que non, il n'y a pas de problème… La demoiselle peut partir. »

En réalité, je ne sais pas comment je fis pour ne pas avoir d'infarctus à cette époque, alors que des situations de ce genre se présentaient souvent.

En outre, le fait d'aider quelqu'un me mettait en lien avec d'autres personnes, pour lesquelles il fallait prendre davantage de risques. Au travers de Mirta Bianchi, je m'investis de plus en plus dans la résistance avec le groupe des jeunes de l'Action catholique cubaine, et le dénommé Mouvement révolutionnaire du peuple, dirigé par Manuel Ray Rivero, un ingénieur cubain qui avait lutté contre Batista, et qui avait été chargé de la construction de l'hôtel Habana Libre.

Au triomphe de la Révolution, Fidel le nomma ministre des Travaux publics. Mais au bout d'un an, il démissionna, alléguant le nombre de plus en plus élevé de communistes aux postes clés de son ministère, ce qui le convertit en contre-révolutionnaire. J'étais très unie à ces groupes, avec lesquels je travaillais, et nombre d'entre eux passèrent aussi par le J 406.

Le cas de la famille de Salvador Esteva Lora est une histoire digne d'un roman à suspense, étant donné les péripéties que nous vécûmes au J 406 avec eux. Ils étaient tous de fervents contre-révolutionnaires, tout comme ils avaient été des ennemis acharnés de Fulgencio Batista. Il n'y en avait pas un dans cette famille qui n'ait participé aux attentats contre les batistiens. Le membre de la famille le plus remarquable en termes d'audace n'était, contrairement à ce que l'on pourrait penser, aucun des garçons – qui étaient toujours mêlés à des histoires –, mais Ana Ely, une des filles de Salvador Esteva. Elle collaborait au Directoire révolutionnaire, et elle était hors du commun.

« Je suis sûre qu'ils m'avaient prise là-bas parce qu'il n'y avait personne d'autre que moi pour faire toutes ces folies au nom de l'idéal pour lequel nous nous battions, racontait Ana Ely. À l'époque, Batista était au pouvoir, et c'est à moi qu'incomba la tâche de porter l'explosif pour l'attentat au *El Encanto*, le plus grand magasin de La Havane, qui a été incendié. Pour faire exploser la charge de plastic, j'allumai la mèche avant de placer la bombe, échappant de peu à la mort. »

Le mécontentement pour la Révolution poussa toute la famille à se battre également contre le régime castriste, avec la même fureur que contre la tyrannie batistienne. Ana Ely perdait tout sens commun lorsqu'il s'agissait de prendre des risques, mais elle avait toujours beaucoup de chance, de sorte que, quand on l'arrêtait, son père et sa famille venaient aussitôt me demander protection. Le problème, c'est qu'il ne se passait pas une semaine sans que, pour une raison ou une autre, Ana Ely ne soit au G2. Un jour, on m'avertit qu'elle était à nouveau prisonnière.

« Pourquoi détenez-vous mademoiselle Esteva ? »

À l'autre bout du fil, une voix me dit :

« Quelqu'un a transpercé un milicien avec un couteau et on l'a accusée. »

Je dois avouer que je ne demandai même plus si c'était vrai ou non, sachant parfaitement qu'elle était capable de n'importe quelle folie, et rien ne m'étonnait plus. Je me limitai simplement à la sortir de prison.

Ce qui me surprenait le plus, quand je lui demandais si elle n'avait pas peur d'agir ainsi, c'était ses réponses.

« Comment cela pourrait-il me faire peur, Juanita, si c'est ce qui me rend le plus heureuse ? Je contribue à renverser ceux qui ont trahi la Révolution pour laquelle nous avons lutté et qui allait être la meilleure chose pour nous tous ! »

Peu de temps après, Ana Ely eut encore des ennuis. Cette fois, ce fut à l'occasion d'une de ses visites au J 406. Nous vîmes qu'on lui volait sa voiture juste devant la porte de la maison. Nous sortîmes tous en courant derrière les prétendus voleurs, qui se trouvaient être du G2 ! Lors d'une opération éclair, nous les rejoignîmes en voiture dans les rues 23 et L, au cœur du Vedado. Nous encerclâmes les agents pendant que l'un des nôtres fouilla la voiture... dont le coffre était plein d'armes !

L'intention était claire : ils voulaient intenter un procès à Ana Ely pour se débarrasser d'elle, et la prochaine fois ce serait mon tour. Être témoin de tout cela me rendit furieuse, et je me mis à insulter le G2.

« Maudits sbires ! Vous n'êtes pas arrivés à vos fins ! Comment ne pas être contre vous avec toutes ces injustices que vous commettez ? Mais qu'est-ce que vous croyiez ? Que vous alliez gagner ? Rendez-moi tout de suite cette voiture ! »

Les types ne savaient que faire, alors que je continuais à les injurier, hurlant en pleine rue.

« Tu vas bientôt tomber, et il n'y aura personne pour te sauver », me lança l'un d'eux, avec dédain.

Le fait est qu'il y avait une vraie pagaille, les passants s'approchaient, et ils nous laissèrent la voiture. Je ne sais pas où ils mirent les armes qu'ils avaient déposées dans le coffre, parce qu'en l'espace de quelques secondes tout était net.

La situation judiciaire d'Ana Ely avait atteint un tel degré qu'à tout moment elle se faisait arrêter, et j'étais fatiguée des coups de téléphone de sa mère qui, à 3 heures du matin, me réveillait avec la même requête : « Ah Juanita, excuse-moi de t'appeler si tard, mais ma fille est au G2. »

J'allais rapidement la chercher et, chaque fois, grâce à Raúl, ils la laissaient partir. Après tant de nuits blanches, je finis par avoir une idée géniale.

« Écoute, Ana Ely, à partir d'aujourd'hui, tu restes dormir chez moi. La journée, tu fais ce que tu veux, mais la nuit, s'il te plaît, tu dors à la maison pour que je ne sois plus dérangée à 3 heures du matin. »

Elle accepta. En fait, nous étions jeunes – vingt-huit ans – et nous avions les forces suffisantes pour tout endurer. Nous n'étions pas les seules, je pense à des jeunes très courageux comme Manolo Baró, qui vivait à Miami et était venu clandestinement à Cuba pour une mission de la CIA (Agence centrale de renseignements des États-Unis) afin d'essayer de sauver un autre jeune homme, Manolo Guillot. Quand il arriva, Guillot avait déjà été fusillé. Il continua à se faire des contacts, sans prendre peur, mais le G2 l'avait suivi et était sur le point de l'arrêter. On me demanda de le protéger.

« Chez toi, c'est le seul endroit où il peut se cacher et être en sûreté. Personne ne veut l'accueillir. Si on ne lui trouve pas un abri, Manolo est un homme mort. »

Je le reçus chez moi, naturellement, mais son séjour coïncida avec l'une des visites de ma mère à La Havane. Très intriguée par la présence permanente de Manolito Baró, ma mère commença à s'informer :

« Viens là, mon petit, d'où viens-tu ?

— De Santiago de Cuba, Lina.

— Et depuis combien de temps tu connais Juanita ?

— Nous sommes des amis de longue date. »

Comme personne ne lui disait rien de plus, elle ne découvrit pas la réalité – ce qui l'aurait beaucoup inquiétée – et finalement elle se lassa d'enquêter.

Nous ne sûmes jamais si elle crut ce qu'on lui avait raconté, mais ce qui est sûr, c'est qu'ils devinrent bons amis. Elle écoutait ses histoires, dont la plupart étaient inventées juste pour lui faire passer un bon moment. Il faut dire que, par mesure de précaution, ma mère ne sut jamais le véritable nom de Manolo. Mais les choses n'étaient pas aussi légères, au contraire. L'avoir chez moi nous mettait tous en grand danger, à commencer par lui.

« Il faut qu'on agisse rapidement pour faire sortir Manolito d'ici, disais-je à mes proches. Il est suivi et, ce que je crains le plus, c'est qu'un jour Raúl vienne chez moi sans prévenir pour voir ma mère, comme il le fait souvent, et le trouve ici. Ce serait vraiment terrible. »

Heureusement, grâce à Don Jaime Capdevila, un des fonctionnaires de l'ambassade d'Espagne à La Havane, nous obtînmes l'asile pour Manolo Baró, et je me chargeai personnellement de le conduire en voiture à la résidence de Capdevila.

Quand je revins, ma mère me demanda de ses nouvelles.

« Il est parti avec des parents qui sont venus le chercher pendant que tu n'étais pas là, mais il te transmet ses amitiés. »

Les épisodes de désespoir se succédaient, les uns après les autres, mais nous avons au moins eu l'heureux hasard de croiser quelqu'un pour qui nous avons fait la différence. Un après-midi, alors que j'avais laissé des amis à l'aéroport de La Havane, Tito Rodríguez, un pensionnaire qui me secondait dans mes nombreuses activités, me fit remarquer un homme qui se frottait la tête et qui s'arrachait les cheveux, l'air accablé. Il lui arrivait sûrement quelque chose. Tito enquêta :

« On m'a dit que le malheureux est médecin ou ingénieur. Après de gros efforts, il a réussi à obtenir l'autorisation de partir avec sa famille, et au moment d'acheter les billets, il ne lui restait pas assez d'argent pour le sien. L'information qu'on lui a fournie est claire : ou il paye, ou le départ est annulé ! »

Personne ne s'apitoyait sur le pauvre sort de cet homme jusqu'à ce que Tito s'en rende compte et que nous puissions l'aider. Je n'ai jamais su son nom et je m'en moquais. Il ne connaissait pas le mien non plus, et ne se l'imaginait même pas, mais il réalisa son rêve de vivre en liberté.

Quand j'allais à l'aéroport, il y avait souvent des complications que je devais résoudre, et ce n'était pas toujours simple. C'était encore pire lorsque j'étais moi-même passagère. Un jour, comme je bénéficiais d'un traitement de faveur pour passer, conformément au protocole, et que j'étais connue pour mes voyages à Mexico, l'équipage d'un vol de l'aviation cubaine me contacta au préalable pour que j'emporte des affaires, des dollars et des objets de famille qui leur appartenaient. Je passai les contrôles sans fouille, mais il y avait toujours le risque que quelqu'un décide de me faire passer un mauvais quart d'heure. Finalement, tout se déroula très bien, et j'embarquai sans contretemps, mais pas sans inquiétudes. Après un certain temps de vol, l'avion commença à dysfonctionner.

« Le capitaine nous informe que, en raison de problèmes techniques, nous devons retourner à l'aéroport de La Havane. Le vol est repoussé à demain. »

Avec tout ce que j'avais dans mon sac, j'en frémissais d'horreur ! L'équipage aussi était effrayé, mais il n'y avait rien de plus à faire. Ils ne voulaient pas que je leur rende leurs affaires parce qu'il leur aurait fallu passer à nouveau par la douane. Et qu'allais-je faire si on me fouillait ? Très calme, j'attendis que le fonctionnaire qui donnait l'autorisation de passer vienne me chercher. Je sortis de là, je rentrai à la maison et, le lendemain, je retournai à l'aéroport pour embarquer à nouveau. Heureusement, je repassai sans problèmes. En arrivant à Mexico, je leur remis ce qui représentait pour eux leur unique patrimoine, et pour tous ce fut un grand soulagement et une grande joie.

Le J 406 fut le théâtre d'un nombre incalculable d'histoires, dont la majorité n'avaient pu être surmontées que grâce à beaucoup de courage. Une nuit, des bruits de voiture dans la rue et des coups à la porte nous firent craindre le pire : la police était arrivée à la pension de famille.

« C'est un ordre de perquisition, ouvrez la porte ! »

À l'intérieur, c'était un branle-bas de combat général. En attendant, je me levai pour les affronter et gagner du temps.

« Sur ordre de qui ? demandai-je par la fenêtre.

— Le G2. Nous savons que dans cette maison se cachent des contre-révolutionnaires fugitifs et nous devons entrer !

— Vous n'avez rien à faire ici. Pour entrer dans cette maison, vous devrez me passer sur le corps. Appelez qui vous voulez, ici, personne n'entre. »

Je gagnai du temps pour que les garçons qui étaient cachés puissent s'enfuir. Pendant ce temps, le G2 insistait.

« Je vous l'ai déjà dit, allez chercher Fidel, ou qui vous voulez, mais ici, vous n'entrerez pas. C'est un manque de respect et un abus de pouvoir. La seule personne qui se trouve ici est mon neveu Tony, le fils de ma sœur aînée, et personne ne touchera à un cheveu de sa tête ! »

Manifestement, ils discutèrent entre eux et décidèrent de partir, puique l'accusation ne visait pas un cas en particulier, mais qu'il s'agissait d'une dénonciation faite par le Comité de défense de la Révolution, le fameux CDR. Les dirigeants du pâté de maisons habitaient sur le trottoir d'en face, et ils passaient leur temps à surveiller tous les faits et gestes dans la pension.

Quand la police fut partie, et après nous être assurés qu'elle ne réapparaîtrait pas de façon intempestive, les garçons revinrent. Comment avaient-ils fait pour en réchapper ?

Carmita Morgade, une des pensionnaires qui, aujourd'hui, vit en exil, m'expliqua : « Ils partirent en courant, franchirent le mur et entrèrent dans la blanchisserie de Benito, juste à côté de la maison, et comme c'était quelqu'un de gentil, il les laissa entrer et leur sauva la vie. »

Bien sûr, ce faisant, il sauva non seulement les garçons mais aussi nous toutes, qui aurions pu être détenues par le G2 pour avoir protégé des fugitifs contre-révolutionnaires !

Heureusement, nous étions bons amis avec Benito – un gros et brave homme –, à tel point que tous les garçons de la pension étaient ses clients et lui donnaient leurs vêtements à laver par-dessus le mur qui séparait les deux maisons. C'est ce que firent les garçons ce soir-là pour sauver leur vie : ils sautèrent le mur ! Et à la suite de cette histoire, tout le monde savait que les gars de la blanchisserie de Benito nous avaient aidés à laver notre « linge sale » au J 406.

Dans l'accomplissement de cette tâche immense et épuisante, me rendant compte à de nombreuses reprises que nous avions besoin de ressources et d'une plus grande organisation, je me demandais constamment : qu'est-ce que je peux faire de plus ? Sans nul doute, la tragédie jouera un rôle définitif dans les événements imminents de ma vie...

31. La baie des Cochons

L'histoire de Cuba contiuera à alimenter les manuels scolaires d'épisodes qui devront être réécrits et, alors, l'échec de l'invasion de la baie des Cochons devra occuper une place spéciale, étant donné les événements de ce fatidique 17 avril 1961.

Je ne suis pas historienne, ce récit reflète ce que j'ai vécu.

Tout le monde savait qu'une invasion approchait et que les États-Unis entraînaient des gens aussi bien sur son territoire qu'au Nicaragua et au Guatemala. Pourquoi les détails de l'opération secrète avaient-ils été découverts ? En premier lieu, parce qu'ils prirent des risques inutiles. Ensuite, parce qu'entre Cubains une expédition de cette envergure pouvait difficilement rester secrète. Parents et amis de ceux qui en faisaient partie savaient qu'ils se préparaient pour le grand jour du retour, on en parlait ouvertement. Et puis il y avait beaucoup d'infiltration car les volontaires étaient recrutés en exil. En même temps, ils ne prirent pas en compte « les autres » acteurs en termes de filtration d'information : l'espionnage russe, le KGB, qui collaborait largement avec Fidel, en plus des réseaux du G2, fils cadet du contre-espionnage soviétique.

Ce qui est sûr, c'est que parmi les différentes organisations contre-révolutionnaires avec lesquelles je coopérais, on ne parlait que de ça : la date de l'invasion et le rôle que nous, qui apportions notre soutien, pourrions jouer pour sauver ces patriotes qui se battraient pour la liberté de Cuba. Je représentais bien sûr un élément de très grande valeur pour eux tous, du fait que j'avais accès à toutes les prisons, entre autres. Pour communiquer la date de l'opération, un mot de passe non conventionnel fut choisi, afin que les appels téléphoniques enregistrés par le G2 ne décèlent rien d'anormal.

Finalement, au petit matin, le 17 avril, un coup de téléphone me réveilla.

« Le moment est arrivé, nous allons en terminer avec eux, nous allons nettoyer la *gusanera*. »

Ce message en apparence si agressif signifiait en réalité que l'invasion avait démarré.

J'ai toujours pensé que c'était prématuré de lancer l'opération à ce moment-là car, malgré le mécontentement, Fidel jouissait encore de sympathie et de soutien dont il pouvait tirer bénéfice, invoquant le nationalisme. En revanche, si cela avait été mené des années plus tard, sans nul doute les chances de réussite auraient été plus importantes. Mais tout le monde était embarqué, et il ne restait plus qu'à aller de l'avant, vaille que vaille.

La brigade 2 506 atteignit la Playa Girón, située à l'intérieur de la baie des Cochons, et les funestes pronostics se concrétisèrent. Le régime les attendait, les services d'espionnage cubains ayant transmis les détails du départ des combattants depuis les camps d'entraînement du Nicaragua et du Guatemala. À cela s'ajoutait le changement de dernière minute du président John F. Kennedy, qui ne soutenait plus cette invasion que lui-même avait impulsée. En arrivant, les brigadistes abandonnés durent affronter les fanatiques du régime qui étaient déjà là, criant : « La vie pour la Révolution ! »

En hurlant, ils se lancèrent contre ceux qui débarquaient, tous des hommes courageux, idéalistes, désireux de liberté pour la patrie, et qui avaient confiance dans les promesses de soutien des Américains. Ils attendirent inutilement ce qu'on leur avait garanti : une aide pour installer une « tête de plage » afin que, trois jours plus tard, un gouvernement en armes soit nommé et que, pendant ce temps, le peuple en révolte générale contre Fidel se soit joint à eux ; mais tout cela ne se produisit jamais. En revanche, des centaines de personnes furent massacrées, parce que l'information filtrée était correcte, et les hommes s'étaient préparés pour repousser l'invasion de façon sanglante.

Au lever du jour, dès que les nouvelles commencèrent à se répandre ce 17 avril, je reçus un appel de mon ami Martínez, qui travaillait au G2 et qui collaborait à la résistance. Nous nous rencontrâmes aussitôt.

« Vous devez agir rapidement, parce qu'ils sont en train de mettre des gens en prison partout. Ils les emmènent au Théâtre Blanquita, au stade de football du Cerro, à La Cabaña, au Morro, au Palais des Sports, et tu sais ce que cela veut dire. Il n'y aura pas de jugement, ce sera sûrement une exécution immédiate. »

Martínez avait raison. Ils attrapaient des gens de droite et de gauche seulement parce qu'ils les soupçonnaient de conspiration, et les emprisonnaient, générant une ambiance de panique dans tout le pays.

Je passai toute la journée à localiser et à libérer des gens. Et longtemps après l'aube, je continuais à chercher Untel ou Unetelle et à visiter les prisons. Dieu merci, j'en avais la possibilité, parce que cela sauva de la mort nombre de compatriotes.

De toute la journée, je n'avais pas pris une seule minute de repos, et soudain, je me demandai : « Où est Ana Ely Esteva ? Elle n'est pas là ? Elle doit sûrement être en prison ! » Je ne m'étais pas trompée. J'appris qu'on l'avait emmenée au Théâtre Blanquita, converti en une gigantesque prison improvisée. Je m'y rendis en toute hâte, bien décidée à les sortir de là, elle et le groupe qui l'accompagnait. Je les rassemblai et sortis avec eux sans plus de cérémonie quand un milicien se planta devant moi.

« Tu ne vas nulle part avec ces *gusanos*, me dit-il. Ceux-là vont bientôt se retrouver là où ils méritent d'être pour trahison. »

Je sentais la colère monter.

« Ces personnes innocentes viennent avec moi tout de suite, que cela te plaise ou non.

— Ce ne sont que des traîtres contre-révolutionnaires », répondit-il.

Je ne redirai jamais à personne ce que je lançai à ce milicien, et dont je me souviens encore aujourd'hui :

« Pourvu que tu attrapes un cancer de la bouche pour ne plus jamais parler de la sorte ! Va voir tes chefs et dis-leur que ce qu'on t'a dit vient de la sœur de Fidel. »

Je crois que les miracles existent : le nom de Castro – qui m'a valu tant d'attaques – eut de l'effet ce premier jour de l'invasion de la baie des Cochons, car les chefs de ce milicien furent impressionnés et décidèrent de ne pas s'y risquer. En fait, ils avaient tellement de prisonniers qu'ils ne savaient que faire et, chose incroyable, ils me laissèrent partir avec tout le groupe.

Mais je connus aussi des moments de grande frustration, ne trouvant pas toujours ceux que je cherchais.

La journée était passée sans que je m'en rende compte et nous étions déjà au petit matin du 18 avril. Au moment où le jour se levait, j'étais à la recherche de prisonniers dans La Cabaña, où les gens étaient amoncelés sur le sol de ces grandes galeries.

En déambulant entre les détenus, je vis un groupe de miliciens jeter des regards salaces sur une femme qui, terrassée par la fatigue, dormait profondément, allongée par terre, et dont les vêtements relevés laissaient voir le corps. La façon si obscène dont ces hommes la regardaient me fit revenir sur mes pas. Devant eux, j'arrangeai sa jupe de façon à la couvrir, et eux, en me voyant, firent demi-tour et la laissèrent tranquille. Cette femme, c'était Mirta de Perales, propriétaire d'un célèbre salon de coiffure de La Havane, qui ensuite se convertit en une chef d'entreprise à succès à Miami, dans la vente de produits de beauté. Mirta n'apprit jamais ce qui s'était passé auprès d'elle ce jour-là.

Je terminai mon parcours à l'aube et j'arrivai à la maison dans un tel état de nerfs et d'angoisse que je tombai malade. Mais il y avait plus urgent que ma propre souffrance : la vie de tous ceux qui continuaient à se battre. L'invasion, qui avait commencé le 17 avril, dura jusqu'au 22. Ce furent cinq jours interminables. Certains brigadistes purent se cacher dans les marais de la Ciénaga de Zapata. Les autres furent capturés. Le régime remporta la victoire absolue en éradiquant le danger d'une invasion sur son territoire.

Dans la baie des Cochons s'unirent la tragédie et la misère humaine. Là, un autre personnage du régime fut consacré : Osmany Cienfuegos, commandant chargé des milices de la Playa Girón, dont le seul mérite dans la vie est d'être le frère de Camilo Cienfuegos.

Cet homme fut rendu responsable d'avoir transporté, dans une remorque – un camion de chargement sans aération –, plus de cent prisonniers de guerre pris à Girón et dans la Ciénaga de Zapata. Il était au front, vérifiant les arrestations de brigadistes et de ceux qui essayaient de les sauver, et il donnait l'ordre de les envoyer dans le camion frigorifique, fermé hermétiquement. Osmany voulait éliminer la plus grande quantité d'envahisseurs, et le trajet depuis la baie des Cochons jusqu'à La Havane à l'intérieur de ce véhicule remplit son objectif. Quand l'un des prisonniers cria qu'ils allaient les asphyxier, Osmany, en plaisantant, lui répondit :

« Si vous mourez, tant mieux, comme ça, on n'aura pas à vous fusiller. Alors, mettez-vous à prier. »

Ils partirent en direction du Palais des Sports de La Havane, sous une chaleur de 26 °C, et les hommes entassés voyaient certains d'entre eux s'évanouir et d'autres mourir, asphyxiés. Ils s'arrêtèrent dans la ville de Colón, et les cris venant de l'intérieur étaient épouvantables.

« Nous sommes en train de mourir, ouvrez, par pitié !

— Vous mourez ? Mettez-vous à prier ! » leur répondait-on.

Soudain, d'après les témoignages, ils entendirent qu'on tirait en rafale sur la remorque, et ils se jetèrent au sol. C'était vrai, on leur tirait dessus, mais, par ironie, ces balles firent dans le véhicule des orifices qui laissèrent passer un peu d'air, ce qui permit à beaucoup de survivre. Quand ils arrivèrent au Palais des Sports, on découvrit en ouvrant la porte un tas de corps affaiblis et plusieurs cadavres. Pendant le trajet, neuf brigadistes étaient morts ainsi qu'un paysan de la région de Ciénaga de Zapata, venu secourir ceux qui débarquaient, et qui avait terminé dans la remorque.

Au milieu de toutes ces souffrances, j'allais et venais au Palais des Sports pour localiser certains détenus. Lors de l'une de ces visites, le 22 avril, j'eus la surprise de rencontrer Virginia Leitão da Cunha, l'épouse de l'ambassadeur du Brésil à Cuba.

« José Ignacio, un ami de ma fille Isabelita, était l'un des brigadistes, et il est mort dans la remorque qui les conduisait à La Havane ! C'est monstrueux, c'est sadique ! »

J'étais stupéfaite en l'écoutant, et je l'accompagnai avec la même solidarité qu'elle me témoigna lorsque j'avais trouvé asile dans son ambassade, poursuivie par les batistiens. En effet, José Ignacio Maciá del Valle, fils d'une bonne famille, un gentil garçon et ami d'Isabel Leitão da Cunha, la fille des ambassadeurs, faisait partie des brigadistes qui avaient été tués.

« Comment tout cela est-il possible, Juanita ? me demanda-t-elle, peinée. Comment est-ce possible qu'ils l'aient assassiné ? Osmany Cienfuegos n'a pas respecté leur statut de prisonniers de guerre. Pourquoi ? À quel moment, Juanita, tout ce pour quoi s'est battu Fidel a-t-il pris un autre chemin, pour finalement en arriver à tout cela ? »

Je n'avais rien à lui répondre.

Comme elle, j'étais démolie par tout ce qui s'était passé durant ces cinq jours fatidiques d'avril 1961. Le cas d'Humberto Sorí Marín me toucha aussi de près car nous nous connaissions. La mère d'Humberto vint me voir, désespérée, me demandant de faire quelque chose pour son fils, qu'ils avaient appréhendé et accusé de trahison pour avoir mené des activités contre-révolutionnaires.

« Tu connais le combat d'Humberto avec Fidel dans la Sierra Maestra, tu sais à quel point ils étaient amis, et aujourd'hui mon fils est à un cheveu du poteau d'exécution. Aide-moi, par pitié, Juanita, ils vont le fusiller. »

Humberto Sorí Marín était avocat et, en effet, il avait lutté aux côtés de Fidel dans la Sierra Maestra, au plus près de lui puisqu'il avait le grade de commandant. Après le triomphe de la Révolution, il fut nommé ministre de l'Agriculture, et des mois après le désenchantement, poussé par sa conscience il décida de passer à la contre-révolution.

Comme je savais que la solution n'était plus entre les mains de Raúl, je suis allée voir directement Fidel, ce que je ne faisais que pour des cas extrêmes.

« Aide-le Fidel, je lui demandai, le suppliant quasiment. Pense aux temps de lutte contre Batista, et comment Sorí était avec toi. Vous étiez comme deux frères, son sort est entre tes mains… »

Après m'avoir écoutée, il me répondit calmement :

« Ne t'inquiète pas, Juanita, il ne lui arrivera rien. »

Je respirai profondément, et, très contente, je rentrai aussitôt voir la mère d'Humberto pour lui transmettre le message de Fidel.

« Merci, merci », me disait-elle, pleurant de joie.

Le lendemain, à l'aube, la nouvelle que je reçus était épouvantable : ils avaient fusillé Sorí Marín.

Mon Dieu ! Une mère m'avait priée de l'aider pour son fils, et moi, naïve, j'avais cru à la parole de Fidel. Je lui avais donné de l'espoir alors que, d'avance, ils avaient décidé du sort de celui qui avait été l'un des leurs. J'étais submergée par la rage et l'impuissance.

La baie des Cochons marqua un tournant décisif dans notre histoire. Après cet épisode, nous savions qu'il n'y aurait pas de retour possible, et nous avions aussi une certitude : seuls et désorganisés, nous ne pourrions absolument rien faire. À partir de ce moment-là, la fuite précipitée de Cubains vers l'étranger fut exactement cela… une fuite précipitée, douloureuse et incontrôlable.

32. Une offre inattendue

L'appel de Virginia Leitão da Cunha, peu après les événements de la baie des Cochons, me prit par surprise.

« J'aimerais que tu passes me voir cet après-midi. J'aimerais beaucoup te parler. »

Tout ce que me demandait Virginia était bien plus qu'un ordre pour moi. J'éprouvais toujours beaucoup d'affection pour elle, non seulement parce qu'elle et Vasco, son mari, m'avaient généreusement offert l'asile dans leur ambassade, mais aussi parce que, après le triomphe de la Révolution, nous avions établi une solide amitié qui dura jusqu'à leur disparition.

Dans la résidence des ambassadeurs, située dans le luxueux quartier de El Laguito, je me sentais comme chez moi. Eux, toujours si simples, étaient de ces personnes qui inspirent tout de suite confiance. Cependant, curieusement, Virginia m'a toujours tutoyée, alors que je n'ai jamais pu franchir la barrière du vouvoiement.

« Ce furent des jours terribles, Juanita. En particulier, cette déception de constater que ces idéaux pour lesquels nous nous étions tous battus d'une certaine façon, soutenant Fidel pour produire un véritable changement à Cuba, n'existaient pas. Je ressens une grande peine dont je ne me défais pas, et je pense à des gens comme toi ou ta mère, et à bien d'autres connaissances, pour qui cette révolution à laquelle ils aspiraient était une raison de vivre. Mais laissons tout cela de côté, qui nous tourmente et qui te chagrine doublement puisque cela touche directement ta famille. Je veux que tu saches que nous quittons Cuba. Le président João Goulart a chargé Vasco de prendre la tête de l'ambassade en Union soviétique, et nous voulions que tu sois l'une des premières à l'apprendre. »

Cela me fit l'effet d'une douche froide ! Les Leitão représentaient un soutien important, et Virginia m'avait aidée à résoudre tant de problèmes que la nouvelle, et la seule idée de rester sans mes alliés, me frappa aussitôt.

« J'ai beaucoup réfléchi à toutes les activités que tu mènes, Juanita. J'ai été témoin de ta lutte pour la Révolution, de tes tourments pendant ces trois mois d'asile dans l'ambassade jusqu'au triomphe de Fidel, et j'ai vécu avec toi ces deux années depuis qu'il est au pouvoir. Tout cela m'a conduit à te remettre un message de la part d'amis qui connaissent ton travail et qui veulent t'aider. »

Si mon interlocutrice avait été quelqu'un d'autre que Virginia, j'aurais sûrement abrégé la conversation, car ce que nous disions était dangereux, même si personne ne pouvait nous entendre, puisqu'elle parlait d'une voix si basse qu'elle en était quasi inaudible.

« Ne crains rien, Juanita, ce sont des gens très bien. Des personnes très importantes souhaitent te rencontrer et te faire une proposition.

— De qui sommes-nous en train de parler, Virginia ? réussis-je à demander, interloquée. Ce genre de soutien pour les tâches que nous menons, on ne peut pas l'accepter de n'importe qui, vous savez combien c'est risqué de collaborer avec ceux qui s'opposent au régime.

— Je le sais bien, et c'est la raison pour laquelle, t'ayant observée, ils m'ont demandé de te parler. »

Virginia se leva du canapé où nous étions assises et me fit signe de sortir sur la terrasse pour poursuivre la conversation.

« Il s'agit de la CIA, Juanita.

— Vous travaillez pour eux, Virginia ? »

Quelle tête ai-je dû faire pour que Virginia me donne aussitôt des détails pour me calmer ?

« Oui, répondit-elle, mais je te le répète, tu n'as rien à craindre, étant donné que continuer ton travail toute seule est encore plus dangereux.

— Et, qu'est-ce que je peux faire, moi, pour la CIA, Virginia ?

— Beaucoup, Juanita, beaucoup. Fondamentalement, la même chose que ce que tu es en train de faire, mais en étant organisée, avec des objectifs à atteindre, et des moyens qui résolvent beaucoup de problèmes pour les gens qui ont besoin de quitter Cuba. Bref, beaucoup de choses que j'ignore. Mais c'est justement de tout cela dont "ils" veulent discuter avec toi personnellement, même si, pour des raisons évidentes, cela ne peut se faire ici, à Cuba. Nous avons besoin d'aller dans un autre pays pour diminuer les risques. »

Je l'accablai aussitôt de questions : Qui étaient-« ils » ? Où les rencontrerais-je ? Qu'allaient-ils me proposer ?

« Écoute, Vasco et moi, nous partons la semaine prochaine. D'abord, nous allons au Brésil, recevoir les instructions, ce qui nous prendra quelques jours avant de partir à Moscou, nous pouvons donc parfaitement nous retrouver toutes les deux avec eux à Mexico dans deux semaines. Tu pourrais faire un voyage et rendre visite à Enma, cela n'éveillera pas les soupçons. De plus, je dois te dire quelque chose qui te donnera confiance : je sais que tu comprendras la proposition, mais, de la même manière, si tu décides de la refuser, tu me le dis, et ce sera comme si ces entretiens n'avaient jamais existé. »

Ma situation était telle, à la suite de tous les événements qui venaient de se produire, que je n'hésitai pas une seconde et acceptai cette rencontre qui aurait lieu à Mexico.

« Cela donnera un tour positif à ta lutte, Juanita, crois-moi. Tu ne le regretteras pas », m'affirma Virginia en me disant au revoir.

En sortant de la résidence des ambassadeurs cet après-midi-là, j'étais calme, j'analysais tout cela, me disant que rien de mal ne pouvait m'arriver, en particulier parce que Virginia Leitão da Cunha était une femme qui savait faire face à n'importe quelle situation dangereuse. Elle ne m'aurait jamais fait prendre de risque et elle ne se serait pas aventurée à se découvrir si ce qu'on lui avait demandé de faire, c'est-à-dire me mettre en contact avec ses « amis », n'était suffisamment sérieux. Néanmoins, le nom qu'elle avait prononcé résonnait à mes oreilles de façon impressionnante : CIA, la C-I-A. Le plus grand ennemi du régime que Fidel considérait comme l'Apocalypse, me recherchait ! Et la personne qui me conduisait à eux était ni plus ni moins la femme de l'ambassadeur du Brésil, qui non seulement était une amie, mais qui avait été aussi une fidèle adepte de Fidel ! Une femme courageuse et juste, qui connaissait profondément la situation de Cuba.

Je me suis souvenue alors de l'anecdote qui s'était produite lors de la première fête donnée par une ambassade en l'honneur du nouveau leader cubain, après la Révolution, et qui témoignait de la grande sympathie entre les ambassadeurs et Fidel. Virginia et Vasco avaient organisé l'événement et ils avaient réuni le corps diplomatique au complet – dont ils étaient les doyens –, qui tous reçurent Fidel et se mirent à sa disposition. Un incident eut lieu à cette occasion, qui aurait pu se transformer en scandale public s'il s'était agi d'autres personnes.

Il se trouve que pendant la fête, Fidel s'était rendu aux toilettes, avait ôté son arme de sa ceinture et avait oublié de la remettre en sortant. Le pistolet resta là où il l'avait laissé, et Fidel continua à faire la fête, s'amusant beaucoup. Soudain, il s'aperçut qu'il lui manquait son pistolet. Parmi son escorte personnelle, cela provoqua un remue-ménage. L'affaire fut menée avec beaucoup de discrétion, mais le pire, c'est que le pistolet avait disparu ! Quelqu'un s'en était saisi.

Dans d'autres circonstances, cela aurait largement suffi à stopper la fête et à organiser un contrôle de tous les invités, mais étant donné qu'il s'agissait de Vasco et Virginia Leitão da Cunha, des amis très proches qui étaient vraiment embarrassés par la situation, il n'en fut rien. Cependant, José Abrantes, le puissant ministre de l'Intérieur qui faisait partie de la cour permanente de Fidel et qui était présent ce soir-là, se mit à rassembler les pièces du puzzle pour trouver qui était entré aux toilettes après Fidel.

Ana Ely Esteva, l'une des invités, à ce moment-là fervente partisane de la Révolution, se trouvait dans un petit salon en face des toilettes, celui-là même où, plusieurs mois auparavant, nous tous, alors réfugiés, nous nous réunissions pour écouter les nouvelles de la Sierra Maestra sur Radio Rebelde. Quand Ana Ely se rendit compte de qui se passait, elle vint tout de suite me le raconter.

« Tu n'imagines pas ce qui s'est passé Juanita ! Quelqu'un a volé le pistolet de Fidel ! Ils ne veulent pas que le scandale éclate maintenant, mais il se trouve que quelqu'un l'a pris dans les toilettes. En fait, je ne me suis aperçue de rien parce que, dans le groupe où je me trouvais, nous écoutions les histoires du Che. »

Peu de gens se rendirent compte qu'il y avait un problème. Après un moment, Fidel quitta la réception sans ce fameux pistolet qu'il portait d'habitude toujours à la ceinture.

« Nous sommes vraiment désolés pour ce qui s'est passé ce soir, mais je te promets que nous allons le retrouver, lui dirent ses hôtes en prenant congé à la porte.

— Vasco, Virginia, ne vous inquiétez pas, ce n'est pas grave. »

En fait, personne n'y croyait. Fidel était très ennuyé d'avoir perdu son arme et ordonna à José Abrantes de faire une enquête approfondie pour la récupérer, sans se soucier du temps que cela prendrait.

« C'est un manque de respect qui mérite d'être puni. Me voler mon pistolet pratiquement sous mon nez ! »

Le lendemain, Abrantes se présenta à la résidence des ambassadeurs du Brésil, obéissant aux ordres de retrouver ledit pistolet. Il demanda à Virginia de faire venir tous ceux qui se trouvaient dans le petit salon en face des toilettes.

« Veuillez m'excuser, madame l'ambassadrice, mais cela est nécessaire. J'ai parlé au Che qui m'a dit n'avoir rien remarqué d'anormal. Je vais interroger les autres personnes de ce groupe afin de voir quelles informations ils peuvent me fournir. »

Ana Ely Esteva était à la tête de cette liste peu honorable :

« Abrantes m'a demandé qui j'avais vu entrer aux toilettes et j'ai répondu la vérité : tout le monde ! Il n'a pas beaucoup apprécié ma réponse, Juanita, mais il s'est rendu compte que je ne savais rien. De toute façon, il m'a dit qu'ils poursuivraient les recherches jusqu'au bout. »

Cependant, cela prit un tour inattendu deux ou trois jours plus tard, quand Virginia me téléphona pour me raconter la suite des événements.

« J'ai trouvé le pistolet de Fidel, Juanita ! Je l'ai trouvé ! Et tu ne devineras jamais où…

— Non, je ne vois pas, lui dis-je. Ce ne serait pas un des garçons par hasard, un des domestiques qui l'aurait pris ?

— Non, Juanita, bien au contraire. Nous avons effectué une recherche minutieuse et nous l'avons trouvé ! C'est José Ignacio qui l'avait, un ami d'Isabelita. Il est entré aux toilettes juste après Fidel et, quand il l'a vu, il l'a pris pour le garder comme souvenir. Mais lui-même, voyant l'esclandre, est venu me dire qu'il n'avait pas pensé aux conséquences de son geste et il me l'a rapporté. »

Plus tard, nous nous vîmes, et elle me fit part des détails de la restitution de l'arme.

« Je viens de voir Fidel, qui m'a tout de suite reçue. Je lui ai rendu le fameux pistolet qu'il aimait tant et je lui ai expliqué comment je l'avais trouvé et qui l'avait pris. Je lui ai dit que c'était José Ignacio, et que pour un garçon comme lui, avoir cet objet, qui appartenait à un leader de son envergure, était quelque chose d'extraordinaire, même si ce n'était certainement pas une excuse. Je lui ai dit aussi que je l'avais vertement sermonné, mais que je l'avais en même temps remercié d'avoir été franc et de l'avoir rendu de lui-même sans aucune pression extérieure. Fidel a écouté mon explication, et nous avons ensuite continué à parler d'autre chose, puis nous nous sommes dit au revoir avec l'affection de toujours. »

C'était bien la même Virginia qui, presque deux ans plus tard, donnerait un nouveau tournant à ma vie, et José Ignacio – qui avait pris l'arme de Fidel – était ce même garçon qui mourrait asphyxié dans la remorque, après l'invasion de la baie des Cochons.

L'anecdote du pistolet, à ce moment-là, s'ajouta à une autre qui eut lieu la même année et qui me fit comprendre que les choses changeaient à pas de géant.

Un matin, alors que je lisais le journal *Revolución* dirigé par Carlos Franqui – une des personnes les plus serviles qui aient jamais existé dans l'entourage de Fidel –, je tombai sur un article qui insultait férocement mon frère Ramón. Il s'intitulait « Frère indigne ». Ramón, que l'on appelait affectueusement dans la famille « Mongo », est un pacifiste, qui a toujours fait le bien. Ce qu'il aimait, c'était les champs, auxquels il se consacrait depuis qu'il était tout jeune.

Le fait est que *Revolución*, porte-parole officiel de Fidel, pointait sans pitié ses canons vers Ramón. En colère, j'allai tout de suite le réveiller pour qu'il lise l'article, et heureusement je pus le faire à ce moment-là puisqu'il était justement de passage chez moi à La Havane. Il vit le journal, le parcourut, tandis que je l'interrogeai :

« Mongo, de quel droit font-ils ça ? Pourquoi écrivent-ils un tel article ? Nous ne pouvons pas le permettre, en aucune façon. Franqui te traite rien de moins que de "frère indigne". Qu'est-ce qui s'est passé ?

— Rien, tu connais la position de *Prensa Libre*, un des rares journaux sans compromis, qui a en ce moment des problèmes avec Carlos Franqui et *Revolución*. Ils sont venus me voir et m'ont demandé de faire une déclaration sur la réforme agraire. J'ai accepté et *Revolución* en a profité à double titre pour m'attaquer, parce que j'ai dit ce que je pensais et que j'ai parlé à ceux qui sont considérés comme des ennemis acharnés de la Révolution. C'est ça, le véritable motif de leurs critiques. »

En effet, tous, nous connaissions l'intégrité d'Humberto Medrano et de Sergio Carbó, les directeurs de *Prensa Libre*, et nous savions que c'était l'un des rares médias indépendants qui disaient la vérité sans crainte. Ils l'ont toujours fait avec courage, soutenant d'abord Fidel dans la lutte contre Batista, notamment durant l'épisode de la caserne Moncada, et quand tant de choses se passèrent et que personne n'aidait le Mouvement du 26 Juillet. Alors, ils s'y risquèrent au nom de la justice. Par conséquent, si Ramón s'exprimait dans *Prensa Libre*, rien n'autorisait Franqui à proférer ces insultes.

« D'accord, lui dis-je. Nous ne devons, ni ne pouvons permettre que Fidel et ses sbires nous maltraitent. Maintenant, toi et moi, nous allons aller voir Carlos Franqui, que Fidel utilise comme une marionnette pour offenser les membres de la famille en désaccord avec ses histoires, et on va lui donner une leçon. Nous devons lui faire manger ce journal, à ce Carlos Franqui.

— Non, Juanita, tu es folle ? ! Laisse tomber tout ça. Écoute, Franqui, ça lui suffit de se regarder dans la glace et de savoir que tout le monde le considère comme l'un des plus grands lèche-bottes de Fidel. Tu as raison, beaucoup sont du côté de Fidel et lui sont serviles, mais personne ne l'est autant que lui, parce qu'il exagère inutilement, au point que même eux se le disent. Si Fidel demande un tapis, Franqui se jette au sol pour qu'il lui marche dessus. Alors laisse tomber, cela le regarde, lui et sa conscience. »

Le refus de Ramón d'affronter Carlos Franqui me mit encore plus en colère, de sorte que, comme j'étais déjà « sur le pied de guerre », j'allai chez Fidel au Vedado. J'étais tellement furieuse que Celia Sánchez n'osa pas me dire que Fidel ne pouvait pas me recevoir à ce moment-là ! J'entrai et le trouvai très calme, alors qu'il savait ce que j'avais en tête.

« C'est quoi le problème de Carlos Franqui ? Fidel, tu ne peux pas autoriser ces insultes contre ton propre sang ! Écoute, pense à maman, qui souffre de toutes ces histoires, et pense à toi, tu donnes à tes ennemis des raisons de se réjouir de ce qui se passe entre nous.

Il me répondit tranquillement :

— Écoute, ma petite, Carlos Franqui n'a rien fait tout seul. Nous l'avons écrit ensemble, tous les deux. Et tu sais où ? Ici même, où nous nous trouvons toi et moi. J'en ai assez ! Tu crois que je ne sais pas tout ce que tu fais ? Ne me sous-estime pas ! Je connais toutes tes activités et je te préviens : ça va mal finir, Juanita. Arrête de te mêler à la *gusanera* qui te suit partout. Ça, c'est en ce qui te concerne. Quant à Ramón, il ferait mieux de se taire et de ne pas parler aux ennemis. *Prensa Libre* et les gens qui y travaillent sont nos ennemis ! Donc quand Franqui, et avec raison, est venu se plaindre, il m'en a exposé les motifs : il m'a rapporté les déclarations de mon propre frère à Medrano et Carbó, des contre-révolutionnaires, et il m'a proposé l'article "Frère indigne". Non seulement je l'ai accepté, mais en plus je l'ai amélioré ! »

Incrédule, je l'observai avant de lui répondre :

« Très bien, mon cher. Alors, à ce point-là, il n'y a plus rien à dire. Toi, contre ton propre frère. Chaque jour, les choses s'éclairent davantage. »

Furieuse, je partis immédiatement sans même dire au revoir. J'étais vraiment très contrariée et je bouillais intérieurement. À vingt-huit ans, j'avais un caractère explosif, et après ce qui s'était passé chez Fidel, je rentrai à la maison pour rapporter toute la conversation à Ramón. J'arrivai en colère.

« Mongo, que ce soit Fidel ou non qui ait écrit l'article, cela ne nous empêchera pas, toi et moi, d'aller affronter Carlos Franqui, et tu sais pourquoi ? Parce que ce qui a été publié a été signé de son nom et, par conséquent, il en est responsable. Peu importe l'excuse que m'a donnée Fidel. »

L'espace d'un instant, Ramón était sur le point d'accepter, mais finalement son tempérament l'emporta.

« Non, Juanita, qu'est-ce que nous pouvons faire contre ça ? Rien. Absolument rien. »

Déçue, je me rappelai ce que j'avais dit à mon frère aîné :

« Mongo, si nous sommes tous poursuivis parce que nous défendons l'idée de pouvoir dire ce que nous pensons, alors personne n'est en sécurité dans ce pays, pas même toi et moi, et pourtant nous portons le nom de Castro. Je crois qu'il n'y a plus rien à faire ici. Le chemin qu'a pris la Révolution est clair, il ne faut rien attendre de plus. »

Ainsi, roulant dans les rues de La Havane, revenant du rendez-vous avec Virginia Leitão da Cunha, je repensais à toutes ces situations qui, avec le temps, se convertiraient en prophéties, surtout en ces temps où la CIA voulait me voir.

Est-ce que j'eus des remords à trahir Fidel en acceptant de rencontrer ses ennemis ? Non, et pour une raison simple : je ne l'ai pas trahi. C'est lui qui m'a trahie. Lui nous a trahis, nous, les milliers de gens qui avons souffert et qui nous sommes battus pour la Révolution qu'il nous offrait, généreuse et juste, qui apporterait la paix et la démocratie à Cuba, et qui serait, comme il nous l'avait promis, « plus cubaine que les palmiers ».

Des promesses qui, sans aucun doute, avaient depuis longtemps été oubliées.

33. Donna

Chaque fois que je préparais un voyage pour Mexico, beaucoup profitaient de cette occasion en or pour pouvoir faire sortir des choses du pays en me confiant des affaires que j'emportais dans mes bagages. J'avais donc prévenu plusieurs personnes que je rendais visite à ma sœur Enma, et aussitôt je reçus des biens personnels qu'on me demandait de mettre en lieu sûr. Le père de quelqu'un, aujourd'hui en exil – et que je ne souhaite pas embarrasser avec cette anecdote –, me fit parvenir une valise entière. Habituellement je ne contrôlais rien, mais je ne sais pas pourquoi – sûrement les prières de ma mère qui m'ont toujours protégée –, mon amie de toujours, Carmita Morgade, une des étudiantes qui vivaient au J 406, mit de l'ordre dans tout ce qu'on m'avait envoyé.

Elle n'avait pas ouvert la valise depuis deux minutes qu'elle vint me dire, inquiète :

« Juanita, mon Dieu ! Tu sais ce que Gato – les proches l'appelaient ainsi – a mis dans la valise pour Mexico ? Une quantité incroyable d'argent cubain ! Si à l'aéroport ils te fouillent et le trouvent, tu seras dans de beaux draps. Tu dois tout de suite lui parler et lui dire que tu ne peux pas transporter cette somme sur toi. »

Carmita avait raison, et je retrouvai mon calme après m'être libérée de cette affaire qui aurait pu m'attirer des ennuis.

Personne, exceptée Virginia, ne connaissait le véritable motif de mon voyage, ni Carmita, ni sa sœur Hilda « Puchi » Morgade, ni Ana Ely, ni Tito Rodríguez, ni même Enma.

J'atterris à l'aéroport de Mexico le 23 juin 1961. Enma, dont la grossesse arrivait à son terme, était venue me chercher. Une fois chez elle, je me mis immédiatement en contact avec Virginia Leitão da Cunha, qui, ponctuelle, était arrivée du Brésil pour le rendez-vous.

« J'aimerais beaucoup que nous nous retrouvions demain à l'hôtel Camino Real, où nous logeons. Si cela te convient, on se voit demain matin, à 10 heures, pour discuter ici, dans ma suite. »

J'avais compris de quoi il s'agissait. Je la retrouverais d'abord, et ensuite nous irions ensemble au rendez-vous. Cela se passa ainsi. Je pris un taxi le lendemain matin et j'allai à l'hôtel Camino Real, qui venait d'être inauguré et qui était le plus luxueux de la capitale à l'époque. Je montai à la suite de Virginia et elle m'accueillit avec beaucoup d'affection, comme toujours :

« Tu ne sais pas combien de temps j'ai pensé à cette rencontre avec nos amis. Nous allons voir Enrique qui est logé ici même. Je t'accompagne pour que tu te sentes en confiance. »

En moins de temps que ce que j'avais imaginé, nous frappions à la porte d'une très luxueuse suite. Enrique en personne, un Américain d'environ quarante-cinq ans, nous ouvrit. Les présentations furent inutiles parce qu'il savait parfaitement qui j'étais, tandis que, dès le début, je me trouvais en position désavantageuse : Enrique n'était pas son vrai nom mais seulement celui sous lequel il voulait que je le connaisse. Virginia et moi nous assîmes dans le salon, avec Enrique en face de nous.

« Avant tout, merci beaucoup d'avoir accepté ce rendez-vous, dit-il. D'avance, nous savons que cela n'a pas été facile à organiser. Quelle est votre situation réelle à Cuba, Juanita ? Nous sommes au courant des affrontements et des problèmes que vous avez eus avec le gouvernement de votre frère…

— Bon, commençai-je à expliquer, il est vrai que ces dernières années, après le triomphe de la Révolution, les choses n'ont pas été faciles pour moi. Tout ce qu'a fait le gouvernement conduit à détruire la démocratie à Cuba et à établir un système totalitaire. Cela m'inquiète, moi comme d'autres personnes que je connais, et nous nous considérons comme les véritables révolutionnaires. Tous les jours, nous voyons augmenter en nombre les membres du parti communiste, en particulier aux postes clés du gouvernement, et ils éliminent les non-communistes qui ont soutenu la chute du régime de Batista. Pour nous, cela revient à trahir les principes pour lesquels nous avons lutté dans le but d'établir un système démocratique. »

Enrique ne dit rien, il se contenta simplement de m'observer et d'écouter mes propos concernant les différents sujets qu'il mettait sur le tapis : mon avis sur les interventions de l'étranger à Cuba, sur la réforme agraire, sur l'augmentation du nombre de prisonniers politiques, et sur l'échec de l'invasion de la baie des Cochons. Nous avons abordé de très nombreuses questions d'ordre général lors de cet entretien qui dura deux ou trois heures.

« Je crois qu'il est temps de nous en aller, Juanita, dit Virginia, nous conviendrons d'un moment où nous serons tous libres pour nous revoir. »

Je compris que le rendez-vous était terminé. Nous prîmes congé et sortîmes de la suite d'Enrique. Parvenues dans la chambre de Virginia, je pus lui faire part de mes doutes.

« Que pensez-vous du rendez-vous, Virginia ? Je n'ai pas senti de questions désagréables, cela a été plutôt très simple. Vous croyez que je m'en suis bien sortie ?

— Bien sûr que oui, Juanita ! Tu as été très concise dans tes réponses, et c'est très important. Ils doivent évaluer ton impartialité, la force de ta lutte, et ta manière d'être. Tu dois sûrement te demander : “Pourquoi on ne m'a rien dit ?” La réponse est simple : chaque chose en son temps. »

Rassurée, je dis au revoir à Virginia et je rentrai chez Enma, où je profitai de la famille. Évidemment, à aucun moment Enma n'aurait pu imaginer la nature des rendez-vous que j'avais au cours de mon séjour.

Le lendemain, Virginia me rappela.

« Tu as prévu de passer combien de temps à Mexico, Juanita ?

— Une semaine tout au plus, vous savez combien j'ai à faire à Cuba. »

Nous nous mîmes d'accord pour nous voir le lendemain, à la même heure, au même endroit. Quand nous entrâmes, elle et moi, dans la suite d'Enrique, il était seul. Il m'expliqua :

« Juanita, cela nous intéresse que vous participiez à quelques-unes de nos opérations à Cuba. Nous pensons que cela n'a rien de nouveau pour vous, parce que nous connaissons les activités que vous menez pour aider nombre de vos compatriotes. Nous avons besoin de savoir si vous êtes d'accord. Il s'agit d'une mission délicate, dangereuse, encore plus pour vous, sachant qui vous êtes. En avez-vous conscience ?

— Parfaitement, répondis-je. Je suis consciente de tous les risques que j'ai courus, mais si je peux faire quelque chose pour mon pays, dans la mesure de mes moyens, cela mérite bien ce sacrifice. Je ne peux pas rester indifférente devant toutes ces injustices, ces persécutions, et tout ce qui se passe là-bas.

— Posez-moi les questions que vous voulez, dit Enrique, c'est le moment de dissiper tous vos doutes.

— Eh bien, il y a quelque chose de très important pour moi. Je veux que cela soit bien clair : accepter de collaborer avec vous ne signifie pas que je participerai à une quelconque action violente contre mes frères, ni contre aucun fonctionnaire du régime. Je ne faciliterai aucun homicide, vous devez bien comprendre ça. C'est la condition la plus importante. Je dirais même que c'est la seule condition. Et si vous n'êtes pas d'accord, nous ferons comme si rien de tout cela ne s'était passé, je ne prendrai part à aucune action et je continuerai à faire ce qu'humainement je peux faire. »

Enrique, qui m'observait, impressionné par ce que je lui disais, déclara :

« Permettez-moi de préciser quelque chose, Juanita : nous ne vous demandons pas de participer à une quelconque conspiration. C'est très clair. Vous êtes très précieuse pour la cause de la liberté à Cuba à votre manière, en aidant de nombreuses personnes en danger. Beaucoup de nos hommes travaillent là-bas, certains pourraient être découverts ou l'ont déjà été. La mission consiste à les protéger et à les changer d'endroit, en leur offrant la plus grande sécurité possible, en leur cherchant des hébergements dans des maisons sûres. Vous me suivez ? Grâce à votre position familiale, vous avez la possibilité d'entrer et de sortir des prisons, et ce sera très utile pour sauver nos hommes, donc, pour notre part, tout est également très clair. »

Comment saurais-je qu'ils ont besoin de moi ? Comment établir les contacts ? Serait-ce à eux d'essayer de communiquer avec moi ? J'avais envie de connaître tous les détails et Enrique avait toutes les réponses. Je n'avais pas encore réalisé que je me trouvais en face de l'un des experts de la CIA assigné au cas cubain. Des années plus tard, je sus qu'il s'agissait en réalité de Tony Sforza, pièce maîtresse de l'« Opération Mangouste », aussi connue comme « Projet cubain »[44]. Il s'était infiltré à Cuba, où il se faisait passer pour un joueur dans les casinos, sous le nom de Frank Stevens. Inutile de préciser que, même s'il avait un accent, il parlait parfaitement espagnol.

« Je tiens à vous dire, chère amie, que dans ce travail trois choses sont très importantes pour survivre et réussir n'importe quelle mission. La première est la discrétion : n'importe quelle erreur peut vous trahir, et il se peut que nous ne puissions pas vous aider à ce moment-là. La deuxième est de trouver un associé : vous aurez besoin de quelqu'un qui travaille avec vous, et c'est vous qui avez la responsabilité de le choisir. Et la troisième est la confiance : la loyauté de votre collaborateur doit être à toute épreuve. »

Virginia, en attendant, nous observait en silence tandis que je continuais à poser des questions : « Je suppose que vous savez par quels moyens nous resterons en contact, vous et moi.

— Oui. Vous savez vous servir d'une radio à ondes courtes ?

— Non. Mais j'apprendrai.

— Parfait. L'un des nôtres à Cuba vous fera parvenir le matériel nécessaire et les instructions pour l'utiliser. Nous devons maintenant choisir un code pour que vous puissiez détecter les messages que l'on vous fait passer et savoir quand il n'y en a pas. Donnez-moi le nom d'un morceau que vous aimez, peu importe le genre de musique.

— *Fascination* », répondis-je.

En plus d'être une valse que j'aimais du compositeur F.D. Marchetti, c'est ainsi que je me sentais à ce moment-là : fa-sci-née.

« Ok. Vous devrez écouter les transmissions tous les jours à 7 heures du soir. Quand vous entendrez *Fascination*, vous devrez être prête pour recevoir le message. Maintenant, nous avons besoin d'un autre morceau.

— L'ouverture de *Madame Butterfly*, dis-je aussitôt.

44. « Opération Mangouste », ou « Projet cubain », nom donné aux actions initiées dès 1961 par le gouvernement américain et menées par la CIA visant à déstabiliser et renverser le régime cubain.

— Dès que vous l'entendrez, ce sera le signal qu'il n'y pas de message. Dans quelques jours, avant que vous ne rentriez à La Havane, nous allons vous faire parvenir le matériel nécessaire, dont le manuel pour décoder les messages reçus. Vous devrez en prendre soin comme de votre propre vie. Inutile de vous dire que si vous êtes surprise avec le manuel entre les mains, nous pourrons difficilement vous sauver. N'importe quel expert en contre-espionnage devinera tout de suite de quoi il s'agit. Je vais être franc : si on vous le prend, vous êtes perdue. Vous voyez, les choses sont un peu compliquées.

— Il y a autre chose que je dois savoir ?

— Oui. Votre nom est très important, dit Enrique. Nous avons pensé à celui que vous utiliserez à partir d'aujourd'hui pour toutes nos missions, et voici ce que nous vous proposons : que pensez-vous de Donna ?

— Intéressant et facile à mémoriser, donc c'est d'accord. »

Enrique évoqua alors ma première mission, laquelle, pour être la première, n'était pas sans risques. Je devrais emporter à La Havane des messages, de l'argent et des documents, cachés dans des boîtes de conserves afin de ne pas éveiller le moindre soupçon.

« Enfin, pour terminer, expliqua Enrique, je dois vous dire que nous savons ce que ces activités impliquent, et sachez que vous aurez de l'argent à votre disposition pour couvrir vos frais.

— Je suis contente que vous abordiez ce sujet, Enrique. Ce que je fais pour mon pays n'a pas de prix. Pour moi, c'est une obligation, en tant que Cubaine, et je ne tiens pas à être payée en retour de mes services. Il s'agit d'un cas de conscience et ce que je pense, je le défends, je ne le vends pas. Que ce soit bien clair. Dieu merci, je vis par mes propres moyens et je n'ai besoin de rien de plus. Ce dont vous disposez sera pour ceux qui, d'une façon ou d'une autre, pourraient en avoir besoin. »

Nous terminâmes ainsi la journée. J'eus le pressentiment que toutes nos conversations étaient enregistrées. De plus, si cela arrivait dans les romans d'espionnage, pourquoi pas dans la vie réelle ? Virginia et moi dîmes au revoir à notre « ami » et elle m'accompagna à l'entrée de l'hôtel prendre un taxi. Avant de prendre congé, elle me donna une dernière recommandation :

« Désormais, Juanita, quand tu évoques le sujet, parle de “la compagnie”, c'est beaucoup plus facile et moins suspect. On se reverra probablement demain pour que je te donne ce que tu emporteras à Cuba.

— D'accord, Virginia. » Et je lui dis au revoir.

Je sortis de l'hôtel pour voir les boutiques en ville, faire des courses pour mon retour à La Havane et acheter les quelques commissions dont m'avaient chargée certains amis. En fait, j'avais aussi besoin de m'éclaircir les idées avant de rentrer chez Enma car je me sentais un peu angoissée ; j'éprouvais des sentiments contradictoires et je m'inquiétais pour la santé de Virginia. Elle était malade, cela se voyait.

Il se trouvait qu'elle, une femme mince et de taille moyenne, avait un problème cardiaque. De ce fait, elle restait la plupart du temps dans sa chambre et ne se tenait debout que le temps nécessaire. Sinon, elle était assise ou couchée dans son lit.

« Tu vois, Juanita, me dit-elle le lendemain, quand j'allai la voir, comme "la compagnie" est généreuse. Ils sont au courant de ma maladie et ils m'ont assigné une personne de toute confiance, que je connais depuis longtemps, et qui s'occupe de moi pendant mon séjour à Mexico. On va bientôt m'opérer à Dallas et on va me guérir. »

Virginia me remit alors une mallette pleine de boîtes de conserves, de pêches, d'ananas, de haricots, etc., et elle m'expliqua :

« À l'intérieur de certaines boîtes qui sont marquées – elle m'en montra une –, il y a des messages. Je te suggère de prendre la mallette avec toi dans l'avion pour éviter tout contretemps. Et maintenant, ma chère amie, c'est l'heure de se quitter. Fais bien attention à toi, je n'ai pas à te le rappeler car tu es très discrète. Sache que tu as beaucoup impressionné "la compagnie", et je sais que tout ce qu'ils pensent de toi est vrai. Bonne chance et merci de me faire confiance, Juanita. »

Je savais que cet au revoir était temporaire car Virginia était toujours prête à me tendre la main quand j'en avais besoin. Elle devrait rester à Dallas un temps, pour se remettre de l'opération chirurgicale, et cela me rassurait de savoir que j'avais quelqu'un avec qui partager ce grand secret.

Le lendemain, je dis au revoir à Enma et je rentrai à La Havane, comme je l'avais déjà fait tant de fois, sauf qu'il y avait désormais une grande différence. Si auparavant c'était au moment de sortir de Cuba que je courais des risques, j'en prenais cette fois-ci également au retour. Cependant, tout se passa bien, et je rentrai chez moi saine et sauve, mais pas seule, car maintenant, il y avait Donna.

34. Une nouvelle locataire

En entrant au J 406, le jour même de mon retour de Mexico, une idée m'obsédait : qui allais-je choisir comme collaborateur ou collaboratrice pour ce travail avec « la compagnie » ?

« C'est une décision que tu dois prendre sans tarder », m'avait avertie Virginia Leitão da Cunha, parce que cette personne doit t'aider à déchiffrer les messages et, comme il n'y a pas de temps à perdre, tu dois l'entraîner rapidement.

Qui cela pourrait-il être ? Surtout, il fallait que cette personne réunisse certaines qualités : d'une loyauté à toute épreuve, qui ne me trahirait pour rien au monde, discrète et intelligente. Existait-elle ? J'étais également inquiète de savoir comment ils allaient me faire parvenir la radio à ondes courtes pour recevoir les messages. Ils m'avaient dit que des agents postés à Cuba me la remettraient. J'avais mis le manuel servant à les décoder, avec d'autres choses, dans la mallette que j'avais prise avec moi dans l'avion, mais l'appareil de radio était très important. J'en avais besoin pour savoir ce que je devais faire de toutes ces boîtes de conserves que j'avais reçues à Mexico et qui contenaient des messages et de l'argent. Ne connaissant ni la date ni le lieu de la livraison, je décidai de vaquer à mes occupations habituelles, et je me mis à régler les affaires en cours de la pension. Une demi-heure à peine après être rentrée, on frappa à la porte. Puchi Morgade, la sœur de Carmita, ouvrit. Elle vint me prévenir :

« Il y a quelqu'un qui apporte des cartons et il dit devoir te les remettre en personne, Juanita. Il n'a pas voulu me les donner. »

Étonnée, je reçus effectivement un homme qui, réglé comme du papier à musique, surgit devant chez moi très peu de temps après mon arrivée. Je compris tout de suite de quoi il s'agissait.

« C'est l'appareil que vous avez acheté à Mexico, me dit-il. Montrez-moi où vous allez l'installer, de préférence là où il n'y a pas trop de circulation afin de ne pas gêner le signal. »

Je devais donc le mettre dans l'endroit le plus discret. La livraison n'aurait pas pu être plus rapide. L'homme le déposa dans la petite pièce que je lui indiquai, me laissa les instructions et s'en alla rapidement. Pendant que je vérifiais le matériel, Puchi et Carmita entrèrent dans la pièce et, surprises, me demandèrent en chœur :

« Tu as acheté une radio à ondes courtes ? Ah mon Dieu ! Juanita, qu'est-ce que tu mijotes ? »

En les regardant, je sus que c'étaient elles les parfaites collaboratrices que je recherchais ! Filles de bonne famille, étudiantes, très tranquilles, à l'époque amies de longue date, aujourd'hui de toujours. Des personnes droites à mille pour cent, avec qui j'avais passé plus de temps qu'avec ma propre famille. Carmita, également amie et camarade d'Enma depuis le collège des Ursulines, et sa sœur étaient dotées d'une discrétion et d'une loyauté difficiles à égaler, en plus d'être très intelligentes et très courageuses.

Tout cela avait suffisamment été démontré pendant la période où nous avions dû dissimuler les manuscrits de « L'histoire m'acquittera », que Fidel avait rédigés en prison. Comme c'étaient des documents clandestins, Enma avait dû les garder à l'internat. Quand il avait fallu les cacher à nouveau pour qu'ils ne tombent pas entre les mains des batistiens, c'est justement Carmita Morgade qui les avait pris, les avait mis sous ses vêtements et les avait emportés jusque chez elle au Central Stewart à Ciego de Ávila, dans la province de Camagüey.

« Nous avons eu vraiment peur, relata Puchi à propos du périple, parce que Carmita portait les papiers sur elle, et l'autobus dans lequel nous nous trouvions devait passer par un piquet de la garde batistienne qui contrôlait tous les passagers. À un moment, j'ai craint qu'ils ne l'arrêtent mais, voyant que nous étions des collégiennes, les hommes nous laissèrent passer.

— En arrivant à la maison, disait Carmita, la première chose qu'on a faite ce fut de creuser un petit trou dans le mur que nous savions creux et nous y avons introduit les manuscrits qu'Enma avait aidé à taper à la machine et qui auraient coûté la prison à celui qui les aurait trouvés. »

Elles étaient assurément les personnes dont j'avais besoin. Mais comment le leur demander ? Je pris mon courage à deux mains et je leur dis à toutes les deux : « Puchi, Carmita, venez un moment avec moi, j'aimerais que vous m'accompagniez faire une course tout de suite. »

Bien que perplexes, elles me suivirent sans poser de questions et nous allâmes marcher sur le Malecón. Là, fidèle à mon habitude de dire les choses sans détour, les regardant en face, je leur racontai tout depuis le début : la requête de Virginia, le rendez-vous à Mexico, et ce dans les moindres détails. Elles en écarquillaient les yeux de stupeur.

« Ah, mon Dieu Juanita ! Fais attention, dit Carmita, et s'ils te demandent de faire quelque chose contre Fidel ou Raúl ? Ça, c'est une autre histoire.

— Ne vous inquiétez pas, c'est très clair : je ne participerai jamais à aucune action criminelle, parce que je ne veux faire de mal à personne, encore moins à quelqu'un de mon propre sang. Ne craignez rien, ce que j'ai à faire n'a rien à voir avec aucune conspiration.

— Bon, mais c'est ce qu'on entend dire à propos de la CIA...

— Vous pouvez être tranquilles, ce n'est pas le cas. De plus, mon aide leur est très précieuse pour d'autres activités, du fait que je porte le nom de Castro. »

Bien des années plus tard, je me souviendrai de cette phrase. Pour l'instant, à ce moment-là, en plein Malecón de La Havane, pour Puchi et Carmita, tout n'était qu'interrogations.

« Mais, pourquoi est-ce que tu nous racontes tout ça, Juanita ? Peut-être que tu devrais garder toutes ces informations strictement secrètes ?

— Justement, nous sommes ici pour en parler : j'ai besoin de vous et de votre aide.

— Nous ? Comment ? »

Elles étaient ébahies, sans voix.

« J'ai besoin de vous pour recevoir les messages. Pour cela, nous devons savoir comment fonctionne la radio à ondes courtes qu'ils viennent de me remettre et comprendre les codes du manuel qu'on m'a donné pour déchiffrer les messages entrants. Toutes les instructions doivent y figurer. Comme vous le voyez, je ne peux pas réaliser ce travail seule et je ne peux pas non plus accorder ma confiance à n'importe qui. C'est à vous de décider.

— Tu ne nous as jamais laissées tomber, dit Carmita.

— Nous n'allons pas t'abandonner maintenant, ajouta Puchi. Allons donc voir comment ça marche et au travail ! »

Je leur donnai certains détails : on devait parler de « la compagnie » et non de la CIA, mon nom de code était « Donna », il y avait un horaire de transmission, *Fascination* et *Madame Butterfly* ne signifiaient pas la même chose, et le plus compliqué et risqué était de comprendre le manuel et d'en prendre soin. Si cela ne les inquiétait pas le moins du monde, autre chose, en revanche, les tracassait :

« Nous voulons bien t'aider, toi qui es notre amie, comme ce fut le cas pour Enma et Fidel en leur temps. Nous te soutenons en tout, mais nous ne voulons pas faire partie de "la compagnie".

— Pas de problème, répondis-je, je comprends et je respecte votre volonté de collaborer avec moi et avec personne d'autre.

— Nous n'accepterons pas non plus un seul centime de leur part, ni de la tienne. C'est une question d'honneur, c'est pour Cuba. »

C'est exactement ce que j'avais dit à Enrique à Mexico, j'étais donc sûre que nous étions toutes les trois sur la même longueur d'onde. Une fois d'accord, nous rentrâmes au J 406 pour nous organiser, apprendre le fonctionnement d'une radio à ondes courtes et nous préparer à prendre les messages.

« Au début, comme tout ce qui est nouveau, c'était difficile, expliquait Carmita, des années plus tard. Surtout parce que Puchi et moi nous partagions le travail. Quand nous entendions la musique de *Fascination*, nous savions tout de suite qu'il fallait écrire et nous nous tenions prêtes. Tout était codé, avec des chiffres. Je prenais note et, après, ma sœur réalisait les opérations : il fallait soustraire les numéros à d'autres indiqués dans le petit livre, et au chiffre restant correspondait un mot. De cette façon, les mots se convertissaient en instructions. Les soirs où nous entendions *Madame Butterfly*, nous savions qu'il n'y avait rien pour nous. Alors, nous éteignions la radio et nous continuions à étudier. »

Revenons à mon histoire, je pouvais enfin remettre toutes les boîtes de conserves que j'avais rapportées de Mexico, recevoir plus d'instructions et prendre des messages, qui m'arrivaient de la façon la plus invraisemblable. En général, ils étaient déposés sur les routes principales, comme la Carretera Central de Cuba, sous les bornes kilométriques – comme on appelle ces panneaux de signalisation en topographie. Quelqu'un les laissait à une borne déterminée, et, là, je devais aller les chercher et suivre les instructions. Je n'étais pas seule, j'étais toujours accompagnée des deux sœurs ou de l'une d'entre elles pour éviter les risques. De plus, les instructions quant au lieu n'étaient pas toujours précises ; il y avait parfois une différence de quelques mètres ou centimètres, ce qui nous conduisait à chercher, en retournant la terre autour. Nous ressemblions à des taupes.

Une fois, un de ces trajets faillit nous coûter cher. Nous avions reçu l'ordre de recueillir les instructions sous un panneau situé sur la route menant à Matanzas, et après les avoir décodées, de les remettre à un endroit proche. Après avoir accompli ce travail, Carmita, Puchi et moi décidâmes d'aller jouer au bowling à Varadero, qui se trouvait sur le chemin, mais il se trouve que ma voiture tomba en panne au milieu de la route, et toutes les trois, nous nous mîmes à faire du stop.

Quelle ne fut pas notre surprise de voir que la première voiture qui s'arrêta constituait en fait un vrai cortège !

« Ah mon Dieu, Juanita ! C'est Fidel avec son escorte !

— Eh bien, qu'est-ce que vous faites là ? me demanda-t-il. Où allez-vous ?

— Nous allons à Varadero, Fidel, et toi, où vas-tu ?

— Moi aussi, je vais en direction de Varadero.

— Eh bien, tu vois, c'est Dieu qui t'a mis sur mon chemin car nous avons besoin de ton aide pour arriver jusque-là. »

Nous montâmes dans l'une des voitures de la suite, pendant que des hommes se chargeaient de remorquer ma voiture. Je ne m'étais jamais sentie aussi sûre à Cuba, tandis que Carmita et Puchi se contentaient d'échanger des regards sans prononcer un seul mot.

Nous arrivâmes à destination, prîmes congé de Fidel et le remerciâmes du service rendu, qu'il accomplit jusqu'au bout. Ils emportèrent ma voiture au garage pour la réparer aussitôt. Ils m'avertirent qu'elle serait prête deux ou trois heures plus tard. C'était parfait, cela nous laissait le temps de jouer au bowling comme prévu.

Au bowling, comme je fumais des Chesterfield et non des cigarettes cubaines, un milicien s'en rendit compte et vint m'interroger.

« Camarade, ce que vous faites est interdit. C'est un délit de fumer des cigarettes venant de l'ennemi impérialiste. Ici, ne sont permises que les cigarettes fabriquées sur le sol de la patrie. »

Oubliant la « mission » que je venais d'accomplir, je commençai à me disputer avec cet homme et le ton monta de plus en plus, jusqu'à ce que quelqu'un vienne dire à l'oreille du milicien que j'étais la sœur de Fidel.

« Dites-moi, si vous êtes la sœur du commandant en chef, montrez-moi vos papiers, camarade.

— Je n'ai rien à te dire, excepté que je suis juste une Cubaine qui fume en compagnie de ses amis, réunion que tu n'as pas le droit d'interrompre.

— Si tu n'es pas la sœur du commandant en chef, je t'arrête tout de suite. »

Il n'aurait pas dû me dire ça ! Face à ce genre d'injustice des plus courante, je me mis en colère.

« Si je comprends bien, il me suffit de te dire que je m'appelle Castro pour ne pas avoir de problème, alors que quelqu'un qui ne porte pas ce nom irait en prison ? Drôle de révolution pour laquelle tu te bats ! »

À ce moment-là intervint une femme au fort accent mexicain.

« Camarade ! Cela suffit, c'est un manque de respect, nous sommes des brigades étrangères et nous sommes venus collaborer à la Révolution !

— Celle qui doit fermer son clapet, c'est toi. Retourne dans ton pays ! Ici, personne n'est venu te chercher. Voyons voir ce qu'il t'arrivera s'ils apprennent à Mexico que tu es une milicienne communiste qui harcèle les gens innocents ! »

Les choses commencèrent à s'envenimer : ils n'étaient plus seulement deux à m'entourer mais il y avait aussi un groupe de miliciens, et d'autres gens qui les accompagnaient. Carmita et Puchi me tirèrent de là et nous nous dirigeâmes vers la sortie.

« Arrête de te disputer avec ces gens, Juanita, cela peut nous coûter très cher, me dit Carmita à l'oreille. Tu as oublié que j'ai le manuel des messages et que s'ils nous attrapent avec ça, tout s'arrête ici, pour toi comme pour nous ? »

À ce moment-là, je réalisai que j'avais été inconsciente ! Je les avais mises en danger à cause de mon caractère si explosif, qui se déchaînait dès que quelque chose m'indignait. Nous sortîmes rapidement dans la rue et commençâmes à marcher. Je m'inquiétai vraiment plus pour Puchi et Carmita que pour moi-même.

Je me rendis compte que les hommes du bowling nous suivaient et je pris peur, parce que tout indiquait que nous allions nous faire lyncher. Il s'agissait des Brigades de réponse rapide, composées d'habitants du coin. Étant donné l'ardeur dont ils faisaient preuve, cela avait tout l'air d'être leur première entrée en action. Au même moment, une camionnette apparut et s'arrêta à côté de moi :

« Montez, nous allons vous sortir de là. »

Comme je ne connaissais pas le conducteur, je refusai et nous continuâmes notre route, tandis que la foule nous suivait, essayant de nous encercler. Une autre voiture surgit, et comme la situation avait empiré, nous finîmes par y monter.

« Nous sommes le G2, camarade, nous allons vous sortir de là, vous êtes en danger. »

Je réussis à jeter un regard vers Carmita et Puchi qui, d'avoir entendu le nom du G2, étaient au bord de l'infarctus mais se montraient très calmes. Les hommes nous conduisirent jusqu'à une maison située loin de la zone où toute la scène s'était déroulée. Il n'y avait personne à l'intérieur, et nous y restâmes jusqu'à ce que le danger soit passé.

En pleine nuit, les mêmes personnes du G2 nous emmenèrent reprendre ma voiture au garage et nous rentrâmes à La Havane.

Je me couchai avec l'impression d'avoir reçu une bonne leçon : je devais contrôler mes pulsions, quel que soit le motif, sinon les choses allaient s'aggraver.

Ce furent là les premiers jours de la vie de « Donna », la nouvelle locataire du J 406 à La Havane, à Cuba.

35. Sauver les bonnes sœurs

À la confiscation de propriétés et d'entreprises – ce qui devenait de plus en plus fréquent – et aux lois de la Réforme agraire s'ajoutèrent bientôt deux mots au cours des deux premières années au pouvoir : persécution religieuse. La situation de l'Église catholique se compliqua après l'invasion de la baie des Cochons car le régime trouva des preuves de la participation du clergé dans les activités contre-révolutionnaires. En conséquence, et à la suite d'autres actions de la part de la résistance au régime qui furent dénoncées par des délations de toute sorte, Fidel annonça, le 6 juin 1961, la loi de nationalisation de l'Éducation. Ce fut un coup dur pour l'Église catholique qui, à ce moment-là, était propriétaire d'exactement 245 écoles du pays – 179 collèges de filles, 51 de garçons et 15 mixtes. Même si toutes ne furent pas saisies dans le cadre de ce processus initial, l'alternative que Fidel énonça était : on ne peut être révolutionnaire et catholique à la fois.

En plus du décret de nationalisation, Fidel déclara que les prêtres catholiques – étrangers et cubains –, « dont l'activité incitative à la guerre et au terrorisme était prouvée, devraient quitter le pays ».

En septembre 1961, des imprimeries clandestines furent découvertes en deux endroits de La Havane, avec des pamphlets anticommunistes appartenant au Mouvement révolutionnaire du peuple et à d'autres organisations. Le régime prit cela comme une preuve d'activités contre-révolutionnaires et ordonna l'expulsion immédiate de cent trente prêtres, en majorité espagnols, parmi lesquels se trouvait l'évêque auxiliaire de La Havane, Mgr Eduardo Boza Masvidal. Les prêtres durent partir à bord du *Covadonga* à destination de l'Espagne. De façon inattendue, près de trois cents prêtres, religieuses, religieux, séminaristes et laïques, s'unirent à eux, profitant de l'occasion pour s'exiler.

J'admirais Mgr Boza Masvidal pour son courage. Un an plus tôt à peine, le 8 septembre 1960, nous avions assisté ensemble, pendant les fêtes de Notre-Dame de la Charité, à une manifestation qui s'était révélée sanglante. En plus d'être évêque auxiliaire de La Havane, il était titulaire de l'église de Notre-Dame de la Charité, située au coin des rues Salud et Manrique. Ce jour-là, il célébrait la messe. Soudain, en plein sermon, des révolutionnaires assises au premier rang se levèrent en chantant l'hymne du Mouvement du 26 Juillet, par provocation. Au même instant, d'autres groupes pénétrèrent dans l'église, prêts à vociférer des insultes. L'évêque demanda le calme afin de ne pas entrer dans leur jeu et pour que la procession puisse sortir avec la Vierge dans la rue, comme cela était prévu. Je marchais juste à côté du plateau qui supportait la statue. Soudain, des coups de feu éclatèrent et la terreur gagna la foule. Tout le monde courait dans tous les sens, tandis que l'armée, qui avait encerclé la zone, tirait sans pitié. À cette occasion, j'étais accompagnée d'un très bon ami, Ángel Prado, étudiant en médecine – qui aujourd'hui habite à New York –, et qui secourut les blessés avec moi. Nous vîmes mourir, quasiment devant nos yeux, un jeune Cubain des Jeunesses catholiques, l'un de ceux qui portaient la statue de la Vierge. Ángel et moi, nous nous mîmes à porter secours à ceux qui avaient été blessés par balles. Nous emmenâmes certains d'entre eux chez moi afin de leur prodiguer les premiers soins et leur éviter des problèmes avec le gouvernement pour avoir participé à cette cérémonie catholique, qualifiée de très grand acte contre-révolutionnaire. Mgr Boza Masvidal, cette fois, et comme il le fit le reste de sa vie, ne les craignit pas.

À cause des événements de l'année passée, nous ne fûmes pas surpris de voir qu'il faisait partie des cent trente prêtres expulsés du pays, alors même qu'il était cubain de naissance.

Ainsi, ce dimanche où ils embarquèrent sur le *Covadonga* fut un triste jour pour les catholiques cubains. Les ordres religieux ne voulaient pas risquer de perdre encore davantage de leurs membres. Il faut se rappeler qu'en ce temps-là l'Église catholique était très présente dans les pays communistes, comme la Chine ou ceux du rideau de fer, où, au prix de leurs propres vies, les curés et les sœurs allaient évangéliser. Étant donné la situation à Cuba, les supérieurs ne voulaient pas exposer davantage ceux qui étaient présents et, par conséquent, trois cents religieux supplémentaires en profitèrent pour fuir.

Un ou deux mois plus tôt, deux faits s'étaient produits, affolant les cercles de l'Action catholique cubaine et d'autres organisations avec lesquelles je coopérais.

Le 5 août 1961, le décret de Socialisation des services publics fut adopté, ce qui eut notamment pour conséquence la municipalisation du cimetière Colón, géré à l'époque par le diocèse de La Havane. Ce dernier fit appel du jugement car, à cause de cette décision, il perdait des recettes financières importantes. Finalement, tout se révéla inutile, la mesure ayant été ratifiée par le Tribunal suprême de justice.

À cela s'ajouta un second fait inquiétant : le contrôle des finances de l'Église, qui fut mis en place par le biais du changement de monnaie nationale le 4 août de la même année. Avec cette mesure, tout l'argent qui n'avait pas été entreposé à la Banque centrale perdait de sa valeur du jour au lendemain. Comme l'Église ne thésaurisait pas son capital à la banque, elle perdit tout, et le gouvernement acquit encore plus de contrôle. Face à tous les événements qui avaient lieu, et face à ces deux faits en particulier, la religion avait devant elle un futur incertain.

Un jour, je reçus un appel. À cause de toutes mes activités extraprofessionnelles, j'avais l'impression, chaque fois que le téléphone sonnait, qu'on allait me demander quelque chose requérant une action urgente. Cette fois, j'avais raison. À l'autre bout du fil, Osorio Dávila, un ami qui travaillait à l'Intérieur, me donna rendez-vous l'après-midi même.

« Les plans du gouvernement sont alarmants, me dit Osorio.

— Pourquoi ? demandai-je. Qu'est-ce qui se passe ? Contre qui ?

— J'ai reçu des instructions précises pour agir contre les sœurs et les curés, sans la moindre considération, afin qu'ils quittent immédiatement le pays. Je sais que le Che est mêlé à tout ça. »

Je savais que Fidel, avec le Che comme conseiller en affaires religieuses, ne pourrait pas du tout être juste, car cet homme sentait l'athéisme à plein nez. Mais de là à passer immédiatement aux plans d'expulsion, il y avait de la marge, me semblait-il. Je me trompais lamentablement.

« Bientôt, très bientôt, annonça Osorio, les collèges catholiques vont être saisis, les églises fermées, et toute personne en relation avec les sœurs et les curés sera expulsée du pays. Ils vont tous être déclarés ennemis de la Révolution.

— Qu'est-ce qu'on peut faire ?

— Je ne vois pas ce que nous pourrions faire de plus que de les avertir, car la persécution religieuse est une réalité », confirma Osorio.

Je me mis aussitôt en contact avec les groupes pour qu'ils préviennent ceux qui étaient affectés par cette mesure. Sur le plan personnel, cela m'inquiéta et me toucha parce que je pensai immédiatement aux sœurs du collège des Ursulines à La Havane, où j'avais fait mes études. Si je les avertissais le soir même, je ne réussirais qu'à les effrayer ; je décidai donc d'y aller le lendemain. Le matin, très tôt, je reçus plusieurs appels d'anciennes élèves :

« Ils ont saisi le collège des Ursulines ! disaient certaines.

— Ils viennent d'arriver à l'Academy Merici », m'informaient d'autres.

Elles se référaient à deux des collèges privés les plus connus de Cuba, qui étaient devenus, à notre grande surprise, les premières victimes de la nouvelle tournée de persécution religieuse. L'Academy Merici, dans le très chic quartier du Country Club, était une école analogue aux Ursulines, mais avec des sœurs américaines qui enseignaient toutes les matières en anglais. Le même sort était réservé à toutes les institutions religieuses, comme l'avait annoncé mon ami Osorio Dávila. Je retrouvai Carmita et Puchi Morgade et, accompagnées d'autres camarades qui avaient étudié là-bas, nous nous rendîmes rapidement aux Ursulines, au Miramar, pour voir comment nous pourrions aider les sœurs.

En arrivant, nous rencontrâmes une femme, aujourd'hui exilée, qui, en tant que fervente milicienne, criait des consignes à tue-tête et insultait inutilement les religieuses.

« Alors maintenant, vous pouvez prier, parce que si ce n'est pas du ciel, je ne vois pas d'où vous pourrez recevoir de l'aide ! hurlait-elle, furieuse contre les sœurs qui restaient silencieuses devant cette injustice. Vous allez partir d'ici avec ce que vous avez sur le dos, et puis je vous fais surveiller pour que vous ne puissiez rien emporter, absolument rien. Gare à celle qui dérobe quelque chose ! Et remerciez Dieu que je ne vous fasse pas mettre en prison ! »

Je m'étais promis de me contrôler, mais cela allait beaucoup trop loin. En colère, je fis front à la milicienne. Nous la connaissions, puisque c'était une ancienne élève du collège.

« Ça suffit, tu abuses ! Si tu es venue te venger d'une affaire en cours avec elles, je ne le permettrai pas !

— Ça n'a rien à voir avec toi, me dit-elle. Celle qui dirige cette opération, c'est moi !

— Écoute bien ce que je vais te dire, répondis-je. Toi et moi, qui avons étudié dans ce collège, la seule chose que nous devons à ces sœurs, c'est le respect, et non pas ce que tu es en train de faire. Maintenant, non seulement elles sont sous ma protection, mais celle qui va partir tout de suite d'ici, c'est toi et ta cour. Je n'ai rien de plus à te dire. »

Je tenai pour close cette discussion et je tâchai de mener à bien les plans que j'avais prévus : d'abord, il s'agissait d'emporter la statue de Santa Ángela de Merici, la patronne du collège, qui était dans la cour centrale, pour qu'elle ne soit pas détruite. Ensuite, je voulais tranquilliser les sœurs qui restaient quelques jours de plus au couvent, jusqu'à ce qu'elles puissent quitter Cuba.

Une équipe que j'avais engagée vint avec une grue et réussit à déplacer la statue, qui pesait une tonne.

« Où dépose-t-on Santa Ángela ? demanda Carmita. Parce qu'il faut l'emmener tout de suite dans un lieu sûr.

— Apportez-la chez moi ! » ordonnai-je.

Ainsi, Santa Ángela de Merici fut – comme beaucoup d'autres – à l'abri chez moi pour un temps, puisque c'était l'endroit le plus sûr, le temps que la tempête se calme. Plus tard, je l'envoyai à l'archevêché de La Havane, où, d'après ce que je crois savoir, elle se trouve toujours.

Je pris alors quelques minutes pour réfléchir : comment tout cela pouvait-il arriver à Cuba ? Ne devait-on pas en déduire que le diable se trouvait à La Havane ?

Je rentrai immédiatement chez moi pour raconter à ma mère ce qui s'était passé.

« Je vais tout de suite en parler à Raúl », me dit-elle.

C'est en effet ce qu'elle fit. Raúl l'écouta et m'envoya un message : « Dis à Juanita qu'elle devra se charger de tout ce qui est en relation avec les sœurs car elles doivent rendre le couvent et partir dès que possible de Cuba. Si elle veut les aider, c'est sa responsabilité. »

Je me chargeai volontiers de cette affaire et du reste. Le plus difficile était de réunir les papiers des sœurs des Ursulines pour leur faire des passeports en règle. Pour ce travail, j'avais trouvé un grand allié en l'avocat Emilio Núñez-Blanco, mari de mon ex-belle-sœur, Mirta Díaz-Balart.

« La grande difficulté, se rendit compte Emilio, c'est que, pour obtenir les papiers le plus tôt possible, nous avons besoin des actes de naissance, et nombre d'entre elles n'en ont pas car elles ne sont pas nées à Cuba, Juanita. Elles ne possèdent même pas les papiers d'entrée au pays, c'est un gros problème. Il faut gagner du temps pour arriver à tout réunir. »

Emilio Núñez-Blanco avait raison : beaucoup d'entre elles étaient venues d'Espagne et de France, comme c'était le cas de mère San Juan, mais personne ne savait où étaient leurs papiers, ce qui rendait ardue la tâche de se procurer les passeports. Toutes étaient concernées, de la mère supérieure à la novice la plus humble. Par conséquent, je dus négocier une dispense de formalités, bataillant auprès des bureaux en charge à qui il fallait faire comprendre la situation, qu'ils avaient eux-mêmes provoquée.

« Vous voulez que les sœurs s'en aillent rapidement ? Aidez-moi ! Sinon, non seulement elles ne peuvent pas partir de Cuba, mais en plus, à cause des lois internationales, aucun pays ne peut les accueillir. »

Cet argument convainquit les fervents antireligieux ; les choses devaient se faire rapidement, dans la mesure où nous ne disposions pas de plusieurs semaines devant nous mais seulement de quelques jours ! L'ordre d'expulsion pesait sur elles. En m'occupant de cette affaire, je pris conscience de quelque chose de douloureux et de gênant : nombre d'entre elles étaient analphabètes, elles ne savaient ni lire, ni écrire.

Comment est-ce possible, me disai-je, que cela se produise dans un collège qui bénéficie de tant de moyens pour enseigner aux autres ? Pourquoi n'en ont-elles pas profité elles-mêmes ? Celles qui se trouvaient dans cette situation étaient les plus modestes, il s'agissait de celles qui se faisaient appeler « Sœur » et qui étaient chargées de l'entretien du collège et du couvent, c'est-à-dire qui lavaient, cuisinaient et servaient les autres. Celles qui portaient le nom de « Mère » n'étaient pas concernées par ce problème.

De toute façon, nous devions aller de l'avant. Il fallait ensuite mettre à l'abri leurs effets personnels – ce qu'elles voulaient garder – parce que, en effet, l'ordre d'expulsion immédiate impliquait qu'elles quittent le pays uniquement avec ce qu'elles portaient.

C'est de cette manière que des centaines de sœurs et de curés furent expulsés de Cuba. Au moins, celles que je pus aider, non seulement aux Ursulines et à l'Academy Merici, mais à d'autres endroits également, eurent plus de chance.

Comme elles étaient américaines, les sœurs de l'Academy Merici furent les premières expulsées. Elles avaient l'avantage d'avoir des papiers en règle, mais il fallait les aider à sauver leurs biens personnels.

Après cet épisode, je restai en contact avec elles. J'allai à La Nouvelle-Orléans leur remettre personnellement les affaires qu'elles avaient laissées à Cuba. Je leur rendis visite à plusieurs reprises et elles se montrèrent toujours reconnaissantes à mon égard. Mère Thomas, la directrice, garda contact avec moi en m'écrivant de très belles lettres, que je conserve encore.

Quand Enma était en pension et que Fidel allait la voir le week-end, mère Elizabeth Teresa adorait discuter avec lui parce qu'il lui racontait des histoires de quand il serait président de Cuba. Elle fut expulsée et envoyée aux Ursulines à Caracas, où j'eus l'occasion de lui rendre visite, ainsi qu'à d'autres sœurs qui s'étaient installées au Venezuela.

D'autres restèrent à Miami. Certaines d'entre elles devinrent laïques, à cause des changements survenus au sein de l'Église à la suite du concile Vatican II. D'autres se consacrèrent aux soins de leurs proches malades, comme mère Lucile, ma professeure d'histoire, qui s'occupa de sa mère jusqu'à ce qu'elle décède.

Je me rappelle en particulier mère San José qui, après être partie de Cuba, avait sombré dans la folie, faute de n'avoir pu surmonter la souffrance de ce qu'elle avait enduré et auquel elle n'avait pas été préparée. Cependant, quand j'allais la voir, elle avait parfois des moments de lucidité.

« Pourquoi m'a-t-on, du jour au lendemain, délogée et expulsée de ce pays que j'aime tant et auquel j'ai tout donné, ma vie, ma jeunesse ? Pourquoi Juanita ? Quel mal leur a-t-on fait ? » me demandait-elle.

Malheureusement, je n'avais pas de réponses aux questions agonisantes de mère San José. Peu après, elle perdit totalement la raison et mourut.

Sans nul doute, si nous étions de moins en moins nombreux à être en sécurité à Cuba, nous avions de plus en plus à faire pour venir en aide aux autres.

36. L'Escambray

Les gens commencèrent à se soulever en prenant les armes. Le foyer de l'insurrection se trouvait dans la sierra de l'Escambray, située au centre sud de l'île, dans Santa Clara, une seule province à l'époque.

Dans l'Escambray, pendant cette lutte – qui dura six ans, de 1960 à 1966 –, il y eut beaucoup d'histoires. La situation empirait et les drames se succédaient, provoqués par l'un des péchés de la misère humaine : la délation. À partir de 1960, la délation, à Cuba, se convertit en un art diabolique qui mit fin à la vie de héros anonymes et de combattants de la liberté de notre pays. Parmi eux se trouvait un capitaine des rebelles qui, ayant pris part au complot destiné à provoquer la révolte populaire – qui ne se produisit jamais –, fut emprisonné avec toute sa famille. Ils avaient été dénoncés par un jeune de seize ans qui, sous la torture, donna le nom de tous les participants, y compris de toute cette nombreuse famille. À cette époque, les tribunaux révolutionnaires passaient leurs journées à ouvrir des procès judiciaires, utilisés pour « nettoyer » les ennemis. Notre moral à tous était très fluctuant.

Chaque fois que j'entends le mot Escambray, me reviennent aussitôt en mémoire les images d'un patriote nommé Plinio Prieto Ruiz. C'était un maître d'école qui, déçu par le tour que prenait la Révolution, abandonna ce pour quoi il avait lutté et organisa le Second Front de l'Escambray, duquel il devint commandant.

Plinio Prieto Ruiz mourut à trente-sept ans, fusillé avec quatre de ses subalternes – Porfirio Ramírez, Sinesio Walsh, José Antonio Palomino et Ángel Rodríguez del Sol. Ils furent jugés avec cent trente autres Cubains pour avoir participé à la guérilla de la sierra d'Escambray. Ils faisaient partie du fameux procès 829/1960, qui condamna à de lourdes peines de prison ceux qui avaient commis le délit, selon ce que le texte stipule, d'« effectuer de nombreuses réunions à caractère contre-révolutionnaire dans la ville de La Havane, s'étant mis d'accord, entre autres, pour combattre les pouvoirs de l'État révolutionnaire grâce à l'organisation de groupes armés dans les montagnes de l'Escambray, qui les entretenaient et les approvisionnaient ».

Salvador Esteva Lora, le père d'Ana Ely Esteva, était en tête de liste au tribunal. Je suis allée au jugement massif à Santa Clara. Je me rappelle avoir vu les parents des condamnés attendre inutilement que la clémence soit accordée aux leurs, ce procès n'étant qu'un grand théâtre où les miliciens se moquaient d'eux et déclaraient n'importe quoi, ce n'importe quoi se constituant en preuve contre n'importe qui, que cette personne soit ou non en relation avec l'Escambray. Je sortis de l'audience publique dégoûtée face à ce véritable cirque romain où, après avoir subi mille pitreries, les accusés étaient systématiquement jetés aux lions.

Ce même procès des dénommés « bandits de l'Escambray » envoya en prison un autre combattant : Arsenio Padierne Labrada, que j'eus la possibilité d'aider. Cet homme organisait aussi des réunions, transportait des armes et des équipements militaires. Il fut condamné à trente ans de prison, peine qu'il devait purger à la prison de l'île des Pins. Mais le G2 – le service de renseignements cubain – savait que Padierne n'avait pas tout avoué et qu'ils avaient commis l'erreur de ne pas être allés fouiller au préalable chez lui pour trouver des preuves. Ils décidèrent alors de s'y rendre, pensant qu'ils y dénicheraient sûrement de quoi l'envoyer au poteau d'exécution. Quelqu'un avertit la femme de Padierne des intentions du G2, afin qu'elle soit préparée. La nouvelle, dévastatrice en soi, mit la femme dans une situation désespérée, car elle était gravement malade d'un cancer et elle pouvait à peine se lever de son lit. Mes contacts m'informèrent de cette situation dramatique, me demandant de secourir cette dame qui était en effet mourante, mais très courageuse. J'allai aussitôt voir l'ambassadeur de Suisse, responsable du Service des intérêts des États-Unis à Cuba, et qui me soutenait toujours dans ces cas de demandes humanitaires réclamant une action immédiate. Accompagnés d'autres personnes, nous arrivâmes chez elle.

« Laissez-moi mourir tranquillement, pour l'amour de Dieu. Dans les murs, il y a une cachette secrète qui, si le G2 la trouve, suffira à envoyer Padierne dans l'au-delà sans même qu'il soit jugé. Je suis en train de mourir mais, lui, il faut qu'il vive. »

Elle nous indiqua l'endroit où son mari avait tout entreposé. Nous manquâmes de défaillir en voyant de quoi il s'agissait. Il y avait là un arsenal entier de mitrailleuses et de munitions qui devaient être envoyées directement à l'Escambray ! C'est l'ambassadeur suisse qui réagit le premier.

« Je crois que cela coûtera le poteau d'exécution non seulement au mari… mais aussi à tous ceux qui s'en approchent. Il faut sortir tout ça d'ici immédiatement. »

Désespérés, nous déposâmes le matériel dans nos deux voitures et nous partîmes. D'après les témoins de cet après-midi-là, il y eut une grande agitation dans le pâté de maisons, une demi-heure à peine après notre départ, provoquée par la venue du G2, venu fouiller le domicile d'Arsenio Padierne Labrada. Ils ne trouvèrent rien.

Le lendemain, la femme nous fit remercier pour notre intervention qui, par miracle, eut de l'effet car nous étions passés à temps. Peu après, j'appris qu'elle était morte apaisée, sachant que j'avais sauvé son mari du poteau d'exécution.

Il existait de nombreux réseaux que l'on pouvait contacter pour savoir comment venir en aide à ceux qui fuyaient et qui avaient besoin d'un refuge : parmi des dizaines d'autres, Elsa Negrín, Roberto Jiménez ou Margarita Blanco, qui était très active dans ce domaine et qui coopérait avec les groupes. Cependant, les actions échouaient parfois pour certains combattants – ce fut le cas de Felipe Jiménez – qui furent emprisonnés et pour qui nous ne pûmes rien faire. Certains furent condamnés à trente ans de prison, même si beaucoup d'entre eux ne purgèrent qu'une partie de ces longues peines, après avoir été libérés lors de l'échange de prisonniers qui eut lieu au début des années 1980.

Nous vivions ainsi quotidiennement, entre l'espoir et le désespoir, un sentiment qui me poursuivit dès les premiers jours du triomphe de la Révolution. Une fois, en 1959, on vint me chercher pour que j'intercède en faveur d'une famille batistienne très célèbre : Juan Salas Cañizares, chef de la garnison de Matanzas, avait été fait prisonnier. Son frère, José María Salas Cañizares, était connu pour être l'un des bourreaux les plus sanguinaires de la dictature de Fulgencio Batista. J'acceptai d'intervenir dans la mesure où ils l'avaient mis en prison pour la seule raison que c'était le frère du criminel. Aussitôt, j'allai à Matanzas voir William Gálvez, l'un des hommes les plus proches de Fidel, commandant militaire de cette province.

« Ce Salas Cañizares, lui dis-je, vous le gardez uniquement parce qu'il est le frère de l'autre. Il n'a jamais rien fait contre les rebelles, mais sa famille craint que vous ne l'exécutiez. Je suis venue te demander de lui sauver la vie.

— Je te garantis qu'il aura droit à un traitement juste de la part de la Révolution, Juanita, tu as ma parole. Cette Révolution est bienveillante. »

William Gálvez donna des ordres pour que je puisse voir Juan Salas Cañizares dans la cellule qu'il partageait avec un subalterne. La rencontre fut si impressionnante que jamais je ne l'oublierai. En me voyant, les deux hommes m'étreignirent en pleurant :

« Fais en sorte qu'on ne nous fusille pas, par pitié, nous ne voulons pas mourir, nous voulons vivre. Aide-nous. »

Je leur rapportai alors ma conversation avec le commandant Gálvez.

« J'ai l'assurance de sa bouche même que vous serez traités équitablement. Il m'a dit que la Révolution était bienveillante. Nous devons avoir confiance puisque vous n'avez rien fait de mal. Je lui ai bien précisé que vous aviez toujours respecté la vie des révolutionnaires. Nous allons attendre et garder la foi, tout ira bien. »

Je les encourageai, je restai un moment de plus avec eux et je réussis à les calmer. Malheureusement, à vingt-six ans, malgré ce que j'avais vécu, j'étais encore une jeune femme naïve, au milieu d'un processus imprévisible.

Le lendemain du 24 janvier 1959, au petit matin, on sortit Juan Salas Cañizares et son subalterne de leur cellule pour les emmener au poteau d'exécution. William Gálvez, qui s'avérait être aussi sanguinaire que le frère de ce malheureux, donna ordre de le fusiller avec son collaborateur, sans même qu'ils soient jugés.

Quand j'appris la nouvelle, je me sentis trahie – mais c'était un sentiment avec lequel je dus apprendre à me battre.

Quand on me demande comment nous avons survécu, je réponds simplement : nous savions que nous vivions sous le règne de la terreur. Je mesurais moi aussi bien sûr l'ampleur de mes actions, au regard des réactions qui se succédaient, comme ce qui m'arriva une nuit, lorque le G2 essaya pour la seconde fois de pénétrer dans la pension du J 406.

Nous avions déjà subi une tentative de fouille, et nous ne fûmes donc pas surpris de voir arriver à l'improviste des véhicules militaires, desquels descendirent à toute vitesse des miliciens pour venir frapper à la porte :

« Ouvrez ! Nous avons l'ordre d'entrer !

— Ordre de qui ? demandai-je par la fenêtre. Celui qui vous l'a donné, qu'il vienne personnellement ! »

À l'intérieur, nous étions tous pétrifiés de peur parce que, à ce moment-là, la maison était pleine de gens poursuivis pour des activités subversives. En attendant, les miliciens ne savaient que faire, mais je ne baissai pas la garde.

« Si vous devez entrer chez moi, ce sera uniquement par la force. Cassez la porte, faites ce que vous voulez, mais vous devrez me passer sur le corps. »

L'une des pensionnaires, tremblante de peur, vint alors m'avertir que José Abrantes, le ministre de l'Intérieur, était au téléphone et qu'il voulait me parler de façon urgente.

« Qu'est-ce qui se passe, José ? lui dis-je. Il y a là des gens du G2 à ma porte. Ils sont en train de commettre une injustice, une fois de plus. Ici, il n'y a que ma mère, qui est en visite, mon neveu et moi. Faut-il que je parle à Raúl pour qu'on nous laisse tranquilles ? Dis-le-moi, car si c'est le cas je le fais tout de suite !

— Non. Ne t'inquiète pas, me répondit-il, convaincu par mes propos, ils vont s'en aller. »

Dès que nous raccrochâmes, le G2 disparut miraculeusement du voisinage. Nous étions une fois de plus sauvés, même s'il s'en était fallu de peu que nous soyons découverts.

Agir ainsi n'avait rien d'une « bravade » – comme on dit en cubain. En réalité, je n'avais pas eu le choix, car cela aurait été une catastrophe pour nous tous.

Par chance, cette histoire-là se finit bien, contrairement à celles qui illustraient ce que le Che appelait de manière macabre « la pédagogie du poteau d'exécution ».

37. Je suis marxiste-léniniste

Chaque fois que je regardais le calendrier, j'étais effarée. Que cette année 1961 était longue et terrible ! Même si je perdais mes capacités d'étonnement – comment ne pas en arriver là après l'épisode de la baie des Cochons, l'Escambray, les délations, les expropriations, les confiscations et tant de gens en prison ou, pire encore, fusillés –, j'étais encore loin d'imaginer ce qui se tramait : le changement de monnaie et l'annonce de ce que Fidel représentait réellement.

Raquel Pérez de Miret, mariée à Luis, le frère de Pedro Miret, était mon amie intime et l'une de mes amies les plus proches depuis toujours. Sous la dictature batistienne, nous avions lutté toutes les deux pour la même cause et avions assisté à tous les meetings politiques possible. Par la suite, elle et son mari s'installèrent à New York, et notre amitié était si profonde que lorsque je me rendais dans cette ville, au lieu d'aller à l'hôtel, je logeais chez elle. Avec le triomphe de la Révolution, Raquel, qui était avocate, obtint un bon poste au sein du régime. En 1959, elle fut la deuxième femme nommée à la tête d'un ministère. Elle succéda à Elena Mederos, la première ministre des Affaires sociales, qui n'occupa pas très longtemps cette fonction.

Ainsi, mon amie Raquel Pérez de Miret – je suis la marraine de son fils Luisito – avait sa place au Conseil des ministres et, par conséquent, était au courant de nombreux projets. Vers le mois de juillet, elle me raconta une histoire dans laquelle le Che était directement impliqué, en qualité de ministre de l'Industrie.

« J'ai appris, dit-elle, que le Che pourrait être en train d'imprimer une nouvelle monnaie pour remplacer et éventuellement faire disparaître la monnaie actuelle. Dans la réserve de la Banque nationale, il n'y a que cinquante millions de pesos. Or, nous savons qu'environ sept cents millions sont thésaurisés par les particuliers et les entreprises, et ne sont donc pas sous le contrôle de l'État. Imagine la pagaille si c'est vraiment le cas !

— Mais comment pourraient-ils faire ça ? C'est impossible, répondis-je, tu imagines les conséquences ?

— Tu as raison, introduire ce changement du jour au lendemain n'est pas si facile. Il faudrait organiser une grande opération difficile à garder secrète.

— Si cela se produit, en effet, ce serait encore un coup dur pour nous, les Cubains. En fait, on ne devrait plus s'étonner de rien venant du Che, lui qui s'est érigé comme le sauveur de l'économie cubaine alors qu'il n'y connaît rien. »

Après avoir dit au revoir à Raquel, je me souvins d'un incident qui avait eu lieu un an auparavant, lorsque mes contacts m'avaient montré un nouveau billet qui devait entrer en circulation et où ne figurait aucun nom. Il y avait seulement inscrit : Che. Je me rappelle m'être tellement énervée que j'étais allée directement chez Fidel.

« Je vois que tu es en colère, qu'est-ce qui t'arrive encore ?

— Voyons, dis-moi, pourquoi faut-il qu'un étranger signe la monnaie de ma patrie avec son surnom ? »

Fidel ne se fâcha même pas et m'objecta rapidement :

« En premier lieu, il signe « Che » parce que c'est sous ce nom qu'il est populairement connu, et, en second lieu, je te rappelle que le Che n'est plus un étranger depuis l'année dernière. En rétribution de ses sacrifices pendant la lutte contre la tyrannie, on lui a octroyé la citoyenneté cubaine de naissance, qu'il a acceptée. Par conséquent, il est aussi cubain que toi et moi.

— Il l'est peut-être pour toi, répondis-je, mais pour moi, il continue à être un étranger qui signe nos billets avec son surnom, et il n'y a rien de plus à ajouter. »

Je me rappelle être partie très contrariée – pour changer – face à l'ingérence grandissante du Che qui gagnait du terrain jour après jour, et ce jusqu'aux affaires financières. Ainsi, ce que me dit mon amie Raquel préfigurait en fait ce qui ne pouvait plus être mis en doute. Malgré tout, ce jour-là, je désirai de tout mon cœur que cela ne se réalise pas, car sinon des milliers de gens verraient leur patrimoine réduit en cendres.

Grâce à la confidence de mon amie sur cette mesure, je répétai tout de suite l'information, de manière tout aussi « confidentielle », à tous ceux que je pouvais, au cas où cela se matérialiserait, afin qu'ils ne perdent pas leur argent.

Nous n'évoquâmes plus le sujet et je supposai qu'il s'agissait d'une fausse alerte. Néanmoins, le 3 août, Raquel m'appela pour que l'on se voie de toute urgence. Je la rejoignis dans son bureau au ministère des Affaires sociales. Dès que j'arrivai, elle annula ses rendez-vous et me demanda de venir marcher un moment avec elle, pour pouvoir aborder un sujet très délicat.

« Demain, une loi va être promulguée. C'est le plus grand secret qui ait jamais été gardé à Cuba : dans seulement deux jours, nous devrons procéder dans tout le pays au changement de monnaie.

— Mais comment vont-ils faire ? demandai-je étonnée. Avec en plus le week-end entre-temps !

— On calcule à plus de trois mille le nombre des bureaux de change qui seront installés, et à plus de cinquante mille les personnes qui réaliseront le processus : employés de banque, miliciens et membres de l'armée rebelle qui, pour l'instant, ne savent pas de quoi il s'agit, mais qui, demain, seront informés de la mesure et la procédure. »

J'étais au bord de la syncope ! Rapidement, j'avertis tous ceux que je pouvais.

Deux jours plus tard, en effet, tout se passa comme me l'avait dit mon amie. Le 5, la loi qui ordonnait le changement de monnaie pour le week-end du 6 et 7 août fut publiée dans la *Gazette officielle*. Le régime confisquait de cette façon quasiment cinq cents millions de pesos, pendant que les cinq cents autres, épargnés par les particuliers, perdaient toute leur valeur. Le plus curieux, c'est que le Che supervisa l'opération en tant que ministre de l'Industrie et non comme directeur de la Banque nationale, poste qu'il avait quitté en février. Il avait parfaitement tout orchestré : la monnaie, qui était auparavant imprimée aux États-Unis, avait été fabriquée en Tchécoslovaquie pendant une année, de sorte que quand la loi entra en vigueur, ce fut un choc pour beaucoup, à commencer par la contre-révolution.

Je garderai toujours en mémoire ce geste de mon amie Raquel Pérez de Miret et l'aide qu'elle m'apporta, alors qu'elle était ministre. Peu après le changement de monnaie, je reçus une autre terrible nouvelle – il ne manquait plus que ça, pensai-je. Ma chère amie Raquel avait trouvé la mort dans un accident de voiture sur le trajet entre La Havane et Santiago de Cuba. Elle roulait sur la Carretera Central et, d'après ce que je pus savoir, elle allait très vite et se trouvait dans une zone de virages, avant d'entrer en ville, quand elle eut un accident. Malheureusement, elle y laissa la vie. Sa mort fut un choc pour moi.

Après une pareille perte, qui venait s'ajouter à tous les événements épouvantables de 1961, je ne désirais qu'une seule chose, que l'année se termine une bonne fois pour toutes. Nous étions alors en décembre. Le 2, bizarrement, je quittai le J 406 de bonne heure pour me reposer, après ces mois entiers où la pension avait plutôt pris l'air d'une ambassade ou d'un ministère, les gens venant y faire la queue pour m'exposer leurs problèmes.

C'était un samedi et, comme ma mère était de passage, j'avais décidé de rentrer tôt pour dîner et bavarder un moment avec elle.

« Fidel parle à la télé ce soir. Il m'a dit qu'il allait faire des déclarations importantes, je préfère donc que nous restions ici pour le voir, Juanita. »

Je ne m'imaginais pas ce que pouvaient être ces importantes déclarations mais nous le regardâmes. Fidel donnait son discours, comme d'habitude ennuyeux et interminable, quand, soudain, il changea de ton et retint notre attention.

« On m'a demandé si je voyais les choses aujourd'hui de la même façon qu'au moment du Moncada. À cela, j'ai répondu que ce que je pensais alors était très semblable à ce que je pense aujourd'hui. C'est la vérité. »

C'est à la phrase suivante que Fidel lâcha sa bombe :

« Je le dis ici avec une entière satisfaction et une grande confiance : je suis marxiste-léniniste et je le serai jusqu'à la fin de mes jours. »

J'étais horrifiée de l'entendre dire ça et je ne pouvais que me tourner vers ma pauvre mère, qui se trouvait dans un état pire que le mien.

« Qu'est-ce que cela signifie ? Qu'est-ce que Fidel vient de dire ? »

Je ne savais que lui répondre, car nous étions toutes les deux sidérées par cette déclaration, jusqu'à ce que je dise à voix haute tout ce que j'avais sur le cœur depuis longtemps.

« Comment est-ce possible, dis-je à ma mère, qu'un homme avec qui tu as grandi au sein la même famille, auquel tu as cru et pour lequel tu t'es battue, change ainsi subitement et affirme qu'il est maintenant ce qu'il a toujours dit ne pas être ? »

Ma pauvre mère était au bord des larmes.

« Que va-t-il se passer maintenant, Juanita ?

— Rien, maman. Que veux-tu qu'il se passe ? Je suis maintenant totalement convaincue que Fidel est un grand acteur. Un acteur qui joue à la perfection un rôle grâce auquel il nous a tous dupés. Qu'attends-tu de plus, maman ? »

Toute explication était superflue car nous comprenions toutes deux parfaitement ce qui se passait et, peut-être à cause des liens familiaux qui nous unissaient à lui, nous étions les premières trahies par cette déclaration ; venait ensuite le reste des Cubains qui avaient cru en lui.

Tout comme j'avais toujours su que Raúl et le Che étaient, eux, communistes, j'avais toujours cru que Fidel n'avait jamais sympathisé avec les éléments marxistes, ni à l'université, ni quand il préparait le Moncada, ni pendant l'expédition du *Granma* à Mexico, ni dans la Sierra Maestra. Allons donc ! En famille, il n'avait jamais rien montré qui puisse nous faire penser que ses idées étaient autres.

Jamais, au grand jamais, Fidel n'a été marxiste. Au contraire, je me souviens que Bilito Castellanos – le fils de Baudilio Castellanos, propriétaire de la pharmacie du Central Marcané (Fidel avait été très amoureux de sa sœur) – était très lié aux Jeunesses communistes, avec Alfredo Guevara et tout cette bande, pendant qu'il était à l'université à La Havane. Les parents de Bilito, désespérés, cherchèrent alors de l'aide. À qui ont-ils recouru pour délivrer leur fils de cette mauvaise influence ? À Fidel !

« Non seulement nous te demandons, lui dit Baudilio père, mais nous te prions, en raison de la longue amitié qui lie nos deux familles, de nous aider à sortir Bilito de ce milieu. »

Fidel, sans hésiter un instant, s'y engagea. Il le fit changer de mentalité en le convainquant de ne pas s'associer aux communistes de l'université.

Comment ne pas se souvenir de cette anecdote, devant cette affirmation du 2 décembre qui différait complètement de ses récentes déclarations !

« C'est comme s'il avait changé d'avis du jour au lendemain, en l'espace d'un instant », observa ma mère.

Je ne voulus rien lui dire de plus, car je m'inquiétais pour sa santé. Contrairement à ce que je pensais faire au début ce soir-là, c'est-à-dire me reposer, je sortis pour voir les membres des organisations avec qui je travaillais, tout aussi alarmés par ce qu'ils avaient vu à la télévision. Les déclarations de Fidel devant la Société américaine des éditeurs de journaux à Washington, en avril 1959, résonnaient à ce moment-là à mes oreilles :

« Concernant le communisme, je peux seulement vous dire ceci : je ne suis pas communiste, et les communistes n'ont pas assez de force pour être déterminants dans mon pays. »

Les jours qui suivirent le 2 décembre 1961 amenèrent une vive déception. Il fallait nous faire à l'idée que rien n'allait changer pour le bien de Cuba. Ni ma mère ni moi n'évoquâmes ce sujet, ou aucun autre, avec Fidel ou Raúl, afin de leur faire comprendre notre façon de penser. Selon moi, les mots étaient de trop.

Après cet aveu télévisé, Fidel se retira un temps des activités publiques, ce qu'il faisait assez couramment lorsqu'il prenait des mesures qui touchaient tout le monde avec une telle ampleur. Il avait déjà agi de même, se taisant et s'isolant, après avoir destitué Manuel Urrutia Lleó, que lui-même avait nommé premier président de la Cuba révolutionnaire.

Après cette déclaration où il affirmait être marxiste-léniniste, et ce, jusqu'à sa mort, il fit preuve d'un silence absolu. Ce fut alors Aníbal Escalante, un communiste de la vieille garde, qui dirigea le pays en tant que Secrétaire général du Parti communiste cubain. Mais cela n'était qu'une vue superficielle de la situation car, en réalité, tout prenait un tour plus lent : les problèmes – même les plus insignifiants – n'avaient pas de solution. Tout devait être approuvé par une seule personne : Fidel.

Pourquoi ? C'est très clair, tout avait déjà été décidé. Ils étaient en train de préparer le chemin pour la prochaine étape : l'engagement avec les Soviétiques. Fidel, en restant silencieux, gagnait du temps pour réfléchir à la direction à prendre : avec les Américains, il devrait organiser des élections démocratiques tôt ou tard, avec les Russes, non.

Choisir entre les deux n'était donc pas difficile.

La conversion radicale de Fidel au communisme n'était pas liée à des convictions politiques, mais simplement au besoin de détenir le pouvoir, ce qu'il lui a toujours importé. Sans les Russes, il n'aurait pas pu perdurer à la tête de Cuba. Sans une dictature, comme celle du leader russe Nikita Khrouchtchev, il n'aurait tout simplement pas pu continuer ainsi. Je n'ai donc pas d'autre explication : il pencha pour l'Union soviétique uniquement dans le but de rester au pouvoir.

Chacun se rappelle ces jours-là de façon très particulière. Mon esprit était troublé, pris dans un tourbillon d'émotions, et soudain, je me souvins d'une anecdote qui apparut comme la plus significative de toutes : Fidel, élève au collège de Belén, avait présenté, lors d'un concours d'éloquence, un discours dans lequel il fustigeait sévèrement les communistes. Ces derniers se moquèrent ensuite de lui, et Fidel les invectiva dans une lettre ouverte.

Je me souvins aussi que, au moment où Fulgencio Batista l'avait accusé d'être communiste, moi, Juanita Castro, du haut de mes vingt ans, indignée, j'avais dit à mon frère : « Fidel, défends-toi des critiques du dictateur. Montre cette lettre que tu as écrite quand tu étais au collège de Belén, où tu en terminais avec les communistes. »

Mais il ne m'avait pas écoutée.

Après le 2 décembre 1961, je compris pourquoi.

« Quelle idiote, me répétai-je, quelle idiote de ne pas m'en être rendue compte. » Mais je n'étais pas la seule dans ce cas, je n'étais pas la seule à avoir été dupée.

Ceux qui avaient été abusés, c'étaient nous, tous les Cubains qui avions désiré ardemment un Cuba démocratique, ce que Fidel avait promis le 28 avril 1959, quand il avait dit : « Ce sera un gouvernement du peuple sans dictature et sans oligarchie. Liberté et pain, et pain sans terreur, c'est cela l'humanisme. Nous croyons qu'il ne doit pas y avoir de pain sans liberté mais qu'il ne peut y avoir non plus de liberté sans pain. Nous voulons que Cuba soit un exemple de démocratie représentative avec une véritable justice sociale. »

Voilà la révolution que voulait le peuple de Cuba.

Voilà la révolution pour laquelle des milliers de compatriotes donnèrent leur vie.

Voilà la révolution qui déjà n'existait plus.

38. Et les héros changèrent de nom

Prise dans des aventures inimaginables, je vivais de ce que mon père nous avait laissé et de mes propres activités, car j'ai toujours aimé travailler pour gagner ma vie.

Comme je l'ai déjà mentionné, à quinze ans, une fois terminées mes études commerciales au collège des Ursulines de La Havane, je rentrai chez mes parents et j'ouvris le Cinéma Juanita. Ensuite, encore très jeune, je tins une affaire de cochons de lait. J'achetais n'importe quelle truie qu'on me vendait, qu'elle soit laide, maigre ou affamée, je la soignais et je l'élevais pour la reproduction. J'obtins ainsi un élevage énorme de cochons car, dans un coin de la propriété, se trouvait une très grande palmeraie où ils avaient accès au meilleur aliment que puissent manger des porcs : le fruit du palmier. Ensuite, des clients affluèrent de tout Cuba pour me les acheter car j'avais toujours de très bons produits. Des cochons, je passai ensuite au bétail. J'avais l'œil quant aux animaux, et je pouvais calculer le poids d'une bête debout juste en la regardant. À l'époque, c'était comme cela qu'on achetait le bétail à Cuba.

Ainsi était ma vie de commerçante : faire des affaires partout, ce qui, soit dit en passant, donnait du travail à beaucoup de gens. Chaque fois que j'apprenais qu'une société était à vendre, parce qu'en faillite, je l'achetais, la remettais sur pied et, ensuite, je la revendais et continuais avec l'aventure commerciale suivante.

Quand la Révolution triompha, j'explorai de nouvelles voies. J'appris qu'on vendait une petite station de radio à La Havane, certes en très mauvais état, mais qui n'en restait pas moins une station de radio. Je l'achetai évidemment ! Elle s'appelait CMK. Elle ne me coûta pas cher, et je la rénovai complètement, investissant une grosse somme pour la mettre en état de concurrencer les autres. Nous commençâmes à engranger de bonnes recettes et à nous faire bien connaître. L'audience était grandissante et les gens aimaient nos programmes. Ma stratégie était simple : j'avais décidé qu'il n'y aurait pas d'informations, uniquement de la musique instrumentale, faisant office de calmant au milieu de tous ces problèmes ambiants. J'inventai un slogan : « Dans votre voiture, changez pour CMK. » Mais le plaisir dura peu, pour les auditeurs comme pour la propriétaire. Quand commencèrent à être saisies toutes les entreprises, en 1960, la mienne fut l'une des premières à être touchée. Il s'agissait d'exercer un pouvoir totalitaire et de contrôler ce que les gens écoutaient dans toutes les émissions de radio et de télévision. Cela constituait le travail de la vieille garde communiste, c'est-à-dire de ceux qui étaient vraiment partisans du régime, remplissant leur rôle à la perfection.

CMK se trouvait dans le quartier de l'ancienne place Civique, aujourd'hui appelée place de la Révolution, qui était à l'époque le quartier des sociétés de radio et de cinéma.

Quelques jours avant qu'on ne me la confisque, je reçus une lettre signée d'Aníbal Escalante, dans laquelle l'on me proposait une « offre de rachat » de la station de radio. Naturellement, le montant qu'on me présentait était ridicule et, en plus, inacceptable à tous les points de vue. J'allai au ministère de la Communication, où j'avais deux amis, dont l'un était le ministre en personne, l'ingénieur Enrique Oltusky. Je lui demandai ce que signifiait cette « offre ».

« Je te promets, Juanita, que je vais m'informer, et dès que j'ai du nouveau, je te préviens immédiatement », me dit Oltusky.

Comme je n'avais toujours pas de nouvelles, je retournai le voir, et nous convînmes tous deux que cette mesure avait été prise en haut lieu et que toutes les stations de radio et les chaînes de télévision du pays seraient saisies. La mienne y compris, bien sûr. Il n'y avait rien à faire.

Dans mon cas, ils eurent au moins la « politesse », si l'on peut dire, de m'avertir qu'ils venaient occuper la station. Il ne m'était pas nécessaire d'être présente car j'avais déjà emporté tous mes effets personnels du bureau. Certains animateurs, à qui j'avais procuré un travail mieux rémunéré que partout ailleurs, se rangèrent tout de suite du côté des administrateurs et gardèrent l'entreprise. De fait, elle ne survécut pas très longtemps car, comme tout ce que saisissait la Révolution, elle fut détruite.

Quand elle l'apprit, ma mère en fut très contrariée.

« Il faut tout de suite en parler à Fidel ou à Raúl ! me dit-elle.

— Non, maman. Leur parler, pour quoi faire ? Ça ne vaut pas la peine de perdre notre temps dans cette histoire car cette décision a été prise au plus haut niveau. Sinon, qui aurait osé saisir la société de la sœur de Fidel ? »

Je me rajoutai à la liste de tous les Cubains qui, comme moi, perdaient le fruit de leurs efforts. En effet, une partie de mon capital se volatilisa. Peu après, on me proposa une autre affaire mais, Dieu merci, je ne l'acceptai pas, car sinon j'aurais perdu tout ce que je possédais. À ce moment-là, il n'y avait pas que l'argent qui disparaissait de la vie des Cubains, mais aussi d'autres choses plus basiques et fondamentales comme Dieu, la foi, l'Église et le credo.

La jeunesse grandissait sans les fondements religieux qui avaient toujours existé, puisque, autrefois, avec plus ou moins de conviction, tout le monde à Cuba avait une croyance et respectait l'Église, qui se montrait très prosélyte. Afin d'éradiquer cette foi, si enracinée dans la culture cubaine, le régime commença par distiller des idées communistes chez les enfants, dès les dénommés *Círculos Infantiles*[45]. Malheureusement, ils profitèrent de ces esprits innocents et réussirent à faire en sorte que les enfants et les jeunes cessent de penser par eux-mêmes, répétant simplement ce que le gouvernement voulait leur entendre dire. Les manuels scolaires cubains furent remplacés par des manuels marxistes.

Cela me fit beaucoup de peine, non seulement à cause de ce communisme mensonger, mais surtout parce qu'il était injuste d'introduire de nouveaux patriotes dans notre pays, qui n'étaient même pas cubains, qui n'avaient rien fait pour nous et qui, par conséquent, n'avaient rien à voir avec notre culture ni avec le déroulement de notre histoire. Karl Heinrich Marx et Vladimir Ilitch Lénine tenaient la première place dans les manuels scolaires, tandis que les nôtres étaient ignorés, à l'exception de José Martí, qu'ils utilisèrent de façon opportuniste. Ils laissèrent avant tout à l'honneur le nom de Martí parce qu'il avait lutté pour l'indépendance de Cuba contre les Espagnols, au prix de sa propre vie. Il est vrai qu'il me paraît à moi aussi impossible d'effacer de notre histoire la grandeur de Martí.

Si ce sont incontestablement les vainqueurs qui écrivent l'Histoire, j'ai toujours pensé que, malgré tout, il leur fallait faire preuve de conscience. Or, à Cuba, ce n'était pas le cas, de telle sorte que les « historiens révolutionnaires » s'empressèrent de faire disparaître la trace des gouvernements démocratiques qui avaient existé auparavant, qu'ils aient été bons ou mauvais. C'est ainsi qu'aujourd'hui, à Cuba, personne ne connaît ni ne sait ce que firent Carlos Prío Socarrás ou Ramón Grau San Martín, présidents démocratiquement élus par le peuple. Personne ne connaît non plus Gerardo Machado[46] qui, après avoir été un grand président, se convertit en dictateur. Aujourd'hui, les nouvelles générations cubaines grandissent sans avoir conscience des plis et replis qui constituèrent le pays, ce qui est essentiel à toute culture.

Soudain, les grands moments de notre histoire apparaissaient sous les traits d'autres héros, barbus et vêtus de vert olive. J'en discutai

45. Créés en 1961, centres de la petite enfance pour des enfants de six semaines à six ans.

46. Gerardo Machado y Morales (1871-1939), homme politique, président de Cuba de 1925 à 1933.

avec ma mère : « D'où vient cette idée ? lui demandai-je. Le fait est que c'est devenu à la mode, tout le monde se laisse pousser la barbe. Tu te rends compte ? Pour être révolutionnaire, il faut être barbu.

— Oui, mais je ne crois pas que cela vienne de Raúl, il est imberbe, observa-t-elle.

— J'ai posé la question mais personne ne m'a répondu, maman. Celia Sánchez dit que Fidel se l'est laissée pousser dès le début, dans la Sierra Maestra, et qu'il ne s'est plus jamais rasé depuis. Qu'aurait dit papa en les voyant barbus ? Je pense plutôt que c'est une façon de se dissimuler, le visage compris…

— Ah Juanita ! Si ton père était là, je ne sais pas ce qu'il ferait. »

Mais mon père n'était plus là, et les barbes et les barbus firent d'emblée grande impression. À tel point que tous les deux, Fidel et le Che, avaient préparé des réponses toutes faites sur ce sujet.

Je sais que les reporters qui travaillèrent avec le journaliste mexicain Jacobo Zabludovsky se rappellent ce qu'il leur a raconté de sa rencontre avec le Che à la prison de La Cabaña :

« Commandant, demanda Jacobo à la fin de l'interview, quand pensez-vous vous raser ?

— Tu me parles de me raser, rétorqua-t-il, mais cela ne t'importe pas de te trouver face aux hommes qui ont changé l'histoire de ce pays ? »

Ils faisaient beaucoup de rhétorique, mais ils ne répondaient jamais à la question. Fidel agissait de même à la maison, quand ma mère lui demandait : « Fidel, mon fils, jusqu'à quand vas-tu garder cette barbe ? Quand vas-tu te raser ?

— Maman, je le ferai quand tous les objectifs de la Révolution seront atteints. »

On comprend donc aisément pourquoi il porte toujours la même barbe aujourd'hui.

39. Ici, ce sont tous des « *gusanos* »

Tant de choses avaient déjà eu lieu, que ce soit pour les Cubains où chez les Castro Ruz. L'ambiance n'était pas au mieux dans notre famille, dans la mesure où nos relations avec Fidel avaient commencé à se refroidir. Il s'occupait des affaires de tout le monde, sauf des siennes. Il ne passait plus beaucoup à la maison parce que ce n'était pas à moi qu'il rendait visite, mais à ma mère, quand elle venait me voir de la propriété. Elle, en revanche, aimait passer du temps avec moi.

Lors de l'une de ses visites, on annonça que Fidel parlerait à la télévision depuis les studios de la CMQ.

« Ah Juanita, ma fille, j'aimerais aller le voir, me dit ma mère.

— Mais tu ne l'as pas déjà vu, maman ? Pourquoi tu ne l'appelles pas ?

— Pourquoi ? Je ne voulais pas te le dire parce que je ne veux plus que vous vous disputiez, mais cela fait des jours qu'on ne me le passe plus au téléphone. Il n'en sait sûrement rien, avec Celia Sánchez qui le contrôle comme jamais, je profite donc de l'occasion pour aller aux studios de télévision. »

Elle savait que pour rien au monde je n'irais m'asseoir parmi le public pour le regarder parler, surtout après ses déclarations sur le marxisme-léninisme. Je demandai donc à Raquel Rodríguez, une des étudiantes qui vivaient au J 406, d'accompagner ma mère, et je les conduisis en personne aux studios, qui étaient occupés par le G2.

« Tu ne devineras jamais ce qui s'est passé, me raconta Raquel. Quand nous sommes arrivées à la porte, ils nous ont arrêtées et nous ont demandé où nous allions, parce que l'endroit était réservé à la suite de Fidel. Je leur ai expliqué que la dame qui m'accompagnait était la mère de Fidel. Ils ne m'ont pas cru, mais un autre homme s'est approché et a confirmé qu'en effet il s'agissait de la mère du commandant en chef. Ils nous ont alors emmenées, nous portant presque, et nous ont installées au premier rang.

— Mais cela a failli coûter cher à Raquel, me dit ma mère. Il se trouve que le studio était bondé et que, chaque fois que Fidel disait quelque chose, il fallait se lever et applaudir. Moi, je me levais, mais cette jeune fille restait assise ! Je savais pourquoi, j'avais compris, mais je lui ai dit à l'oreille : "fais semblant et lève-toi, sinon ils vont t'emmener en prison."

— C'est là, continua Raquel, que j'ai vraiment pris conscience du danger et que j'ai compris que je devais me lever, mais je n'ai pas applaudi. La séance terminée, nous sommes sorties, et toute la foule a suivi Fidel. »

Apparemment, Raúl avait rejoint ma mère à cette occasion, la retrouvant rapidement. Il l'étreignit très affectueusement :

« Maman, quelle surprise ! Je te croyais à la propriété. Quand est-ce que tu es arrivée ? Pourquoi tu ne m'as rien dit ? »

Ma mère me raconta que quand Fidel se rendit compte de sa présence, il s'approcha rapidement et lui demanda ce qu'il disait toujours chaque fois qu'il nous voyait : « Maman, qu'est-ce que tu fais là ?

— Je suis venue te voir, mon fils, parce que je ne sais pas s'ils t'ont transmis mes messages te signalant que j'étais à La Havane.

— Et où tu loges ? lui demanda Fidel.

— Chez Juanita, comme d'habitude, mais je passe mes journées avec elle à la pension. »

Il la regarda, l'air très sérieux, et lui dit :

« Va là-bas, à la pension, je t'y retrouve. »

La discussion s'arrêta là car, au même moment, quelqu'un derrière lui l'appela pour l'avertir que les familles des prisonniers l'attendaient, et il sortit par une autre porte.

Quand j'appris que Fidel se dirigeait vers la pension, je décidai d'éviter les confrontations et de ne pas y être quand il arriverait. Il ne perdit pas de temps. Les bruits, devenus familiers, se firent immédiatement entendre : des portes de voiture qui claquaient bruyamment, des pas fermes sur l'asphalte, la marche rythmée de l'escorte qui suivait Fidel comme son ombre. Il était venu voir ma mère, accompagné du Dr René Vallejo, son médecin personnel et homme de confiance, ainsi que de José Abrantes qui, au passage, en profita pour enfin jeter un coup d'œil à cette maison qu'il avait toujours voulu fouiller sans jamais y parvenir, m'y étant chaque fois opposée. Il ne rencontra bien sûr que de jeunes étudiants.

« Juanita, tu sais ce que m'a d'abord dit Fidel ? me raconta ma mère. "Qui habite là ? Tout le monde est *gusano* ici ! Tu te trouves dans une maison pleine de *gusanos*, dis-leur de faire attention parce que je vais secouer tous les cocotiers." »

En disant cela, il se référait à l'épisode d'Aníbal Escalante, le communiste de la vieille garde qui avait essayé de prendre le pouvoir à Cuba, protégé par une faction russe, et qui était sorti de la scène politique quand Fidel l'avait découvert, l'expulsant par cette phrase : « Secouez le cocotier ! » C'était une allusion à la manière dont les fruits pourris tombent des arbres qu'on secoue.

Bien que Fidel ne se trompât pas beaucoup sur les opposants au régime qui vivaient dans cette maison, cette fois-ci, cependant, ni lui ni Abrantes ne virent rien de plus.

Hilda, Carmita, Nadina, Raquel et Tito, eux, passèrent un mauvais moment. Derrière la porte, ils entendirent les menaces de Fidel devant les révélations du G2, d'Abelardo Colomé ou d'autres, sur mes activités d'aide aux contre-révolutionnaires. Cependant, s'il se passerait avec Raúl la même chose – voire pire, étant donné les rapports qu'on lui transmettrait sur moi –, ce dernier prendrait toujours les choses avec humour et ne se fâcherait avec personne, sans se soucier de ce que les gens pouvaient penser.

Quand ma mère fit un infarctus et qu'elle fut hospitalisée, tous mes proches du J 406 se relayèrent avec moi pour s'occuper d'elle. Ils y rencontraient les membres de la famille qui venaient lui rendre visite. Raúl arrivait toujours de bonne humeur et ne manquait pas de saluer tout le monde.

« Quoi de neuf, maman ? Comment vas-tu ?

— Mieux, Musito, bien qu'on me dise que les communistes ne croient même plus leur mère ! »

Ils se mirent à rire aux éclats. Quelle différence avec Fidel, qui arrivait, se retournait pour voir qui était là et, sans saluer, disait : « Je ne sais pas pourquoi, maman, mais tu es toujours entourée de *gusanos*.

— Ah, mon fils, répondait-elle, grâce aux *gusanos*, je reçois de l'affection et de l'amour.

— Oui, maman, mais ils n'en restent pas moins des *gusanos*. »

Quand ils me racontèrent cet épisode sur les *gusanos*, je compris le message : Fidel, pour le moins, m'identifiait comme la protectrice officielle de la « *gusanera* ».

Je ne saurai jamais s'il ne put pas, ou ne voulut pas en savoir plus. Pourtant, à cette occasion, Fidel me fit comprendre, sans mot dire, qu'il en savait beaucoup sur moi.

La peur ne sert à rien – me dis-je et leur affirmai-je –, vraiment à rien. Il faut simplement se montrer plus prudent.

40. La fin de vieux alliés

Au milieu de cette tourmente, où se trouvaient donc l'ingénieur Alfonso Gutiérrez – « Fofo » –, et Orquídea Pino, sa femme ? Que faisaient-ils, eux qui, à leur heure, pendant l'exil à Mexico, furent les pièces maîtresses dans le processus de gestation de la Révolution cubaine et dans l'épisode du *Granma* ?

Leur histoire est intéressante et douloureuse.

Au triomphe de la Révolution, sur la demande de Fidel, Fofo et Orquídea se rendirent à Cuba, accompagnés d'Enma. À leur arrivée, Fidel les reçut, et ils se retrouvèrent, heureux du résultat qu'ils avaient obtenu ensemble. Ils restèrent un mois à La Havane, profitant du triomphe de la Révolution, pour laquelle eux aussi avaient souffert et lutté.

« La façon dont les gens accueillaient Fidel était incroyable, me raconta Orquídea. Nous étions avec lui dans le convoi à Pinar del Río et ce fut l'apothéose. Les gens se jetaient sur lui et voulaient le toucher. »

Plus que tout autre, ils méritaient de vivre ces moments de gloire, car ils avaient abrité les membres de l'expédition chez eux et avaient couru mille et un dangers, ils avaient vécu avec notre famille les angoisses, les pressions et tout ce qui entoura l'enlèvement de Fidelito, la mort de mon père, et tant d'autres choses. Il n'y avait donc personne de mieux placé qu'eux pour jouir de la lune de miel du triomphe de la Révolution.

Au bout d'un mois, Fofo et Orquídea rentrèrent à Mexico car lui avait une affaire florissante dont il devait s'occuper : une entreprise de forage de puits de pétrole. Il devait son succès non seulement à ses nombreux contacts au sein du gouvernement mexicain mais aussi à son expertise dans le domaine.

En avril 1959, à la suite de la demande personnelle de Fidel, Fofo et Orquídea revinrent à La Havane.

« Fidel m'a proposé de réaliser une étude en vue de la création de l'Institut cubain du pétrole, dit Fofo. Cela me prendra un certain temps, par conséquent nous avons décidé de déménager ici. »

En effet, voyant les problèmes qui s'annonçaient, avec toutes les expropriations et les nationalisations, nul besoin d'être devin pour sentir que la prochaine étape serait la confiscation de toute l'industrie pétrolière qui, à Cuba, était détenue par des étrangers. Fidel pensa donc que cela siérait parfaitement à l'ingénieur Gutiérrez comme à Cuba. En outre, ce couple croyait, comme tant d'autres à Cuba, qu'ils luttaient pour les mêmes idéaux et que, en tant que bons amis, ils étaient assurés de la protection de Fidel.

Ils s'occupèrent de tout arranger à Mexico, laissant leurs affaires aux mains d'associés, et ils s'installèrent dans une maison très confortable dans le quartier de Miramar à La Havane, avec tout le luxe auquel ils étaient habitués chez eux au Pedregal de San Ángel, dans la capitale mexicaine.

En septembre 1959, Orquídea nous donna une grande nouvelle : « Nous venons d'être parents ! dit-elle. Nous avons adopté un bébé que sa mère a abandonné à l'hôpital Calixto García.

— Nous allons l'appeler María Orquídea, dit Fofo, et Fidel a accepté d'en être le parrain. »

Quelques mois plus tard, ils adoptèrent aussi un petit garçon qu'ils appelèrent Alfonso, comme l'ingénieur. Ils vécurent ainsi heureux pendant un peu plus d'un an, Fofo progressant rapidement sur le projet qu'on lui avait confié.

En septembre 1960, à la suite des confiscations des propriétés des entreprises pétrolières américaines, l'ingénieur Alfonso Gutiérrez López, après en avoir demandé l'autorisation au gouvernement mexicain, accepta le poste de premier directeur de l'Institut cubain du pétrole (ICP), organisme nouvellement créé, dépendant directement de Fidel à ce moment-là. Sous la direction de Fofo, l'ICP se convertit en un véritable ministère.

Mais, en février 1961, de graves problèmes commencèrent à apparaître : le Che avait laissé le poste de directeur de la Banque nationale de Cuba pour prendre la tête du tout nouveau ministère de l'Industrie. Avec cette nouvelle fonction, il avait sous sa juridiction l'Institut cubain du pétrole, et c'est à ce moment-là que s'amorça le désastre. Au début, le Che et Fofo entretenaient de bonnes relations mais, au fil des jours, les désaccords se multiplièrent. Le Che, comme à la Banque nationale, ne s'y connaissait pas assez en économie et en finances pour diriger une telle entité, tout comme il n'avait pas la moindre idée de la manière de diriger l'industrie pétrolière. Maintenant, il ne faut pas oublier que Fofo était un expert en la matière, mais cela ne suffit pas à éviter les grandes mésententes qui suivirent.

« J'avais dit au Che que mon projet avec Fidel reposerait à long terme sur les forages de puits de pétrole sur les côtes cubaines, expliquait Fofo. Le raisonnement était très simple : si le Mexique comptait de grandes réserves de pétrole dans les couches situées dans la Sonda de Campeche, qui comprenaient les fonds marins du golfe du Mexique, alors Cuba, qui partageait les mêmes fonds, devait aussi présenter un grand potentiel. J'avais commencé mes recherches, et, en effet, tout paraissait indiquer que nous devrions réaliser de premières explorations. Mais le Che s'y opposa formellement et bloqua tout accès pour que je ne puisse même pas exposer tout cela à Fidel. »

En fait, ce que disait Fofo était logique, et se vérifia plus tard : cela ne convenait d'aucune sorte au Che que Cuba ait sa propre production pétrolière, car les Russes leur cédaient le combustible à un prix très bas, entièrement subventionné. En outre, d'importantes raisons politiques le poussaient à favoriser la dépendance envers les Soviétiques. Plus Cuba recevait du bloc communiste, plus le régime assurait sa permanence au pouvoir. Les Russes se sentaient plus impliqués en accordant leur soutien à un allié stratégique comme Cuba.

Fofo, en attendant, était décontenancé, partagé entre la volonté de faire son travail et l'obligation de se battre contre de constants obstacles.

« Je ne comprends pas ce qui se passe, se plaignait Fofo. Fidel n'a jamais le temps de me recevoir. Quand j'essaie de le voir, je n'y parviens pas, tout simplement, car on me boycotte. »

Fidel ne lui donnait pas suite et Fofo ne savait que faire. De plus, les temps avaient déjà commencé où personne ne prenait aucune décision avant d'avoir eu l'approbation de Fidel. Du Président jusqu'au dernier des ministres, ils répondaient toujours la même chose : « Tant que Fidel ne donne pas le dernier mot » ou « Nous attendons Fidel ».

Les seuls à prendre certaines décisions sans avoir besoin de l'accord final de Fidel étaient Raúl, le Che et Camilo – pendant ses dix mois au pouvoir. Eux mis à part, personne n'osait prendre d'initiative, ce que Fofo dut apprendre à grand-peine.

Cependant, inquiet, il raconta tout ce qui se passait à Enma, ma sœur, qui était comme une fille pour eux. Après l'avoir écouté, Enma en parla à Fidel, et ce dernier reçut finalement Fofo.

« Écoute, ne t'inquiète pas, lui dit Fidel. Tu vas voir, maintenant, nous allons pouvoir mener à bien les projets que tu as préparés. Nous devons faire preuve d'un peu de patience. »

Fofo le crut et se calma mais, très vite, la même situation se répéta : pendant des mois, on ne le laissa pas voir Fidel, et, en attendant, rien ne bougeait, tout restait au même point.

« Tu te rappelles quand je te disais que le Che n'était pas quelqu'un de confiance, qu'il fallait le craindre, après ce que j'avais vu à Mexico ? me dit un jour Orquídea. Je ne me suis pas trompée. Je me souviens de cette nuit où ils sont arrivés pour embarquer dans le *Granma*, ils étaient tous, d'une certaine façon, excités. Lui ne faisait que les regarder venir et continuait à lire un livre, assis sur une chaise, sans se lever ni saluer personne. Depuis cet instant précis, j'ai compris que quelque chose n'allait pas. Maintenant, tu vois ce que nous avons enduré à cause de lui et le rôle qu'il a joué. »

Fofo et Orquídea étaient de plus en plus désabusés. Cela s'ajoutait au fait qu'ayant déménagé à Cuba, les affaires qu'ils avaient confiées à leurs associés à Mexico s'en trouvaient affectées. Ils décidèrent ainsi de rentrer à Mexico, se sentant trahis et incapables de parler à quiconque, pas même à Fidel.

« Nous ne méritons pas d'être traités ainsi, me dit Orquídea, très blessée. La seule chose qu'a faite le Che, c'est de nous faire passer pour des ennemis de la Révolution aux yeux de Fidel, ce qui est complètement faux parce que nous avons toujours été loyaux, même maintenant que nous sommes déçus.

— J'ai seulement essayé de diriger "la patate chaude" qu'on m'avait donnée, toujours au profit du gouvernement et du peuple, mais seulement c'était impossible », m'expliqua Fofo.

Il ne put réaliser un seul des grands projets qu'il avait pour l'Institut cubain du pétrole. Le Che, en tant que ministre de l'Industrie, fut le rempart qui le sépara de tout et de tous.

Finalement, début 1961, ils firent leurs valises, et, la veille au soir de leur départ définitif pour Mexico, ils reçurent une visite inattendue : c'était Fidel qui venait prendre congé.

« Fidel avait l'air très abattu, racontaient Fofo et Orquídea. On aurait dit qu'il s'était rendu compte qu'il perdait deux véritables amis. »

Au fil des années, Orquídea fut régulièrement de passage à Cuba, et Raúl lui rendait toujours visite.

Et Onelio Pino, le frère d'Orquídea, le capitaine du *Granma*, que lui arriva-t-il ? Malheureusement, il connut une fin tragique. Il réussit à sortir vivant du débarquement et arriva à destination, selon son engagement envers Fidel, mais, étonnamment, il ne survécut pas à la Révolution. Je ne compris jamais pourquoi il n'avait pas eu de poste au gouvernement. Il travailla comme gérant de l'hôtel Rosita de Hornedo à La Havane et s'engagea ensuite dans la marine marchande, parcourant le monde entier. Il sombra cependant dans une grave dépression, atteint au système nerveux, et rentra à La Havane, où il se suicida dans le garage de sa maison. Il démarra sa voiture et sa femme le retrouva mort, asphyxié par le monoxyde de carbone.

Il laissait une lettre à son fils Raulito, dont le contenu me surprit beaucoup le jour où je la lus : « Je subis de fortes pressions de la part de Pancho Varona, un agent connu de la CIA. Je te demande, Raulito, de ne jamais trahir la Révolution. »

Après en avoir pris connaissance, j'en tirai mes propres conclusions : Onelio avait sûrement effectué un travail pour « la compagnie » et en éprouvait de grands remords. Il était possible que cela l'ait conduit au suicide.

En attendant, à Mexico, Fofo revint à ses affaires et, avec sa femme, ils reprirent le cours de leur vie. Enma était toujours à leur côté, comme une véritable fille. Ainsi, des années plus tard, en 1979, elle les accompagna dans les moments les plus durs de leur vie, lorsqu'on annonça à Fofo qu'il avait un cancer de la prostate au stade terminal. Il mourut le 22 juin 1979, l'année du diagnostic. Des années plus tard, Enma, toujours présente, assista également à la mort tragique d'Alfonsito, le fils adoptif de Fofo et d'Orquídea, en avril 1985.

« Alfonsito avait vingt-cinq ans, racontait Enma. Il venait d'Acapulco au volant de sa Porsche et roulait très vite quand il en a perdu le contrôle : il est sorti de la route et la voiture s'est renversée. Il n'a pas survécu à l'accident. »

Ensuite, on diagnostiqua un cancer du foie à Orquídea et elle décéda le 22 septembre 1992, treize ans après la mort de son mari. Ainsi, selon les instructions que le couple laissa dans son testament, Enma et Onelia, la sœur d'Orquídea, devinrent les exécutrices testamentaires de leurs biens. La relation qu'ils entrenaient avec María Orquídea, leur fille adoptive, avait en effet toujours été très houleuse.

Ainsi va la vie. Quand je partis de Cuba et m'installai à Mexico pour me proclamer contre le régime de Fidel, Fofo et Orquídea me critiquèrent. Quelques jours avant de faire mes déclarations, nous avions dîné ensemble et je ne leur avais pas fait part de mes projets. Peut-être qu'Orquídea fut vexée que je ne lui dise rien, mais je ne devais en parler à personne. Si je ne m'étais pas même confiée à ma sœur Enma, j'allais encore moins le dire à quelqu'un d'autre, que ce soit Orquídea Pino ou non. Cela créa une distance infranchissable entre l'ingénieur, Orquídea et moi, et nous ne nous sommes plus jamais reparlé depuis.

Cela fait partie des choses absurdes que provoquait le régime : quand on quitte le pays aussi effondrés que je l'étais et qu'ils l'étaient eux aussi, pourquoi s'en prendre à moi avec cette attitude incompréhensible ?

Je ne compris jamais pourquoi.

Je ne le comprends toujours pas aujourd'hui.

41. Si ton père était là…

Si rien n'est plus lâche, pour injurier Fidel et Raúl, que d'offenser inutilement mon père – qui ne vécut pas assez longtemps pour voir ce qui se passa à Cuba, puisqu'il mourut en 1956 –, rien n'est plus injuste que de salir pour la même raison la mémoire de ma mère.

Tout au long de cette cinquantaine d'années, les détracteurs de mes frères s'employèrent à faire croire que la Révolution à Cuba n'était l'œuvre que de deux hommes et de leur mère. Le groupe de personnes qui affirmait cela était composé principalement de ceux qui flattaient le plus Fidel. Soudain, passant d'amis à ennemis, ils ripostèrent aussitôt par un *mea culpa* qui visa ma mère par des outrages et de la diffamation. Quels changements apporteront-ils à Cuba en se comportant ainsi ?

Carlos Franqui, Norberto Fuentes, Guillermo Cabrera Infante – pour n'en mentionner que quelques-uns – furent engendrés par une femme, et je suis profondément choquée en découvrant la bassesse de leurs insultes envers ma mère, je serais moi-même incapable d'en faire autant envers les leurs. Qu'y gagnerais-je ? Au contraire, cela me suffit de les attaquer en justice pour prouver que leurs écrits diffamatoires ne font qu'attenter à l'honneur d'une femme décédée, dont la mémoire ne mérite pas d'être ainsi déshonorée.

Malheureusement, les livres où l'on calomnie la mère de Fidel et de Raúl – qui, soit dit en passant, était aussi celle de cinq autres enfants qui n'ont fait de mal à personne – se vendent bien parce qu'ils touchent directement le cœur des Cubains qui souffrent de leur exil.

Ce que beaucoup ignorent, c'est que tout cela n'est que supercherie littéraire. En effet, la plupart du temps, ces personnes n'ont même pas connu ma mère ou l'ont seulement vue à de rares occasions, mais ils ne l'ont jamais fréquentée personnellement, et encore moins quotidiennement.

Mon histoire est tout autre, dans la mesure où j'ai vécu trente et une années de ma vie au côté de ma mère, jusqu'à sa mort, et que je pus être témoin de sa générosité. Lina Ruz González ne fut pas une spectatrice passive des injustices et des drames. Au contraire, au lieu de s'asseoir et de se taire – ou, pire encore, de participer à toute cette histoire en venant ensuite demander pardon –, elle se rallia aussitôt à la cause de beaucoup et elle leur sauva la vie.

Aucun de ses détracteurs littéraires – hommes et femmes – ne virent le désespoir et la frustration qui la conduisaient à prononcer l'une des phrases que, tristement, elle répéta très souvent durant les quatre dernières années de sa vie : « Si ton père était là et voyait tout ça... »

Mais moi, j'étais là, et il m'est impossible de garder le silence.

La lutte des patriotes cubains qui se révoltèrent contre le régime mit la mère de famille qu'elle était dans une situation délicate : d'un côté, il y avait deux de ses enfants, de l'autre il y avait moi. Elle décida de prendre mon parti. Elle aimait beaucoup m'accompagner au J 406 et discuter avec ceux qui y étaient présents, et je compris alors pourquoi elle me disait constamment : « Juanita, prends soin de toi, ma fille, fait attention, s'il te plaît. »

En fait, c'était une femme pleine de sagesse, qui sentait et devinait les choses, sans questionner.

« Bien que je ne sache pas en détail ce qui se passe dans cette maison, dit-elle à Tito Rodríguez, l'un des pensionnaires, j'imagine bien que Juanita cache des gens, car chaque fois que je le lui demande, elle me répond toujours la même chose : "Ce sont des amis qui viennent de l'intérieur du pays." Mais je suis une femme âgée, j'ai beaucoup vécu, et je sais bien que ce n'est pas vrai. »

Au fil des années, elle confia à d'autres des soucis plus graves...

« Peu m'importe de mourir parce que je crois en Dieu et qu'Il nous réserve une place. Jamais je n'ai fait de mal à personne, au contraire ; bravant beaucoup de monde, j'ai aidé autant de gens que j'ai pu. Cependant, j'ai très peur de ce qui pourrait arriver à Juanita quand je ne serai plus là. Ils vont sûrement vouloir l'arrêter et la condamner à trente ans de prison. »

Dieu merci, dans sa naïveté, elle s'imaginait une longue peine d'emprisonnement car, sans elle, mon sort aurait été tout autre si l'on m'avait arrêtée. Même si j'essayais au début de me faire la plus discrète possible, le genre de cas dont je m'occupais m'empêchait de l'être totalement, ce qui fait qu'elle assista et participa finalement à d'innombrables démarches. Ma mère fut témoin de ce que je fis pour sauver les frères Felipe et Roberto Jiménez, que le G2 recherchait à Santa Clara pour activités contre-révolutionnaires. Malheureusement, ils mirent Felipe en prison. Pendant que Roberto se cachait, je pus, grâce à d'autres contacts, lui obtenir un asile à l'ambassade d'Équateur où l'ambassadeur en personne, Virgilio Chiriboga, lui concéda l'asile et lui accorda ensuite un sauf-conduit. Ma mère me servait alors d'appui quand mes efforts personnels ne suffisaient pas à résoudre certaines situations difficiles.

La famille Esteva Lora fut l'un des cas très spéciaux où elle intervint. Nous commençâmes par aider l'un des leurs et nous finîmes pratiquement par tous les adopter. Le courage de ma mère fit une grande différence dans leur vie.

Il s'avère que Salvador Esteva Lora, le patriarche de la famille, avait participé avec Fidel à la rébellion dans la Sierra Maestra. Après le triomphe de la Révolution, se rendant compte du grand revirement vers le communisme qui s'opérait, il se mit à conspirer. Mais quand je dis conspirer, je parle d'opérations que cet homme, sans peur et sans crainte, tramait ouvertement dans les rues mêmes de La Havane. Évidemment, un jour, ils l'arrêtèrent et le jugèrent. Ma mère eut vent de son histoire par le biais de sa fille Ana Ely, qu'elle aimait beaucoup. Elle et sa mère allèrent lui parler.

« Lina, je viens vous demander d'intercéder en faveur de mon mari, lui dit-elle. Sans vous, il va au poteau d'exécution. »

Je sais que cette histoire toucha ma mère et, sachant que l'aide la plus efficace ne viendrait pas de Fidel mais de Raúl, elle alla le voir, tandis qu'elle me chargeait d'une autre mission : « Juanita, tu devrais te rendre à l'audience à Santa Clara, ça leur fera sûrement de l'effet si tu montres de l'intérêt pour lui. »

Je suivis son conseil et je m'impliquai personnellement, assistant aux audiences où était jugé aussi Plinio Prieto, un des martyrs du célèbre procès 829 de l'Escambray. Peut-être que ma mère avait raison et que ma présence influença la peine. Plutôt que de l'exécuter, on le condamna à trente ans de prison à l'île des Pins.

Peu après, ils arrêtèrent le fils, appelé aussi Salvador, pour qui le procureur révolutionnaire demanda le poteau d'exécution. Ma mère retourna voir Raúl et la peine se changea en dix-neuf ans de prison, à purger à l'île des Pins.

Ana Ely Esteva nous était reconnaissante. Chaque fois que ses activités le lui permettaient, elle m'aidait en accompagnant ma mère à l'hôpital, comme cette fois où elle fut opérée des varices. Raúl lui rendit visite, vit Ana Ely et la salua comme s'ils étaient des camarades révolutionnaires.

« Comment vas-tu ? Et ton père, comment ça va ? »

Raúl faisait allusion à son père emprisonné. Ana Ely lui répondit :

« Eh bien, Raúl, tu sais où il est, et mon frère aussi. Pourtant, nous allons plus mal qu'eux car le peu de nourriture que nous avons avec la *libreta*[47], nous la leur donnons. »

Lui tapotant l'épaule, Raúl dit :

« Allons, ma petite, ce n'est pas si grave. »

Raúl savait que non seulement la famille Esteva conspirait contre eux mais aussi qu'ils étaient leurs ennemis jurés, mais il se conduisit comme si de rien n'était, car tout ce que lui demandait ma mère était pour lui plus important que le reste.

Un fois Raúl parti, ma mère demanda à Ana Ely des nouvelles de son père.

« Dis-moi la vérité, qu'est-ce qui lui arrive ?

— Il va très mal, Lina, on lui a découvert une tumeur maligne à la poitrine, il a maigri de trente-quatre kilos et il ne nous reste plus qu'à le voir dépérir.

— Juanita, me dit-elle, je dois parler à Carlos Rafael Rodríguez. Chaque fois que je lui demande un service, il ne me le refuse jamais. »

En effet, parmi toute la vieille garde du parti, Carlos Rafael Rodríguez, ministre de la Réforme agraire, était celui qui veillait toujours sur elle, l'écoutait et résolvait ses problèmes. À cette occasion, il se montra égal à lui-même.

« Lina, je ne devrais pas mais à toi je ne peux rien refuser. Je vais demander à la responsable qui fouille les colis entrant dans la prison de l'île des Pins d'aider ces gens et de ne rien leur ôter. »

Après avoir raccroché, sur son lit d'hôpital, ma mère me dit :

« Tu vas voir, dès que je sors d'ici, nous allons organiser un repas avec Fidel pour essayer de leur apporter à nouveau du soutien. »

L'opportunité se présenta le 13 août 1961, jour de l'anniversaire de Fidel, où je préparai un déjeuner chez moi à Miramar. Nous dîmes à Ana Ely que si elle voulait nous entendre elle devrait se cacher dans l'une des pièces mais sans faire le moindre bruit, car si Fidel la découvrait, aucun argument ne pourrait les sauver.

Le déjeuner se passa très bien : nous avions un cake et d'autres petites choses qu'il appréciait, dont une boîte de pêches en conserve, chose que l'on ne trouvait plus à Cuba à cause de la pénurie.

« D'où tu la sors, maman ?

---

47. Carnet

— Cela n'a pas d'importance, Fidel, mange et profite. »

Autour de la table, toute la famille était réunie : Raúl et Vilma, Angelita, Agustina et Ramón. La seule absente était Enma, qui se trouvait à Mexico. À un moment donné, comme nous l'avions prévu, j'introduisis le cas des Esteva dans la discussion et ma mère intervint aussitôt :

« Fidel, mon fils, regarde ce pauvre homme, Salvador Esteva Lora. Rappelle-toi comment il s'est battu avec toi. Il s'est rebellé alors qu'il était déjà âgé, et maintenant, il est emprisonné et très malade. Il a maigri de trente-quatre kilos et il a une tumeur maligne qui le ronge. Aide-le, mon fils, s'il te plaît, c'est ta mère qui te le demande. »

Fidel changea de sujet, puis à la fin du repas, il nous dit :

« Bon, d'accord, dis-leur qu'on va le libérer. »

Ana Ely, qui écoutait la conversation, voulut sauter de joie, mais heureusement se contrôla. Quatre mois et onze jours plus tard, le 24 décembre 1961, on frappa à la porte. J'ouvris, et on me présenta personnellement Salvador Esteva Lora ! Le pauvre ne comprenait absolument pas ce qui lui arrivait mais, rapidement, toute sa famille accourut pour venir le chercher.

« Je pensais qu'on allait me fusiller, disait Esteva Lora. On m'a sorti de la cellule sans rien me dire, et comme après la condamnation il pouvait se passer n'importe quoi, je n'aurais jamais cru être libre aujourd'hui ! »

Ma mère, avec la famille Esteva, pleurait d'émotion. Ainsi vont les choses. Non seulement Salvador Esteva Lora guérit de sa tumeur maligne mais, peu après, il s'exila à Miami, où il mourut vingt-trois ans plus tard, en 1984.

Quelque temps après, je revins à la charge pour la famille Esteva. Cette fois, c'était pour le fils emprisonné, et comme d'habitude, j'allai voir Raúl expressément pour lui demander de libérer le jeune homme. Mais ce jour-là, je n'eus pas de chance dans ma requête car, à ce moment précis, ma belle-sœur Vilma entra. Ancienne camarade d'études d'infirmière d'Ana Ely à l'époque du débarquement du *Granma*, elle avait dit à ma mère qu'elle ne voulait plus entendre parler des Esteva, après avoir appris qu'ils s'étaient déclarés contre la révolution marxiste.

Ce fut donc justement Vilma qui m'interrompit alors que je parlais de Salvador Esteva fils :

« Non, Raúl ! Non ! Juanita, ça suffit ! Ce qu'ils font, c'est une honte ! Celui-là, pas question ! »

Il passa donc un certain temps en prison. Les ennuis judiciaires de cette famille n'en finissaient pas, tout comme leur lutte contre le régime, à commencer par Ana Ely qui fut détenue neuf fois.

Bientôt, il nous fallut aussi libérer Frank Rigueiro, son beau-frère, marié à Lissette, l'une de ses sœurs, et son oncle Mariano Esteva Lora, accusé d'appartenir à la CIA. Comme Mariano était poursuivi et qu'il s'était réfugié chez Frank et Lissette, l'épisode de l'arrestation fut tellement violent que Lissette, enceinte de six mois, en perdit son bébé. Les démarches pour demander la clémence en leur faveur furent très compliquées. Je réussis à sauver Frank Rigueiro mais pas Mariano Esteva Lora, car son procès était public. Il fut condamné à douze ans de prison.

Peu après, le G2 reprit Ana Ely, et à nouveau j'allai voir Raúl. Comme toujours, devant ce qui était devenu une épopée presque quotidienne, Raúl brilla par son sens de l'humour, hérité de ma mère :

« Dis-moi, Juanita, qu'est-ce qui leur arrive dans cette famille ? Il y en a un qui sort de prison, un autre qui y entre, ensuite un autre apparaît, c'est une histoire sans fin. Pourquoi tu ne leur suggères pas de partir à Miami ? Tu crois qu'ils voudront y aller ? Cela nous enlèverait une épine du pied. »

J'éclatai de rire : il valait mieux rire du tragi-comique de la situation.

Mais il se passait aussi d'autres choses qui n'étaient pas drôles du tout, et nous répétions en famille : « Si papa était là… »

Ainsi, ce que mon père ne vit pas, ce sont les expériences de Fidel. Ce dernier avait toujours beaucoup d'idées, beaucoup de projets, qui finalement ne donnaient pas de très bons résultats. Par exemple, si on avait semé de l'herbe, il décidait qu'on l'arrache pour semer du riz à la place. Et là où on avait semé du riz, il demandait à ce qu'on plante de la canne à sucre, et ainsi de suite, accumulant les erreurs et provoquant des échecs à la chaîne.

Une fois, je me souviens que quelqu'un lui donna l'idée de transformer les marais de la Ciénaga de Zapata en rizières, et on lui dit que pour cela il fallait faire venir des Hollandais à Cuba. Ils perdirent du temps et de l'argent, car les Hollandais ne purent rien semer. Furieux, Fidel les renvoya :

« C'est une bande d'imbéciles qui n'ont rien su faire, dit-il, ils sont uniquement venus nuire à notre agriculture. »

Hier comme aujourd'hui, l'explication reste la même : il était très rare que Fidel rencontre quelqu'un qui réfute ses idées et qui lui dise qu'elles n'étaient pas très bonnes. Fidel était considéré comme un être surnaturel qu'on ne pouvait contredire. Gare à celui qui osait ! Il risquait sans aucun doute sa vie, non pas nécessairement à cause d'un ordre donné par Fidel, mais plutôt à cause de ce que les flatteurs du commandant en chef avaient manigancé contre cet individu. C'est ainsi que fonctionnait la culture de la peur.

Les tentatives de Fidel étaient de plus en plus compliquées.

Ma mère étant très malade à l'hôpital, Fidel alla lui rendre visite, et les médecins, comme toujours, se mettaient en quatre pour lui fournir attentions et précisions ; apparemment, il les écoutait. Mais après un moment, il changea de sujet : « Au fait, maintenant que je suis là, je me demandais si vous pourriez produire de l'Alka-Seltzer à Cuba. »

Un silence sépulcral suivit la surprise d'une pareille proposition, mais la majorité d'entre eux – ceux qui lui « léchaient les bottes » – lui répondirent que oui, c'était une idée géniale. Moi, j'observais le pathétique de cette scène, jusqu'à ce qu'un médecin prenne la parole :

« Commandant, avec tout le respect que je vous dois, c'est impossible à Cuba. Non seulement se pose la question de la formule, qui est brevetée aux États-Unis, mais aussi celle du processus de fabrication, qui est très compliqué, car il faut utiliser des frappes spéciales… »

La réponse du médecin ne parut en rien convaincre Fidel. Il fit demi-tour et partit. Les raisonnements de Fidel nous semblaient parfois friser l'invraisemblable.

« Si ton père était là… », disait ma mère.

Mon père n'était pas là non plus pour voir la ruine d'une partie de la famille. Ma tante María Julia – la sœur de ma mère et ma marraine, qui l'aida à nous élever – et son mari Martín Conde – le bras droit de mon père – durent quitter Cuba. Après avoir soutenu la Révolution, le régime leur confisqua toutes leurs entreprises et propriétés, à l'instar de milliers de Cubains qui découvrirent amèrement que le marxisme et la libre entreprise ne faisaient nullement bon ménage. Ils se retrouvèrent sans rien. Finalement, ils s'installèrent en Californie, où ils moururent âgés et déçus.

Mon père n'était pas là pas non plus le jour où Fidel exposa à la télévision sa conception de la famille, très éloignée de son éducation :

« Les liens familiaux se produisent en vertu d'un instinct purement animal ! »

Et mon père n'était pas là pour entendre Fidel expliquer son concept du bon citoyen :

« Avec la Révolution, tout, contre la Révolution, rien. Au-dessus de la Révolution, rien ! Ni père, ni mère, ni frères, ni sœurs ! »

Mon père n'était pas là pour voir ce qu'il advint du travail de toute sa vie. Après le triomphe de la Révolution, ils mirent en place les lois de la Réforme agraire et saisirent toutes ses terres. Ma mère garda seulement une petite partie de la propriété, fruit de leur labeur à tous deux, obtenu après tant d'efforts et d'abnégation.

En 1963, « si ton père était là... » était devenu une litanie quotidienne. Le point d'orgue eut lieu un soir de mars de cette année-là. Fidel nous appela tôt pour nous prévenir qu'il allait parler à la télévision. C'était en effet un de ses discours-fleuves qui commençaient à 20 heures et terminaient vers minuit. En sortant des studios de télévision, il se rendit chez moi où, avec ma mère et quelques amis, nous jouions aux dominos.

Il entra et salua tout le monde.

« Vous m'avez vu ? Qu'en pensez-vous ? »

Un silence se fit. Pris par le jeu, nous avions oublié de le regarder ! Très vexé, il changea soudain de sujet et demanda à ma mère : « Tu as combien de têtes de bétail à la propriété ?

— Je ne m'en souviens pas exactement, lui répondit-elle, étonnée.

— Il va falloir que tu vendes toutes tes bêtes, parce que j'ai annoncé aujourd'hui la seconde étape de la Réforme agraire. Si tu ne les vends pas, on va te les prendre.

— Bon, lui répondit ma mère, quand le moment sera venu, je verrai ce que je dois faire. »

Deux mois plus tard, en mai, ma mère eut un grave infarctus et on l'hospitalisa à la clinique du Sacré-Cœur au Vedado. Nous ne sûmes jamais si c'était dû à l'angoisse qu'on lui prenne ses terres, auxquelles elle s'était dédiée toute sa vie. Ce qui est sûr, c'est que cela marqua le début de la fin. Et les années suivantes, c'est moi qui répétais tout le temps : « Heureusement que mon père n'était pas là pour voir tout ce quí se passait !

42. La crise des missiles

Si l'année 1961 fut riche en événements dans l'histoire de Cuba, ce qui se passa en octobre 1962 façonna non seulement l'histoire de mon pays mais aussi celle des États-Unis, et particulièrement sous la présidence de John F. Kennedy. Jamais auparavant les deux pays n'avaient été aussi près d'une attaque nucléaire que ce 22 octobre 1962. Nous qui vivions à Cuba à l'époque, nous nous souvenons très bien des faits qui semèrent la panique parmi le peuple quand le régime lança un avertissement : une invasion américaine était imminente.

Pendant des mois, j'avais discuté avec plusieurs ministres de Fidel – certains d'entre eux sont toujours au pouvoir –, et nous échangions alors nos avis sur l'installation des missiles soviétiques. Leur existence fut l'un des secrets les plus largement divulgués sur l'île. Certains Cubains en savaient plus que d'autres, mais tout le monde était au courant, à tel point que c'était devenu un sujet de conversation permanent.

En septembre de cette année-là, je m'étais rendue dans la capitale mexicaine où j'avais vu Virginia Leitão da Cunha. Toujours intéressée par la situation cubaine, elle me demanda ce qui se passerait si cette version de l'installation d'armes nucléaires approuvée par le régime était avérée.

« Ce n'est pas un secret, lui dis-je, ils sont en train d'organiser quelque chose au moins à Sagua La Grande, Guanajay et San Cristóbal. Le nombre de Russes qui ont débarqué cette année à Cuba est impressionnant, et c'est facile de s'en apercevoir. Il y a quelques mois, ma mère était hospitalisée à l'hôpital Naval de La Havane Est, et j'ai pu me rendre compte que c'était un vrai centre médical pour Russes.

— Ah bon ? Pourquoi, Juanita ?

— D'abord, parce qu'à l'heure actuelle c'est le meilleur hôpital de Cuba, il n'opère pas autant qu'il le pourrait mais il propose ce qu'il y a de mieux. En outre, il est très bien situé car il se trouve hors de La Havane, l'ampleur de la présence soviétique n'est donc pas aussi visible. Ensuite, les Russes sont une catastrophe, Virginia, ils boivent beaucoup, ne savent pas conduire et ignorent les lois du pays. Ils ont tout le temps des accidents ou des procès, et finalement, quand ils ont besoin de soins médicaux, on s'occupe d'eux dans cet hôpital. Nous nous sommes soudain aperçus de leur présence à Cuba et du fait qu'ils étaient aussi nombreux que les Cubains, parce qu'ils sont vraiment beaucoup. »

Virginia détenait d'autres informations qui corroboraient parfaitement la situation dont je venais de lui parler

« Ma chère Juanita, tous ces gens sont arrivés en bateau. On m'a raconté, par exemple, que depuis janvier la moyenne mensuelle de bateaux soviétiques qui accostent à La Havane est de quatorze environ, mais que ces derniers temps ce chiffre se monte au moins à quarante-six ! Les Soviétiques les utilisent comme moyen de transport, et il est clair qu'ils construisent quelque chose à Cuba. »

Il était évident qu'ils préparaient « quelque chose », au moins dans trois endroits : Sagua La Grande, dans la province de Santa Clara, Guanajay, dans la province de La Havane, et San Cristóbal, dans la province de Pinar del Río.

« Écoutez, Virginia, tous les Cubains, absolument tous, que vous interrogez dans ces régions vous répondent que les Russes sont en train de disposer là des “fusées”. De quel genre ? Ça, personne ne le sait, mais ce n'est sûrement pas une fête qu'ils préparent. De plus, comme je peux me rendre dans certains endroits, j'ai déjà personnellement constaté une importante présence militaire soviétique. On pourrait dire qu'en nombre et en commandement ils sont plus nombreux que les militaires cubains détachés à cet endroit. Tout cela donne l'impression que les Russes dirigent ces zones. » Nous changeâmes ensuite de sujet, évoquant l'aide que, grâce à « la compagnie », nous apportions à ceux qui devaient quitter Cuba. Entre Virginia et moi, il n'y avait jamais de questions superflues. Je ne lui ai jamais demandé si Vasco, son mari – alors ambassadeur du Brésil à Moscou et ensuite ministre des Affaires étrangères au Brésil –, appartenait à « la compagnie » ou s'il était au courant de ses activités. Entre nous, certains thèmes étaient passés sous silence. Il en fut de même ce jour-là, alors que nous discutions. Je ne lui demandai pas les raisons de son intérêt pour cette affaire, même si j'eus la sensation qu'elle voulait entendre de ma bouche la confirmation que les missiles et la présence russe étaient bien réels.

À ce moment-là, certaines des questions qu'on me posait et qu'on me demandait de soumettre tournaient autour de ce sujet. Pendant ces quatorze jours d'octobre, la panique régna à Cuba. Par ailleurs, nous ne savions pas si nous devions vraiment croire ce que le régime affirmait, et le simple citoyen ne savait pas non plus ce qui se passait réellement à l'étranger. Nous pouvions seulement constater les mobilisations qui avaient lieu un peu partout et l'existence d'un état d'alerte total.

Ma mère demeurait à la propriété. C'était ce qu'elle pouvait faire de mieux pour rester au calme, puisque La Havane était sens dessus dessous et que moi, je me consacrais à mes activités.

La situation demeurait critique et j'envisageais le pire des dangers : si, de Cuba, on pouvait envoyer des missiles nucléaires, les États-Unis pouvaient rendre la pareille en ripostant à l'attaque, et ce serait la fin de tout. À la suite de toutes ces agitations et incertitudes, la négociation du dénommé pacte « KK », des initiales Kennedy-Khrouchtchev, fut un camouflet pour Fidel.

Peu après, j'appris que le résultat des négociations entre la Russie et les États-Unis, qui se termina par le retrait des missiles de Cuba, relevait d'une décision prise exclusivement par Kennedy et Khrouchtchev. Fidel ne fut pas invité à prendre part aux réunions, ni au pacte final. Il s'en indigna terriblement, car celle qu'il considérait comme sa grande alliée, l'Union soviétique, lui avait caché son jeu.

Les manœuvres secrètes que les Russes menèrent à bien sans en informer Fidel lui furent fatales, à tel point que, nous tous, nous eûmes vent de ses déclarations contre la détermination russe à traiter dans son dos avec Kennedy. Mais comme Fidel connaissait bien les ficelles de la politique, il garda le silence et sut tirer avantage de la grande bataille qu'il venait de perdre.

Je n'ai jamais cru que l'alliance de Fidel avec les Russes ait été improvisée. Au contraire, je pense que c'était un secret très bien gardé et qui fut décidé dès le début du triomphe de la Révolution. Les États-Unis commirent une erreur diplomatique mal calculée et oubliée qui donna l'impression à Cuba qu'ils avaient tourné le dos à Fidel lors de sa visite en avril 1959. Ce ne fut pas le président Eisenhower qui le reçut, mais il envoya à sa place Richard Nixon, le vice-président, autant dire un pantin.

Je pense que cela aurait été plus correct de la part d'Eisenhower de le rencontrer. Il faut se rappeler que Fidel arrivait, fraîchement victorieux, auréolé d'une gloire magnifiée et diffusée par tous les médias américains. Les enquêtes de cette époque affirmaient que 90 % des Américains soutenaient Fidel, le leader d'un pays voisin distant de seulement 145 kilomètres. Le président Eisenhower avait donc de bonnes raisons de le recevoir personnellement, ce qui aurait relevé du protocole habituel entre deux dirigeants. Cela changea très probablement le cours de l'Histoire. Ce moment-là, ce fait-là, cette décision-là mirent fin aux possibilités de rapprochement et de conciliation nécessaires à n'importe quel nouveau gouvernement du monde, en particulier s'agissant d'une île comme Cuba, où les intérêts américains étaient très importants.

C'est là que l'utopie entra en scène.

Si cela ne s'était pas produit, peut-être que Fidel ne se serait pas livré à l'Union soviétique comme il le fit, s'aliénant totalement. Peut-être qu'il ne serait pas allé aussi loin. Peut-être aussi qu'il n'aurait pas déclaré publiquement être marxiste-léniniste. Cela aurait en effet été vraiment stupide de se retourner brusquement contre les États-Unis s'ils lui avaient ouvert la porte et prêté l'attention que les Russes lui offrirent tout de suite. Mais encore une fois, avec des si, on mettrait Paris en bouteille.

Connaissant mon frère, j'ai toujours pensé qu'il savait pertinemment ce qu'il voulait, et il l'obtint : instaurer son régime et rester au pouvoir, et ce depuis plus d'un demi-siècle. Cela ne fut réalisable qu'avec le soutien de la puissance soviétique. Octobre 1962, le communisme, l'Union soviétique, Nikita Khrouchtchev, le mur de Berlin, la guerre froide, les pays du rideau de fer : tout cela renforçait politiquement le jeune Fidel. Mais, à ce moment-là, personne n'aurait pu lui prédire que, durant ses longues années de vie, tout cela disparaîtrait et qu'il en serait le seul survivant.

43. Un billet aller simple

Mes frères pouvaient ignorer ce que je faisais – ou faire semblant d'ignorer – pour ne pas faire de peine à ma mère, mais cela ne signifiait pas pour autant que je n'avais pas de problèmes. J'étais très jeune et inconsciente et j'allais de l'avant, mais, les jours passant, les choses se compliquèrent dangereusement, en particulier après le décès de ma mère en août 1963.

Pour des raisons que j'ai déjà évoquées, Enma, à Mexico, n'avait pu assister aux funérailles. Juste après l'enterrement, j'étais donc partie à La Havane, où je l'attendais. Le 8 août 1963, à peine arrivée, elle me proposa : « Il faut organiser une messe pour maman. Comme ça, Agustina et moi, qui n'étions pas là, pourrions participer à une cérémonie en sa mémoire. »

Aussitôt, j'en parlai à l'un de mes très bons amis : Mgr Fernando Azcárate, évêque auxiliaire de La Havane et prêtre de l'église de Reina, l'une des plus belles de la capitale. Il accepta avec plaisir de célébrer la messe funèbre en l'honneur de ma mère, dès le lendemain, le 9 août 1963.

« Aujourd'hui, tu as besoin de moi comme j'ai eu recours à toi si souvent quand c'était nécessaire. Comment pourrais-je refuser de célébrer une messe en mémoire de Lina ? dit-il, ému. Malgré les risques, vous avez fait ce que vous avez pu pour sauver mes frères prêtres et mes sœurs religieuses, et je ne l'oublierai jamais. De sorte que mes prières et ma consolation spirituelle t'accompagnent, Juanita, toi et tes frères et sœurs. »

Comme en 1963 il était encore possible de publier des faire-part dans les journaux, j'en commandai rapidement un où figuraient cinq de ses enfants : Angelita, Ramón, Enma, Agustina et moi. Je n'inclus ni Fidel ni Raúl. À quoi bon ? La religion ne les intéressait pas et, de plus, ils étaient déjà marxistes-léninistes déclarés, de sorte que les inviter aurait généré des discordes qui n'avaient pas lieu d'être.

L'après-midi du 9, au fur et à mesure que nous approchions de la chaussée de Reina, nous fûmes étonnés de voir la foule dans la rue. Ce que nous imaginions encore moins, c'est qu'elle se dirigeait vers l'église, à la messe que nous avions organisée pour ma mère, sans Fidel et Raúl.

« Ah, mon Dieu ! C'est bondé, dis-je à Enma en entrant dans l'église.

— C'est si impressionnant, me répondit-elle, que je ne l'oublierai jamais. Il y a tellement de gens, Juanita, que j'ai peur qu'il se passe quelque chose. »

L'église de Reina était pleine à craquer, il n'y avait plus de places, et Mgr Azcárate nous informa que l'armée était présente pour des questions de sécurité.

« C'est très gratifiant de voir le peuple avec nous, dit Agustina. Maman mérite qu'on lui rende justice pour tout ce qu'elle a fait en faveur de tant de gens. »

Observant la situation, je me dis que cette présence populaire pouvait aussi être une marque de désaveu envers Fidel, Raúl et le régime qu'ils représentaient, et risquait de se transformer en un geste de révolte pacifique de la part de tous ceux qui avaient décidé de nous soutenir et de nous accompagner. Nous craignions qu'une quelconque provocation puisse engendrer un drame, mais, la messe achevée, tous ceux qui étaient présents à l'église se retirèrent dans le calme, non sans nous avoir auparavant serré la main après avoir attendu en longues files.

Les mois suivant le décès de ma mère, les conflits familiaux surgirent et me confortèrent dans l'idée que, tant qu'elle était en vie, le régime avait ouvertement évité d'intervenir dans mon cas, bien que je fisse tout ce que je pouvais contre cette révolution qu'au préalable j'avais soutenue avec ferveur.

À cette époque, mes activités contre-révolutionnaires se multipliaient, en grande partie à cause de la terreur qui redoublait à Cuba. Les relations avec l'Union soviétique étaient plus étroites, les pénuries s'aggravaient. Il fallait cacher de plus en plus de gens, envoyer des messages pour demander de l'aide et obtenir des boîtes de conserves ou les moyens nécessaires pour leur permettre de fuir. Quiconque manifestait une opposition au régime était condamné. Les prisons débordaient, et de nouveaux établissements se construisaient pour contenir ce désastre.

Tout le stress que j'avais accumulé l'année antérieure déclencha une grande fatigue physique, et je dus me reposer et rester au lit pendant un certain temps. C'est dans ces conditions que je reçus un appel de Raúl : « Je viens te voir, nous devons avoir une conversation très sérieuse, Juanita. Attends-moi cet après-midi. »

Je n'étais vraiment pas en forme. D'ailleurs, Raúl, en me voyant couchée – ce qui n'était jamais arrivé –, fut impressionné. C'est probablement ce qui le conduisit à adoucir ce qu'il avait à me dire. De toute façon, après m'avoir embrassée, il posa sur le lit un énorme dossier :

« Tu ne me demandes pas ce que c'est ? »

Je le regardai droit dans les yeux et je répondis seulement : « Non. »

Tous les deux, nous nous comprenions sans parler, et ce, depuis l'enfance.

« C'est le rapport de tes activités contre la Révolution, et seulement concernant ces derniers mois. C'est de la folie. Je préfère fermer les yeux, ne pas lire ça et croire, comme disent Ramón, Enma, Agustina et Angelita, que tu es une fille un peu fofolle avec la langue bien pendue, et c'est tout. Parce que, autrement, si ce qu'on dit de toi était vrai, notre attitude serait différente. »

Je ne pus rien lui répondre. J'imagine que, pour l'affection qui nous liait, il avait probablement demandé à Fidel de le laisser arranger la situation personnellement, sans que personne d'autre intervienne. Nul n'était mieux placé que lui pour me raisonner.

« Ce n'est pas la peine que je te dise dans quel état est Fidel. Je crois qu'entre vous c'est arrivé à un point tel que la meilleure chose à faire est d'attendre que cela se calme. »

Je profitai d'un moment de silence pour lui proposer :

« Qu'en penses-tu si je vais à Mexico pour un temps, chez Enma ?

— Si tu crois que c'est le mieux, dit-il, tu sais que je t'ai toujours soutenue, ma chère sœur, toujours. Qu'est-ce qu'il te faut ? »

Je lui demandai l'autorisation de sortie.

« C'est d'accord. Repose-toi à Mexico, réfléchis et profites-en bien. Moi de mon côté je vais voir comment faire pour régler tout ça ici. Tu verras, quand tu reviendras de Mexico, la situation sera différente. Il s'agit de faire profil bas et tout va s'arranger. »

Raúl, qui a toujours été démonstratif, m'embrassa et m'étreignit au moment de me dire au revoir.

Il se trouve que, par hasard, le lendemain, quelqu'un venant du Brésil me remit une lettre personnelle de Virginia Leitão da Cunha, dans laquelle elle m'exhortait à prendre une décision. J'y pensais depuis un certain temps déjà et, après la discussion avec Raúl, je m'y résolus : il était temps pour moi de quitter Cuba définitivement.

« Nous savons que ta situation est devenue insupportable et nous sommes inquiets, tu pourrais avoir un accident, m'écrivait Virginia. Si quelqu'un te suivait en voiture, tu pourrais sortir de la route, te renverser, entrer en collision dans un virage, bref, personne ne pourrait te sauver. Je crains plus un accident qu'autre chose, car il est évident que personne ne va te tirer dessus, ni t'arrêter, cela provoquerait un vrai scandale. Mais n'importe qui peut avoir un accident. Je sais que tu penses probablement qu'ils ne toucheront à personne de leur propre sang, mais je te conseille, chère Juanita, de ne pas commettre la grave erreur de leur accorder une trop grande confiance. »

Dans ma réponse, je lui exposai les raisons qui me poussaient à ne pas m'en aller avant que le dernier de mes proches ne fît de même : ils auraient sûrement des ennuis une fois que je serais partie.

Pendant ce temps-là, la CIA ne se vouait pas à conspirer mais se dédiait à la grande tâche humanitaire d'aider les dizaines de Cubains qui en avaient besoin. Ainsi, au travers de Virginia, dont le mari était alors ministre des Affaires étrangères au Brésil, j'obtins tout le nécessaire pour mettre à l'abri plus de dix personnes, dont Francisca Tejeiro Fraga, la cuisinière espagnole qui travaillait chez moi. « La compagnie » me donna l'argent des billets d'avion et de quoi régler le logement du groupe à Mexico, ainsi que les visas pour entrer dans le pays. Une fois la décision prise et annoncée aux personnes clés, je ne fis pas marche arrière.

Ils avaient tous l'air très anxieux. « Pourvu que Fidel ne fasse rien qui t'empêche de quitter Cuba au dernier moment. » D'autres nourrissaient d'autres craintes. « Nous nous cassons la tête à nous demander pour combien de temps nous partons, Juanita. Un mois, six ou huit tout au plus, ou peut-être un an ? »

Personne ne pouvait imaginer que ce serait un voyage aller simple de plus de cinquante ans, duquel nous ne sommes toujours pas revenus. De sorte que je les fis sortir un par un afin de ne pas éveiller les soupçons. Les premiers, dont Ana Ely Esteva, Raquel Rodríguez, ainsi que Puchi et Carmita Morgade accompagnées de leur père – leur mère étant décédée –, partirent début juin.

J'ai toujours été prévoyante, et je n'allais donc pas laisser au J 406 les dernières pensionnaires qui y résidaient, trois étudiantes : Maruca Meilán, Nadina Sánchez et Margarita Pérez. Je leur trouvai un appartement moins exposé et elles s'y installèrent. Je leur expliquai que j'allais rester un certain temps à Mexico chez Enma, mais, pour les protéger, je ne leur donnai pas plus de détails.

À la fin, il ne restait plus que Jesús Lavandera, mon chauffeur, Pedrito, un homme à tout faire, Francisca, la cuisinière, Tito Rodríguez et moi. Jesús et Pedro décidèrent finalement de rester à Cuba.

Il me restait encore des démarches à effectuer et, même si j'étais aidée, cela me mettait les nerfs en pelote. Par exemple, Tito était le seul du groupe qui ne possédait pas le « papier bleu » du sauf-conduit de sortie. Je dus l'aider à l'obtenir puisque le fonctionnaire qui les remettait, le voyant seul, déchira ses papiers, comme il le faisait avec un grand nombre de Cubains qui voulaient émigrer.

Le 18 juin, j'allai voir Raúl chez lui car j'avais des problèmes avec mon passeport. En général, j'entrais directement dans son bureau par une porte qui permettait de ne pas traverser inutilement la maison, de sorte que si je voulais seulement le voir, lui, je passais par là.

« Qu'est-ce qui t'arrive, Juanita ? demanda-t-il.

— Je pars après-demain à Mexico, et je n'ai toujours pas de passeport. Tu peux faire quelque chose pour moi ? »

Il décida aussitôt de s'en charger mais fut interrompu par un appel urgent.

« Attends, c'est Alicia Alonso[48] – la première danseuse cubaine – qui a un souci. »

Il s'avère que Cuca, la sœur d'Alicia, avait trouvé asile à l'ambassade du Mexique de La Havane pour pouvoir quitter Cuba. Raúl,

48. Alicia Alonso (1920-), danseuse et chorégraphe cubaine, dirige le Ballet national de Cuba.

toujours conciliant, afin d'éviter le scandale, donna des garanties à Alicia.

« Dis à Cuca qu'elle sorte de l'ambassade et je lui obtiendrai sa sortie. Il ne faut pas apporter aux ennemis plus d'eau à leur moulin. »

Raúl régla mon affaire et nous nous dîmes au revoir, comme d'habitude, puisque je ne pouvais lui annoncer que je pensais partir pour ne pas revenir.

Malgré tout, je n'aurais jamais cru que ce 18 juin 1964 serait la dernière fois que je verrais mon frère.

La seule à qui je pus révéler la vérité était ma sœur Agustina, quand j'allai lui faire mes adieux : « Tu sais que je t'ai toujours considérée comme ma petite sœur, la petite gâtée, sur qui j'ai toujours veillé, et à qui je ne peux pas mentir. Demain, je pars à Mexico et je pars définitivement, je ne pense pas revenir. Toi, tu connais plus ou moins ma situation : sans maman, c'est insupportable. Je ne voulais pas partir sans te le dire. »

Quand j'eus fini de parler, sa réponse me brisa le cœur : « Ah Juanita, tu as toujours été celle qui me consolait. Qu'est-ce que je vais faire ? Maintenant, je suis vraiment orpheline. Je ne dirai rien à personne. »

Le « je suis orpheline » m'émut profondément, en particulier parce que je ne savais pas dans combien de temps je reverrais Agustina.

Je surmontais les épreuves, mais il m'en restait une, qui me fit aussi beaucoup de peine. J'étais très proche de mon neveu Tony, l'un des enfants de ma sœur Angelita, c'était un de mes neveux préférés. Il vivait avec moi et nous étions très unis. En fait, il était comme un fils adoptif. Il gardait mes secrets, partageait mes idées et voulait quitter Cuba.

Je l'aimais vraiment beaucoup et j'étais heureuse qu'on parte ensemble à Mexico. Tout était prêt pour notre voyage mais nous commîmes une erreur, péchant par excès de confiance. Je ne pris pas de précaution au cours de notre conversation. Mon téléphone était sur écoute, et comme, à un moment donné, je mentionnai son nom sur la liste des passagers, c'en fut fini pour lui.

La veille du départ, Angelita arriva, furieuse : « J'exige que Tony vienne avec moi immédiatement. Il n'ira nulle part avec toi. »

Je me souviens qu'on échangea quelques mots, mais c'était sa mère, et Tony était mineur. Finalement, elle l'emmena, me laissant tout de même lui dire au revoir, en privé. « Je te promets que, quand je pourrai, je te sortirai d'ici. Mais sois sage, Tony, et n'oublie pas que je t'aime beaucoup. »

Tony avait de la peine car il s'était fait une joie de partir. Angelita le conduisit chez Raúl, où ils le gardèrent jusqu'au lendemain, une fois que je m'étais envolée, pour qu'il n'ait pas la tentation de s'échapper et de partir avec moi. Je n'eus plus jamais de contact avec lui.

Ma séparation d'avec Tony fut une autre des grandes souffrances que je dus endurer. Il fut rattrapé par le système, devint vétérinaire, et je sais que c'est quelqu'un de bien. Il faut dire que quarante-cinq ans ont passé depuis notre au revoir.

En un mot, la veille de notre départ fut longue, douloureuse et tendue.

Le soir, Tito et moi sortîmes pour la dernière fois nous promener dans La Havane. Nous fîmes ce que nous aimions tant. Nous allâmes à l'Habana Hilton – aujourd'hui Habana Libre – voir le spectacle d'Ela Calvo, une amie chanteuse de Tito. Dans la salle où elle se produisait pénétra un groupe de huit ou dix militaires, qui avaient déjà fait un scandale à l'entrée car on ne les laissait pas passer. Ils faisaient tant de raffut qu'on n'entendait pas Ela chanter, et la situation me fit peur.

« Tito, lui dis-je, cela n'aurait-il pas à voir avec nous, pour nous empêcher de partir ? C'est louche. »

Ela, malgré le bruit, continua à chanter jusqu'à ce que, lassée, elle fasse un geste à l'orchestre pour qu'il s'arrête. Elle se mit à chanter *a capella* devant les militaires :

« Je préférerais mille fois… que vous partiez. »

Nous décidâmes de nous lever à ce moment-là pour éviter les ennuis.

Elle nous fit signe et nous la retrouvâmes dans sa loge où nous passâmes les dernières heures de cette soirée à discuter.

Finalement, le 19 juin 1964 arriva.

J'avais décidé de laisser la maison telle quelle. Mais je m'étais auparavant débarrassée de tout ce qui aurait pu affecter quelqu'un ou éveiller des soupçons quant à ma décision de rester à Mexico. Vilma, l'employée de maison qui s'occupait de ma mère quand elle venait à La Havane et qui était une fidèle adepte du régime, restait là. J'avais fermé le J 406 quelques jours plus tôt, le quittant comme il était. Je m'étais assurée de détruire toutes les preuves de mon travail avec la CIA, y compris la radio et le manuel.

Tout le reste se déroula comme prévu. Personne ne doutait de mon retour, je n'avais pas plus de valises que le nécessaire, même si, peu après, on me reprocha d'en avoir emporté onze. En réalité, je n'en avais que deux. Le reste contenait les affaires de gens qui m'avaient demandé de mettre leurs biens à l'abri, à Mexico.

L'avion décollait à midi. Jesús, mon chauffeur, vint nous chercher tôt pour nous emmener, Tito, Francisca et moi, à l'aéroport. Grâce à mes contacts, je passai conformément au protocole. On tamponna rapidement mon passeport, et j'embarquai dans l'avion de l'aviation cubaine à destination de Mexico.

Alors qu'on s'envolait, j'étais anxieuse à l'idée du destin incertain qui m'attendait désormais. Soudain, tout avait changé pour toujours, ma vie, mon pays, ma famille. Je savais que je n'allais pas rentrer de sitôt, que le retour n'était pas imminent, comme le croyaient de nombreux Cubains quand ils partaient. En même temps, un sentiment d'espoir me gagnait, l'idée que je pourrais faire quelque chose pour mon pays, que je pourrais ainsi aider ceux que je laissais derrière moi. Tout compte fait, j'étais une jeune femme de seulement trente et un ans bien décidée à prendre un nouveau départ.

Peu après, Tito m'aida à rendre aux passagers les objets de valeur qu'ils m'avaient confiés avant de passer la douane. Après ça, je me plongeai dans mes pensées.

« Tu ressentais bien plus que de la tristesse, relata Tito. Tu savais que tu ne pouvais pas revenir en arrière, et même si tu essayais de te montrer aussi forte qu'à ton habitude, intérieurement, tu avais le cœur brisé. Cela m'a d'autant plus saisi que tu n'as pas pleuré, tu ne t'es pas plainte, rien. Mais il suffisait de te voir pour se rendre compte que tu étais anéantie. »

Le vol entre La Havane et Mexico est court et je posai très vite le pied sur la terre mexicaine. À l'arrivée, je remarquai quelque chose d'inhabituel. Cette fois-ci, il me fallut peu de temps pour passer l'Immigration. On ne m'interrogea pas, et les onze valises arrivèrent immédiatement, sans être contrôlées. Cela ne faisait aucun doute, « la compagnie » était présente, facilitant ce moment si difficile qui n'était que le préambule de ce qui allait suivre.

Après avoir récupéré les bagages, je reconnus les visages familiers de ceux qui étaient venus nous attendre à l'aéroport : Ana Ely, Puchi, Carmita, Isidro Errotaverea, Guillermo Ruiz Barbón et sa femme, Charo. Tito et Francisca allèrent directement à l'appartement que j'avais loué et où logeait tout le groupe.

Je me rendis chez Enma qui, avec Víctor, mon beau-frère, et mes deux neveux, m'accueillit, heureuse.

« Juanita, je suis contente que tu sois là, que tu aies décidé de venir passer du temps parmi nous », dit-elle.

Jamais Enma n'aurait pu s'imaginer qu'à ce moment-là il s'agissait pour moi d'un aller simple, sans retour.

44. Le jour où j'ai tout quitté

Je passai mes trois premiers jours dans la capitale mexicaine en famille, avec Enma, Víctor et les enfants, sans penser à rien d'autre, car j'avais besoin de décompresser. Enrique, mon contact avec la CIA, savait que j'étais là, parce que le vendredi même de mon arrivée il avait appelé Carmita Morgade. Il lui avait demandé que l'on se rencontre le lundi suivant dans l'appartement occupé par le groupe d'amis et collaborateurs que j'avais fait sortir de Cuba.

Comme toutes nos réunions, celle-ci ne dérogea pas à la règle et fut des plus cordiale. Nous discutâmes beaucoup de Cuba, et sa remarque me surprit quand je lui racontai que je n'avais eu aucun problème à l'aéroport de Mexico.

« Je sais, tu ne m'as pas vu, mais je n'étais pas loin, au cas où il y aurait eu un souci. Mais tout s'est déroulé comme prévu. »

J'avais donc eu raison de penser que ce calme et cette rapidité dans le terminal de l'aéroport étaient dus à « la compagnie » ! Le lundi 22 juin, Enrique me rendit visite à l'appartement, accompagné d'un autre Américain qui maîtrisait très bien l'espagnol mais qui ne parlait pas plus que le nécessaire. Il se contentait plutôt de nous observer. La conversation s'orienta vers des sujets d'ordre général, sur la situation cubaine, et c'est probablement comme ça que les choses devaient se passer, car c'est moi qui en vins à évoquer le futur.

« Enrique, je voudrais que tu saches que ma décision de ne pas rentrer à Cuba est prise. Qu'est-ce que je peux faire ? Parce que je ne crois pas que Mexico soit le meilleur endroit où rester. »

Il ne me répondit pas tout de suite mais suggéra que l'on se revoie deux jours plus tard. Pendant le déjeuner, nous continuâmes à parler de choses et d'autres, mais rien d'important. Enrique me donna rendez-vous le mercredi 24, et cette fois-ci, à ma grande surprise, il vint seul.

« Tu es vraiment sûre de ne pas vouloir retourner à Cuba ? demanda-t-il.

— Oui, répondis-je, sans rien dire de plus.

— Bon, eh bien, si tu as réellement décidé de déserter Cuba, poursuivit-il, très sérieux, tu devrais alors faire les choses en grand. Je pense à des déclarations percutantes pour l'opinion publique et pour le monde entier. Tu serais d'accord ?

— Oui, dis-je, laconiquement.

— Alors, il n'y a rien de plus à ajouter. Donne-moi une journée pour y réfléchir. Il serait utile que nous établissions un brouillon avec les points que tu souhaites mettre en avant dans ton discours. »

Nous nous mîmes d'accord, nous dîmes au revoir, et j'allai sans plus attendre chercher les trois personnes qui m'étaient les plus proches durant cette période de lutte : Ana Ely Esteva, Carmen et Hilda « Puchi » Morgade. Les regardant en face, sans détour, je leur expliquai de quoi nous avions discuté avec Enrique. Je pouvais, et je peux encore, tout leur dire.

« Dans les prochains jours, je rendrai public mon rejet du régime communiste de Fidel et, par conséquent, je m'opposerai officiellement à son gouvernement.

— C'est un véritable pavé dans la mare pour le régime, dit Ana Ely, qui n'avait pas besoin de beaucoup d'arguments pour être convaincue.

— Oui, dit Carmita, tout ça, c'est très bien, mais tu as réfléchi aux conséquences, Juanita ?

— Enma, je m'inquiète pour Enma. Quelle va être sa réaction ? ajouta Puchi, préoccupée.

— J'ai déjà réfléchi à tout ça. Je sais bien qu'affronter Fidel c'est aussi affronter une partie de la famille, si ce n'est toute la famille. Mais tout bien pesé, j'ai décidé de poursuivre mes projets. Ce que traverse le peuple cubain est plus important que toutes les raisons que vous m'avez exposées. Mes amies, c'est décidé : ou je me bats pour Cuba, de la meilleure manière possible, ou j'abandonne la lutte. Il n'y a rien d'autre à faire, et je suis prête à en assumer les conséquences. C'est un cas de conscience. »

Nous examinâmes la proposition d'Enrique et je leur confirmai que nous nous étions mis d'accord pour élaborer un brouillon de mes dénonciations. Je leur demandai donc de m'accompagner pour le voir le jeudi suivant. Ainsi, seules les sœurs Morgade et moi-même nous rendîmes au rendez-vous avec Enrique, qui avait lieu dans une chambre de l'hôtel María Isabel, sur le Paseo de la Reforma, ce qui nous assurait intimité et sécurité. Avant d'entrer, toutes les trois faisions des commentaires :

« Tous les micros de l'ambassade des États-Unis, contiguë à l'hôtel, doivent sûrement être dirigés vers nous en ce moment, donc soyons prudentes et ne parlons pas plus que nécessaire. »

Enrique, ponctuel, nous attendait. Il ne perdit pas de temps, et, après les salutations de politesse, me remit une note comprenant les points les plus importants des idées que je lui avais transmises lors de notre dernier entretien. C'était écrit à la main, il l'avait rédigé lui-même.

« On le revoit ensemble ? Si tu es d'accord, il faut nous y mettre rapidement. »

Je la lus à voix haute pour que tout le monde puisse entendre. C'était intéressant, mais quelques modifications étaient indispensables. Lesquelles ? Il s'agissait en fait d'une diatribe convaincante contre le régime de mes frères, mais comme je ne voulais pas utiliser de mots blessants, je les retirai.

« Nous avons au moins un jour de plus pour continuer à travailler sur ce qui te paraît essentiel, afin d'obtenir un texte qui te convienne, dit Enrique. Au bout du compte, c'est toi qui en prends la responsabilité.

— Pour moi, il est très important d'inclure les activités subversives du commandant Manuel Piñeiro, *alias* Barberousse, car cet individu est chargé d'exporter des guérillas et des idées marxistes dans toute l'Amérique latine. C'est le directeur du Service des renseignements, il est très lié au Che, et il supervise directement toutes les opérations cubaines dirigées vers l'Amérique latine.

— Tout ce que tu retiens, Juanita, relève de ta seule décision. »

Le rendez-vous fut bref. Nous quittâmes l'hôtel María Isabel et partîmes chez Guillermo Ruiz Barbón, réfugié à Mexico, un ancien professeur de pharmacologie à l'université de La Havane, et l'un de mes conseillers les plus proches. Je lui dévoilai mes plans. Je lui montrai le texte, évoquai avec lui mes autres idées et lui demandai de m'aider. Il était très ému et nous nous mîmes immédiatement à travailler à la rédaction afin de l'améliorer. Finalement, le document prit forme et Hilda Morgade le tapa ensuite à la machine, que j'avais achetée *ex professo* et que je garde encore parmi mes souvenirs.

Le vendredi 25, je retrouvai Enrique pour lui montrer le discours. Il le trouva bien et me transmit les derniers détails concernant l'événement.

« Tout est prêt. Nous avons organisé une conférence de presse qui s'adressera à tous les médias nationaux et étrangers, et c'est un journaliste très important qui s'en chargera, Guillermo Vela. Jusqu'à la dernière minute, personne ne saura de quoi il s'agit. Le matin même, on dira aux journalistes qu'une personne de renommée internationale fera des déclarations importantes. On prend ainsi le minimum de risques. Maintenant, il ne reste plus qu'à attendre lundi. »

Ce vendredi soir-là, tout le groupe au complet, c'est-à-dire les dix Cubains qui quittèrent Cuba, plus Enma, Víctor et les enfants, nous allâmes dîner chez Fofo et Orquídea dans la déjà célèbre maison du 759, rue Fuego, dans le Pedregal de San Ángel. Nous parlâmes de la situation à Cuba, de la manière dont nous l'avions quittée, mais nous n'évoquâmes aucun détail concernant l'avenir.

« Quels sont tes projets ? » me demanda Orquídea, voulant toujours tout savoir.

Carmita, Hilda et Ana Ely me regardèrent, surprises. Je n'avais pas l'intention de confier mes plans à personne, encore moins à Orquídea ! Je répondis évasivement, ce qui, quelques jours plus tard, alimenta les tensions entre elle, Enma, et moi.

« Je pense rester un certain temps loin de Cuba, dis-je à Orquídea et à Fofo. Il va d'ailleurs falloir que je trouve un travail à Mexico. Mais je n'ai aucun projet vraiment concret pour l'instant. Peut-être que j'y retournerai dans quelques mois, mais pour le moment, je vis au jour le jour. D'ailleurs tu pourrais peut-être m'aider, avec tes amis. »

Je passai le week-end avec mon groupe de collaborateurs et amis, et je répétai le texte des dizaines de fois afin de le maîtriser. Le lundi 29 juin 1964 arriva. Cette date restera l'une des plus importantes de ma vie.

Ana Ely, Carmita et Isidro vinrent me chercher chez Enma dans une voiture qu'on avait mise à notre disposition pour aller à la conférence de presse. Sur le chemin, je ressentais en mon for intérieur un véritable tourbillon d'émotions. Moi seule étais responsable de ma conduite. Je me rappelle m'être demandé : « Est-ce correct de faire les déclarations au Mexique, dans un pays pro-Cuba ? » Pour me tranquilliser, je me dis : « Et sinon, où devrais-je aller ? Si j'arrive aux États-Unis sur une embarcation de fortune, on dira que je suis une infiltrée. Maintenant, tout est prêt, et il ne me reste plus qu'à prononcer mon discours. »

Le soir tombait sur la ville de Mexico quand on arriva aux bureaux du journaliste Guillermo Vela, au 57, rue Emparan, dans le centre. Dès le début, le courant ne passa pas, je ne le trouvais ni aimable, ni fiable.

« Je ne crois pas que cet homme soit le mieux placé pour cette conférence de presse, fis-je observer à mes amis. Il semble ne faire aucun cas de mon histoire. Il se comporte comme s'il exécutait un travail, et rien de plus. »

L'impression qu'il me produisit fut telle que, après seulement quelques minutes de conversation, je me dis que si j'en avais eu le temps j'aurais choisi quelqu'un d'autre. Mais, à ce moment précis, il était trop tard pour réfléchir à cela.

Le moment de s'exposer à la presse était venu.

En effet, personne ne savait qui était le personnage qui devait faire d'importantes déclarations. Ainsi, je respirai profondément avant d'entrer avec Guillermo Vela dans une pièce arrangée pour l'occasion, avec un bureau, un micro et deux sièges.

« Mesdames et messieurs, bonsoir. Permettez-moi de vous présenter mademoiselle Juanita Castro Ruz, sœur de Fidel Castro, Premier ministre du gouvernement cubain, et de Raúl Castro, chef de l'armée de ce pays. Mademoiselle Castro a des déclarations à faire. »

Des centaines de flashes crépitèrent, à tel point que j'avais du mal à garder les yeux ouverts. Guillermo Vela me céda la parole et je commençai :

> « Messieurs de la presse de Mexico,
>
> Je m'adresse à vous, moi, Juanita Castro Ruz, sœur du Premier ministre communiste de Cuba, Fidel Castro. J'ai vécu jusqu'à il y a quelques jours à Cuba et, pour avoir une haute opinion du peuple mexicain, j'ai décidé de faire ces déclarations. J'ai beaucoup de mal à m'exprimer en public et en particulier lorsque cela concerne ma famille. Cependant, il y a une cause que ma conscience ne me permet pas de passer sous silence : celle de Cuba. D'autant plus dans la mesure où je sais parfaitement dans quelle situation se trouve mon pays et qui en sont les responsables. »

La lecture du discours, qui comprenait sept pages, dura onze minutes. Ces onze minutes scellèrent les trente et une années de ma vie car j'abordais là des thèmes essentiels, de l'infiltration des communistes jusqu'à la perte des libertés fondamentales des Cubains. Ensuite, je ne répondis à aucune question et sortis immédiatement de cet endroit.

Pour des raisons évidentes, j'avais décidé de ne pas rentrer chez Enma. À la fin de la conférence, Ana Ely, Carmita, Errotaverea et moi-même allâmes à l'appartement retrouver mon groupe d'amis.

Ce soir-là, Guillermo Vela, dont les émissions d'informations réalisaient la plus forte audience à la radio et à la télévision, était chargé de diffuser l'événement au travers des chaînes 4 et 5, même s'il venait juste d'en parler à la radio. La nouvelle provoqua des réactions en chaîne. Le lendemain, ma désertion de Cuba fit les gros titres de tous les journaux mexicains ; à peine eut-elle fini de les lire ce matin-là qu'Enma téléphona à Carmita, lui demandant que je la rappelle. Ce que je fis bien sûr.

« Qu'est-ce qui t'a pris, Juanita ? s'exclama-t-elle, en colère. Comment as-tu pu faire ça ? Orquídea vient de m'appeler, offensée par ce qui vient de se passer, et tout ce que j'ai pu lui dire c'est que j'étais dans le même état qu'elle, parce que je n'étais au courant de rien. Je veux que tu saches que je ne suis pas d'accord avec ta façon d'agir. Tu aurais pu quitter Cuba sans avoir besoin de rendre publique ta position.

— Je respecte entièrement ton point de vue, répondis-je, mais je voudrais qu'on me respecte moi aussi. Cela n'a pas été facile, jamais je n'aurais voulu me retrouver dans cette situation, mais ils m'ont obligée à en arriver là. »

Nous étions toutes les deux très contrariées à la fin de la conversation, mais en réalité nous nous inquiétions l'une pour l'autre. Je pensai que la meilleure chose à faire était de laisser passer le temps. Enma, qui est réservée de nature et qui ne perd jamais la face, m'envoya mes affaires à l'appartement, à ma demande. J'y restai deux ou trois jours, entourée de mes amis, qui se souciaient de ce qui aurait pu m'arriver. D'ailleurs, un ami qui avait des contacts à l'ambassade cubaine m'avertit :

« Dès qu'elle a appris tes déclarations contre le régime, Celia Sánchez a téléphoné à l'ambassade. Elle voulait savoir si tous les détails de l'événement étaient vrais. Je ne peux pas t'en dire plus, mais je te conseille de faire très attention à partir de maintenant. »

Les nouvelles désagréables furent atténuées par les bonnes que m'apporta Enrique.

« Merci, Juanita, la cause pour la liberté de Cuba devra un jour prendre en compte ce que tu as fait hier soir. »

Je compris alors que la CIA me remerciait de mon sacrifice.

« J'ai parlé à Virginia et à Vasco, me dit-il. Elle te félicite et t'attend bien vite au Brésil. »

Il se référait à mon amie Virginia Leitão da Cunha et à Vasco, son mari, à ce moment-là ministre des Affaires étrangères au Brésil. J'appris aussi que, ce même 30 juin, le journaliste Guillermo Vela eut des ennuis. En arrivant à la radio, le gérant Gabriel Mier y Terán lui donna une nouvelle inattendue : « Vous ne pouvez pas reparler de mademoiselle Castro. Pour l'instant, nous avons décidé que votre programme XEDA sur Radio 13 était annulé. »

Cela me surprit moi aussi, mais il se passait tant de choses en même temps que je ne voulus pas en savoir davantage. D'abord, Enrique revint le lendemain à l'appartement, sans m'avoir prévenue de sa visite.

« Nous devons t'emmener ailleurs, Juanita, dans un endroit sûr, celui-ci ne l'est plus. Les journalistes ont découvert où tu habites et ils vont te harceler d'ici peu. La situation est devenue risquée pour toi, tu vas donc loger ailleurs, chez des gens qui seront ravis de t'accueillir. »

Il me conduisit alors dans une maison merveilleuse, située dans les Lomas de Chapultepec, dont les propriétaires et hôtes, d'après ce que j'avais compris, étaient un couple d'Américains. J'y restai quelques jours, et c'est là que je découvris, à la télévision, la réaction de Fidel. Il avait gardé le silence trois jours durant et profita d'une réception à l'ambassade du Canada à La Havane pour aborder le sujet devant des dizaines de journalistes cubains et internationaux :

« Je savais que vous alliez m'interroger sur la plus grande infamie que l'impérialisme yankee ait imaginée contre la Révolution cubaine. Ce fait qui touche ma sphère intime m'est très amer et profondément douloureux, mais je sais que c'est le prix à payer pour être révolutionnaire. Je voudrais que vous preniez ces déclarations textuellement : Juanita, ma sœur, a été achetée par l'impérialisme yankee, et le discours qu'elle a prononcé a été écrit à l'ambassade américaine de Mexico. »

L'ambassade des États-Unis à Mexico démentit aussitôt cette affirmation par un communiqué : « Nous n'avons rien à voir avec les déclarations de Mlle Juanita Castro. Tout ce que nous savons sur ce sujet, c'est ce qui a été publié dans les journaux. »

À Cuba, la presse ne mentionna pas ma désertion, en revanche elle publia tout ce que Fidel voulut dire. L'éditorial du *Granma*, journal officiel à Cuba, m'insultait et me calomniait :

« Juanita Castro, intelligente femme d'affaires, était propriétaire et actionnaire de nombreuses sociétés de cinéma et de stations de radio qui furent nationalisées par la Révolution, ce qu'elle n'a pas pardonné à Fidel. Son attitude, le 29 juin à Mexico, n'est que l'expression d'une vengeance. »

L'ambassade de Cuba dans la capitale mexicaine ne resta pas silencieuse non plus. L'ambassadeur Joaquín Hernández Armas déclara formellement :

« L'ambassade a été l'objet d'une attaque armée par des bandits qui ont tiré depuis un véhicule en marche. Nous demandons donc la protection spéciale du gouvernement vingt-quatre heures sur vingt-quatre. »

C'était la contre-attaque du régime. Soudain, nous tous, à Mexico, pensâmes avec inquiétude aux proches restés à Cuba.

« J'ai appelé à la maison, dit Ana Ely Esteva, et la famille est terrifiée par tes déclarations, ils s'attendent à tout moment à ce que le G2 les arrête tous. »

La nouvelle prit au dépourvu Nadina Sánchez et les deux étudiantes, dernières pensionnaires du J 406 que j'avais logées ailleurs.

« Nous sommes mortes de peur, me confiaient-elles. C'est Jesús, ton chauffeur, qui nous a appris la nouvelle. Nous imaginons bien ce que vous devez vivre à Mexico, et en même temps nous sommes inquiètes parce que, ici, dans l'immeuble, il y a des gens qui savent que c'est toi qui nous as obtenu cet appartement. Nous craignons d'être arrêtées. Nous voulons seulement que tu te sentes bien parce que ton discours a donné du courage à ceux qui se battent. »

Ainsi, elles me rassurèrent, même si la situation pouvait toujours basculer. Avant que cela ne se produise, Enrique vint me chercher immédiatement. La CIA avait des rapports secrets indiquant que le capitaine Fernando Gutiérrez Barrios suivait ma trace. Ce policier, qui sauva Fidel au moment de l'expédition du *Granma*, était devenu, les années passant, le chef de la police politique mexicaine, et il ne cachait à personne son amitié pour Fidel.

« Il faut, pour des questions de sécurité, que nous changions à nouveau d'endroit. Mais maintenant, il vaudrait mieux abandonner la ville. Que penses-tu de Puerto Vallarta ?

— Je ne connais pas.

— En tout cas, c'est ce qu'il y a de mieux, et nous avons un logement libre là-bas. Hilda et Carmita peuvent venir aussi. Pour que tu te sentes protégée, je resterai tout le temps avec vous. »

Il n'y avait rien d'autre à ajouter. Le jour même, à bord d'un avion privé, nous partîmes de Mexico pour Puerto Vallarta. Quand j'appris que ce merveilleux appartement avec vue sur la mer appartenait à la Pan American Airways, tout comme le yacht mis à notre disposition, ce fut la plus grande des surprises !

Là-bas, je me sentais à l'abri des critiques interminables des alliés du régime. Comme celle, par exemple, du correspondant de l'Agence France-Presse, Yves Daude, qui écrivit dans son bureau :

« Comme Fidel n'a pas enrichi sa sœur Juanita, celle-ci lui fait maintenant des histoires. Personne n'ignore que, brouillée avec Fidel, elle comptait toutefois sur l'appui de Raúl, qui est toujours intervenu pour apaiser la colère de Fidel et qui l'a aidée à quitter le pays, car ses activités allaient beaucoup trop loin… »

Là, dans le calme de Puerto Vallarta, j'analysai la profondeur de chacune des attaques (je n'en mentionne ici que quelques-unes). Celle du correspondant français à Cuba s'adressait à Raúl et à moi spécifiquement. Celle de Fidel à l'ambassade du Canada était l'accusation classique : il affaiblit en effet ses ennemis en leur ôtant toute capacité d'autodétermination, les considérant comme des ignorants et des analphabètes. Je n'échappais pas à cette classification, et donc, d'après lui, mon discours avait été rédigé à l'ambassade des États-Unis du Mexique. Une belle erreur. Mais de quel autre endroit que Mexico aurais-je pu me faire entendre ? À ce moment-là, je ne pouvais aller nulle part ailleurs.

À Puerto Vallarta, je découvris les réactions de ma famille à Cuba.

J'appris que Raúl était très contrarié. Avec ces déclarations, je rompis le lien avec celui de mes frères qui m'avait soutenue à maintes reprises. Dans des centaines de cas où ma mère et moi avions pu sauver des gens, ce fut grâce à son intervention directe ou indirecte. Je l'appelais « Muso » et lui « Juana Palangana ». Cela prit fin le 29 juin 1964. Ce fut le début de mon véritable isolement et c'est une blessure qui ne s'est jamais refermée.

J'eus quelque contact avec Agustina après ce jour-là au travers de plusieurs lettres que je lui envoyai par l'intermédiaire d'amis que j'avais au Mexique. Agustina était déconcertée et cela lui en coûta d'accepter ce que j'avais fait, mais elle continua de vivre sa vie. Elle partit ensuite en Union soviétique avec son mari, un pianiste qui avait obtenu une bourse là-bas. Nos communications se firent de plus en plus rares et nous restâmes éloignées pendant de longues années.

Jusqu'à aujourd'hui, j'ignore la réaction d'Angelita, car elle coupa les ponts avec moi. Ramón en fit autant et me critiqua ouvertement : « Je ne suis pas d'accord avec Juanita, annonça-t-il. Je pense qu'il n'était pas utile d'aller si loin. »

Nadina Sánchez me raconta aussi que le lendemain, juste après mes déclarations, Ramón leur rendit visite pour savoir si elles n'avaient besoin de rien. Il s'avère qu'avec une précision incroyable le téléphone sonna au moment même où il se trouvait là. C'était moi qui appelais de Mexico pour prendre des nouvelles.

« C'est Juanita », dit l'employée de maison.

Ce fut comme si Ramón avait vu le diable. Il quitta rapidement l'appartement sans demander son reste. Lui et Angelita se rangèrent du côté de Fidel et de Raúl, en rupture totale et absolue avec moi.

La seule avec qui je maintins des relations était Enma. Et je veux que ce soit clair, elle n'a rien à voir avec ma décision de déserter, et encore moins avec mes déclarations. Elle n'était au courant de rien avant mon départ. Après mon discours, elle n'était absolument pas d'accord, mais elle respecta ma décision, et elle fut la seule de mes frères et sœurs avec qui je pus garder contact. Cela lui en coûta que Raúl cessât de lui parler, car il l'accusait d'être mêlée à mes histoires, alors qu'en réalité, après tout ce que j'ai raconté, il est plus qu'évident qu'Enma n'était en rien responsable. Elle ne retourna à Cuba que six ans plus tard, non pas parce qu'on lui en refusait l'entrée, comme l'affirmèrent certains dans leurs livres, mais parce qu'elle avait l'habitude de venir chez moi pour voir ma mère et Agustina. Tout à coup, en l'espace d'une année, ma mère était décédée, j'étais partie et Agustina vivait en Union soviétique.

« C'est simplement, raconta Enma, que j'avais mes occupations familiales à Mexico avec deux petits enfants. Le temps a passé et je suis retournée à La Havane des années plus tard, alors qu'Agustina était revenue d'Union soviétique. »

Fidel envoya son ami le médecin René Vallejo les chercher, elle et les enfants, à leur arrivée, pour les conduire au palais présidentiel.

« Enmita, tu as vu Raúl ? lui demanda Fidel.

— Non, mais je lui ai fait savoir que j'étais ici et que j'aimerais le voir.

— Oui, oui, appelle-le, parce que après, sinon, il se sent mal. »

Raúl ne lui fit pas signe et elle ne réussit pas à le voir. À une autre occasion où elle se rendit là-bas, Agustina s'occupait d'un des enfants de Mirta, une des filles d'Angelita, très proche de Raúl. Enma lui dit :

« Tu vois, je ne sais pas pourquoi je n'arrive pas à joindre Raúl. Je l'appelle et il ne me répond pas.

— Raúl ne veut pas te voir… parce que tu fréquentes Juanita.

— Enfin Mirta, ça veut dire alors qu'on va s'éviter le reste de nos vies parce que, tu sais, je n'ai pas l'intention de cesser de voir Juanita. »

Plus tard, Enma écrivit à Angelita pour lui expliquer clairement qu'elle me voyait mais que nous ne parlions jamais de politique car, entre nous, ce n'était pas nécessaire. Elle lui dit qu'à son avis la seule chose qu'ils réussissaient en se conduisant ainsi était de faire plaisir à leurs ennemis qui voulaient voir toute la famille se disputer et se diviser à cause de moi. Enma demanda à Chuchú Reyes – survivant du *Granma* et ami de Fidel et de Raúl – qu'il s'assure que ce message soit d'abord lu par Raúl avant Angelita, et il tint sa promesse. Angelita appela Enma pour lui dire que c'était une lettre intelligente et qu'elle avait entièrement raison. Finalement, c'est Fidel qui convainquit Raúl : « Ce qu'a fait Juanita, ce n'est pas de la faute d'Enmita, lui dit-il, et je crois que c'est le moment d'aller la trouver. »

Néanmoins, ce ne fut pas immédiat. Un jour, Vilma, la femme de Raúl, vint à Mexico à un congrès et essaya de voir Enma. Ensuite, en 1970, après six ans de silence, Raúl vint aussi à Mexico et l'invita à Cuba. Elle le vit enfin et son attitude fut très affectueuse, comme toujours, mais il ne prit jamais de mes nouvelles. Il était évident que c'était pour lui aussi une grande souffrance.

Revenons à la mi-juillet 1964 : après deux semaines à Puerto Vallarta, je devais finalement rentrer à Mexico. Je me consacrais à organiser mon emploi du temps et à fixer des dates pour les conférences que je devais tenir à l'étranger, car je recevais des invitations pratiquement du monde entier. Mais d'abord, j'avais un engagement urgent à honorer : aller au Brésil. De sorte que je commençai à me préparer. Les jours passaient, et à la fin du mois de juillet, Enrique m'informa des formalités à effectuer.

« Maintenant, la prochaine étape consiste à demander officiellement l'asile politique au gouvernement mexicain. C'est nécessaire et, par conséquent, tu devrais aller au ministère de l'Intérieur pour le solliciter. »

Avec Ana Ely et Tito Rodríguez, je me présentai aux bureaux de l'administration, à un certain monsieur Palomares, pour lui demander qu'on me concède le statut de réfugiée. Je remplis les papiers le 28 juillet, et seulement deux jours plus tard, le 30, on me remit le document officiel. À la sortie du bâtiment, les journalistes, qui me suivaient partout, à l'affût de mes déclarations, me posèrent une question qui me surprit : « Vous n'avez pas peur d'être tuée ?

— Ce n'est pas à moi que je pense, répondis-je rapidement, mon esprit est uniquement tourné vers Cuba et vers la libération de tous les Cubains. Je me déplace seule, sans la protection de gardes du corps, et ce, quotidiennement. Il est donc évident que je ne m'occupe pas de savoir si oui ou non ma vie est en danger. »

Et c'était vrai. Je continuai ainsi mon combat sans me soucier du reste. En août, je pus enfin quitter Mexico. Carmita et Ana Ely m'accompagnèrent pour rendre visite à nos vieux amis Vasco et Virginia Leitão da Cunha. Les Leitão vinrent nous chercher à l'aéroport et les retrouvailles furent très émouvantes.

« Enfin, Juanita ! Cela fait bien longtemps et il s'en est passé des choses depuis », observa Virginia.

Au Brésil, nous avons passé trois semaines à voyager, à donner des conférences, parlant à des gens avides de savoir ce que le communisme avait réellement produit à Cuba, tandis que les endroits où je me présentais se remplissaient de sympathisants.

« Ce n'est pas un fait isolé, me dit Vasco. Nous, les Brésiliens, te soutenons, Juanita. Nous t'appuyons et t'acceptons comme l'une des nôtres, parce que nous savons que tu dis vrai sur la grande tragédie de ton pays. »

Après ces jours merveilleux, nous rentrâmes à Mexico où un nombre incalculable de lettres d'adhésion m'attendaient. Parmi ceux qui m'écrivaient pour soutenir mes déclarations, il y avait l'ex-président cubain Carlos Prío Socarrás et Olga Guillot[49]. Ainsi s'écoulèrent les quatre derniers mois de l'année.

Avant que 1964 ne s'achève, je devais encore apprendre quelque chose qui m'attrista beaucoup. À Cuba, ils ordonnèrent que, à l'aide d'une paire de ciseaux, on supprime mon image des photos où j'apparais avec mes frères. Officiellement, je disparus des albums de famille. Même si cela me fait de la peine, je dois dire qu'une grande partie des miens acceptèrent cette décision de m'effacer de leurs souvenirs.

49. Olga Guillot (1922-2010), chanteuse cubaine, reine du boléro.

Cette année-là fut celle des décisions les plus difficiles. Cela me coûta beaucoup sur le plan affectif. Avec Cuba pour seule pensée, j'avais tout quitté avec fracas. Quarante-cinq ans plus tard, malgré tous mes déboires, je ne regrette rien. Si c'était à refaire, je le referais, parce que j'ai toujours eu Cuba à l'esprit.

45. L'accueil de l'exil

En effet, je n'avais que Cuba à l'esprit, et c'est la raison pour laquelle j'avais oublié de penser à ce qu'on appelle aujourd'hui les dommages collatéraux : c'est-à-dire les conséquences inévitables d'un acte comme le mien, m'opposant ouvertement au régime de mes frères. J'avais envisagé, comme le pire des maux, les réactions de ma famille, mais, malheureusement, je n'avais pas imaginé que les contrecoups seraient aussi douloureux, car me retrouvant sans patrie où vivre, il ne me restait plus qu'à m'exiler, choix que je fis volontairement. Cependant, je n'aurais jamais cru, en tant qu'exilée, être reçue de cette manière, comme en octobre 1964.

J'avais expliqué mes projets à Enrique :

« J'ai d'innombrables invitations pour me présenter aux États-Unis et en Amérique latine. Je crois donc que le moment est venu de voyager, c'est la meilleure façon de lutter contre le communisme, en parlant, en exposant la situation de Cuba, mais de vive voix. Et quoi de mieux que d'aller à Miami et à New York. »

Enrique était d'accord et me dit qu'ils feraient appel à un expert en relations publiques qui se chargerait de mes conférences et de mes engagements politiques.

« Nous avons le meilleur d'entre tous, affirma-t-il quelques jours plus tard. Il s'appelle Salvador Lew, il est cubain, anticommuniste à toute épreuve et bien intégré parmi les exilés. Il travaille déjà avec des gens qui nourrissent le même désir de liberté pour Cuba, de sorte que tu pourras coordonner parfaitement toutes tes déclarations. Et quant à Salvador Lew, appelle-le à Miami, discute avec lui et dis-moi ce que tu en penses. Si tu crois que ce n'est pas la personne adéquate, nous chercherons quelqu'un d'autre. Je dois t'avertir aussi que la majorité des organisations d'exilés se battent les unes contre les autres, tu devras donc être très prudente pour ne pas te tromper avant de t'engager. Chacun essaye d'obtenir un avantage pour sa cause, et la manière habituelle d'y arriver est de comploter contre son ennemi politique. Tu devras d'abord observer et ensuite décider, en faisant toujours bien attention. »

Je me dis que ses avertissements étaient un peu exagérés. Je croyais que tous les Cubains qui avaient dû fuir Cuba étaient unis par le même intérêt : que notre patrie soit libre pour que nous puissions rentrer et vivre tous en paix. Je joignis alors Salvador Lew, qui me sembla la personne appropriée, et nous allâmes de l'avant. Le 9 octobre 1964, il m'accueillit à l'aéroport de Miami.

« L'emploi du temps de cette étape de ta tournée est organisé, Juanita. Demain, le 10 octobre, tu seras en tête du "défilé des Drapeaux" qui commémore le début de la guerre d'Indépendance contre l'Espagne avec le "Cri de Yara[50]". On attend des milliers de Cubains. Par ailleurs, j'ai reçu de nombreuses demandes de la part d'organisations qui veulent te rencontrer. Cela se fera à l'hôtel Dupont, celui-là même où tu logeras. "La compagnie" s'est efforcée de rendre ton séjour le plus agréable possible. »

Intriguée par la mention de ce nom, l'étonnement se lisant sûrement sur mon visage, je lui demandai :

« Nous parlons de la même "compagnie" ? C'est-à-dire, Salvador, tu… fais partie de la CIA ?

— Oui, chère Juanita, répondit-il. Il est difficile de rencontrer à Miami quelqu'un souhaitant la liberté de Cuba qui ne soit pas, d'une façon ou d'une autre, à la CIA, que nous appelons tous "la compagnie". Nous sommes tous dans le même bateau, les anonymes comme les gens les plus importants de la ville. Alors, ne t'inquiète pas. »

Bien, pensai-je, au moins nous sommes sur le même plan. Et je me dédiais, comme Salvador Lew l'avait prévu, à recevoir des dirigeants de dizaines d'organisations anticastristes de tout genre. Certaines regroupaient beaucoup de monde. Pour d'autres, j'avais l'impression de voir seulement le fondateur et sa machine à écrire. Il est vrai que tout au long de cette journée de rendez-vous – et pendant les deux jours suivants –, à maintes reprises, je me souvins du conseil d'Enrique : tous avaient des objectifs, et, pour les atteindre, il n'y en

50. Le Cri de Yara, du nom de la petite ville de Yara, dans la province de Granma, qui ouvrit le 10 octobre 1868 la « Guerre de dix ans », la première guerre d'Indépendance (1868-1878).

avait pas un qui ne me disait pas du mal des autres ! C'était une guerre sans merci, et je sentis que je m'aventurais en terrain miné.

Le lendemain, très tôt, j'eus la première démonstration de ce que serait ma vie future. Le journal *Patria*, le plus prestigieux parmi les batistiens exilés, me souhaitait la bienvenue par ce titre : « Une honte pour l'Amérique : Juanita Castro à Miami ». Dans l'article, ils affirmaient que j'étais une espionne, une infiltrée du communisme. Ce fut un coup inattendu, que cependant je considérai sans passion. Lire quelque chose de semblable était injurieux et désagréable, en particulier parce qu'ils se trompaient totalement. En quoi quelqu'un se trouvant dans cette situation pouvait-il être une honte pour les exilés ? Le régime, que j'avais mis au cœur d'un scandale international, aurait très bien pu le déclarer lui-même ! Néanmoins, j'ignorai ces diffamations émanant de gens blessés par la Révolution, celle-là même que j'avais dénoncée.

À midi, le 10 octobre, l'exil me réservait une autre surprise, qui me fut annoncée par Salvador Lew :

« Les dirigeants du "défilé des Drapeaux" viennent de me prévenir. Ils ont annulé l'événement et ils ne souhaitent pas que tu te présentes, sous aucun prétexte. Quand je leur ai demandé une explication, ils m'ont donné une raison d'une bêtise incroyable : ils ne veulent pas de toi parce que tu t'appelles Castro. »

En fait, ces organisations étaient contre Fidel – et donc contre moi –, et il leur importait peu que je n'adhère pas à ce qu'avait fait mon frère. Pour eux, Fidel était de mon sang, un point c'est tout.

« D'accord, dis-je à Salvador, je ne suis pas là pour me faire de la publicité, je me bats pour une cause très douloureuse, et j'ai déjà payé le prix fort. Il doit bien y avoir des Cubains quelque part qui voudront me voir pour ne pas se sentir seuls et savoir que je les soutiens. Y a-t-il ici des Cubains qui se moquent du fait que je m'appelle Castro ?

— Bien sûr Juanita ! Ils sont à Florida City, au sud de Miami. Là-bas, le diocèse catholique dirige des centres ouverts aux enfants sans famille, ceux du programme Peter Pan[51].

— C'est là que je devrais être ! »

---

51. Opération Peter Pan, coordonnée par le gouvernement des États-Unis, l'archidiocèse de Miami et des Cubains. Entre 1960 et 1962, près de quatorze mille enfants cubains ont été envoyés à Miami par leurs parents anticommunistes et anticastristes et placés chez des parents, des amis ou des centres d'accueil.

Nous allâmes rencontrer ceux qui avaient pris part à cet épisode historique de l'exil cubain appelé Peter Pan : de nombreux parents s'étaient sacrifiés en envoyant leurs enfants hors de Cuba, quel que soit leur âge – petits, moyens et grands, garçons et filles –, pour les faire sortir des griffes du communisme et empêcher que l'État ne contrôle leurs vies. Nous nous y rendîmes donc et passâmes une journée incroyable avec ces enfants arrivés seuls et soignés par des personnes généreuses qui leur rendaient plus supportable un futur si incertain. Le lendemain, le 2 octobre, les journaux titraient, à côté d'une photo où j'apparaissais avec ces enfants : « Juanita Castro passe le jour de l'Indépendance avec ceux qui, comme elle, n'ont pas de famille. »

Les critiques et les blâmes des exilés récalcitrants s'intensifiaient sérieusement. Au bout d'un moment, Salvador Lew arriva très inquiet à l'hôtel.

« La situation n'est pas au mieux. Nous avons reçu des dizaines de menaces de tout genre, y compris ici même, dans cet hôtel. Il faut donc que tu partes, Juanita. Si tu ne bouges pas, je commence moi-même à vider les tiroirs et à faire les bagages.

— Pourquoi ? demandai-je, navrée. Pourquoi me font-ils subir tout ça, sans même me donner l'occasion de leur montrer qui je suis ?

— Tu viens juste de te rendre compte avec tristesse qu'ils t'attaquent parce que tu t'appelles Castro. C'est comme ça, bien qu'ils aient tort. »

Jamais je n'aurais pu imaginer mériter un tel accueil parce que, à cette époque, je ne comprenais pas la position des Cubains de Miami. Avec raison, on disait qu'ils s'entre-déchiraient au sein même de l'exil. Ils se divisaient en trois grands groupes : les partisans de Batista, qui me détestaient simplement parce que je m'appelais Castro ; ceux qui avaient lutté avec Fidel et qui avaient dû ensuite s'enfuir pour sauver leur vie, et qui me détestaient également ; enfin, les révolutionnaires infiltrés qui, espionnant pour le compte de Cuba, souhaitaient me faire le plus grand mal possible.

La situation était vraiment mouvementée et très dangereuse.

« Très bien, dis-je à Salvador. Si ma présence est si insupportable ici, je m'en vais. Mais avant, je dois remettre au grand-père Casas quelques valises qu'on m'a demandé d'apporter de Cuba. Je ne m'en irai pas avant d'avoir accompli cette mission en personne. »

Leopoldo Casas, le « grand-père », comme je l'appelais, avait représenté la banque privée cubaine face à la Banque nationale de Cuba. Il se trouve que je les avais sauvés, lui et sa femme Marcela, en les accompagnant personnellement le jour de leur départ de

Cuba jusqu'à la passerelle même de l'avion pour Miami. Je ne m'étais pas éloignée de la piste avant de voir l'appareil décoller. Mais apprenant que je me rendais à Mexico, leur famille m'avait donné quelques bagages, qui avaient fait partie des fameuses « vingt et une valises » mentionnées par la presse. Je les avais emportées en partant de La Havane, au mois de juin, et il y en avait en fait seulement onze. Après les avoir déposées, nous nous dirigeâmes, Salvador et moi, vers notre prochaine étape : New York.

J'étais pour le moins vigilante, sachant qu'il pouvait se passer n'importe quoi. Malheureusement, l'accueil des exilés cubains ne fut en rien différent dans cette ville.

Lors d'une conférence, l'organisation batistienne *La Rosa Blanca*, dirigée par Rafael Díaz-Balart, frère de mon ex-belle-sœur Mirta, et donc ex-beau-frère de Fidel, tâcha de me faire passer un mauvais moment.

« C'était Rafaelito tout craché, tu sais bien comment il était », m'avoua plusieurs années après Andrés Rivero Agüero, ancien célèbre ministre du gouvernement de Batista et candidat à la présidence de Cuba. Rivero Agüero, au fil du temps et malgré nos différences idéologiques, m'avait prise en affection. Il était même devenu un client de ma pharmacie, où il continua à se rendre jusqu'à sa disparition. Plus loin, j'expliquerai comment et quand je pardonnai à Rafael Díaz-Balart.

Enfin, revenons à ce fameux jour à New York. Ceux qui avaient décidé de me boycotter avaient placé aux premiers rangs les veuves de la dictature batistienne, c'est-à-dire les femmes dont les fils, maris et frères avaient été fusillés par le régime. D'après ce que je sus de la bouche d'Andrés Rivero Agüero, les organisations avaient prévu que ces victimes m'insultent, mais les choses se passèrent autrement.

« Je suis ici, dis-je, pour parler de la tragédie de notre peuple. C'est le seul but de ma visite et je m'exprime sans m'occuper de savoir si ceux qui ont souffert sont batistiens ou ex-fidélistes. Je suis simplement ici avec vous en tant que femme qui agit pour la liberté de son pays. »

Étonnamment, ces femmes qui étaient prêtes à m'injurier, se mirent à pleurer avec moi sur cette grande douleur qui nous unissait, et même à me soutenir, voyant que je ne cachais absolument rien.

« Ce que tu as fait était très courageux et personne ne peut le nier, me dit l'une d'entre elles. Tu aurais pu rester à Cuba mais tu as décidé de venir ici, partager le même exil que nous. »

Ceci signifiait qu'elles m'appuyaient, qu'elles mesuraient l'ampleur de la rupture avec ma famille et avaient obéi uniquement et exclusivement à ma soif de liberté pour Cuba, ce à quoi nous aspirions tous, au bout du compte.

Après cette conférence et une fois les rendez-vous avec les organisations d'exilés terminés, il fut temps de rentrer à Mexico. Avant de partir, Salvador Lew en profita pour me faire une proposition :

« Malgré tous ces événements récents, Juanita, je crois qu'il est très important que tu viennes aux États-Unis, où ton activité anticommuniste aurait bien plus d'écho, certainement davantage qu'en restant à Mexico. Finalement, en dépit de tous les ennuis que tu as subis ces derniers jours, Miami demeure la capitale d'un Cuba libre, et c'est là que tu dois être. Prends le temps d'y réfléchir et tu verras que je dis vrai. »

Je retournai l'idée dans ma tête. « Ce n'est pas si absurde », pensai-je. Mais cela ne m'empêcha pas, en rentrant à Mexico, de garder le goût doux-amer de cette première rencontre avec les exilés : je m'étais imaginé – et je me trompais – qu'ils m'accueilleraient en fanfare, simplement parce que j'étais des leurs. Dès le lendemain de mon retour, je vis Enrique et je lui demandai son opinion sur le fait d'aller vivre aux États-Unis. De son côté, il avait d'autres informations à me communiquer.

« Je suis entièrement d'accord avec Salvador Lew, je pense que ta lutte contre le communisme sera plus complète et plus productive en étant à Miami. Je vais donc me mettre tout de suite au travail pour que tu obtiennes légalement le droit de résidence, et tes collaborateurs aussi. Maintenant, j'ai une nouvelle qui me concerne. J'ai reçu de nouvelles missions et d'ici peu je serai détaché au Viêtnam et au Laos. Par conséquent, ma coopération au sein de l'opération Mangouste vient de s'achever. »

Je fus très triste d'apprendre cela car, quand on parle d'espionnage, de la CIA, on a en tête des personnages sans cœur, mais dans le cas de Tony Sforza (*alias* Enrique), la réalité était totalement différente. Il s'était toujours montré respectueux envers nous tous, et, contrairement aux règles, il nous avait même invités chez lui, nous dévoilant le fait qu'il vivait à Miami avec sa charmante famille, une femme extraordinaire et des enfants qui l'adoraient. Tony, ou Enrique, garda contact avec nous jusqu'à sa mort, et nous nous voyions encore plus souvent après qu'il eut quitté la CIA. C'était un grand ami. Il admirait mon combat et celui de mon groupe parce que nous ne lui réclamâmes jamais un seul centime pour notre bénéfice personnel. Au contraire, tout était destiné à nos activités anticommunistes, et cela nous avait valu son respect. Mais après plusieurs années de travail en commun, il était temps que nos routes se séparent.

« Dès que tu seras installée à Miami, je m'envolerai pour ma prochaine mission. Pour l'instant, nous avons du travail. »

Officiellement, j'obtins la résidence aux États-Unis au début de l'année 1965. Salvador Lew et Enrique m'avaient trouvé au préalable une maison dans la rue Caligula, à Coral Gables.

« "La compagnie" aimerait la mettre à ton nom, te l'offrir, me dit Enrique.

— Hors de question ! m'écriai-je. Je travaille pour la liberté de mon pays et cela n'a pas de prix. Par conséquent, c'est non, je ne peux pas accepter.

— Je ne suis pas d'accord, mais je te comprends. Nous paierons quand même le loyer jusqu'à ce que tu puisses t'en charger. Au fait, comme dernière tâche dans cette opération, j'aimerais te suggérer la création d'une association de soutien, que nous financerions. Réfléchis-y et dis-moi. »

Je décidai de lui répondre assez vite. Le soir même, avec Salvador Lew et un groupe de Cubains, dont les journalistes exilés Agustín Ayes et Lázaro Ascensio, nous nous mîmes d'accord. L'idéal serait une fondation que nous baptiserions « Marta Abreu[52] », en l'honneur de la patriote cubaine, une femme riche qui, à l'époque de la guerre d'Indépendance, avait mis toute sa fortune aux mains des soldats *mambís*[53] afin de lutter pour la liberté de Cuba. Nous ne trouvâmes pas de nom plus approprié pour illustrer notre effort patriotique.

« C'est une très bonne idée, cela permettra de tendre la main à tous les Cubains qui en ont besoin, dit Enrique. De même, pour que tu commences aussi à avoir des revenus, on te confiera un programme de radio qui sera diffusé une fois par semaine en Amérique latine et à Cuba, sur WNYW, Radio New York. Maintenant, l'heure a sonné : je dois prendre congé de vous tous, nous dit-il. Demain, je pars en Asie. Juanita, à partir de maintenant, tu seras entre les mains de Salvador Lew, ton nouveau contact au sein de "la compagnie". »

52. Marta Abreu (1845-1909), philanthrope cubaine, qui aida les plus démunis et œuvra contre la domination espagnole.

53. Combattants cubains pendant les guerres d'Indépendance contre l'Espagne (1868-1878 et 1895-1898).

Son départ nous attrista. Mais Enrique, avec qui j'avais travaillé pendant quatre ans, partit satisfait de voir ce groupe de Cubains qui, à peine arrivés aux États-Unis, cherchaient à subvenir à leurs besoins par leurs propres moyens, sans abuser de personne. Je partageais avec tout le monde l'argent que je gagnais jusqu'à ce que chacun puisse se débrouiller pour vivre.

Initiant une nouvelle étape dans la lutte que nous menions avec Salvador Lew, la Fondation Marta Abreu ouvrit ses portes. Grâce à elle, de très nombreuses personnes qui fuyaient Cuba trouvèrent de la nourriture et des vêtements chauds – surtout en hiver –, parce que la plupart partaient avec ce qu'ils avaient sur le dos. Or, avec des habits légers et sous un climat si différent, la vie se révélait plus dure.

Les fonds – qui provenaient en grande partie de la CIA, mais aussi de mes apports personnels, grâce à l'argent récupéré lors de mes conférences et présentations rémunérées, et enfin de dons de toutes parts – nous permirent d'ouvrir des refuges dans d'autres pays. Au Mexique, il y en avait un pour les Cubains qui se dirigeaient vers les États-Unis, et qui, sans cela, auraient connu la faim et vécu dans le besoin. Là-bas, la maison pouvait recevoir cinquante personnes, qui entraient un jour et étaient prêtes à en sortir le lendemain. Quoi qu'il en soit, même si nous étions modestes, la Fondation Marta Abreu nous permettait d'aider dans l'immédiat cinquante personnes par jour. Des gens qui, sans cela, auraient vécu dans des conditions plus rudes, se trouvant dans un pays où ils ne connaissaient personne.

Nous fîmes ensuite de même en Jamaïque, où transitaient là aussi de nombreux compatriotes fuyant le régime ; c'est un prêtre jamaïcain qui prit en charge la maison. La Fondation envoyait aussi de l'argent en Espagne pour acheter des vêtements aux Cubains qui arrivaient dans ce pays sans aucunes ressources. Nous atteignîmes ainsi pleinement nos objectifs.

Et puis, avec le temps, les expériences de la vie m'endurcirent sans que je manque d'énergie pour me battre pour ma patrie et de courage pour me défendre. Cela ne me fit jamais défaut, je l'avais toujours en moi face à n'importe quelle situation, qu'elle soit désagréable, mensongère, ou très dangereuse, comme chaque fois que l'on essaya d'attenter à ma vie.

Heureusement, je ne me déplaçais jamais seule lorsque je devais honorer mes engagements, Salvador Lew et d'autres personnes m'accompagnant toujours. Ainsi, un premier incident eut lieu dès mon arrivée à l'aéroport de Bogotá, où l'on arrêta un homme avec un couteau qui, affichant un air de défi, cherchait à s'approcher de moi.

« Il voulait sûrement te blesser au visage, dit Salvador, ou sur une autre partie du corps, pour que tu te rendes ridicule, que tu pleures, que tu cries ou que tu deviennes hystérique, ce qui aurait pu être utilisé contre toi. N'oublie pas que, lors de ton discours contre Fidel à Mexico, ils se sont sentis insultés quand tu as mentionné la Colombie parmi les pays touchés de grave infiltration communiste venue de Cuba. »

Par la suite, nos craintes de voir se former des manifestations de rejet se vérifièrent. Invitée à parler devant la Confédération des travailleurs de Colombie, je dus supporter, comme s'il s'agissait d'anges qui m'attendaient pour me souhaiter la bienvenue, le regroupement d'environ trois cents étudiants d'une université de tendance gauchiste qui contestaient ma présence dans la capitale colombienne.

« Ici, ils ne souhaitent pas non plus t'éliminer, m'expliqua Lew. Ils ne veulent pas te transformer en martyre, cela ne les intéresse pas. Ils essaient de t'atteindre par la blague en envoyant des œufs ou des tomates, parce que cela en finit avec les grands personnages. Il faut être prudent et faire comme si de rien n'était. »

Les conseils de Salvador m'aidèrent toujours anticiper l'imprévu et à garder mon calme, de sorte que, cette fois encore, je poursuivis tranquillement. Quand la police arriva à disperser la foule, j'attendis pour sortir qu'il n'y ait plus personne susceptible de me faire du mal.

À cette époque, on essaya plusieurs fois d'attenter à ma vie. À Puerto Rico, l'intervention de la police déjoua un plan communiste d'assassinat. À Santiago de los Caballeros, en République dominicaine, où je donnais une conférence, la police arrêta un homme muni d'un fusil à viseur télescopique qui rôdait dans les parages. Dès le départ, ce voyage fut compliqué mais, malgré la peur, je ne l'annulai pas.

À cause d'une grève, il nous fallait emprunter un vol de l'aviation dominicaine, ce que Salvador refusait.

« On m'a averti de ne pas le faire car c'est une compagnie infiltrée de Cubains fidélistes et il y a de grandes chances qu'ils t'enlèvent. Si cela arrive, tu sais ce qui se passera ? Juste pour te discréditer, Fidel est capable d'aller t'accueillir avec un bouquet de fleurs à La Havane, et tu t'imagines bien quel serait mon sort !

— Écoute Salvador, répondis-je, tout cela est parfaitement plausible. Je sais que cela pourrait arriver. Mais si nous, les Cubains, nous n'avons pas le courage de prendre un avion parce que cela nous fait prendre un risque dans notre lutte pour Cuba, alors nous sommes perdus. Nous allons partir avec l'aviation dominicaine, et il n'y a rien de plus à ajouter. »

Assurément, Salvador réalisa un excellent travail de protection à mon égard. Il m'avertissait souvent ainsi quand nous voyagions en Amérique latine.

« Juanita, il y a des rapports qui recommandent d'être plus prudents. Fidel est suffisamment intelligent pour savoir que s'il ordonne quoi que ce soit contre toi, il provoquera un effet boomerang. Néanmoins, il y a des fanatiques fidélistes partout dans le monde, et ils meurent d'envie de te faire du mal. Ne fais pas la sourde oreille à ce conseil. »

Je dus prendre garde aux balles mortelles et aussi me sortir d'embarras lorsque le régime, à maintes reprises, essaya de me ridiculiser. Ce fut notamment le cas en République dominicaine, au cours d'une importante conférence de presse, quand un grand reporter me demanda :

« Supposons que vous ayez une mitrailleuse à la main et vos frères Fidel et Raúl Castro en face de vous, que faites-vous ? »

Instantanément, je pensai : si je dis « je les tue », on va en conclure que je suis sans cœur, et si je dis « je ne fais rien », on va me crucifier en tant qu'infiltrée et communiste.

« Voyons monsieur, lui rétorquai-je, je ne suis pas un soldat, par conséquent, je n'ai pas de mitrailleuse. Ce n'est qu'une hypothèse et je ne réponds pas aux questions hypothétiques. »

Selon les endroits, voilà comment l'on m'attaquait. Rapidement, j'appris à me servir de tous les moyens de défense, y compris celui de Lina, ma mère : l'humour. Je répliquai ainsi à un journaliste qui, au milieu d'une conférence où j'évoquais le communisme à Cuba, me demanda mon âge.

« Pourquoi voulez-vous le savoir ? En plus de m'interrompre, vous voulez peut-être m'envoyer des fleurs ? »

Chaque apparition devant les médias était vraiment un champ de mines où l'on me tendait des pièges au travers d'injures et de questions.

J'étais invitée à New York, pour parler devant mille deux cents diffuseurs de radio venus de tous les États-Unis. À l'entrée, m'attendait une manifestation d'une organisation appelée *Los Pinos Nuevos*, composée de Cubains batistiens exilés. Ils portaient des pancartes calomnieuses qui disaient, en lettres majuscules : JUANA CASTRO A DEMANDÉ LE POTEAU D'EXÉCUTION POUR LES HÉROS DE PLAYA GIRÓN !

N'avaient-ils pas honte, sachant que cela était faux, d'affirmer pareille chose ? Comment pouvaient-ils avoir le culot de me diffamer publiquement ? Que savaient-ils de mes jours amers et de la lutte extrêmement risquée que j'avais menée pour sauver les patriotes que j'avais secourus au moment de l'invasion de Playa Girón dans la baie des Cochons ? Voilà assurément la preuve que la haine a toujours dominé notre raison. Nous les ignorâmes, Salvador Lew, le groupe qui m'accompagnait et moi-même, et nous entrâmes dans la salle. Je fus accueillie de façon extraordinaire par des hommes et des femmes américains, qui écoutèrent mon discours en espagnol, traduit simultanément. Leurs visages et leurs gestes parlaient pour notre cause, et quand j'eus terminé, ils étaient debout, ovationnant mes propos comme jamais.

Néanmoins, pendant la séance où le public s'exprimait, annoncée précédemment, un homme se leva :

« Mademoiselle Castro, nous savons que vous travaillez pour la CIA et nous aimerions savoir combien vous gagnez. »

Je me tournai immédiatement vers mon groupe, qui me regardait d'un air préoccupé.

« Voyons, monsieur, dis-je à cet inconnu, cela n'est pas une question d'argent car je ne suis pas rémunérée pour défendre mon pays et, par conséquent, je ne travaille pas pour la CIA. Mais j'aimerais savoir, combien vous a-t-on payé pour venir me poser cette question ? »

Les diffuseurs de radio américains applaudirent ma réponse, me faisant une autre grande ovation ! Quant à l'homme, il sortit rapidement.

Les actions de ce genre, qui étaient très fréquentes, me firent mesurer à quel point j'affectais le communisme chaque fois que je parlais sans crainte de le défier.

Les mois et les années passaient, ponctués par ce constant ping-pong d'attaques et de contre-attaques ; j'allai de l'avant, animée de la même détermination à convaincre les exilés cubains que mon attitude était toujours aussi claire. De sorte que ceux qui attendaient de me voir mêlée à un scandale en faveur du communisme se lassèrent d'attendre ce qui n'arriva jamais, et ils durent modifier leur conduite à mon égard.

Je pus ainsi observer de petits changements chez les sceptiques qui ne croyaient pas possible que moi, une sœur de Fidel, reste là à supporter les vociférations, alors que j'aurais pu être à Cuba, en paix avec le régime.

Cependant, en exil depuis six ans, je dus faire face à un revirement que je n'avais pas souhaité, du moins pas de cette manière, et qui mit à nouveau à l'épreuve mon amour de la patrie.

46. Adieu Donna !

Pendant un certain temps, à la fin des années 60 et jusqu'aux années 70, les journaux nous firent savoir que la politique avait ajouté à son vocabulaire deux nouvelles définitions qu'il fallait retenir : « coexistence pacifique » et « détente ». D'après ce que je comprenais, les premiers pas de la détente entre l'Union soviétique et les États-Unis avaient été accomplis, ayant pour but d'éloigner le danger d'un conflit nucléaire et d'une Troisième Guerre mondiale. À partir du 20 janvier 1969, lorsque Richard Nixon devint président, pas un seul jour pratiquement ne passait sans que lui ou son secrétaire d'État Henry Kissinger ne prononcent ces fameux mots. Jamais je n'aurais cru que cela puisse avoir autant d'impact sur la lutte pour la liberté de Cuba, et principalement la mienne.

L'appel de Salvador Lew me prit au dépourvu car, avec le temps, j'étais devenue capable de connaître son humeur exacte simplement au son de sa voix au téléphone. Ce jour-là, il me fixa un rendez-vous imprévu.

« Juanita, il faut que nous parlions d'un sujet très important, chez toi, c'est en rapport avec le travail que nous menons depuis quelque temps déjà. Deux personnes sont venues pour te rencontrer à ton domicile.

— Qui est-ce ? demandai-je, curieuse. Je les connais ?

— Non, je ne crois pas que vous vous soyez déjà vus. »

Je n'aimais pas le ton qu'il employa.

« Alors, pourquoi chez moi et non pas ailleurs si je ne les connais pas ? Tu sais bien que je ne reçois pas d'inconnus à la maison.

— Eh bien, parce que je crois que ce sera plus confidentiel.

— Mais dis-moi, qui sont ces fantômes ? demandai-je, en plaisantant.

— S'il te plaît, Juanita, nous avons besoin de te voir et c'est très important. »

Il était évident que Salvador ne voulait pas ou ne pouvait pas me répondre à ce moment-là.

« Je peux appeler quelques-uns de nos collaborateurs pour qu'ils assistent au rendez-vous ?

— Non, Juanita. Il s'agit d'une conversation très privée, seulement entre eux et toi. Il faut que je te laisse. Je t'expliquerai demain. »

Cette requête m'intriguait et j'acceptai un rendez-vous pour le lendemain, après le déjeuner. Tant de secret me préoccupait, en particulier parce que les choses ne se présentaient pas très bien ces derniers temps, mais je décidai d'attendre. Tout compte fait, la réunion était prévue dans plusieurs heures.

Très ponctuels, Salvador Lew et deux Américains de la CIA, l'agent A et l'agent B, se présentèrent chez moi. Face à des noms pareils, il m'était inutile de décliner le mien. Ils entrèrent, et nous nous installâmes dans le salon. Salvador avait l'air normal et les agents aussi, tout le monde restait tranquille. Mais c'était le calme avant la tempête. Après une brève discussion sur des sujets sans importance, c'est moi qui leur demandai l'objet de ce rendez-vous si mystérieux. L'agent A – qui me parut être le chef du commando – se mit à parler dans un espagnol parfait.

« En fait, nous n'avons pas de très bonnes nouvelles pour vous tous, surtout pour vous. Dans les prochains jours, il va y avoir des changements dans la politique extérieure des États-Unis vis-à-vis de Cuba. J'ai été envoyé par mes supérieurs de Washington DC pour vous exposer les futurs plans de la nouvelle administration du président Nixon au sujet de Cuba. »

Je me mis sur la défensive, essayant de deviner ce qu'il voulait dire.

« Les temps de confrontation avec le gouvernement présidé par votre frère vont évoluer », expliqua-t-il.

Je l'interrompis sans cérémonie :

« Un instant, vous ne parlez déjà plus de gouvernement communiste mais d'un gouvernement présidé par mon frère. Ai-je bien entendu ?

— Je comprends votre inquiétude, Juanita, mais permettez-moi de continuer. Ce que le gouvernement du président Nixon voudrait vous demander maintenant, et c'est la raison de notre présence ici, c'est un changement dans votre attitude. Les relations entre l'Union soviétique et les États-Unis sont ici en jeu. Les Soviétiques ont émis des conditions pour négocier la paix mondiale, et cela consiste, entre autres, à cesser de soutenir les groupes anticommunistes en exil à Miami, qui tâchent de déstabiliser Cuba. Les Russes considèrent que ces activités constituent une agression contre eux. Par conséquent, l'administration actuelle, qui souhaite la paix, requiert le sacrifice de beaucoup et en particulier le vôtre, Juanita. Ils attendent que vous agissiez d'une façon aussi spectaculaire que lorsque vous avez décidé de déserter à Mexico et de vous opposer au gouvernement de votre frère. »

Je ne sais pas comment je réussis à me contrôler. Peut-être parce que j'avais besoin d'entendre tout ce que cet agent de la CIA était venu me dire personnellement chez moi. Je le laissai poursuivre.

« La façon dont vous devrez collaborer est simple, Juanita. Nous aimerions que vous commenciez à faire des déclarations complètement contraires à ce que vous avez dit jusqu'à présent. Par exemple, maintenant, vous devrez affirmer que le communisme ne menace pas l'Amérique latine ; ensuite, vous assurerez que le gouvernement cubain n'exporte pas de guérillas ailleurs ; enfin, au cours d'autres conférences, vous suggérerez que les relations entre Cuba et les États-Unis doivent s'améliorer, dans la mesure où nous sommes des pays voisins.

— Un petit instant, messieurs ! Nous allons tirer tout ça au clair… »

Le silence de Salvador Lew et de l'autre agent – qui j'imagine était en train d'enregistrer la conversation – était à couper au couteau. Furieuse, je lançai à l'agent A :

« Ce que vous cherchez à me dire, c'est que ce que nous avons fait pendant toutes ces années pour défendre la liberté de mon pays et pour défendre la démocratie partout dans le monde, ce n'était pas bien ? Que c'était une erreur de notre part ? Et que ce que vous me proposez maintenant, qui est diamétralement opposé, est juste ?

— Je ne sais pas si c'est juste, Juanita, mais c'est ce que le gouvernement du président Nixon voudrait que vous fassiez. »

Je sentais la fureur monter en moi !

« Qu'est-ce qu'ils veulent que je fasse ? Que je dise que je me suis trompée et que le communisme est le meilleur système pour l'homme ? Que ce qui s'est passé à Cuba, c'est ce que les peuples doivent vivre pour améliorer leur situation ? Mon Dieu ! Ce que vous me demandez a un nom, cela s'appelle une trahison ! Et ce mot ne figure pas dans le vocabulaire de la femme que vous avez en face de vous. Je ne vais pas trahir mes principes ! Je ne suis pas une traîtresse ! S'il vous faut des traîtres, allez les chercher ailleurs. »

Les deux agents ne s'attendaient pas à une réaction aussi téméraire de ma part, celle qui me caractérise lorsque mes idéaux sont en jeu. Moi qui n'avais pas eu peur de tenir tête à Fidel, je les craignais encore moins, même s'ils appartenaient à la CIA.

« C'est terminé ! m'exclamai-je subitement. Vous ne me faites pas peur, et je ne crains pas non plus vos représailles. Ma collaboration avec vous est arrivée à son terme. C'en est fini de "Donna". Nous n'avons rien de plus à nous dire. Je ne vous permets pas de me tourmenter plus longtemps avec cette proposition si malhonnête, pas une seconde de plus. Au revoir, messieurs. »

Je me levai du canapé, j'ouvris la porte et j'attendis qu'ils sortent. Salvador Lew resta avec moi, essaya de me calmer, ce à quoi il ne parvint évidemment pas. Furieuse, je me tournai vers lui.

« Salvador Lew ! Tu savais ce qu'ils voulaient. Pourquoi tu ne m'as rien dit ? Tu as une idée de ce que je ressens maintenant ? Je me sens aussi trahie que lorsque j'ai découvert que la Révolution pour laquelle j'avais tant lutté était devenue communiste… Voilà ce que je ressens !

— Non, Juanita, je ne savais rien avant d'arriver chez toi car ils sont très discrets et, étant donné l'importance du sujet, ils ne pouvaient se permettre de prendre le moindre risque. Les nouvelles qu'ils apportaient nous ont pris au dépourvu tous les deux. »

Je le crus, mais de toute façon, rien ne pouvait apaiser mon immense peine. Quand Salvador Lew s'en alla, pour la première fois depuis des années, j'éprouvai une solitude bien plus grande qu'au moment où j'avais quitté Cuba. Lorsque j'étais partie, j'avais des alliés qui me soutenaient dans la lutte. Cela m'avait encouragée à prendre des initiatives pour aider mes compatriotes en disgrâce et, surtout, cela m'avait donné la force de modifier mes liens familiaux et de survivre uniquement en pensant au bien de Cuba. Mais là, je sentais un vide étrange parce que, désormais, j'étais vraiment seule ou, plus exactement, parce que nous, tous les exilés cubains, étions livrés à notre sort en plus d'être empêtrés dans nos divisions internes. Les Russes et les Américains venaient tout à coup de décider que nous étions de trop, et *goodbye*[54].

54. En anglais dans le texte.

Le lendemain, j'en parlai à Agustín Ayes, un ami que j'avais rencontré au début de mon exil et un journaliste perspicace qui connaissait bien la situation. Il me donna son point de vue :

« C'est vrai que de très nombreux exilés ont travaillé avec la CIA et, contrairement à ce que l'on croit, pour notre cas cubain cela n'a rien de déshonorant. Cela signifiait lutter pour la démocratie. Mais il est aussi vrai, comme je l'entends de plus en plus souvent, que le gouvernement américain a changé de politique. Maintenant, ils essaient de rétablir la "coexistence pacifique" à tout prix. J'imagine que ton refus de servir de marionnette, maintenant qu'ils ont besoin de toi, les amènera à supprimer les aides qu'ils t'octroient pour la Fondation Marta Abreu et pour ton programme de radio, dans la mesure où ces deux activités nuisent à ce qu'ils veulent protéger, c'est-à-dire les relations avec les Russes. Le fait que la sœur de Fidel soit à la tête de ces activités anticommunistes, ce n'est pas la même chose que si c'était n'importe qui d'autre. »

Malheureusement, Agustín Ayes avait raison : presque tout de suite, le budget dédié aux frais basiques et indispensables de la Fondation Marta Abreu cessa d'être versé. Personne ne nous avait prévenus qu'ils arrêteraient de collaborer, mais ils coupèrent simplement les fonds du jour au lendemain. Et ce n'est pas tout. À la mi-août 1970, je reçus une note de la station de radio me communiquant l'arrêt à la fin du mois de mon programme « Radio Periódico », plein de consignes anticommunistes, qui était diffusé le dimanche à 21 heures sur Radio New York, et qu'on écoutait en Amérique latine et à Cuba. En outre, je devais présenter au préalable à un censeur les deux dernières émissions qui me restaient. Je n'arrivais pas à croire que cela puisse avoir lieu aux États-Unis et que cela puisse m'arriver à moi ! Indignée, je faillis presque abandonner sans m'occuper des deux derniers programmes.

« Non, non, tu ne peux pas te fâcher maintenant, me dit Agustín Ayes. Je vais t'aider à contourner la censure. Nous allons faire deux programmes distincts : un, très simple pour le censeur, et un autre, que nous enverrons à la station, où tu diras ce que tu voudras. »

La ruse porta ses fruits. Nous nous moquâmes de la censure imposée par le gouvernement américain et je pus prendre congé de mes auditeurs comme il le fallait : en fustigeant le communisme. Finalement, j'eus des remords d'avoir menti au censeur, qui était un Américain membre de la CIA et que je connaissais déjà sous le pseudonyme de Harry. J'allai le voir, je lui expliquai ce que j'avais fait et lui remis le véritable enregistrement du dernier programme.

Quelle ne fut pas ma surprise quand j'entendis cet Américain s'exclamer :

« Laissez-moi vous prendre dans mes bras et vous féliciter. Moi aussi, je suis comme vous un anticommuniste déclaré. Je dois cependant obéir aux ordres de mes supérieurs. Mais je suis en total désaccord avec cette nouvelle politique de mon gouvernement. Pourvu que les hommes et les femmes de votre patrie continuent à vous défendre ! »

J'en étais bouche bée. J'appelai alors Virginia Leitão da Cunha au Brésil, qui avait abandonné ses activités avec « la compagnie » des années plus tôt. Elle et son mari Vasco étaient alors à la retraite. J'ai toujours beaucoup apprécié les conseils de Virginia.

« Je me rends bientôt aux États-Unis, nous pourrons discuter longuement de tout ça. Pour l'instant, il faut rester calme, Juanita. »

En effet, des semaines plus tard, Virginia vint à Miami et nous nous retrouvâmes comme les vieilles amies que nous étions. Nous avions partagé tant de choses depuis ces mois précédant le triomphe de la Révolution cubaine, quand elle et Vasco m'avaient offert l'asile dans leur ambassade. Nous avions beaucoup de souvenirs à évoquer et de choses à nous dire.

« Personne, il y a douze ans, n'aurait pu imaginer que tout cela allait arriver, me dit Virginia. Tu as agi en accord avec tes principes. Tu as accepté le début d'une relation et c'est toi qui y as mis fin. Tu sais ce qui pourrait t'aider à comprendre toutes ces actions et ces trahisons ? De regarder tout ça simplement comme un vaste jeu d'échecs où nous avons été des pions.

— D'accord, Virginia, répondis-je. Alors, la seule chose qui nous reste à faire est de continuer à nous battre sans patrie, sans maîtres, sans alliés… Seuls. »

Je rapportai à Agustín Ayes ma conversation avec Virginia.

« Je comprends parfaitement, Agustín, que nous soyons des pions sur l'échiquier politique, mais tu sais quoi ? Quelqu'un doit savoir que ce qu'on nous a fait s'appelle un coup bas. Le monde croit une chose et nous, nous savons que les États-Unis sont sur le point de négocier un rapprochement avec Cuba, et nous ne sommes pas d'accord. Je dois le faire savoir, où que ce soit, cela m'est égal. »

Très calme, Agustín me dit :

« Écris une lettre à Richard Helms, le directeur de la CIA.

— Bonne idée ! Je laisserai ainsi un témoignage de notre position au plus haut lieu. »

Et je me mis à rédiger une lettre que je garde toujours parmi les documents datant de ces temps difficiles et qui, en résumé, dit ceci :

M. Richard Helms,
Directeur général, Agence centrale de renseignements
Alexandrie, Virginie.

« Risquant ma vie et renonçant à tout ce que j'aurais pu avoir sur le plan personnel sous le régime de Fidel, je me suis rangée de votre côté pour des raisons idéologiques. Je croyais que vous lutteriez sans faillir contre l'ennemi commun : le communisme et ses agents. Je croyais que vous étiez les amis et les alliés sincères de ceux qui travaillent loyalement avec vous et votre pays.

« Il semble que vous désirez changer nos relations et je me sens abandonnée, limitée dans mes capacités d'action, contrainte de ne pas pouvoir continuer à lutter comme avant.

« Nous avons demandé des moyens pour nous battre contre le communisme et ils ont été réduits ou refusés inexplicablement, comme si désormais, ce n'était pas bien de faire ce qui avant l'était et que vous approuviez.

« Seule avec ma conscience, je me demande, inquiète : Pourquoi me traite-t-on différemment aujourd'hui ? De qui les États-Unis sont-ils les amis ? Sommes-nous amis seulement quand cela vous arrange ?

« Moi, aujourd'hui comme hier, je suis disposée à poursuivre la lutte pour la démocratie et la liberté.

« La seule chose que je souhaite, c'est que vous ne limitiez, ne contraigniez ou ne maltraitiez pas ceux qui partagent cet état d'esprit.

« Cordialement,
« Juanita Castro. »

En guise de réponse, je reçus le plus grand des silences.

Je décidai alors : Adieu Donna ! *Goodbye*[55] CIA !

Et rien n'allait m'arrêter tant que je serais capable de trouver des solutions par mes propres moyens. Finalement, j'avais compris la véritable signification de tout cela : dans cette lutte, nous étions tous les pions d'un jeu d'échecs et je n'allais pas abandonner la partie.

Je dus admettre, douloureusement, ce que Ted Schackley, chef de la CIA pour le Projet cubain, déclara un jour à mon sujet : « Juanita Castro est la pièce de propagande la plus importante que

55. En anglais dans le texte.

nous ayons pu saisir. C'est le plus grand coup envoyé au régime communiste. » Et il en avait été ainsi.

47. De la période belliqueuse à Mariel

Et le monde se mit à « coexister pacifiquement », même si cela nous brisait le cœur, nous les exilés cubains, car nous étions complètement livrés à notre sort. Comme en 1962, au moment de la crise des missiles où avait été passé sous la table le « pacte KK » entre Kennedy et Khrouchtchev, qui s'étaient arrangés dans le dos de Fidel, ce fut cette fois notre tour quand les États-Unis et l'Union soviétique se mirent d'accord. Maintenant, l'exil n'était plus la priorité pour lutter contre le communisme.

Le président Nixon et son secrétaire d'État Henry Kissinger s'occupaient de leurs affaires : ils ouvraient la fameuse « route de Pékin », permettant ainsi aux Russes et aux Américains de calmer leurs désirs belliqueux, alors que nous, les Cubains, il nous fallait nous battre avec nos propres moyens. Cependant, la Fondation Marta Abreu, ne recevant plus aucune sorte d'aide officielle, se maintint grâce à mes apports personnels puisque je dédiais tout mon temps à la diriger et à donner des conférences contre le communisme dans le monde entier, là où l'on m'invitait. Ainsi, je me rendis entre autres au Japon, aux Philippines, en Argentine et au Brésil, essayant de récolter davantage de fonds afin de continuer à fonctionner. J'étais toujours entourée du groupe d'amis qui avait quitté Cuba en même temps que moi, ainsi que d'autres personnes, dont Agustín Ayes et Lázaro Asencio.

Le temps passait, et le moment arriva où nous dûmes fermer la Fondation Marta Abreu et solder tous les engagements en cours pour pouvoir mettre sur pied d'autres actions.

Cela me coûte de le dire ou d'en parler mais il en fut ainsi.

Pendant les années 70, je me disais, comme tous les réfugiés cubains de l'époque : « La lutte armée est la seule issue pour Cuba. » Nous croyions vraiment qu'il n'existait pas d'autre voie. Nous penchions pour la lutte armée, puisque Fidel ne comprenait pas d'autre langage que celui de la force. Avec lui, il n'y avait pas d'autre option, pensions-nous.

Au fil des années, on évolue et on comprend que la violence et la force ne sont pas la solution. Mais à cette époque, je voyais les choses autrement et je dépensais toute mon énergie dans ce but, me focalisant sur ce qui présentait de réelles possibilités de réussir.

Un groupe de l'organisation Alpha 66[56] surgit alors, dirigé par Vicente Méndez, un *guajiro* entier, courageux et valeureux, prêt à tout donner pour la liberté de Cuba. C'était quelqu'un de grand, de fort, de bien, doté d'un courage extraordinaire. Un homme qui avait de beaux principes. Il n'avait peut-être pas fait de grandes études à l'université comme d'autres, mais d'un point de vue militaire il était tout à fait apte car il avait participé autrefois à la lutte armée contre Fulgencio Batista.

« Si on n'essaye pas encore une fois, Juanita, on ne fera jamais rien pour libérer Cuba, me dit Vicente Méndez. J'ai prévu une expédition que nous avons organisée avec Alpha 66 et qui débarquera dans la région de Baracoa. Mais, pour y parvenir, nous avons besoin d'une aide financière. Tu sais déjà que ni la CIA, ni personne d'autre ne nous offrira le moindre soutien ; ils se battent tous pour leur propre intérêt, celui de nous faire croire que le communisme, ou du moins l'amitié avec les communistes, créera un monde meilleur. »

Vicente Méndez m'émut avec ses plans parce qu'il n'avait pas peur de leur faire face, même si à Cuba ils étaient parfaitement entraînés pour contrer toute attaque. Ce que je fis alors fut de réunir toutes les ressources dont je disposais pour qu'il en dispose.

Nous achetâmes une petite propriété près de la région des Everglades, au sud de Miami. Je ne la mis pas à mon nom pour que personne ne puisse dire que je m'enrichissais avec les fonds récoltés.

Sur ce terrain, Méndez entraînait les membres de l'expédition. Parmi eux se trouvait Luís Aurelio Nazario, un jeune homme extraordinaire – neveu de Nazario Sargén, le secrétaire général d'Alpha 66 –, qui abandonna une vie facile en exil pour lutter et revenir à Cuba.

Le jour prévu, Vicente vint me dire au revoir, et j'eus une sensation très bizarre. J'ai toujours été une personne optimiste dans la vie, même dans les pires circonstances, mais pendant que Vicente m'expliquait certains détails du trajet, j'eus le pressentiment que c'était la dernière fois que je le voyais.

56. Alpha 66, organisation anticastriste formée en 1961 à Porto Rico par des Cubains exilés, fondée par Nazario Sargén, ancien du Mouvement du 26 Juillet.

« Nous sommes peu nombreux, me dit-il. Mais notre amour pour Cuba est grand, Juanita, et nous nous sommes préparés consciencieusement. »

Je me souviens lui avoir dit « Prends bien soin de toi » – il n'y a pas beaucoup de Vicente Méndez dans cet exil.

Ce furent les derniers mots que j'adressai à cet homme dont la lutte et le patriotisme me touchèrent droit au cœur. En effet, ils étaient prêts. Ils formaient un petit groupe qui comptait s'installer sur un petit bout de territoire cubain pour, de là, s'étendre. Cependant, comme il était prévisible, Fidel avait préparé le terrain afin que la guerre de guérilla ne puisse progresser nulle part. Fidel savait bien qu'une pléthore de Cubains tenteraient une incursion armée sur l'île et qu'il devait contrer toute sorte de lutte rebelle à Cuba. Par conséquent, il était toujours vigilant, prêt à éliminer d'éventuels envahisseurs.

Diego Medina, médecin, autre grand patriote de l'organisation Alpha 66, vint me voir quelques jours après, et la tête qu'il faisait en disait long.

« Malheureusement, cela ne s'est pas très bien passé, Juanita. Vicente et le commando de treize personnes ont débarqué dans la zone de Baracoa, près du fleuve Yumurí, le 17 avril dernier exactement. Ils sont restés deux ou trois jours à combattre durement, jusqu'à ce qu'ils soient encerclés. Vicente est mort au combat. Ils ont donné à Luís Aurelio la possibilité de demander pardon à la télévision cubaine, et comme il a refusé, ils l'ont fusillé. Nous l'avons su rapidement, car le régime lui-même a rendu la nouvelle publique pour que cela serve de leçon à ceux qui essaieraient une autre incursion armée depuis l'extérieur. »

Avec Vicente Méndez, je brûlai mes vaisseaux et les derniers moyens destinés à la lutte armée. Après lui, il n'y eut rien de plus. Il me fallut tristement l'admettre et commencer à penser à ma nouvelle vie.

C'est alors que débuta mon aventure pharmaceutique. Ce genre de commerce m'avait toujours plu, et un ami médecin, Néstor Martínez, m'encouragea à ouvrir une pharmacie. Je bénéficiai d'un prêt de cinq mille dollars, effectué par un autre grand ami, Bernabé Pérez, vice-président de la Republic National Bank qui s'occupait des affaires de nombreux Cubains de la ville. Ce sont les hasards de la vie. Je les avais aidés à partir, lui et sa femme, et, en exil, c'est lui qui me tendit la main. Avec cette somme et le crédit de la droguerie McKesson, la plus grande à ce moment-là, j'ouvris Mini Price

Pharmacy, appelée ainsi à cause de sa petite taille. J'engageai une pharmacienne, Mercedes Pérez, qui resta douze ans avec moi. J'étais son assistante et, parmi mes tâches, je me chargeais de livrer à domicile, car nous avions peu de moyens. Au début, ce fut très dur parce que je gagnais à peine de quoi me verser un salaire, mais, pensant à ma mère et à la force qu'elle mettait dans tout ce qu'elle faisait à la propriété, j'oubliai mes problèmes et allai de l'avant.

Cependant, les insultes à mon endroit n'étaient pas rares, certaines personnes se montrant injustes. La première attaque vint de la part de mon voisin d'alors, le propriétaire d'une épicerie située juste à côté de la pharmacie. Sans la moindre once de honte, sachant qu'il me calomniait simplement par plaisir, cet homme criait à qui voulait l'entendre :

« Les communistes ont emménagé à côté ! C'est du joli ! »

Encore une fois, comment était-ce possible que quelqu'un m'injurie de la sorte, ignorant par quoi j'étais passée et que j'étais à l'exact opposé de ce qu'il affirmait ?

Il essaya de me boycotter avec cette histoire, tâchant de nuire à ma réputation dans le quartier, en dépit de ma position qui était claire comme de l'eau de roche.

Finalement, je dus supporter ce genre de situations quotidiennement pendant un certain temps. Après quelques mois très difficiles, je commençai à voir le fruit de mes efforts, parce que les gens me faisaient confiance.

Mon premier client, un petit vieux du nom de José Astea, un personnage très connu dans le quartier de la 27e Avenue du South West où était Mini Price, collabora aux relations publiques d'une façon très particulière : il distribuait la publicité de la pharmacie maison par maison. En même temps, apparut Carmela Cabrera, une voisine qui vivait en face et qui me prit en affection à tel point que, sans gagner un seul centime, elle s'occupait de la pharmacie en tant que gardienne de sécurité, la meilleure que j'aurais pu engager. Petit à petit, je me constituai une petite clientèle, qui attira d'autres gens. Il arriva un moment où, même s'ils déménageaient deux cents fois ou s'il changeaient de ville, ils continuaient à se fournir chez moi et à passer leurs commandes par téléphone ou par courrier. Grâce à la pharmacie, tout le groupe qui m'accompagna le long de ces cinquante années et moi-même, nous pûmes vivre confortablement et décemment. Et personne n'imaginait à quel point, à Mini Price, nous aidions les exilés. Nous donnions des médicaments aux prêtres qui s'occupaient de groupes d'exilés cubains très pauvres, et nous fîmes ce que nous pûmes au moment de l'exode de Mariel, lorsque, entre les mois de mai et septembre 1980, cent vingt-cinq mille Cubains quittèrent l'île en bateau du port de Mariel pour arriver à Miami. L'exode de Mariel avait débuté lorsqu'un groupe de Cubains s'était exilé dans l'ambassade du Pérou à La Havane. La pression internationale était telle que Fidel et les États-Unis durent trouver un accord. On promit le départ à tous ceux qui désiraient s'en aller, à condition que leurs familles partent sur des embarcations en bon état. Un autre triste épisode de l'exode cubain.

La solidarité pour les nouveaux venus mobilisa aussitôt tous les exilés, comme jamais auparavant. Au moins pendant cette période, on oublia les rancœurs, et il y eut des actes d'entraide et des collectes. Alfredo Cepero, un Cubain dans tous les sens du terme, alors directeur des informations de Canal 23 à Miami, organisa un marathon le samedi 3 mai, et c'est lui-même qui m'y emmena. Je parlai peu, j'exposai ce que je pensais et, bien sûr, je haranguai la foule. Après la manifestation, voyant l'avalanche humaine qui continuait à déferler par bateau, après des traversées interminables, je me demandai : que puis-je faire pour les aider ?

À ce moment-là, même si ma situation financière était stable et que je soutenais ceux qui en avaient besoin, il ne me restait rien Je pris conscience que le seul capital que je pouvais apporter était la maison que je possédais alors, située dans le Southwest de Miami et qui valait environ quatre-vingt-cinq mille dollars. Cela représentait une belle somme, en particulier parce que j'avais déjà pratiquement fini de la payer. Sans trop y réfléchir, je décidai de la donner pour que les fonds soient utilisés en faveur des réfugiés du Mariel. J'en parlai à Alfredo Cepero, en qualité d'organisateur du marathon, et quatre jours plus tard, le 7 mai 1980, je signai la cession de la propriété au nom d'International Rescue Commitee et de son directeur exécutif, M. Charles Sternberg, qui se chargea de la vendre pour obtenir les fonds. Après cela, je me sentis vraiment satisfaite.

Seize années avaient passé depuis mon départ de Cuba. J'avais fui le communisme comme beaucoup d'autres, et mes objectifs restaient les mêmes qu'à l'époque : qu'aucun Cubain ne souffre parce que personne ne lui tend la main. Je fis donc moi-même le geste, bien que, pour beaucoup, cette main que je tendais fût inacceptable, parce qu'elle venait d'une Castro.

48. Ils prirent ma défense !

Dans la joie plus que dans la tristesse, la pharmacie Mini Price fut le refuge de centaines de Cubains et de non-Cubains qui savaient qu'ils pouvaient y trouver de l'aide ou un conseil. C'était aussi un lieu de rencontres et d'altercations. Un jour, alors que je la servais derrière le comptoir, une Cubaine fraîchement débarquée se mêla à la conversation d'autres clients qui, pour changer, parlaient de Fidel. À un moment, cette dame leur dit :

« J'emmerde la mère de Fidel ! »

Jamais elle n'aurait dû dire ça ! Je bondis, furieuse...

« Dites donc ! Qu'est-ce que la mère de Fidel a à voir avec ça ?

— Mais madame, pourquoi vous énervez-vous ?

— Pour une raison très simple, dis-je offusquée. Je m'appelle Juanita Castro, la mère de Fidel est aussi ma mère et je ne permets à personne de l'insulter ! »

La dame ne savait plus où se mettre. Elle partit, honteuse, et ne revint jamais.

Des épisodes de toutes sortes eurent lieu, mais l'un d'entre eux en particulier eut de sérieuses et pénibles conséquences. Suivant mes principes, je ne refusais jamais un service, surtout pas à quelqu'un que le destin avait maltraité et qui me réclamait de l'aide.

L'après-midi du 21 avril 1982, j'étais avec Mercedes, servant à la pharmacie, quand un jeune Cubain entra.

« S'il vous plaît, Juanita, je vous en prie, j'ai besoin d'un médicament pour ma mère qui est dépressive. Elle vient d'arriver de Cuba et je n'ai pas d'argent pour l'emmener à l'hôpital et demander une ordonnance. S'il vous plaît, vendez-moi du Tranxène. Elle est désespérée et je ne sais pas quoi faire. Je suis venu parce qu'on m'a dit que vous aidiez les Cubains. »

Cela n'avait rien d'anormal à l'époque que des Cubains prennent du Tranxène, qu'ils n'aient pas d'argent pour voir un médecin et qu'ils n'aient donc pas d'ordonnance. C'était l'époque des drames quotidiens pour ceux qui quittaient Cuba. N'importe qui prenait un Tranxène pour se calmer et résoudre son problème de la manière la plus accessible et la plus simple qui soit, étant donné les moyens limités dont disposaient les gens.

« Je ne peux pas te vendre de Tranxène sans ordonnance, lui dis-je, ni ça, ni autre chose. »

Le garçon continua à me supplier.

« S'il vous plaît, Juanita, aidez-moi. Vendez-moi même pour cinq dollars de Tranxène, ma mère en a besoin. »

Il ne faut pas me demander de l'aide deux fois, encore moins lorsqu'il s'agit d'une mère ! Ce fut une réaction du cœur, parce que vendre cinq dollars de médicament ne génère pas de bénéfice. Finalement, j'acceptai. Il me paya les cinq dollars, partit et revint sans tarder avec un officier de la police de Miami qui m'arrêta sur-le-champ.

Injustement, la police voulait à tout prix arrêter Mercedes, la pharmacienne.

« Hors de question ! leur dis-je, comme dans mes meilleurs moments à Cuba. Elle n'a absolument rien à voir avec tout ça. La seule responsable, c'est moi. C'est moi qui ai donné du Tranxène à ce jeune homme. Vous n'avez donc aucun motif d'accusation contre elle. »

Le jeune était un agent en couverture qui participait à une opération de contrôle de la vente sans ordonnance de médicaments restreints. Ils voulaient en fait donner une leçon aux pharmacies hispaniques parce qu'ils savaient que nous aidions les gens pauvres dans leurs besoins les plus immédiats, et ils s'acharnèrent sur moi. Heureusement, je pus passer quelques coups de téléphone. J'appelai Jorge Mas Canosa[57], directeur de la Fondation nationale cubano-américaine. Il était l'un des leaders les plus importants de toute l'histoire de l'exil cubain, et nous avions beaucoup d'affection l'un pour l'autre. Jorge se mobilisa tout de suite. Grâce à lui, lorsque l'on m'arrêta et que je montai dans la voiture de police, je ne fus pas menottée. Néanmoins, au commissariat, les choses furent différentes : ils me mirent dans une petite pièce pour m'interroger, et deux agents, qui avaient plus l'air de délinquants qu'autre chose, voulaient m'obliger à signer un papier.

« Je ne signe rien sans la présence de mon avocat, dis-je.

— Bien, alors nous t'emmenons à la prison des femmes, répondirent-ils. C'est toi qui vois.

— Faites ce que vous voulez », dis-je.

57. Jorge Mas Canosa (1939-1977), Cubano-Américain, activiste anticastriste basé à Miami.

Il était préférable de leur faire face que de signer les mensonges inscrits sur ce document, qui n'avaient aucun fondement ni rapport avec ce que je faisais. Si j'avais accepté, j'aurais vraiment eu des ennuis.

On me conduisit à la prison des femmes, où je ne subis aucune fouille honteuse, mais on me ficha, on me prit en photo, on me donna un numéro d'écrou et on releva mes empreintes digitales. J'étais dévastée. Je regardais autour de moi, et la réalité était humiliante : je me trouvais dans une cellule dégoûtante, dans les pires conditions possibles et derrière les barreaux. Je leur demandai de l'eau et ils refusèrent.

Vers minuit, Jorge Mas Canosa et ses avocats vinrent me chercher. Jorge me prit dans ses bras et je fondis en larmes.

« Jorge, lui dis-je, comment est-ce possible qu'on m'emprisonne aux États-Unis et dans ces conditions, alors que je n'ai jamais été de ma vie en prison à Cuba, en dépit de tout ce que je faisais contre le régime ? Fallait-il vraiment que j'en passe par là pour aider une prétendue mère malade et sans argent ? »

Mas Canosa m'étreignit, visiblement touché.

« Contre toi, ce n'était pas utile, Juanita, mais c'est terminé. Je viens de payer la caution et mes avocats se chargent des dernières formalités. Je ne sortirai pas d'ici sans toi. »

Ce furent Jorge – qu'il repose en paix – et Hilda Morgade, ma grande amie depuis toujours, qui, sans se soucier de rien, m'accompagnèrent lorsque je sortis de prison.

« Sois tranquille, dit-il, nous avons parlé avec des amis pour que tu puisses sortir par la porte de derrière. Comme ça, nous éviterons tous les photographes qui t'attendent dehors, prêts à prendre la pire photo de toi, que le régime serait sûrement ravi d'utiliser en sa faveur et contre toi. »

Je ne sais pas comment il fit, mais tout se déroula comme prévu, et je lui en serai éternellement reconnaissante. Ensuite, Hilda et lui me conduisirent chez moi, où tout le monde vint me voir. Dès qu'il apprit la nouvelle, mon grand ami Salvador Lew se présenta rapidement, bien que nous ayons pris nos distances depuis les derniers changements politiques.

« Quoi que fasse le gouvernement d'un pays, cela ne mérite pas que deux amis aussi proches, tels que nous l'avons été, soient encore séparés. Comme depuis le premier jour où je t'ai vue quand tu es arrivée à Miami, je te soutiens et je te soutiendrai toujours. Ne l'oublie pas. »

Le lendemain, l'exil cubain réagit d'une façon incroyable, ce qui m'émut vraiment. Tous sans exception, les journaux me défendaient avec des titres comme : UN MILLION DE CUBAINS DERRIÈRE JUANITA.

Je ne pourrai jamais l'oublier. Je peux leur pardonner quelques petites choses en souvenir du soutien inconditionnel qu'ils m'apportèrent au moment où j'en avais le plus besoin.

Finalement, le Conseil de pharmacologie de l'État de Floride comprit la situation, après que je leur eus expliqué clairement que je n'avais rien gagné avec ces cinq dollars de Tranxène et que je ne me consacrais pas à violer la loi en réalisant ce genre de vente. Ils durent reconnaître que mon geste avait été provoqué par des méthodes sournoises, s'appuyant sur l'argument d'une mère malade. En tous cas, je reçus une amende de sept mille cinq cents dollars et, au risque de me répéter, ces sept mille cinq cents dollars furent entièrement payés par l'exil cubain.

Les gens venaient jusqu'à la pharmacie apporter de l'argent pour m'aider. Ils donnaient ce qu'ils pouvaient : cinquante centimes, un dollar, n'importe quelle somme. Certains avaient des boîtes de métal – des boîtes à biscuit – pleines de pièces de un centime, qui constituaient leurs économies. D'autres ouvrirent un compte en banque où des dons étaient déposés pour couvrir l'amende. Par cette attitude si spontanée, l'exil m'envoya un message clair de soutien.

Les jours suivants furent les plus gratifiants que je vécus depuis le début de mon combat. Des visiteurs inattendus se présentèrent à la pharmacie. Rafael Díaz-Balart, qui m'offrit son appui, se trouvait parmi eux. Je le remerciai de ce geste si courtois qui effaça pour toujours les querelles des années précédentes. Ce fut la même chose avec Armando García Sifredo, directeur de *Patria*, le journal hispanique le plus important à Miami. Le jour de mon arrivée en exil, il avait titré à propos de moi : « Une honte pour l'Amérique ». Mettant de côté notre désaccord politique, il vint lui-même me proposer simplement son aide. Tellement de gens firent montre de soutien, en particulier parmi ceux qui n'avaient pas sympathisé avec moi, que pendant des jours j'allai de surprise en surprise.

Ce fut la plus grande démonstration d'affection et de respect que je reçus, et je l'ai toujours présente à l'esprit. En ce qui me concerne, jamais les Cubains ne seront ni trahis ni trompés.

49. La *vox populi*… voix de qui ?

Je ne pourrais terminer ces mémoires sans évoquer la « *vox populi* » qui me suivit toutes ces années et dont je me demande : voix du peuple, voix de qui ?

À cause de cette « voix », je cessai de lire les ouvrages qui injuriaient mes parents et grands-parents, ouvrages qui, dans leur grande majorité, traitaient du même sujet et finalement finissaient par recopier des textes antérieurs. J'appris aussi à batailler contre la trahison maquillée qui se cachait derrière les prétendues bonnes intentions de ceux qui firent appel à moi pour obtenir des informations et qui les utilisèrent ensuite pour écrire un livre salissant la mémoire de mes parents.

La *vox populi* m'attaqua sans pitié. Les exemples furent si nombreux dans ma vie que, si je dois en mentionner quelques-uns, j'évoquerai cet épisode de 1960, lorsque Agustina rentra de sa pension en Suisse et vécut un temps chez Raúl et Vilma. Un jour, j'allai la chercher chez eux et je découvris quelque chose de surprenant dans la chambre conjugale. Sur la table de nuit de Raúl, il y avait un petit bout de papier posé à côté du téléphone, bien visible pour qu'il puisse le trouver dès son retour. La note disait :

« Pablo Fernández Alegre, vice-ministre de l'Agriculture, et Juanita Castro ont baptisé le fils de Raquel Pérez de Miret. Fernández Alegre continue à fréquenter très souvent Juanita. »

En effet, nous sortions ensemble et il me disait des bêtises qui me firent croire qu'il était amoureux de moi. C'est surtout qu'il m'aidait beaucoup et s'intéressait à ce que je faisais. De sorte que dès que je sortis de chez Raúl, la première chose que je fis fut de l'appeler à son bureau, au ministère de l'Agriculture.

« Pablo, c'est Juanita, je dois te voir tout de suite. C'est possible aujourd'hui ?

— Bien sûr ! répondit-il. Je viens tout de suite chez toi. »

Quand on se retrouva, sans rien dire, je lui montrai la note…

« Qu'est-ce que c'est ? demanda-t-il. Qu'avons-nous fait ? Ce sont des "petites intrigues de palais". Ne t'inquiète pas, ça m'est égal. Je ne demande la permission à personne pour sortir avec toi. »

Je me rappelle qu'ensuite nous parlâmes d'autre chose, puis qu'il partit. Ce que je ne savais pas, c'est que Pablo Fernández Alegre sortait de ma vie pour toujours à ce moment-là. Jamais je ne le revis et je n'eus plus de nouvelles de lui. Je me souviens que parfois je me disais « quel lâche ! ». Des années plus tard, j'appris qu'il ne s'était jamais exilé et qu'il mourut à Cuba en 1997.

Cette conséquence de la *vox populi* fut assurément moins importante que celle qui s'exprima dès mon arrivée en exil en 1964, et qui me blessa profondément. À cause de cette calomnie, je dus supporter toutes sortes de condoléances :

« Ah Juanita, nous vous comprenons et cela nous fait de la peine de savoir que vous avez dû subir une telle douleur !

— Pardon mais de quoi parlez-vous ?

— Et bien, nous savons de source sûre que Fidel a tué votre enfant. »

Quelle ne fut pas ma surprise en entendant pareille bêtise !

« Ce n'est pas vrai. Il n'a jamais tué mon enfant puisque je n'en ai jamais eu. Je n'ai jamais eu cette chance, je n'ai jamais essayé non plus. Si j'avais eu un enfant, jamais personne n'aurait pu lui faire de mal parce que, d'abord, on aurait eu affaire à moi. Je regrette qu'on vous ait menti, mais je vous remercie de votre solidarité. »

Comble de l'infamie, la *vox populi* assurait que le père de mon prétendu enfant était un ex-collaborateur de Fidel, un journaliste exilé à Miami. Après quelques recherches, je découvris – grâce aux confidences de mon ami Andrés Rivero Agüero – qu'il s'agissait d'une attaque sournoisement planifiée contre moi : il leur fallait faire croire que j'avais déserté pour un motif personnel et non politique et idéologique.

« Ils voulaient faire coup double, contre Fidel et contre toi », m'expliqua Andrés des années plus tard.

Je fus profondément meurtrie car ce mensonge était de la méchanceté pure. Leur but n'était pas de m'aider, moi ou la cause de Cuba. Si j'avais eu un enfant hors mariage, comme on l'affirmait, je ne l'aurais jamais caché.

Ils inventèrent ce qu'ils voulurent sans en mesurer les conséquences réelles. Lorsque nous nous disputions entre exilés, nous donnions l'opportunité à Fidel de se moquer aisément de nous. À compter de ces situations paradoxales, surréalistes, de petite ou de grande envergure, je vécus toujours avec le pesant « qu'en dira-t-on ». Jusqu'au jour où j'en eus assez…

L'avocat Joan Vidal de Llobatera m'appela de Barcelone le 8 avril 2005, euphorique :

« La cour s'est prononcée en votre faveur, Juanita ! Finalement, ils ont rejeté tout recours en appel et reconnaissent le jugement de 2001. À partir de maintenant, l'honneur de vos parents et grands-parents ne pourra plus être violé impunément. C'est historique ! »

Il ne me restait qu'à remercier Dieu que ce long procès de sept années que j'avais engagé contre l'auteure de l'un des livres les plus diffamatoires envers mes parents et grands-parents, et contre sa maison d'édition, soit finalement arrivé à son terme, rendant justice à ceux qui n'étaient en rien responsables de la tragédie que nous, les Cubains, avions vécue. Ce que l'avocat espagnol m'annonçait en peu de mots, c'était que jamais plus mes parents, Ángel Castro et Lina Ruz, ni mes grands-parents, Francisco et Dominga González, ne seraient offensés impunément par le premier venu sans que l'on ne puisse porter formellement des accusations civiles et pénales. À partir de là, en termes légaux, les calomnier signifierait violer leur honneur en tant que personnes.

Le jugement imposa aussi l'arrêt de la diffusion de ladite publication et son retrait de la vente. Paradoxalement, une autre partie du jugement engendra une nouvelle attaque. La cour détermina que les parties en cause devaient me payer mes frais d'avocat. Peu après, l'une de ces parties affectées par la décision judiciaire fit courir la rumeur désobligeante que j'avais couvert les frais légaux avec de l'argent venu de Cuba, ne disposant pas de moyens suffisants. Rien de plus faux, pervers et diffamatoire que cette accusation.

Tous ceux qui sont en exil savent très bien que, dès le jour de mon arrivée, je me suis tuée à la tâche, sans relâche. Ils savent en plus que la provenance de l'argent, quand il est gagné honnêtement comme le mien, peut être prouvée au travers des documents du Service des impôts.

La médisance sur les coûts du jugement subit ensuite un autre grand revers. Les frais engendrés avaient été notablement réduits car je m'étais appuyée sur un grand nombre d'amis professionnels qui avaient consacré des mois à enquêter, à consulter des textes et des documents afin de coopérer et d'alimenter la requête. Tout cela ne m'avait pas coûté un centime. Il y a des choses que seule la véritable amitié permet d'obtenir, celle dont on fait preuve dans les bons comme dans les mauvais moments, ce qui a toujours été mon cas.

De sorte que, ce soir du 8 avril 2005, lorsque ceux qui avaient offensé à l'envi mes parents et mes grands-parents, cette *vox populi* malhonnête, allèrent se coucher, un coup décisif légal venait d'être porté à leur intention. Pour ma part, j'étais enfin tranquille, ayant perdu la crainte d'une éternelle impunité envers ce manque de scrupules qui transforme en vérité l'objet du « tu as dit », « c'est lui qui l'a dit », « ils m'ont dit », « on m'a raconté »...

50. Les nouveaux Castro

Je reçus un courrier d'Espagne qui avait tout l'air d'une invitation. Cela m'étonna car je pensais ne connaître personne qui puisse me convier à ce qui semblait être un mariage. En ouvrant l'enveloppe, je trouvai un faire-part et, à ma grande surprise, on m'invitait effectivement à une cérémonie familiale.

Il s'agissait d'un mariage au sein de la nouvelle génération Castro, c'est-à-dire les enfants de mes neveux et nièces. Par cette invitation, ils comblaient le fossé qui me séparait de leurs parents qui, en un demi-siècle, prononcèrent rarement mon nom. Cela mettait fin à mon isolement total, et l'initiative émanait de la troisième génération.

À Saint-Jacques-de-Compostelle, en Galice, Ernesto Pérez-Oliva Fraga, chirurgien orthopédiste, fils de ma nièce Mirta Fraga Castro et donc petit-fils d'Angelita, ma sœur aînée, se mariait. Malheureusement, même s'ils m'attendaient ardemment et que j'avais effectué toutes les réservations, je ne pus y assister à cause de problèmes de santé.

Petit à petit, Ernesto et moi nous rapprochâmes, et à mesure qu'il me racontait sa vie, nos similitudes émergeaient. Lassé du système et déjà médecin, il se rendit en République dominicaine pour assister à un congrès. Il déserta et partit en Espagne. Cela fait presque dix ans qu'il subit la punition qu'on lui a imposée. On ne lui a pas permis de rentrer à Cuba, pas même pour voir sa grand-mère malade.

Je mentionne ici toute une génération Castro qui, pour des motifs variés, a quitté Cuba en quête d'un avenir meilleur et de la liberté de choisir son destin. Jamais mes frères ne se sont imaginé qu'une telle chose puisse se produire dans leur cercle familial le plus proche. Jusqu'alors, l'absence la plus grave et la plus questionnée avait été la mienne. Mais personne n'est exempt de la volonté d'être libre, pas même Fidel, qui a des enfants et petits-enfants hors de Cuba.

En voici la liste :

Guido Jorge Castro, petit-fils de Fidel et fils de Jorge Ángel Castro, vit à Salamanque, en Espagne.

Mirta María Castro Smirnova, fille de Fidelito Castro Díaz-Balart, vit à Séville, Espagne.

Francisca Pupo, la fille que Fidel reconnut petite même si elle ne porte pas son nom, et Loamis Lina, sa fille et donc la petite-fille de Fidel, habitent à Miami.

Verónica Olaechea Fraga vit à Madrid et Miguel Ángel Pérez Fraga est comptable public à Majorque. Tous deux sont des petits-enfants d'Angelita.

Mon frère Ramón aussi sait ce que signifie avoir une famille dispersée et nombreuse. Il y a quelques années, j'ai reçu une visite pendant que je m'occupais de clients à la pharmacie. Tout à coup, un jeune homme se posta devant moi, grand, jeune, sympathique et beau garçon. L'instinct me dit le reste.

« Tu es le fils de mon frère Ramón ? demandai-je.

— Oui, ma tante, je suis venu te voir. »

Ce fut l'une des joies les plus grandes que j'avais ressenties depuis longtemps. Il s'agissait de l'ingénieur Ramón Castro Rodríguez, « Monchi », fils du second mariage de Ramón avec Alicia Rodríguez, qui habite depuis des années aux îles Canaries. Grâce à lui, j'eus des nouvelles d'autres petits-enfants de Ramón qui vivent eux aussi loin de Cuba.

Omar Castro est sociologue, diplômé de l'université de la Sorbonne et spécialiste en marketing. Il réside en République dominicaine.

En Espagne habitent Héctor et sa sœur Susana Castro Santana. Héctor, qui est avocat, est en contact avec moi. J'ai pour lui une affection particulière car il est le petit-fils de Sully Castillo, la première épouse de Ramón, que j'aimais beaucoup et que je considérais comme une sœur.

Agustina, ma petite sœur, a aussi des enfants et des petits-enfants hors de l'île. À Orlando, en Floride, vivent Silvio Raúl Rodríguez Castro, sa femme María del Carmen et leurs enfants. Ángel Rodríguez Castro, son épouse Lizbeth et leurs enfants se trouvent également là-bas. Je dus prendre en charge directement cette partie de la famille car c'est à moi qu'ils demandèrent de l'aide pour quitter Cuba.

Quant aux enfants de Fidel et de Raúl, il ne leur est pas possible, étant donné ma désertion et mon exil, d'avoir une quelconque relation avec moi. Pour eux, la tante Juanita n'existe pas.

Après la mort de Celia Sánchez, le 11 janvier 1980, Fidel se maria avec Dalia Soto del Valle. Dalia était une institutrice que Fidel avait connue pendant la campagne d'alphabétisation. On racontait dans la famille que c'était une grande sportive, très bonne nageuse, et que cela joua dans la naissance de la liaison. Cinq enfants naquirent de ce mariage : Antonio, chirurgien, Alejandro, ingénieur en informatique, Alexis, diplômé comme ingénieur mécanicien, Alex, photographe, et Ángel, le cadet dont je ne sais rien. Ce que je sais d'eux, pour la majorité, c'est ce que me transmettent d'autres membres de la famille.

Avec les enfants de Raúl et Vilma, c'est la même chose. J'ai vu naître Deborah, Nilsa et Mariela, mais je ne connais pas Alejandro. Mariela avait à peine deux ans quand j'ai quitté Cuba, et le souvenir qu'elle pourrait avoir de moi est donc inexistant. Si elle avait de mes nouvelles, ce serait seulement au travers de ce qu'on a pu lui raconter. D'elle et d'Antonio, l'aîné des enfants de Fidel et de Dalia, je suis le parcours par les informations : Antonio, parce que c'est le médecin de l'équipe de base-ball cubaine et qu'il apparaît tout le temps à la télévision ; et Mariela retient mon attention car elle lutte en faveur de causes qui, pendant des années, étaient taboues à Cuba, comme le droit des homosexuels et le sida. On m'a dit que c'est la rebelle de la famille, qui parle sans détour, qui ne craint rien et qui, en ce sens, me ressemble beaucoup.

Par ailleurs, nous, les frères et sœurs Castro Ruz, nous avons vieilli. Certains mieux que d'autres. Angelita et Ramón sont malades et leurs enfants s'occupent d'eux.

Fidel, nous savons tous.

Quant à Raúl, à la mort de Vilma, sa femme, il est resté le même, comme toujours très proche de ses enfants et petits-enfants. Je sais que l'un de ses petits-enfants l'adore et qu'il lui est très attaché.

Enma vit à Mexico depuis plus de cinquante ans. Ses deux enfants, Víctor Raúl et Lligany Lomelí Castro, sont mexicains. Cela fait des années que Víctor Raúl vit à Cuba.

Agustina vit à La Havane avec Lina, sa seule fille.

Enfin, devant la liste des nouveaux Castro, je pense à mon père et aux ironies du sort. Lui qui n'a jamais pu revenir en Espagne et qui a porté toujours sa patrie dans son cœur avec beaucoup de nostalgie, il ne s'imaginait pas que, plus d'un demi-siècle après sa mort, des Castro du même sang, ses petits-enfants et arrière-petits-enfants, y retourneraient pour lui.

51. Moi aussi, j'ai mes réflexions...

Alors que j'avais décidé d'éviter les programmes politiques à la télévision pour des raisons évidentes, de temps en temps, je me permets une dose d'humour et je me mets à les regarder. Je préfère rire que de me fâcher devant les grandes farces qui passent tous les jours sur certaines chaînes de Miami juste pour faire grimper l'audience. Cependant, je dois dire qu'un épisode, il y a un certain temps, m'a fait penser que chaque acteur du drame cubain, tôt ou tard, a ce qu'il mérite.

Assise dans le fauteuil du salon, je regardais donc à la télévision une ex-belle-fille de Fidel révéler des détails sur sa vie privée. Elle montrait l'environnement de Fidel, qui avait d'abord été jalousement protégé de sa famille – et des autres à plus forte raison. Celia Sánchez avait mis en place autour de Fidel des mesures drastiques d'intimité et d'hermétisme. Dès lors, le cercle de Fidel avait toujours été impénétrable et minutieusement contrôlé jusqu'à ce que ces femmes démontrent le contraire. De plus, elles savaient que ces informations valaient de l'or et elles les ont vendues au plus offrant.

Nous avons vu alors son intérieur, sa table et sa maison, quel vin il buvait, lui vêtu d'une robe de chambre, Dalia sa femme, leurs problèmes de couple, leurs enfants et aussi mes neveux et nièces. Et ce n'était pas tout. Nous avons été témoins des disputes entre eux et leurs belles-filles, des médisances de ces dernières envers leurs beaux-parents, de ce qu'ils s'écrivaient par courrier électronique, et de leurs penchants pour des plaisirs capitalistes, autrefois si sévèrement punis par le régime que Fidel lui-même avait créé. Tout cela, au grand dam de mon frère, lui prouva quelque chose de plus grave : qu'il était vulnérable malgré le cercle de proches qui l'entourait.

Pour quelqu'un qui a protégé si strictement son intimité, c'était un véritable calvaire de voir sa vie privée ainsi exposée. Ce qu'il pensait uniquement lui appartenir a été dévoilé par quelqu'un qu'il était loin de soupçonner. Cela me pousse à réfléchir au moment de tirer un trait sur le passé qui pendant des années fut le mien et celui de personne d'autre.

Soixante-seize années ne s'écoulent pas tranquillement quand on mène une vie intense en accord avec sa conscience, comme cela a été mon cas. Au fil de plus de trois cents pages, mes souvenirs en ont parcouru les étapes, depuis la propriété à Birán où j'étais loin d'imaginer qu'un jour tout cela déboucherait sur notre grande tragédie.

Dans ma tête de jeune Cubaine, je ne concevais pas que le marxisme-léninisme pût être déclaré ordre de vie dans un pays qui avait tout pour lui. Je ne concevais pas non plus que nous, les milliers de Cubains qui l'ont rejeté et ensuite les générations futures, nous serions condamnés, comme par une malédiction biblique, à vivre l'amère pérégrination de cette diaspora d'un demi-siècle, où nous avons appris à aimer Cuba d'une façon terriblement douloureuse, avec la torture de se trouver à seulement cent quarante-cinq kilomètres de distance.

J'ai sans doute souffert plus que le reste des exilés parce que, nulle part sur le détroit de Floride, on ne me laisse de répit, et peu sont ceux qui comprennent le paradoxe de ma vie. Pour ceux de Cuba, j'ai déserté, j'ai fui en dénonçant le régime. Pour beaucoup à Miami, je suis *persona non grata* car je suis la sœur de Fidel et de Raúl.

On ne me laisse jamais tranquille. Par exemple, quand on s'attendit à ce que je prenne la tête des festivités dans l'éventualité de la mort de Fidel et que je refusai publiquement. Les nerfs me trahirent et je ne sus exprimer ce que je voulais dire, ce que je souhaite préciser aujourd'hui : si je ne me réjouis pas de la mort de quelqu'un qui m'est étranger, je me réjouirais encore moins de la mort d'une personne de mon sang.

Personne n'a idée du harcèlement que je dois subir chaque fois que je pars de Miami, qui est mon chez-moi depuis quarante-cinq ans, en particulier depuis la maladie de Fidel et l'ascension de Raúl au pouvoir. Dès que je me présente au guichet d'une compagnie aérienne à l'aéroport, les questions ont toujours le même but : savoir si je vais à Cuba. Je ne comprenais pas pourquoi on m'interrogeait, moi une citoyenne américaine, chaque fois que je voyageais. Un agent anonyme de l'Immigration, d'origine cubaine, honteux de ce qu'on l'obligeait à faire, me donna la réponse non officielle :

« On doit le faire, Juanita, parce que chaque fois que vous vous déplacez, il y a des rumeurs qui assurent que vous allez à Cuba et que vous êtes prête à emprunter n'importe quelle route, même la plus longue.

— Et alors ? répondis-je. Vous questionnez aussi les milliers de gens qui vont à Cuba ?

— Non. Ils ne s'appellent pas Castro Ruz. »

Mais c'est là la plus légère des conséquences de la diffamation sans mesure dont je suis l'objet, juste pour le plaisir de m'attaquer, et j'en profite pour souligner ceci : comme des milliers d'exilés cubains, je vis dans la souffrance qu'une famille de sept enfants se soit désintégrée et que nous n'ayons pu grandir et vieillir ensemble ; dans la souffrance de savoir qu'on a dit aux enfants de mes frères et sœurs, la deuxième génération, que mon nom était interdit dans la famille.

Pour tout ce que nous avons vécu en exil, je suis la première à avoir désiré que tout fût différent. Que Fidel fût l'homme qu'il avait promis être et que nous, tous les Cubains, avions soutenu avec passion. Qu'il s'engageât sur les chemins de la démocratie, et ne pas avoir à entendre les bêtises que je dois supporter avec résignation parce que, au bout du compte, je suis sa sœur.

Et bien que 2009 ne soit pas 1964, année de mon départ de Cuba, je suis toujours celle qui s'enfuit, pensant qu'une révolution ne se fait pas en fusillant des gens, ni en les livrant au communisme. Je suis cette même personne qui n'arriva pas en quête de notoriété, l'ayant déjà par mes liens familiaux, et que cela n'intéressait pas. Je suis celle qui a participé activement à toutes les tentatives qui ont échoué en cinquante ans et qui, quand elle dut donner toutes les ressources matérielles qu'elle avait pour tenter de libérer Cuba, le fit.

Je suis la même qui respecte la façon de penser de chacun, parce que je crois en la démocratie et à la diversité d'opinions. Pour cette raison, je n'appartiens à aucun bord. Je sais que le fait d'atteindre la liberté a un prix, et dans mes pérégrinations solitaires, parcourant de nombreux pays et clamant pour la liberté de Cuba, j'ai toujours respecté, défendu et honoré les compatriotes qui ont subi la prison, l'exil et la mort au nom de leurs idéaux.

Pendant longtemps, j'ai accusé le régime, et je demande à nouveau à mes frères qui gouvernent Cuba, Fidel et Raúl, qu'ils changent ce système qui ne fonctionne pas et qui n'a pas donné de bons résultats pour le peuple. Je leur demande aussi ce que tout le monde réclame : que la répression cesse et qu'ils libèrent les prisonniers politiques.

Alors que je note ces réflexions, je viens d'apprendre le décès du commandant Juan Almeida à Cuba, l'un des rares survivants de l'assaut à la caserne Moncada et de l'expédition du *Granma*. Cela me fait penser que le temps a passé et que Fidel, Raúl et nous, tous leurs contemporains, avons vieilli.

On dit que les années font mûrir les gens. Que la tolérance, la modération et la sagesse viennent avec les cheveux blancs, même si cela ne s'applique pas à ceux qui ont vieilli sans mûrir, parce qu'ils ont fait de l'obstination et du caprice leurs règles de conduite. Et je continue de croire que la sagesse germe lorsqu'elle trouve l'humilité et qu'abonde le respect pour la pensée d'autrui. Une grande vérité aussi bien pour les Cubains de l'île que pour nous qui sommes en exil.

Par ailleurs, je sais aussi que beaucoup ont critiqué ma façon de parler de Raúl. Je n'ignore pas que, malgré les centaines de vies qu'il nous aida à sauver, ma mère et moi, il commit aussi des choses inacceptables. Il est donc juste de ne pas garder le silence et de lui dire :

Raúl, la transition démocratique de Cuba pourrait être en tes mains. Il s'est passé suffisamment de temps pour que toutes les parties nous pensions à l'avenir de notre patrie et trouvions la solution par des moyens pacifiques pour en finir avec la pérégrination. D'autres voies très respectables n'y sont pas parvenues. Évoluer avec dignité pourrait être ta grande chance dans l'histoire…

Finalement, je ne m'imagine pas marcher vers ce qui a été ma maison à La Havane, ou vers le J 406, le théâtre de ma rébellion. Non plus vers la propriété de Birán où sont enterrés mes parents, les êtres que j'ai le plus aimés au monde. Alors, je médite et je me souviens d'une prière de Lina, ma mère, prière qui pourrait bien servir de guide à Fidel et à Raúl :

« Au bout du compte, aux yeux de Dieu, toute la gloire et tout le pouvoir du monde tiennent dans un grain de riz[58]. »

C'est Lui qui juge, seulement Lui.

Miami, Floride, le 12 septembre 2009.

---

58. En référence à une citation de José Martí : « Toute la gloire du monde tient dans un grain de maïs. »

REMERCIEMENTS

À

Carlos Alberto Montaner, Hilda et Carmita Morgade, Franciso « Candela » Morgade, Ana Ely Esteva, Elena Amos Díaz-Versón, Virginia Leitao da Cunha, Isabel « Belita » Ruz, Martín Conde Jr, Ing. Alfonso « Fofo » Gutiérrez et Orquídea Pino, Jacobo Zabludovsky, Fernando Gutiérrez Barrios, Antonio « el Cuate » del Conde, Rafael Bilbao, Bernado Viera Trejo, Noelia et Carlos Peña, Guillermo et Charo Ruiz Barbón, Isidro Errotaverea, Armando Pérez Vidal, Néstor Martínez, Francisco Naranjo « Naranjito », Mirta (Hidalgo) Bianchi, Esteban « Tito » Rodríguez, Raquel Rodríguez, Jorge Mas Canosa, Salvador Lew, Agustín Ayes Soberón, Lázaro Ascencio, Alfredo Cepero, Tony « Enrique » Sforza, Vicente Méndez, Nazario Sargén, Diego Medina, M. et Mme « Harry », Leopoldo Casas « el Abuelo », Bernabé Perez, Luz María Fornaris, Isabel Menocal, María Antonia Collins, Vicente Rubiera, M. Roger R. du Gardier, ambassadeur de France (1960), M. Walter Bossi, ambassadeur de Suisse (1960), Jaime et Rosita Capdevila García Villar et Alejandro Vergara, diplomates de l'ambassade d'Espagne à Cuba (1960), Mgr Fernando Azcárate, évêque auxiliaire de La Havane et prêtre de l'église de Reina (1963), M. Carlos Prío Socarrás, ex-président de Cuba et Angie Artiles.

À ma sœur Agustina Castro Ruz, pour ses longs mois d'enquêtes et de recherche de témoignages, et pour son affection.

Table

Cet ouvrage a été imprimé en France par

CPI
BUSSIÈRE

à Saint-Amand-Montrond (Cher)
en février 2011

Composition et mise en page

NORD COMPO
multimédia

N° d'édition : 14681 – N° d'impression :103802/1
Dépôt légal : mars 2011